Wege durch die Geschichte

Geschichtsbuch Gymnasium Bayern

Band 1

Herausgegeben von Franz Hofmeier

Bearbeitet von
Franz Hofmeier und Dr. Robert Sigel

Cornelsen
HIRSCHGRABEN

Inhalt

Hinweise zur Benutzung

Wie das Buch aufgebaut ist

Auftaktseiten

Dieser Band von **Wege durch die Geschichte** hat fünf große Kapitel. Jedes Kapitel beginnt mit einer Doppelseite, die auf grünem Farbton gedruckt ist. Diese **Auftaktseiten** mit Bild und Einleitungstext sollen dir eine erste Vorstellung von den Menschen und von der Zeit vermitteln, um die es im jeweiligen Kapitel geht.

Darstellende Teile

Wichtige Bestandteile der Kapitel sind Texte, die von den Verfassern dieses Schulbuchs geschrieben wurden. Diesen Teil des jeweiligen Abschnitts nennen wir **darstellenden Teil**. Die Seiten mit darstellenden Teilen kannst du leicht an den gelben Farbstreifen am oberen Rand erkennen.

Arbeitsteile

Dem darstellenden Teil eines jeden Abschnitts folgt ein Teil mit Quellen (durch **Q** gekennzeichnet), Karten, Schaubildern, Tabellen und Abbildungen. Wir nennen diesen Teil eines Abschnitts **Arbeitsteil**. Arbeitsaufträge sollen dir helfen, Texte und Bilder zu untersuchen und zu verstehen. Die Arbeitsteile erkennst du an den blauen Farbstreifen.

Wichtiges zusammengefaßt

Am Ende eines Großkapitels sind wichtige Ereignisse und Entwicklungen zusammengefaßt. Du kannst mit Hilfe dieser Seite überprüfen, ob du im Grundwissen sicher bist, oder ob du einzelne Unterkapitel noch einmal nachlesen solltest. Diese Seiten kannst du an einem grünen Farbstreifen erkennen.

Zum Weiterlesen

Zu vielen geschichtlichen Themen gibt es hervorragende Jugendbücher. Die am Ende der Kapitel abgedruckten Auszüge geben dir Hinweise auf solche Bücher.

Was dir beim Lesen und Untersuchen helfen kann

Lexikon wichtiger Begriffe

In den darstellenden Teilen sind manche Wörter mit einem Sternchen* gekennzeichnet. Dabei handelt es sich um Begriffe, die im **Lexikon wichtiger Begriffe** erklärt sind. Wichtige Wörter, z. B. merkenswerte Namen oder Fachbegriffe sind durch *schrägen* (=kursiven) Druck hervorgehoben.

Register

Ein alphabetisches **Register** am Ende des Buches kann dir helfen, Informationen über Personen, Ereignisse und wichtige Begriffe im Buch schnell zu finden.

„Geschichte – was ist das eigentlich?"

„Dieses Ereignis wird Geschichte machen", sagen die Leute, wenn etwas Besonderes geschieht.
„Er wird in die Geschichte eingehen", liest man in der Zeitung beim Tode eines bedeutenden Politikers.
„Erzählst du uns bitte eine Geschichte?" fragen die Kinder den Großvater.
„Wir müssen aus der Geschichte lernen", fordert der Redner auf der Gedenkveranstaltung.
„Geschichte! – Schrecklich, da mußten wir immer nur Jahreszahlen lernen", erinnert sich der Vater.
„Jetzt erzähl mir doch keine Geschichte", ermahnt die Mutter ihre Tochter.
„Wenn ihr verstehen wollt, wie es dazu kam, müßt ihr die Geschichte befragen", sagt der Lehrer seinen Schülern.

„Geschichte" und „Geschichten"

Das Wort „Geschichte" wird in diesen Aussagen in verschiedenen Bedeutungen verwendet. Das eine Mal hat es mit wirklichen Ereignissen zu tun, das andere Mal mehr mit erfundenen und ausgedachten. Aber beiden Bedeutungen von Geschichte liegt das Wort „geschehen" zugrunde. Beide beziehen sich also auf etwas, was wirklich oder angeblich geschehen ist, auf eine Vergangenheit, die uns in der Gegenwart beschäftigt.
Dennoch unterscheiden sich beide Bedeutungen grundsätzlich voneinander: das Fach „Geschichte" von dem, was wir mit „Geschichten" bezeichnen. Wir können das an einer Sage erkennen, die uns die Brüder Grimm überliefert haben:

„Im Jahre 1284 ließ sich zu Hameln ein wunderlicher Mann sehen. Er hatte einen Rock von vielfarbigem, buntem Tuch an, weshalb er Bunting soll geheißen haben, und gab sich für einen Rattenfänger aus, indem er versprach, gegen ein gewisses Geld die Stadt von allen Mäusen und Ratten zu befreien. Die Bürger wurden mit ihm einig und sicherten ihm einen bestimmten Lohn zu. Der Rattenfänger zog danach ein Pfeifchen heraus und pfiff, da kamen alsobald die Ratten und Mäuse aus allen Häusern hervorgekrochen und sammelten sich um ihn herum. Als er nun meinte, es wäre keine zurück, ging er hinaus, und der ganze Haufen folgte ihm, und so führte er sie an die Weser; dort schürzte er seine Kleider und trat in das Wasser, worauf ihm alle Tiere folgten und hineinstürzend ertranken. Nachdem die Bürger aber von ihrer Plage befreit waren, reute sie der versprochene Lohn, und sie verweigerten ihn dem Manne unter allerlei Ausflüchten, so daß er zornig und erbittert wegging. Am 26. Juni auf Johannis- und Paulitag, morgens früh sieben Uhr, nach anderen zu Mittag, erschien er wieder, jetzt in Gestalt eines Jägers, erschrecklichen Angesichts, mit einem roten, wunderlichen Hut, und ließ seine Pfeife in den Gassen hören. Alsbald kamen diesmal nicht Ratten und Mäuse, sondern Kinder, Knaben und Mägdlein vom vierten Jahr an, in großer Anzahl gelaufen, worunter auch die schon erwachsene Tochter des Bürgermeisters war. Der ganze Schwarm folgte ihm nach, und er führte sie hinaus in einen Berg, wo er mit ihnen verschwand ..."

Ein bemerkenswerter Hinweis findet sich am Ende des Textes:

„Die Bürger von Hameln haben die Begebenheit in ihr Stadtbuch einzeichnen lassen ... Am Rathaus standen folgende Zeilen:
Im Jahr 1284 na Christi gebort
to Hameln worden uthgevort
hundert und dreißig Kinder dasülvest geborn
dorch einen Piper under den Köppen (*Kuppe, Berg*)
verlorn."

Darstellung des Kinderauszuges und der Rattenvernichtung in der Reisechronik des Freiherrn Augustin von Mörsperg (1592).

Der „Rattenfänger von Hameln“ – ist das nun eine Geschichte oder ist das Geschichte? Ein heutiger Geschichtsforscher ist der Sache nachgegangen und zu folgendem Ergebnis gekommen:

> „Somit wird man damit rechnen dürfen, daß Graf Nikolaus von Spiegelberg am 26. Juni 1284 von Hameln mit 130 Auswanderern nach Pommern abgefahren und auf einer Schiffsreise von Pommern ins Ordensland Preußen bald nach dem 8. Juli 1284 auf hoher See mit diesen 130 Auswanderern verschollen ist ... Mit dem Namen Koppen wäre ... demnach nicht der Hamelner Koppenberg, sondern der hinterpommersche Johanniterhof Kopahn gemeint gewesen.“

Wie hat der Forscher das herausgefunden?
Er ging davon aus, daß die Sage einen wahren Kern enthält, daß sie auf ein wirkliches Geschehen zurückgeht, wie es die Eintragung ins Stadtbuch und die Inschrift am Rathaus behaupten. Deshalb wollte er wissen, wer dieser „Pfeifer“ im bunten Kleid war, warum er nach Hameln gekommen ist, ob er wirklich Kinder mit sich nahm und wohin er mit ihnen ging.
Er untersuchte mehrere alte Urkunden, die von diesem Ereignis berichteten, und informierte sich, was damals in Deutschland allgemein geschah. Er betrachtete auch verschiedene bildliche Darstellungen des Pfeifers, z. B. eine auf einem Kirchenfenster in Hameln aus dem Jahre 1300, wobei er auf die Kleidung achtete, wie der Mann aussah, was er bei sich hatte usw. So fand er schließlich heraus, daß es nicht Kinder, sondern junge Leute waren, die dem Grafen gefolgt sind, um nach Osten auszuwandern.
Der Unterschied zwischen einer Geschichte und Geschichte wird damit deutlich: Die Sage geht zwar vom gleichen Ereignis aus, nennt auch ein Datum, aber sie kann das Ereignis beliebig ausschmücken und umgestalten, sie braucht keine Rücksicht nehmen auf das, was sich wirklich ereignet hat.
Der Geschichtsforscher hingegen sucht das, was nachweisbar ist. Er will das wirkliche Geschehen erkennen und erklären.
Geschichten erzählen ist also etwas ganz anderes als die Geschichte erforschen. Diejenigen, die Geschichte wissenschaftlich erforschen, nennen wir Historikerinnen und Historiker.

Womit befaßt sich Geschichte?

An den folgenden zwei Beispielen können wir erkennen, womit sich die Geschichte und die Geschichtsforschung beschäftigt:

Fundort Neandertal

August 1856: Die Kalksteinwände des Neandertales bei Düsseldorf sollen abgebrochen werden. Beim Ausräumen einer kleinen Höhle fallen den Arbeitern Skeletteile auf die Schaufeln. Sie werfen sie achtlos in die Tiefe, genau vor die Füße des Steinbruchbesitzers, der zu einer Inspektion gekommen ist. Dieser hebt einige Knochen auf und denkt, sie könnten vielleicht von einem Höhlenbären stammen. Er kennt einen Lehrer, der solche Knochenfunde gern in seinem Naturkundeunterricht verwendet. Der Lehrer untersucht die Knochen, kommt selbst zur Fundstelle, findet weitere Teile, fügt sie zusammen, stutzt – und wagt dann eine kühne Behauptung: nicht die Knochen eines Höhlenbären seien es, sondern die Überreste eines Frühmenschen, also eines uralten Vorfahren von uns Menschen. Er versichert den Schülern, daß die Menschen nicht von Anfang an so aussahen wie heute, sondern daß sie eine lange Entwicklung durchgemacht haben, und daß das Skelett einen der Vorläufer des Menschen darstelle.
Der Lehrer beschreibt diesen Urahn seinen Schülern: Das Schädeldach springt weit zurück, über den Augenhöhlen sind daumendicke Knochenwülste, die Oberschenkel sind stark und merkwürdig gekrümmt, die Oberarmknochen ungewöhnlich kräftig.
Die Schüler hatten viele Fragen an ihren Lehrer. Sie wollten wissen, woher dieser Frühmensch stammte, wo er lebte, wovon er sich ernährte, womit er sich bekleidete, ob er Feinde hatte, wie er also mit den Lebensbedingungen, die er vorfand, fertig wurde. Auch die Historiker stellen solche Fragen:

Was ist geschehen?
Wo hat sich das ereignet?
Wer war beteiligt, betroffen?
Wann war das?
Was war vorher, was nachher?
Warum ist es geschehen?

Um Antworten geben zu können, müssen die Historikerinnen und Historiker in ihrer „Werkstatt“ die Geschichte erforschen und untersuchen:

Sie suchen und sammeln „Funde“, die etwas über die Vergangenheit mitteilen.
Sie sichern „Spuren“ aus der Vergangenheit.
Sie vergleichen.
Sie legen eine zeitliche Ordnung fest.
Sie ziehen Schlußfolgerungen.
Sie versuchen zu rekonstruieren.

Vorgeschichtsforscher bei einer Ausgrabung

Bild aus der Höhle von Lascaux

Eine Gemäldegalerie aus der Vorzeit

September 1940: Vier Jungen wollen im Tal der Dordogne (Frankreich) einer bestimmten Sache auf den Grund gehen. Man behauptete nämlich, in der Gegend gebe es unterirdische Gänge und Höhlen. Einer der Jungen hatte eine tiefe Kuhle entdeckt, an deren Boden sich eine kleine Öffnung zeigte. Er stieg in die Kuhle, und unversehens fiel er durch die Öffnung einige Meter tief hinab in eine große Höhle. Mit der vorsorglich mitgenommenen Taschenlampe leuchtete er die Wände ab – und rief aufgeregt seinen Kameraden hinauf, sie sollten ihm folgen. Wohin sie schauten, überall sahen sie Bilder in schwarzen, gelben und roten Farben. Bilder von Hirschen, Urrindern, Wildpferden, Bisons, riesenhaft groß und beängstigend in ihrer Lebendigkeit! Eine der großartigsten Fundstätten der frühesten Kunst der Menschheit war entdeckt, die Höhle von Lascaux.

Die Malereien sind gut 15 000 Jahre alt: Sie geben uns nicht nur Aufschluß über die damalige Tierwelt, sie geben uns auch viele Hinweise über das Leben der Menschen in dieser Zeit. Sie schildern die Schwierigkeiten, die Gefahren, die der Mensch in der Natur bestehen mußte und sie zeigen seine Versuche, die Natur zu beherrschen, um zu überleben.

Die Höhlenbilder werfen aber auch Fragen auf, die bis heute noch keine sichere und endgültige Antwort gefunden haben: Weshalb haben die Menschen damals diese Bilder gemalt? Was bedeuten sie?

Auch folgende Probleme und Fragen gehören deshalb in die „Werkstatt“ der Historiker:

Wie sieht der Mensch seine Welt?
Was halten die Menschen für wichtig und wertvoll?
Weshalb schließen sie sich zu Gemeinschaften zusammen?
Wie erklärt sich der Mensch, was um ihn herum geschieht?
Wie denkt er über das Leben auf der Erde, über den Tod, über das Jenseits?

Wir ersehen aus diesen Beispielen:
Geschichte befaßt sich im weitesten Sinne mit dem Leben des Menschen. Sie beschäftigt sich damit, wie die Menschen ihr Leben organisieren. Sie versucht zu erklären, warum Menschen sich zusammenschließen und wie sie das Leben in der Gemeinschaft regeln. Sie will ergründen, welche Ziele die Menschen sich in ihrem Leben setzen, welche Werte sie schätzen, nach welchen Idealen sie streben.

Woher wissen wir, was war?

Wir haben gesehen, woher die Historiker ihre Kenntnisse über die Vergangenheit beziehen. Sie untersuchen Funde, sie betrachten und prüfen Bilder und Bauwerke, sie lesen Urkunden, Briefe, Dokumente und andere Schriften.
Alles das, was uns Informationen über Vergangenes liefert, nennen wir *Quellen*.
Dabei unterscheiden wir schriftliche und nichtschriftliche Quellen; eine besondere Art der geschichtlichen Information ist die mündliche Überlieferung:

Zu den *schriftlichen* Quellen zählen:	Zu den *nichtschriftlichen* Quellen zählen:
Tagebücher Inschriften Gesetzeswerke Briefe	Gefäße Werkzeuge Baudenkmäler Fotographien

In Archiven und Museen werden solche Quellen gesammelt, geordnet, ausgewertet und aufbewahrt.

Die mündliche Überlieferung spielte in frühen Zeiten eine große Rolle, als die Menschen noch keine Schrift kannten. Was wichtig war, wurde damals von Generation zu Generation weitererzählt, damit es nicht vergessen wurde. Aber auch heute noch kann das, was die Augenzeugen eines geschichtlichen Ereignisses zu berichten wissen, von großer Bedeutung sein.
Ungefähr seit 5000 Jahren haben wir schriftliche Quellen; für die gesamte übrige Zeit der menschlichen Geschichte gibt es nur nichtschriftliche Quellen, Überreste aus dem Leben dieser Menschen. Diese Überreste müssen häufig auf komplizierte und mühselige Art und Weise ausgegraben werden. Schwierig ist bei diesen Quellen die Festlegung des Alters (Datierung), was z. B. durch Vergleiche geschieht. Die Wissenschaft, die sich mit diesen Aufgaben befaßt, heißt *Archäologie.*

Heute – gestern – vorgestern ...

Wer sich für die Vergangenheit interessiert, will nicht nur wissen, was geschehen ist, sondern auch, wann etwas geschehen ist. Deshalb versuchen die Historiker, die vielen einzelnen Geschehnisse zu datieren, d. h. festzulegen, in welchem Jahr sie sich ereignet haben. Für eine Einordnung in den Zeitablauf (Chronologie) benötigt man eine Zeitrechnung. Wir nehmen die Geburt Christi als Fixpunkt und gehen von dort nach vorn oder zurück. So sagen wir z. B.: Im 5. Jahrhundert vor Christi Geburt (abgekürzt: v. Chr.) wurde die Akropolis in Athen erbaut. Oder: Im Jahre 64 nach Christi Geburt (abgekürzt: n. Chr.) brannte Rom.
Es gibt auch andere Zeitrechnungen. Die Muslime setzen ihr Jahr 0 mit der Auswanderung Mohammeds nach Medina an. Das ist nach unserer Zeitrechnung das Jahr 622 n. Chr. Das Jahr 2000 ist deshalb in der islamischen Zeitrechnung das Jahr 1378.
Für Zeiträume ohne schriftliche Quellen können die Historiker nur ungenaue Angaben machen. Sie sagen dann: Vor etwa 5000 Jahren ist die Schrift erfunden worden. Oder: Vor etwa 15 000 Jahren haben Menschen der Eiszeit die Höhlen von Lascaux ausgemalt. Wenn wir noch weiter zurückgehen, gelangen wir zur Frage: Wann überhaupt hat die Geschichte begonnen? Seit wann gibt es die Erde? Seit wann gibt es die Menschen?

1. Menschen in vorgeschichtlicher Zeit

Spuren in Laëtolil

Schon seit längerem hatte es im Inneren des Vulkans rumort. Eine Wolke stieß feinen Staub aus, und Asche legte sich über das Land ringsum. Es begann zu regnen. Doch schon bald schien wieder die Sonne, denn die Regenzeit hatte noch nicht richtig begonnen.
Da kam ein etwa 1,40 m großes, sich aufrecht auf zwei Beinen bewegendes Lebewesen und ging über die feuchte Asche. Kurze Zeit darauf folgten zwei Lebewesen der gleichen Art – das eine setzte seine Füße genau in die Fußstapfen des vorangegangenen, das andere, etwa 1,20 m groß, lief hinterher oder voraus. Einmal hielt es an und drehte sich nach links um. Vielleicht hatten Elefanten oder Nashörner seine Aufmerksamkeit erregt, vielleicht Büffel, Antilopen oder Paviane, vielleicht auch nur ein Hase oder ein Perlhuhn.
In den nächsten Tagen stieß der Vulkan neue Asche aus, die alle Fußspuren zudeckte.
Das ist ungefähr 4 Millionen Jahre her und geschah an einem Ort, der heute Laëtolil heißt und im afrikanischen Staat Tansania liegt. Wir wissen dies von Wissenschaftlern, die seit vielen Jahren in Ostafrika nach Spuren von Frühmenschen suchen. 1976 wurde bei Laëtolil eine versteinerte Vulkanaschenschicht entdeckt, die Fußabdrücke zahlreicher Lebewesen bewahrt hatte. Als man 1978 diese Schicht genauer untersuchte, kamen die Fährten zutage, die auf nebenstehendem Bild zu sehen sind. Sie konnten nur von Lebewesen stammen, die aufrecht auf zwei Beinen gingen wie wir. Von der Größe der Fußabdrücke und der Schrittlänge schloß man auf die Körpergröße. Außer zwei Kinnladen und einigen Zähnen konnte man aber an dieser Fundstelle keine weiteren derartigen Überreste entdecken.

Die Funde von Hadar

Andere Forscher hatten ebenfalls Glück! In Hadar (Äthiopien) fanden sie im Jahre 1975 fast ebenso alte Überreste einer gemeinsam umgekommenen Gruppe von Erwachsenen, Jugendlichen und Kindern. Nicht nur ihr Körperbau war unserem ähnlich, auch ihre Hände waren wahrscheinlich schon sehr geschickt. Auf dem menschenähnlichen Körper saß aber ein Kopf, der eher zu einem Menschenaffen zu gehören schien. Waren das nun Tiere oder Menschen?

Fragen über Fragen! – und Antworten?

Woher kam das erste Leben und wie hat es sich auf der Erde entwickelt? Woher kamen die ersten Menschen, wie sahen sie aus und wie haben sie gelebt?
Immer wieder haben Menschen so gefragt und ganz verschiedene Antworten gefunden:
Die Chinesen stellten sich einen Urriesen vor. Aus seinem Körper sollen nach seinem Tod Himmel und Erde geworden sein. Das Ungeziefer auf seinem Körper soll sich in die ersten Menschen verwandelt haben. Von Urriesen erzählen auch die Germanen. Nach ihrem Glauben schufen drei Götter das erste Menschenpaar aus zwei Baumstämmen. Die Maya in Mittelamerika glaubten, daß die Götter die Menschen aus Maispflanzen erschaffen hätten.
Im folgenden Kapitel soll berichtet werden, wie heute Wissenschaftler versuchen, auf die alten Fragen neue Antworten zu geben.

Urgeschichte und Steinzeit

Den Zeitraum, aus dem wir keine schriftlichen Nachrichten haben, nennen wir Urgeschichte oder Vorgeschichte. Woher beziehen wir aber unsere Kenntnisse über urgeschichtliche Zeiten, in denen nichts aufgeschrieben wurde? Wir sind auf andere Spuren angewiesen! Knochen und Gegenstände aus Stein konnten sich im Boden erhalten. Reste und Spuren von Gräbern und Wohnungen wurden gefunden.
Die Verarbeitung von Metall haben die Menschen erst später entdeckt, aus der älteren Zeit kennen wir hauptsächlich Werkzeuge aus Stein. Deshalb nennt man diese lange Periode der Menschheitsgeschichte auch Steinzeit.

In Laëtolil (Tansania) werden im August 1978
etwa 4 Millionen Jahre alte Fußspuren freigelegt.

Geschichte der Erde und Auftreten des Menschen

Die Geschichte des Lebens auf der Erde

„Im Jahre 2000 ...!“ – Diese Zeitangabe scheint uns heute einen besonderen Einschnitt anzuzeigen. 2000 Jahre kommen uns fast wie eine Ewigkeit vor. Aber was sind die 2000 Jahre im Vergleich zu den Millionen Jahren *Menschheitsgeschichte*. Und wie kurz ist diese Zeit im Vergleich zu den 5 Milliarden Jahren, seit denen die Erde besteht.
Wenn wir die Erdgeschichte auf einem Zifferblatt mit 12 Stunden darstellen wollen, wobei unsere Gegenwart 12.00 Uhr Mittag sein soll, dann taucht der Mensch etwa acht Sekunden vor 12.00 Uhr auf. Die 2000 Jahre nach Christi Geburt dauern auf unserer Weltzeituhr nicht einmal einen Wimpernschlag lang. Sollten wir angesichts dieser Beobachtung nicht darüber nachdenken, daß die Erde Milliarden von Jahren auch ohne den Menschen existieren konnte, daß aber die Menschen die Erde als Lebensgrundlage benötigen?

Erstes Leben regt sich im Wasser

Der feuerflüssige Ball, der die Erde einmal gewesen war, hatte während einer langsamen Abkühlung an der Oberfläche eine Kruste gebildet, die jedoch immer wieder barst, so daß aus dem Erdinnern glühende Brokken herausgeschleudert werden konnten. Gleichzeitig ergoß sich vom Himmel Wasser in mächtigen Strömen auf die Erde, so daß sich Flüsse und Seen bildeten.
Blicken wir auf unsere Weltzeituhr, so stellen wir fest, daß sich erstes Leben etwa um 3.30 Uhr regt. Obwohl die ersten Lebewesen, die im Wasser entstanden, so klein wie Stecknadelköpfe waren, stellt dieser „Vorgang“ etwas Wunderbares dar. Viele Millionen Jahre vergingen, bis sich aus den *Einzellern* Würmer und Schnecken, Krebse und dann Fische entwickelten. Auf der Weltzeituhr ist es inzwischen schon 11.00 Uhr geworden! *Pflanzen*, die im Wasser schwammen, wurden an Land geschwemmt und lernten, Wurzeln zu schlagen. Die Erde wurde grün, Wälder entstanden.

Die Geschichte des Lebens auf der Erde

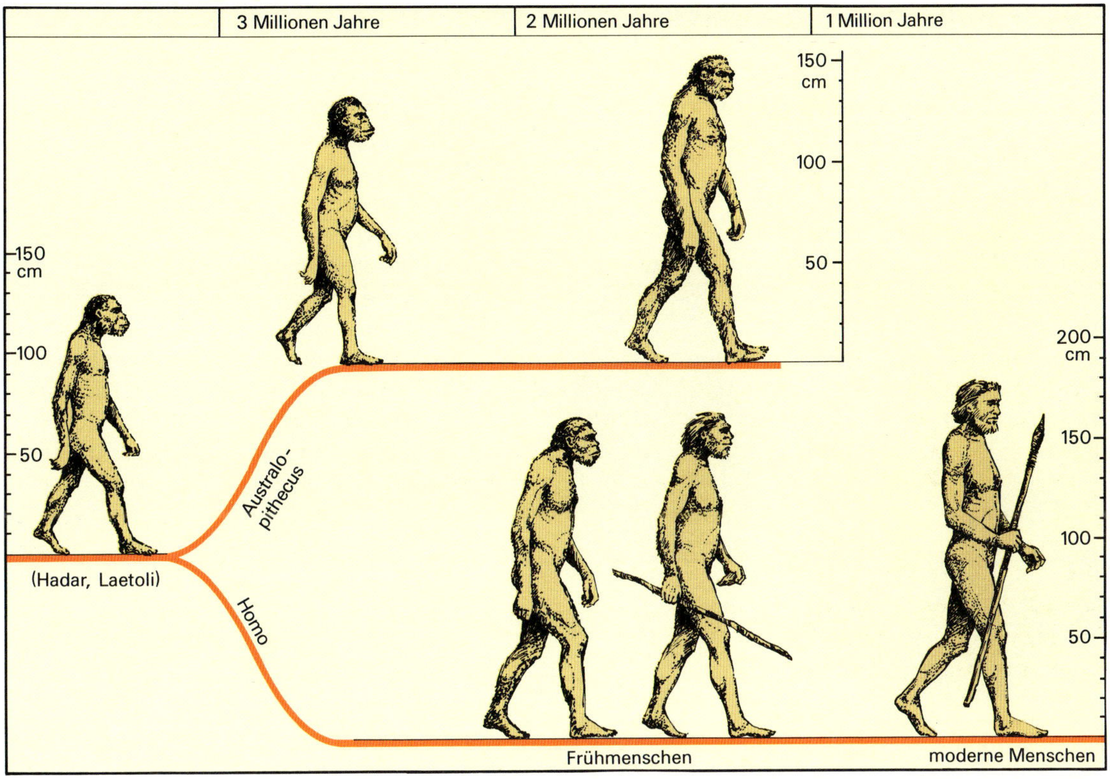

In der Menschheitsgeschichte gab es vermutlich getrennte Entwicklungen. Die in Hadar entdeckte Familie lebte wahrscheinlich vor einer Abspaltung, aus der schließlich der moderne Mensch hervorging. Der menschenähnliche Australopithecus (Südaffe), ursprünglich ein „Vetter" der Hominiden, ist vor etwa einer Million Jahren ausgestorben.

Vom Wasser auf das Land

Lurche waren die ersten Lebewesen, die das Wasser verließen. Sie atmeten mit der Lunge und konnten sich nur schwerfällig fortbewegen. Nicht nur im Wasser, auch in riesigen Urwäldern regte sich Leben. Unzählige Insektenarten schwirrten durch die Feuchtgebiete, Saurier und Echsen bevölkerten im Mesozoikum (Erdmittelalter) Sümpfe, Wälder und Land.

Von der Erde in die Luft

Inzwischen ist es auf unserer Weltzeituhr 11.30 Uhr geworden. Die ersten Lebewesen erheben sich in die Luft. Durch die Entdeckung von Versteinerungen des Urvogels (Archaeopteryx) in der Gegend von Eichstätt ließ sich glaubhaft nachweisen, daß die Vorfahren der Flugtiere Reptilien waren.

Frühmenschen und homo sapiens

Wie man an den Funden in Hadar sehen kann, unterschieden sich die Vorfahren des Menschen von den Menschenaffen durch den aufrechten Gang. Wahrscheinlich gleichzeitig mit den Füßen veränderten sich auch die Hände. Dadurch konnten diese Lebewesen etwas in den Händen festhalten und tragen. Dies brachte erhebliche Vorteile mit sich. Zwei Millionen Jahre lang unterschieden sich die Vorfahren der Menschen durch den aufrechten Gang von den Menschenaffen, bevor das zweite wichtige Unterscheidungsmerkmal ausgebildet war: das *größere Gehirn*. Es wurde nicht nur größer, auch seine Form änderte sich.Der „homo sapiens" hatte Denken gelernt und tat Dinge, die Tiere nicht können.

Jäger und Sammler der Altsteinzeit

Die Befriedigung von Grundbedürfnissen

Hauwerkzeug und Faustkeil – zwei häufig vorkommende Werkzeugformen der frühesten Altsteinzeit. Hauwerkzeuge wie das links abgebildete wurden schon unter den ältesten Werkzeugen gefunden. Die ersten Faustkeile sind gut 1 Million Jahre jünger.

Herstellung von Werkzeugen

Daß auch Tiere Werkzeuge benutzen, belegt die Beobachtung wildlebender Affen. Auch die Lebewesen von Hadar haben sicher Werkzeuge benutzt, vielleicht einen Stein zum Aufschlagen von Nüssen oder Straußeneiern, den sie danach wieder fortwarfen.

Vor etwa 2,5 Millionen Jahren hat sich aber etwas Wesentliches geändert: Aus Werkzeugbenutzern wurden Werkzeughersteller. 2,5 Millionen Jahre sind die ältesten, von Menschen geschaffenen Werkzeuge alt, die man bisher gefunden hat. Es sind Steine, die künstlich so zurechtgeschlagen sind, daß sie scharfe Kanten zum Schneiden erhielten. Dabei arbeiteten die Steinschläger immer in der gleichen Weise, so daß immer wieder die gleichen Formen entstanden. Es bildeten sich erste *Techniken* heraus, die von den Älteren an die Kinder weitergegeben wurden.

Lernen durch Nachahmung

Aus Funden ist zu ersehen, daß man im Laufe von Generationen immer besser lernte, für jedes Werkzeug die am besten geeignete Gesteinsart auszuwählen und für verschiedene Tätigkeiten unterschiedliche Werkzeuge anzufertigen. Seit ungefähr 1,5 Millionen Jahren lebten menschliche Gruppen nebeneinander, die ihre eigenen Gewohnheiten und Techniken der Werkzeugherstellung ausbildeten. Die Archäologen nennen das verschiedene *Kulturen.* Erhalten sind uns aus der Altsteinzeit nur Werkzeuge aus Stein. Aber sehr wahrscheinlich haben Menschen auch Werkzeuge aus Holz oder Knochen hergestellt.

Wie haben die Kinder damals gelernt? Etwa nur durch Nachahmung? Haben die Erwachsenen mit den Kindern darüber gesprochen, wo man etwas zu essen findet, welche Tiere gefährlich sind, wie man einen Stein richtig bearbeitet? Wir wissen es nicht, vermuten allerdings, daß die Menschen schon vor 2 Millionen Jahren eine einfache *Sprache* hatten.

Zusammenleben

Wir wissen nicht genau, wie das Zusammenleben der Menschen damals geordnet war. In den letzten Jahren sind jedoch Lagerplätze gefunden worden – aus einer Zeit, die 2 bis 1,5 Millionen Jahre zurückliegt. Vermutlich haben die Benutzer rings um die Lagerstätten Zweige in den Boden gesteckt. Die zurückgebliebenen Werkzeuge und Tierknochen deuten darauf hin, daß ein derartiges Lager mehrere Tage aufgesucht wurde und daß man dort gemeinsam aß.

Wichtige Veränderungen im Verhalten sind also eingetreten: Die gefundene Nahrung wird nicht sofort verzehrt, sondern für spätere gemeinsame Mahlzeiten woanders hingetragen, also mit den übrigen Angehörigen der Gruppe geteilt.

Jagd und Wohnung

Wahrscheinlich waren es schon damals die Männer für die Beschaffung von Fleischnahrung verantwortlich. In der frühen Zeit suchten sie wohl in der Steppe nach toten Tieren, später lernten sie auch zu jagen. Dazu mußten sie sich weit vom Lager entfernen. Die Notwendigkeit, durch Jagderfolge das Überleben zu sichern, veranlaßte die Steinzeitmenschen, die Jagdwaffen zu verbessern.

Da sie für die Kleinkinder sorgen mußten, wurden die Frauen daran gehindert, sich an der Jagd zu beteiligen. So vermuten wir, daß die Frauen eßbare Pflanzen, Früchte, Vogeleier, Schnecken und andere Kleintiere in der Umgebung des Lagers sammelten und damit einen Beitrag zur Ernährung der Gruppe leisteten. Vielleicht kannten sie schon damals Stöcke zum Ausgraben von Wurzeln und einfache Behälter aus Tierhaut oder Körbe zum Transport von Nahrungsmitteln.

Während Kleintiere wie Hasen von einzelnen erlegt werden konnten, machte die Jagd auf Wisent oder Mammut ganze Gruppen von Jägern erforderlich. Diese *Horden*, wie man die Jagdverbände auch nennt, bildeten Gemeinschaften, die durch gemeinsame Jagderfolge, aber auch durch herbe Enttäuschungen zusammengewachsen sind.

Zusammenleben an prähistorischen Wohnplätzen

Familien

Vermutlich haben die Menschen sehr früh Regeln des Zusammenlebens gefunden, damit ein friedliches Auskommen möglich wurde.

Einige Wissenschaftler sind der Meinung, daß schon in der Altsteinzeit ein bestimmter Mann zu einer bestimmten Frau gehörte und deren Beziehung auch von gegenseitiger Zuneigung gekennzeichnet gewesen sei. Eine gemeinsame Aufgabe bestand darin, sich um die eigenen Kinder zu kümmern.

Es war eine einschneidende Veränderung, daß die Lagerplätze zu Behausungen wurden. Eine kleinere Verletzung oder Fieber bedeuteten jetzt keine lebensgefährliche Bedrohung mehr. Das kranke Hordenmitglied konnte wiedergefunden werden, auch noch nach Tagen. Es konnte von den übrigen miternährt werden, bis es wieder gesund war.

Vor etwa 1,5 Millionen Jahren siedelten die ersten Frühmenschen auch in Europa. Hier überleben zu können, setzte bestimmte Fähigkeiten voraus, der Verstand mußte sich also weiterentwickelt haben.

Während es für die Frühmenschen in den Tropen das ganze Jahr hindurch reife Früchte gab, mußte die Nahrung in Europa zu jeder Jahreszeit anders beschafft werden. Im Winter gab es außer Fleisch sicher nicht viel anderes.

Als erster Überrest eines *Frühmenschen in Europa* ist in der Nähe von *Heidelberg* 1907 ein Unterkiefer gefunden worden. Er ist wahrscheinlich 500 000 bis 700 000 Jahre alt. In Italien, Frankreich und Spanien sind ebenso alte und in Ungarn nur wenig jüngere Werkzeuge und Fossilien gefunden worden.

Gebrauch des Feuers

In Europa brachte nicht nur die Beschaffung von Nahrung große Probleme mit sich – auch die Kälte des Winters mußte überstanden werden. Die Steinzeitmenschen fürchteten sich damals nicht mehr vor dem Feuer wie die Tiere, sondern lernten, es zu beherrschen. Sie erkannten im Laufe der Zeit, daß das Feuer nicht nur Wärme und Licht spendet.

Die Funde, die in *Torralba* (150 km nordöstlich von Madrid) gemacht wurden, zeigen ganz eindeutig, daß die Menschen das Feuer schon zu ganz verschiedenen Zwecken benutzten. Bei Torralba gab es damals einen Gebirgspaß, der durch ein sumpfiges Tal führte. Diesen Weg benutzten auch Elefanten, Nashörner und Wildpferde, Auerochsen und Hirsche.

Die Ausgräber haben dort überall Spuren von Feuer gefunden, das benutzt wurde, um die Tiere in den Sumpf zu treiben. Steckten die Tiere dann in der Falle, wurden sie getötet.

Aus der Ansammlung von *Fossilien* (versteinerte Überreste) und Werkzeugen kann man erschließen, daß die Jäger die besten Stücke abgeschnitten und eine Strecke fortgetragen haben. Dort saß man um ein Feuer und hat gemeinsam gebratenes Fleisch gegessen, was Archäologen aus verbrannten Knochenresten schließen. Außerdem härteten die Jäger ihre hölzernen Waffen am Feuer, das den Menschen auch Schutz bieten konnte.

Erdgeschichtsforscher sind bemüht, die Abfolge von Kalt- und Eiszeiten sowie deren unterschiedliche Dauer genau zu bestimmen.

Warmzeiten und Eiszeiten

Große Klimaveränderungen gab es im Verlauf der Erdgeschichte immer wieder. Die Leute von Torralba lebten wahrscheinlich gegen Ende der drittletzten Eiszeit. Die menschlichen Fossilien, die wir aus der darauffolgenden Warmzeit kennen, lassen vermuten, daß damals die Entwicklung zum modernen Menschen weit vorangeschritten war. Während dieser Warmzeit dürften sich die menschlichen Siedlungen in Europa stark vermehrt haben. Im Laufe der vorletzten, besonders strengen Eiszeit wurde Europa dann wieder so gut wie menschenleer.

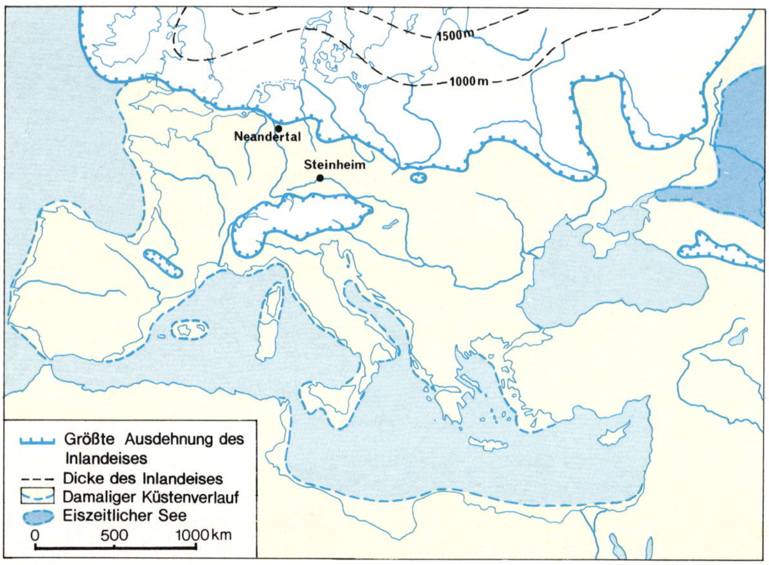

Europa während der Eiszeit

Die Neandertaler

Während der letzten Warmzeit, vor etwa 150 000 Jahren, wurde Europa endgültig von Menschen besiedelt, die wir Neandertaler nennen. Deren Gehirn war ebenso groß wie das des heutigen Menschen. Ihr Schädel war noch anders geformt: die Stirn abgeflacht, Ober- und Unterkiefer stark ausgebildet. Die Neandertaler waren auch etwas kleiner, aber viel kräftiger als die Menschen von heute. Ihren Namen tragen sie nach einem Tal bei Düsseldorf, in dem 1856 die ersten Fossilien eines solchen Menschen gefunden wurden. Wesentlich älter sind die Überreste, die man in der Nähe von Heidelberg und bei Steinheim (Baden-Württemberg) fand.

Die Neandertaler ernährten sich noch immer von dem, was die Natur ihnen anbot: Die Männer jagten, wobei sie durch eine verbesserte Organisation des Jagens größere Erfolge erzielen konnten.

Die Frauen sammelten Pflanzen, Beeren, Wurzelknollen, Pilze, Schnecken und andere eßbare Kleintiere und Feuerholz. Die Bearbeitung der Felle und die Herstellung von Kleidungsstücken gehörten wahrscheinlich ebenso zu ihren Aufgaben. Werkzeuge aus Stein, Knochen und Holz stellten dagegen mit großer Wahrscheinlichkeit die Männer her.
Die Neandertaler lebten in *Gruppen* von etwa 20 bis 25 Personen zusammen. Ihre Behausungen waren Hütten aus Zweigen oder Zelte aus Fellen. Manche haben auch in den vorderen Teilen von Höhlen gelebt.
Als die letzte Kaltzeit anbrach, die Winter also immer schneereicher und die Sommer immer kühler und regnerischer wurden, haben die Neandertaler Europa nicht verlassen. Sie lernten, in der nun entstandenen, unwirtlichen Tundra lange zu überleben, wo es kaum noch Pflanzen zum Sammeln gab und nur durch erfolgreiche Jagden das Überleben gesichert werden konnte. Erschwert wurden die Lebensbedingungen zusätzlich dadurch, daß kaum Feuerholz zu finden war.

Altsteinzeitliche Siedlungen in Bayern

Während der Eiszeiten erstreckten sich riesige Gletscher über das Alpenvorland, wodurch die Ansiedlung von Menschen in diesem Raum unmöglich wurde.
Günstigere Voraussetzungen für das Leben von Tier und Menschen boten dagegen die Donauniederungen. An den Unterläufen der Donauzuflüsse befanden sich gute Jagdgründe, weshalb die Menschen hier siedelten.
Aus der Anzahl der Funde kann man schließen, daß im unteren *Altmühltal* die besten Lebensbedingungen gegeben waren. Vor mehr als 100 000 Jahren haben sich Menschen in dieser Region niedergelassen. Als Behausungen dienten ihnen hier vor allem die zahlreichen Höhlen. In diesen Höhlen wurden aus Stein gefertigte Werkzeuge und Waffen in erstaunlicher Anzahl entdeckt. Schmuckstücke oder Geräte, die aus Knochen, Geweihen oder auch aus Zähnen gefertigt sind, kamen bisher jedoch nur in seltenen Fällen zum Vorschein.
Eine interessante Fundstelle ist der *Speckberg* bei Meilenhofen (Landkreis Eichstätt), der durch seine begünstigte Lage die Jäger angezogen hat. Von einer freien Anhöhe aus konnten die Tiere, die zur Tränke zogen, genau beobachtet werden.

In den Höhlen bei Mauern (Weinberghöhlen im Landkreis Neuburg-Schrobenhausen) wurden im Jahre 1935 Gegenstände gefunden, die von den eiszeitlichen Menschen wahrscheinlich verehrt wurden (Kultrelikte). Die Geschichte der Grabungen bei Mauern liest sich wie ein Abenteuerroman. Noch vor wenigen Jahren fanden dort Raubgrabungen statt.

Malerei in der Höhle von Pech-Merle (Auvergne, Frankreich)

Religiöse Vorstellungen und Kulte

Von den Neandertalern wissen wir, daß sie ihre Toten fürsorglich bestatteten. So gaben sie ihnen Nahrung und Werkzeuge mit ins Grab. Dies deutet darauf hin, daß sie an ein Weiterleben nach dem Tod glaubten.

Frühe Kunstwerke

Zu den ältesten Kunstwerken aus der Altsteinzeit zählen die Funde aus der Vogelherdhöhle in Süddeutschland: Es sind kleine Figuren aus Elfenbein. Etwas jünger sind die ältesten Musikinstrumente, sie dürften gut 30 000 Jahre alt sein. Vielleicht haben diese ersten Kunstschätze etwas mit der Einwanderung nach Europa zu tun, die während der letzten Eiszeit stattfand. Die möglicherweise aus Asien eingewanderten Menschen waren in vielen Dingen geschickter als alle ihre Vorfahren. Sie hatten z. B. Wölfe als Begleittiere an sich gewöhnt. Später entwickelte sich aus solchen halbzahmen Wölfen das erste Haustier, der Hund.

Zahllose Gegenstände aus Knochen, Geweih und Elfenbein versahen diese Menschen mit Ritzzeichnungen oder Schnitzereien. Am großartigsten sind die *Tierbilder*, die in Höhlen in Südfrankreich und Spanien entdeckt wurden. Diese Bilder befinden sich in schwer zugänglichen Teilen der Höhlen, die nicht bewohnt waren. Sie konnten also nur im Schein von Fettschalenlampen oder Fackeln hergestellt und betrachtet werden. Für die Menschen hatten diese Höhlenbilder sicher eine besondere Bedeutung. Man nimmt an, daß sich bei solchen Höhlen in jedem Jahr zur selben Zeit Gruppen aus einem weiten Umkreis versammelten. Da konnte man sich gemeinsam auf eine Jagd vorbereiten, verschiedene Erfahrungen austauschen, sich Geschichten erzählen, einen Ehepartner suchen oder sich einer anderen Gruppe anschließen.

In den Höhlen fanden dann auch *religiöse Feiern* statt. Was die Zeichnungen bedeuten, können wir nur vermuten. Die manchmal in Tiere eingezeichneten Speere legen nahe, daß hier urzeitliche Jagden dargestellt sind, und die Menschen mit diesen Darstellungen Dankbarkeit oder die Hoffnung nach anhaltendem Jagdglück zum Ausdruck bringen wollten. Häufig malten die Menschen Tiere, von deren Fleisch sie nicht lebten. Die Tiere waren dann vielleicht gerade solche, mit denen man sich besonders verbunden fühlte und die den Höhlenbewohnern beim Betrachten Vorstellungen vom Wirken göttlicher Mächte vergegenwärtigten.

Am Ende der letzten Eiszeit im Rheinland

1 Bericht über eine Fundstelle

D Beim Ausheben einer Baugrube wurde in Gönnersdorf bei Neuwied ein Siedlungsplatz aus der letzten Eiszeit (um 10 400 v. Chr.) entdeckt. Die Siedlung lag am Hang, ein Bach floß nahe daran vorbei. Es wurden mehrere Grundrisse von Wohnbauten gefunden. Einen beschreiben wir genauer: Pfostenlöcher in regelmäßigen Abständen bildeten einen Kreis von 7 m Durchmesser. Der Boden innerhalb dieses Kreises war mit nach und nach zerbrochenen Schieferplatten gepflastert (Schiefervorkommen etwa 500 m entfernt). Überall gab es Spuren von roter Farbe, die aus Eisenoxid (farbige Erde) hergestellt war. Etwa in der Mitte befand sich eine Grube mit Holzkohleresten von Kiefer- und Wacholderholz. Ein Häufchen Asche lag daneben. Teils in der Grube, teils rundherum lagen vom Feuer zersprungene Steine. An einem Ende der Grube gab es Spuren eines Pfostenloches, genau gegenüber lag der Oberschenkelknochen eines Mammuts mit Rußspuren. Eine Rengeweihschaufel stak noch im Boden.
Außerdem gab es zahlreiche kleine Gruben ohne Aschenreste. Sie waren mit Steintrümmern und Abfall gefüllt. Wahrscheinlich waren sie mit Fell oder Leder ausgekleidet gewesen. Die Steine sind zersprungen, weil man sie erst im Feuer erhitzt und dann in kaltes Wasser geworfen hatte.

2 Wohnung

2a *Das Lager. (Der Pfeil zeigt die Stelle, an der die Reste des Lagers gefunden wurden.)*

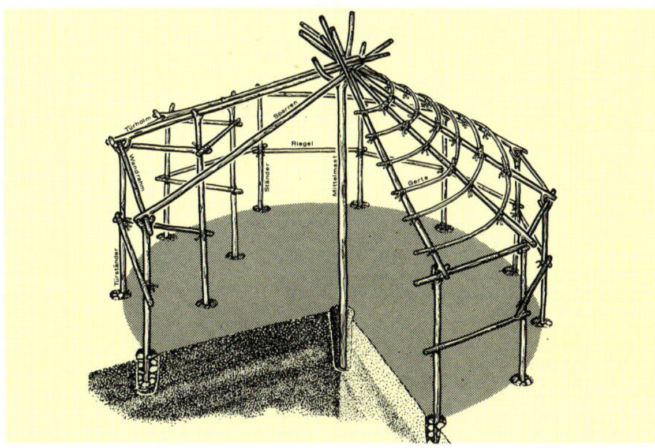

2b *Ihr seht auf den beiden Bildern, wie Archäologen die Zelte rekonstruiert haben. Als Vorbild dienten ihnen Zelte heutiger sibirischer Jäger. Um das Zelt nachzubauen, benötigten sie 40 Pferdehäute von insgesamt 240 kg Gewicht.*

2c *Auf den nachfolgenden Bildern ist etwas aus der Inneneinrichtung des Zeltes dargestellt.*

1 *Schreibt auf, welche Arbeiten die Gruppe beim Bau eines Zeltes wie in Abbildung 2 b verrichten mußte. Überlegt dabei auch, woher sie das Baumaterial nahm und wieviel Menschen sich an der Beschaffung beteiligten.*

2 *Wozu haben die in Abbildung 2 c dargestellten Einrichtungen gedient? Sucht aus dem Fundbericht die dazugehörige Beschreibung heraus.*

3 Ernährung

3a *Liste der Tiere, deren Knochen auf dem Siedlungsplatz Gönnersdorf gefunden wurden:*

Vorkommen	gefundene Tierknochen
am häufigsten	Pferde
sehr häufig	Rentier
ziemlich häufig	Eisfuchs, Schneehase, Gans, Schwan, Ente, Schneeule, Möwe, Kolkrabe, Fisch
vereinzelt	Wisent, Auerochse, Saiga-Antilope, Gemse, Mammut, Wollhaarnashorn, Hirsch, Elch

3b *Liste der eßbaren Pflanzen, die in der Gegend um das Lager wuchsen:*

Pflanze	eßbare Teile
Eiche	Eicheln (gekocht)
Wacholder	Beeren
Hasel	Nüsse
Gräser	Samen (geröstet, gekocht, zerstoßen, gemahlen)
Süßgräser	Fruchtstände (gekocht)
Kamille	Blütenstände
Schafgarbe	Blütenstände
Löwenzahn	Blätter (roh und gekocht)
Wegewarte	Wurzel und Blätter
Melden	Blätter (gekocht)
Nelkengewächse	Wurzel
Beifuß	ganze Pflanze vor Knospenaufbruch, gekocht
Topinambur	Knolle als Gemüse gekocht

1 *Betrachtet noch einmal das Bild 2a und stellt fest, wo die verschiedenen Tiere leben und die Pflanzen wachsen konnten.*

2 *Stellt einen möglichen Speiseplan für einen Tag auf. Denkt dabei auch an die Beschaffung und Zubereitung der Nahrung. Achtet auf die Jahreszeit.*

3 *Die Liste der Tiere gibt nicht nur über die Ernährung Auskunft. Welche anderen Verwendungen der Beutetiere könnt ihr euch vorstellen? Stellt eine Liste auf und gebt die Teile der Beute an.*

Bauern in der Jungsteinzeit

Die neolithische Revolution

Hunderttausende von Jahren haben die Menschen von gesammelten Pflanzen und gejagten Tieren gelebt. Sie nahmen das, was ihnen die Natur bot.
Vor ungefähr 10 000 Jahren begann sich aber eine Veränderung abzuzeichnen, die für die Menschheitsgeschichte weitreichende Folgen nach sich ziehen sollte: Im *Vorderen Orient* fingen Menschen an, Getreide anzubauen und Vieh zu halten!
Die Zeit nach dieser Wandlung nennt man die *Jungsteinzeit* (Neolithikum). Obwohl Geräte und Waffen noch immer aus den bisher bekannten Materialien hergestellt wurden, sprechen wir von der ersten *Revolution* in der Menschheitsgeschichte. Der Übergang zu einer neuen Wirtschaftsweise brachte eine Umwälzung der Lebensverhältnisse mit sich, die nicht nur die Ernährung betraf.

Vom Nahrungsammeln zum Ackerbau

Wir dürfen uns nicht vorstellen, daß sich diese Wandlung schlagartig vollzog. Sie hat vielmehr mehrere Jahrtausende gedauert.
Als die letzte Eiszeit vor etwa 15 000 Jahren langsam zu Ende ging, bildete sich an den Westhängen der Berge im *Vorderen Orient* ein Klima heraus, das wilden Weizen und wilde Gerste sehr gut gediehen ließ: Im Winter gab es genügend Regen, während die Sommer ziemlich trocken und warm waren. Die Menschen fingen an, dieses Wildgetreide zu ernten und – wenn sie nicht alles sofort verbrauchen konnten – aufzubewahren. Hatte man genügend Vorräte in einer dafür angelegten Grube, konnte man den nächsten Wochen gelassener entgegensehen.
An einigen Stellen müssen die Menschen im Laufe der Zeit nicht nur Wildgetreide geerntet, sondern selbst Getreide ausgesät haben. Vielleicht haben sie zufällig entdeckt, daß ausgesäte Getreidekörner besser keimen und wachsen, wenn der Boden gelockert wird. Daß sich der Ertrag erhöhen ließ, wenn man gesunde und besonders große Körner aussäte, dürften die angehenden Bauern rasch gelernt haben.

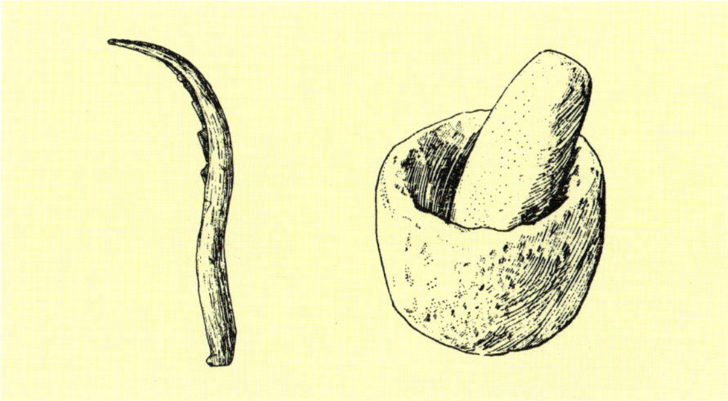

Erntemesser und Mahlstein, zwei wichtige Geräte für die Erntevölker

Die Entwicklung vom Wildgetreide zum angebauten Getreide (Weizen)

Seßhaftigkeit

Solange die Menschen vom Erjagten und Gesammelten gelebt hatten, mußten sie nach einer gewissen Zeit immer wieder weiterwandern, um Nahrung zu finden. Jetzt, wo man sich eine „lebendige Vorratskammer“ angeschafft hatte, gerodete Felder bepflanzte und davon erntete, war der Zwang zum Umziehen nicht mehr gegeben.
Wir nehmen an, daß die Seßhaftigkeit die Einstellung des Menschen zur Zukunft erheblich veränderte. Nun begannen die Menschen, ihren Lebensunterhalt zu planen und für ihre Zukunft vorzusorgen. Weil sie jetzt an einem Ort bleiben konnten, bekam es einen Sinn, dauerhaftere Häuser zu bauen, in denen man lange Zeit wohnen konnte.

Bau eines Hauses in der Jungsteinzeit. Die verschiedenen hier rekonstruierten Arbeitsgänge wurden nacheinander ausgeführt.

Viehhaltung

Ganz ähnlich wie die Entwicklung vom Sammeln der Nahrung zum Ackerbau voranschritt, muß sich auch der Wandel von der Jagd zur Viehhaltung vollzogen haben. Im Laufe von mehreren tausend Jahren sind die Menschen dazu übergegangen, wilde Tiere zu zähmen, in Gefangenschaft zu halten und schließlich dafür zu sorgen, daß sich nur geeignete Tiere vermehrten. Woher wissen wir das?

Wieder müssen Funde weiterhelfen. Wie bei den Getreidekörnern läßt ein Größenvergleich Schlüsse zu. Gezähmte Tiere waren meist erheblich kleiner als die wildlebenden. Außerdem ist zu beobachten, daß sich bei einzelnen Tierarten der Knochenbau veränderte, was auf die Tierhaltung zurückzuführen ist: So nahmen z. B. beim Schaf die Hörner eine andere Form an. Auch kann von der Anlage von Wohnplätzen und Siedlungen abgelesen werden, ob die Menschen Vieh in ihrer Umgebung gehalten haben. Neben den Wohnhäusern der Menschen fanden sich in Einzelfällen Reste von Vorrichtungen, die Unterstellplätze für das Vieh gewesen sein könnten. Aber auch anhand der gefundenen Knochenreste ist zu belegen, daß die Menschen Vieh hielten.

Arbeitsteilung und Formen des Zusammenlebens

Der Bau von Häusern und Siedlungen erforderte von den Menschen nicht nur erhebliche Anstrengungen, sondern auch verschiedene Kenntnisse: So mußte zunächst ein Tragegerüst aufgestellt werden, bevor die Wände geflochten wurden. Danach konnte begonnen werden, mit Lehm die Flechtwände zu verputzen. Dachdecker versuchten, mit Schilfauflagen das Dach abzudichten.

Der Bau eines Hauses war sicher nicht von einem einzelnen zu bewerkstelligen – die Hilfe von Nachbarn war schon erforderlich, wenn eine Dachkonstruktion auf ein Langhaus gesetzt werden mußte. Die Menschen in der Altsteinzeit waren gemeinsam zur Jagd gegangen, in der Jungsteinzeit haben sie gemeinsam ihre Häuser gebaut. Je nach Kraft und Geschick fand jeder eine Tätigkeit, einzelne wurden vielleicht sogar schon zu gefragten *Spezialisten.*

In der Jungsteinzeit legten die Menschen nicht mehr ausschließlich Wert auf die Herstellung von Jagdwaffen. Für den Lebensunterhalt war es jetzt wichtiger, besonders geeignete Geräte für den Ackerbau und Werkzeuge für den Hausbau herzustellen.

Vor wenigen Jahren hat man eine jungsteinzeitliche Siedlung bei *Hienheim* (Landkreis Kelheim) genau untersucht. Wir wissen, daß dort in einer dorfartigen Siedlung Rechteckbauten standen, die etwa 30 m lang waren. Um derart große Gebäude errichten zu können, mußte *Nachbarschaftshilfe* geleistet werden. In manchen Gegenden haben die Menschen Einraumhäuser gebaut, in denen eine Familie lebte. Neben diesen Häusern befanden sich gesonderte Bauten für den Vorrat und Schutzhütten für das Vieh. In anderen Siedlungen, wie z. B. in Hienheim, herrschten hingegen die *Langhäuser* vor, in denen neben den Menschen auch das Vieh und die Vorräte Platz gefunden haben.

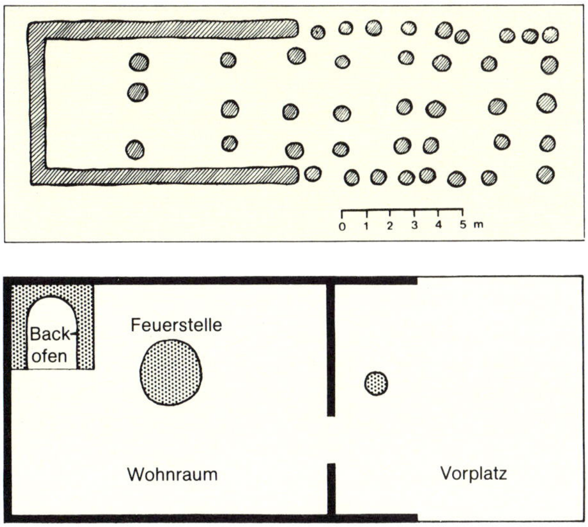

Grundrisse verschiedener Gebäude aus der Jungsteinzeit

Neben der Arbeitsteilung*, die sich beim Bau dieser Häuser entwickelte, dürfte sich auch innerhalb der einzelnen Familien eine Arbeitsteilung ausgebildet haben. Die Zuständigkeit der Männer bestand darin, Boden urbar zu machen und so zu bearbeiten, daß ein Anbau möglich wurde. Auch die Herstellung von Werkzeugen dürfte ebenso Aufgabe der Männer gewesen sein wie die Jagd und der Fischfang. Aufgabe der Frauen war es, für die Kleidung zu sorgen; dazu gehörte das Spinnen und Weben. Wahrscheinlich haben sie auch bei der Feldarbeit mitgeholfen und das Essen zubereitet.

Bandkeramiker

Ein wesentlicher Hinweis auf den Übergang zur Vorratswirtschaft sind Gefäße, die bei jungsteinzeitlichen Siedlungen gefunden wurden. Diese Keramikgefäße beweisen nicht nur, daß die handwerkliche Geschicklichkeit des Menschen zugenommen haben muß, sondern auch, daß ein erheblicher Bedarf an Gefäßen vorhanden war. Außerdem wird an vielen dieser Keramikarbeiten das Bedürfnis der Menschen sichtbar, die Gegenstände ihrer unmittelbaren Umgebung künstlerisch ansprechend zu gestalten. Deshalb finden wir auf diesen Gefäßen häufig eingeritzte Verzierungen, die an Bänder erinnern. Ausgehend von dieser Beobachtung, hat man die Menschen, die in Mitteleuropa zur neuen Wirtschaftsform übergegangen sind, auch Bandkeramiker genannt.

Tongefäße der Bandkeramiker (Ende des 5. bis Ende des 4. Jahrtausends). Für die Geschichtsforscher haben diese Verzierungen viele Anhaltspunkte geliefert, um die Ausbreitung von Kulturen zu ermessen, sie zu vergleichen oder zu unterscheiden.

Menschen verändern die Natur

Von einigen jungsteinzeitlichen Siedlungen wissen wir, daß sie nicht länger als ungefähr 100 Jahre bewohnt wurden. Welche Gründe könnten die Menschen veranlaßt haben, ihre Siedelplätze wieder zu verlassen? Dafür gibt es verschiedene Erklärungen: Eine davon ist, daß die Menschen andere Lebensräume suchten, weil die Fruchtbarkeit des Bodens über Jahre hin nachließ und schließlich keine sichere Grundlage für die Ernährung mehr darstellte. Die Menschen haben sich dann auf den Weg gemacht und nach neuen Niederlassungen gesucht. Wald wurde gerodet und der Boden urbar gemacht. Der Mensch hatte begonnen, die Natur zu verändern.

Ackerbau und Viehzucht ermöglichten auch in Mitteleuropa viel mehr Menschen das Überleben im Vergleich zur Altsteinzeit. Ein Anwachsen der Bevölkerung war die Folge. Für Siedlungen und Felder rodeten die Menschen Teile des Urwaldes.
Das Vieh wurde in die Wälder getrieben, weil es Weiden nicht gab. Um im Winter für die Tiere Futter zu haben, wurde in großen Mengen frisches Laub aus den Wäldern geholt. Deshalb sind einige Baumarten, z. B. die damals weit verbreitete Ulme, aus den Wäldern fast vollständig verschwunden.
Die sich anbahnende Veränderung einer urwüchsigen *Naturlandschaft* führte in Mitteleuropa zu keinen problematischen Schädigungen, weil häufige Regenfälle eine Erholung des Bodens und das Nachwachsen junger Bäume begünstigten.
Anders war das im *Vorderen Orient*, wo es weniger regnete. Dort wurden die Wälder durch Rodungen und das Abholzen zur Gewinnung von Bau- und Brennmaterial weitgehend zerstört. Die Folge war hier, daß sich der Grundwasserspiegel senkte und weite Landstriche im Laufe von Jahrhunderten teilweise oder völlig verödeten. So entstand ein Landschaftsbild, wie es sich heute noch darbietet.

Der Fruchtbare Halbmond

Eine vom Klima begünstigte Lage hatte dazu geführt, daß im Vorderen Orient die Entwicklung zur produzierenden Wirtschaftsweise und zur Seßhaftigkeit etwa 3000 Jahre früher stattfand als in Europa. Zwar wurde diese neue Wirtschaftsform in verschiedenen Gebieten der Erde unabhängig voneinander erreicht, doch nach Mitteleuropa kam dieser Fortschritt eindeutig aus dem Orient.
Im Vorderen Orient gingen die Menschen vor mehr als 10 000 Jahren dazu über, neben Getreide auch Wicken und Erbsen anzubauen.
Verschiedentlich setzte auch die Kultivierung von Ölbaum, Weinrebe und einzelnen Obstsorten ein. Dort, wo wegen der Trockenheit Ackerbau nicht möglich war, blieb der Platz Nomaden mit ihren Schaf- und Ziegenherden vorbehalten.
Allmählich lernten die Menschen, das Wasser besser zu nutzen: Ackerbauern gruben in der Nähe von Flüssen erste Bewässerungsgräben, um Anbauflächen zu gewinnen. Allerdings dauerte es noch eine lange Zeit, bis man mit den Überschwemmungen der großen Flüsse, die immer wieder ihren Lauf änderten, fertig wurde.

Gebiete, in denen die jungsteinzeitliche Kultur entstand und von denen sie sich ausbreitete.

Die ersten Städte

Die Sorge um die Sicherung des Lebensunterhalts war auch in der Jungsteinzeit noch groß. Unwetter, Trockenheit und wilde Tiere konnten die Ernte vernichten, Seuchen den Viehbestand bedrohen. Dennoch nahm in der Jungsteinzeit die Bevölkerung ständig zu. Siedlungen wurden gegründet und allmählich vergrößert. Dörfer entstanden, die nicht viel größer als ein Fußballfeld waren und aus wenigen Häusern bestanden.
Ausnahmen stellten *Jericho* (Israel) und *Çatal Hüyük* (Türkei) dar. Im alten Jericho dürften schon vor 9000 Jahren 2000 bis 3000 Einwohner gelebt haben.
In Çatal Hüyük, einem heute unbedeutenden Ort in der Türkei, bestand vor 8000 Jahren ebenso eine stadtartige Siedlung mit mehreren tausend Einwohnern. Aus der Größe der Häuser ist zu schließen, daß die Menschen in überschaubaren Gruppen zusammenlebten.
Aber wie war das Leben und Arbeiten in der Stadt organisiert? Gab es ganz bestimmte Vorschriften, an die sich die Bewohner halten mußten? Wer hat die Gemeinschaftsaufgaben erledigt? Gab es vielleicht eine Unterscheidung zwischen arm und reich, haben Mächtige über andere geherrscht? Wie weit war die handwerkliche Spezialisierung in den großen Siedlungen vorangeschritten? – Das sind offene Fragen!

1 Siedlungsformen der Jungsteinzeit

D Beidha liegt am Rande der Arabischen Wüste. Zwischen 7000 und 6500 v. Chr. war diese Siedlung, umgeben von fruchtbarem Land, von etwa 100 Menschen bewohnt. Sechs übereinanderliegende Siedlungsschichten wurden dort ausgegraben. In der ältesten Schicht fand man Reste von Rundhäusern mit einem Durchmesser von 1,60 Metern. Später sind die Menschen von Beidha zur viereckigen Bauweise übergegangen.

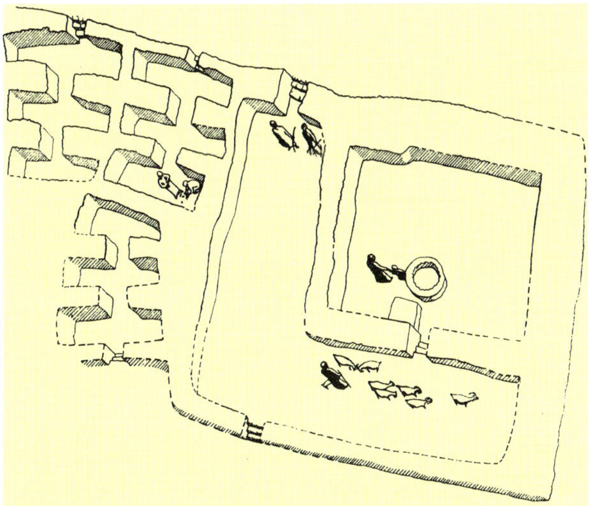

Nach den bei Ausgrabungen in Beidha gefundenen Resten rekonstruierter Grundriß eines Hauses mit Werkstätten

Modell einer jungsteinzeitlichen Seeufersiedlung

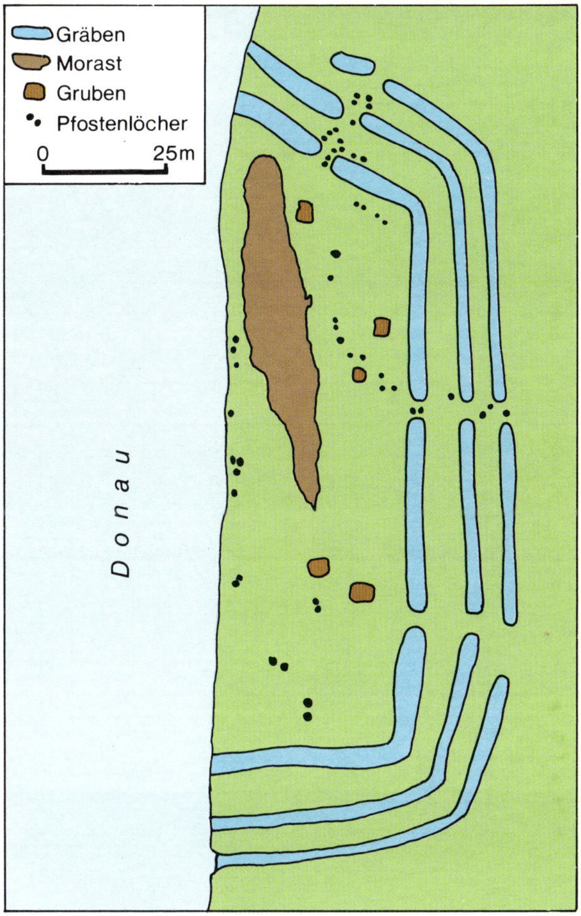

Plan der befestigten Siedlung am Donauufer bei Lengfeld-Alkofen (Landkreis Kelheim)

1 *Was kann man daraus schließen, daß in Beidha neben den Häusern Werkstätten eingerichtet waren?*
2 *Welche Gründe könnten die Menschen veranlaßt haben, Beidha zu verlassen?*
3 *Erklärt, warum die Menschen vorzugsweise in der Nähe von Gewässern siedelten? Welche Nachteile brachte das mit sich?*
4 *Warum haben die Menschen in der Siedlung bei Lengfeld-Alkofen Gräben geschaffen, in denen man u. a. über 100 Pfeilspitzen fand?*

2 Neue Techniken

2a *Schleifen von Steingeräten*

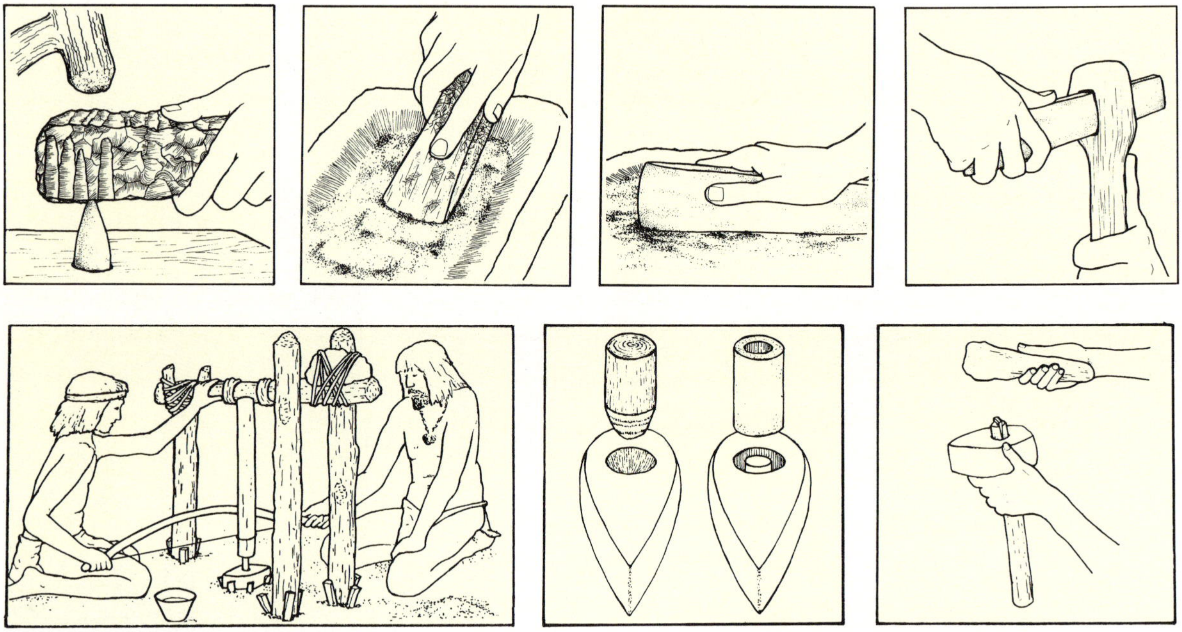

2b *Töpfern und Weben*

Töpferwaren aus einem jungsteinzeitlichen Dorf

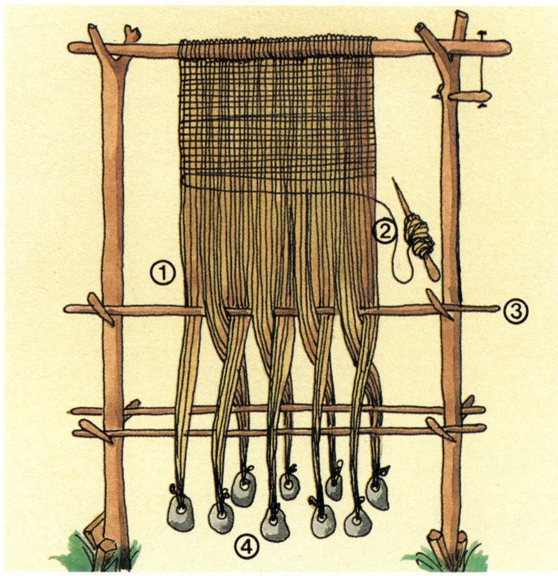

Webstuhl der Jungsteinzeit. Rekonstruktion.

2c *Stabile Werkzeuge*

Durchbohrte und geschliffene Steinäxte von bayerischen Fundorten. Länge der großen Axt: 30,5 cm. Die Technik der Steinbohrungen war in der Jungsteinzeit weit verbreitet. Dies belegen nicht nur zahlreiche Axtfunde. Bei vielen Siedlungen kamen auch Bohrkerne zum Vorschein, die zum Abfall geworfen wurden, uns aber beweisen, daß man bereits die Hohlbohrung erfunden hatte.

2d *Kunstfertigkeiten*

Gefäß in Stiergestalt. Als Verzierungen sind sog. Linearbänder zu erkennen (Fundort Hienheim, Landkreis Kelheim).

1 *Beschreibt den Vorteil, den die Steinbohrungen für die Werkzeugherstellung mit sich brachten. Fertigt Skizzen an.*
Erkundigt euch, was man unter einer Hohlbohrung versteht.

2 *Welche Techniken waren erforderlich, um das Gefäß in Stiergestalt (Abb. 2 d) herzustellen? Zu welchen Zwecken könnte dieses Gefäß verwendet worden sein?*

3 **Landwirtschaftliche Geräte**

Hakenpflug (Schwedische Felsmalerei, etwa 3000 Jahren alt).

Ein Hakenpflug heute. So wird noch heute in einigen Entwicklungsländern gepflügt.

1 *Welche erheblichen Vorteile brachte der Pflug im Vergleich zum Grabstock mit sich?*

2 *Versucht zu erklären, warum noch in unserer Gegenwart Ureinwohner mancher Kontinente auf einer Entwicklungsstufe stehen, die mit der Jungsteinzeit zu vergleichen ist.*

3 *Erkundige dich bei deinem Biologielehrer, welche Bedeutung dem Pflügen für das Wachstum der Pflanzen zukommt.*

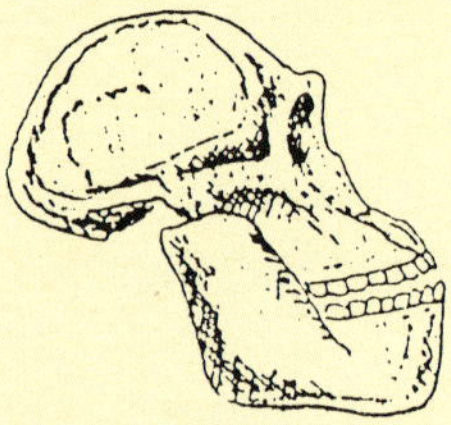
erste Menschen

Werkzeuge

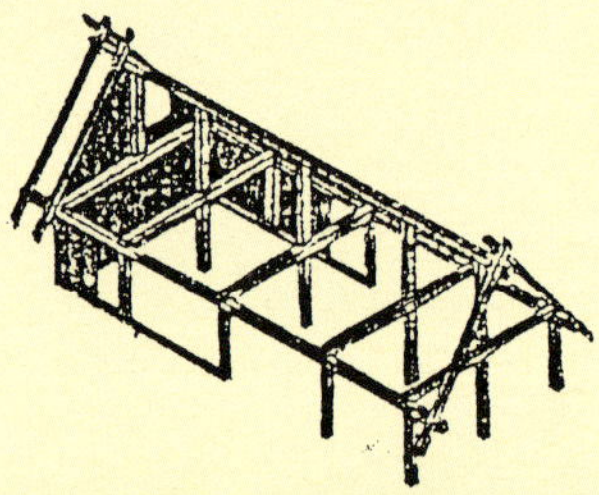
Seßhaftigkeit

Schmuck und Malerei
(Ausdruck von Religiösität)

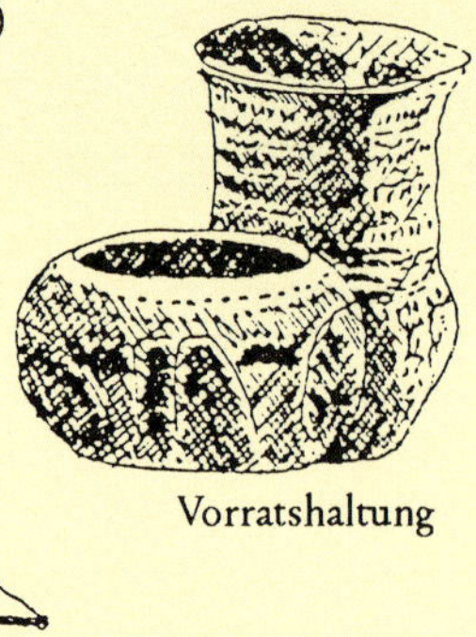
Vorratshaltung

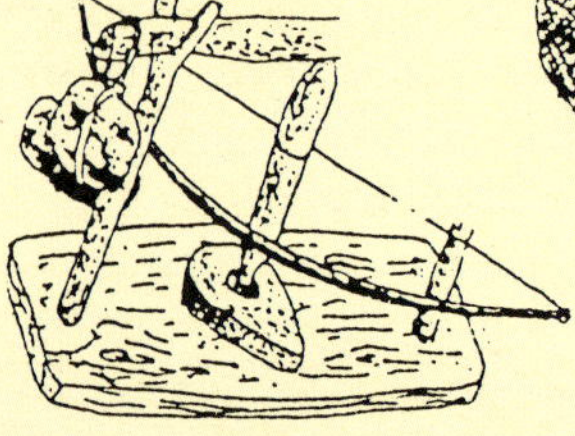
Neue Techniken

Als Ur- oder Vorgeschichte bezeichnen wir die Zeitspanne von den frühesten Anfängen des Menschen bis zu der Zeit, von der uns schriftliche Zeugnisse überliefert sind. Eine exakte Eingrenzung dieses Zeitraumes ist auch für ***Archäologen*** schwierig:

- In den letzten Jahrzehnten haben Entdeckungen zu der Erkenntnis geführt, daß die Geschichte der Menschen doch erheblich älter ist, als man bis dahin angenommen hatte.
- Es hat mehrere Millionen Jahre gedauert, bis sich aus den Vorfahren des Menschen der homo sapiens entwickelt hat. Der Zeitpunkt des Übergangs kann nicht genau bestimmt werden. Wir können jedoch sicher sein, daß dieser Übergang vor mehr als ***3 Millionen Jahren*** stattfand. Vor mindestens 750 000 Jahren begann sich der homo sapiens zu entwickeln.
- Die Entwicklungsgeschichte der Menschheit verlief in verschiedenen Teilen der Erde zu unterschiedlichen Zeiten. Durch klimatische Umstände bedingt, finden sich Menschen in Europa erst relativ spät.

Ausgehend vom Orient vollzog sich vor mehr als ***10 000 Jahren*** ein Wandel, der etwa 3000 Jahre später auch in Europa zu beobachten ist, die neolithische Revolution:

- Die Menschen werden von Jägern und Sammlern zu Hirten und Bauern. Dadurch wird die Ernährung sicherer, womit eine wesentliche Voraussetzung für ein Anwachsen der Bevölkerung gegeben ist.
- Statt von einem Lagerplatz zum anderen zu ziehen, werden die Menschen ***seßhaft*** und errichten dauerhafte Siedlungen. Erste Formen der ***Arbeitsteilung*** entwickelten sich.
- Allmählich beginnen die Menschen, die Natur zu verändern, und versuchen, sie zu beherrschen.
- Neben Steinwerkzeugen (deshalb spricht man auch von ***Steinzeit***) stellen die Menschen jetzt Keramikgefäße her. Später gewinnen und verarbeiten sie auch Metall.

Aus dem Leben der jungen Steinzeitfrau Qila

Blind vor Schnee kämpfe ich mich den Hang hoch und muß dabei sehr aufpassen, nicht zu rutschen und abzustürzen. Endlich erreiche ich die halbrunde Felswand, in deren hinterem Teil der Höhleneingang liegt. Ich wische mir die Augen, presse mich an die Wand und lausche. Hier in der Nähe hatten unsere Männer einmal einen Bären aufgestöbert. Aber nichts rührt sich in dem dunklen Gang. Ich betrete ihn mit stoßbereitem Speer schnuppere noch einmal und hoffe, daß der Platz frei von Raubtieren ist.

Ich lege meine Jagdgeräte ab und suche aus meiner Tasche die Feuerknolle mit der breiten Schlagkerbe hervor. An Brennstoff fehlt es nicht. Überall liegen Knochenreste verstreut, von Pferd und Mammut, Bison und Ren, die Überbleibsel von Beutetieren, an denen sich Löwen, Hyänen und Menschen gütlich taten. Ich kauere mich auf den Boden und schabe von einem trockenen Knochenteil so viel ab, wie das Feuer für seinen ersten Hunger braucht, schlage lange, sprühende Garben aus der Knolle, blase in die glimmenden Funken und sehe, wie das Feuertier erwacht. Ich bekomme ein richtig großes Herdfeuer zugange, wärme mich auf und schaue in das Gestöber hinaus, dem ich entronnen bin.

Im Laufe des Vormittags hellt sich die Luft auf. Der Schnee fällt nicht mehr so dicht, und ich kann bereits bis ins Tal schauen. Die Landschaft ist unter dicken weißen Polstern verschwunden. Ich recke mich, gehe zum Ausgang und lutsche Eis gegen den Hunger. Ob ich es wage, den Hang hinabzusteigen? Meine Schneeschuhe liegen in der Siedlung, und hier könnte ich sie gebrauchen, denke ich ärgerlich. Ich bin eingeschneit und muß mich auf langes Warten gefaßt machen. Da reißt plötzlich die Wolkendecke auf, die Sonne gleißt und überschüttet das Tal mit unwirklichem Licht. Aus der Ferne kommt ein merkwürdiges Geräusch, ein hoher singender Ton, der schnell anschwillt. Ich ziehe mich in den Höhleneingang zurück, häufe hastig Knochen auf die Glut und decke die Feuerstelle mit Gesteinsbrocken ab. Denn jetzt fällt der Wind in die Höhle ein und schüttet Schnee über mich. Ich hocke mich nieder und versuche, mich möglichst klein zu machen. Bis in den späten Tag fegt mir der Wind um die Ohren. Als seine Gewalt endlich nachläßt, hat sich die Sonne bereits gegen den Himmelsrand geneigt. Die Talsohle liegt leergefegt vor mir, nur der verharscht aufliegende Altschnee leuchtet im Sonnenuntergangslicht. Schneeschuhe brauche ich jetzt nicht mehr. Ich will schon losgehen, als ich hinter der rückwärtigen Felswand ein Stück braunes Fell entdecke. Es hebt sich nur wenig vom Stein ab, aber ohne Zweifel, dahinter verbirgt sich ein Tier. Ich rühre mich nicht und warte mit gezücktem Speer, was hinter dem Felsblock zum Vorschein kommt. Doch ich nehme nicht die geringste Bewegung wahr, höre auch nicht das kleinste Geräusch, so sehr ich auch meine Ohren spitze. Schließlich umschleiche ich den Stein von der anderen Seite, spähe um die Ecke und fahre gleich darauf erschrocken zurück. Ein riesiges Tier lehnt gegen den Stein, massig, untersetzt, die zotteligen Haare voll Schnee und mit einem Doppelhorn im Gesicht. Natürlich, jetzt weiß ich, was für ein Geschöpf das ist. Ein Nashorn, nach dem Mammut das gewaltigste Tier in der Tundra.

Ich stehe gegen den Wind, fasse mir ein Herz und wage noch mal einen Blick. Das Geschöpf weicht nicht vom Fleck. Ich nehme meinen Speer fest in die Hände und stoße einen schrillen Jagdschrei aus. Doch das Ungetüm setzt sich nicht in Bewegung. Mit zwei Sätzen bin ich an seiner Flanke, ziele, wo das Herz sein muß, und stoße mit aller Kraft zu. Der Schaft zersplittert, und ich falle hintenüber ins Flechtengestrüpp. Während ich mich aufrichte, begreife ich plötzlich, warum sich das Tier nicht bewegt. Es ist durch und durch zu Eis gefroren. Ich löse die beinerne Speerspitze aus der zerbrochenen Schäftung, stecke sie in die Tasche und mache mich auf den Weg in unsere Siedlung. Meine Füße laufen von selbst und eilen, unseren Leuten die gute Nachricht zu bringen. In unserer Lage bedeutet der Fleischberg einen Essensvorrat für viele Tage.

Es preßt mir vor Hunger den Magen zusammen, wenn ich an das viele leckere Fleisch denke. Der Weg zieht sich, denn die Tundra ist im Dunkeln noch schwerer zu begehen, als sie es bei Tageslicht ohnehin schon ist.

Entnommen aus: Arnulf Zitelmann, Bis zum 13. Mond. Eine Geschichte aus der Eiszeit, Beltz-Verlag, Weinheim 1986.

2. Frühe Hochkulturen

Zu den sieben Weltwundern, welche die Menschen des Altertums kannten, gehörten an erster Stelle die ägyptischen Pyramiden. Auch uns heutigen Menschen, die wir täglich so vielen technischen Meisterleistungen begegnen, erscheinen die Pyramiden noch immer als etwas Wunderbares.
Wir können es uns kaum vorstellen, daß Menschen vor viereinhalbtausend Jahren ohne all die Maschinen, die uns heute zur Verfügung stehen, solche ungeheuren Bauwerke errichten konnten.
Wie war es möglich, so fragen wir uns, diese riesigen Grabmäler zu schaffen, deren Spitze in den Himmel ragt und in ein Jenseits weit außerhalb unserer Welt verweist?
Was verbirgt sich hinter den Mauern dieser Pyramiden?
Wie ein Wächter, der die gesamte Anlage behütet, liegt vor den Pyramiden die Sphinx, jenes gewaltige Mischwesen aus Mensch und Raubkatze, das uns so viele Rätsel aufgibt.
Der griechische Schriftsteller Herodot berichtete etwa 450 v. Chr., daß an der Cheopspyramide 100 000 Menschen zwanzig Jahre lang arbeiteten. Weit über 2 Millionen Kalksteinblöcke mußten bearbeitet und bewegt werden, von denen ein jeder durchschnittlich 2,5 Tonnen wog. Heutige Forscher gehen davon aus, daß es bis zu 75 000 Arbeiter waren, die zwanzig Jahre daran arbeiteten.
Die Cheopspyramide ist mit ihrer Höhe von 137 m die gewaltigste Steinkonstruktion der Welt; sie würde der größten christlichen Kirche, dem Petersdom in Rom, bequem Platz bieten.

Wenn wir all dies bedenken, wird uns klar, daß es ein hochentwickeltes Land sein mußte, in dem ein solches Unternehmen berechnet und geplant, organisiert und durchgeführt werden konnte. Die Steine mußten besorgt und zur Baustelle transportiert werden. Die Arbeiter brauchten Unterkünfte, sie mußten zu essen bekommen, man benötigte zahlreiche hochspezialisierte Handwerker, ausgebildete Vorarbeiter, welche die Arbeit einteilten, Architekten und Ingenieure.
Eine Gesellschaft, die zu solchen Bauten in der Lage war, mußte große Kenntnisse in der Mathematik besitzen und sicher auch die Schrift kennen – alles in allem ein unermeßlicher Unterschied zu den Lebensformen der Menschen in der Steinzeit.
Solche hochentwickelten Gesellschaften entstanden zunächst an den großen Strömen, an Euphrat und Tigris, am Indus, am Huangho und am Nil. Weil diese Gesellschaften in der Geschichte der Menschheit einen so großen Fortschritt darstellen, nennen wir sie Hochkulturen.
Das alte Ägypten ist eine Hochkultur, die wir besonders gut kennen. Neben vielen Ausgrabungen und Funden begegnen wir zum ersten Mal schriftlichen Zeugnissen, die den Historikern viele sichere Erkenntnisse erlauben.
Die alte ägyptische Schrift ist uns sehr fremd: sie ist eine Bilder- und Zeichenschrift. Lange blieb sie unverständlich, erst nach vielen vergeblichen Versuchen gelang es im vergangenen Jahrhundert, die ägyptischen Schriftzeichen (Hieroglyphen) zu entziffern.
Wie es zu diesen Hochkulturen kam, warum sie gerade an Flüssen entstanden, welche Macht die Könige hatten, welche Götter verehrt wurden, diese Fragen stehen im Mittelpunkt des folgenden Kapitels.

Kolossal-Sphinx vor der Chephren-Pyramide in Giseh.
Die Sphinx (Länge 73,5 m Höhe 20 m) wurde aus Kalkstein um 2550-2500 v. Chr. erbaut

Ägypten – Hochkultur am Nil

Der Nil und die Menschen

Die Lebensader Ägyptens

„Es zittern die, die den Nil sehen, wenn er strömt. Die Felder lachen, und die Ufer sind überflutet. Das Gesicht der Menschen wird hell, und das Herz der Götter jauchzt." So heißt es in einem alten ägyptischen Gedicht.

Wenn der Nil am Ende seines Laufes das Mittelmeer erreicht, hat er eine Strecke von über 6000 Kilometern hinter sich. Dabei braust sein Wasser über fünf große Stromschnellen, sogenannte Katarakte, bis der Strom schließlich in das Land Ägypten eintritt. Rund 1000 Kilometer sind es dann noch bis zur Mündung.

Der Nil ist die Lebensader Ägyptens, seine Wasser verwandeln das Flußtal in eine grüne, fruchtbare Oase. Aber dieses grüne Tal ist sehr schmal, es mißt an seiner breitesten Stelle nur 25 Kilometer, und unmittelbar an seinen Rändern beginnt die Wüste. Lediglich das Mündungsdelta dehnt sich weiter aus.

Dort, im Nildelta, gab es schon vor 7000 Jahren bäuerliche Siedlungen. Die Menschen betrieben Ackerbau und hielten Rinder, Schafe und Schweine.

Die Gaben, die der Nil bot, waren unerschöpflich: Nicht nur für reiche Ernten sorgte er, an seinen Ufern wuchs auch das Papyrusrohr, dessen Fasern zu Seilen und Tauen gedreht werden konnten. Aus Papyrusbündeln konnte man auch kleinere Boote herstellen, ebenso Matten, Körbe, Sandalen und Siebe. Auf die folgenreichste Verwendung des Papyrusrohres weist unser Wort Papier hin: Es war das beste Schreibmaterial, das die alte Welt kannte, einfach zu gewinnen, leicht zu beschreiben, bequem aufzurollen.

Aus dem Schlamm vom Grund des Nils formte man Ziegel, die in der Sonne getrocknet wurden und zum Bau der Häuser dienten.

So war Ägypten in der Tat „ein Geschenk des Nils", wie es schon der griechische Schriftsteller Herodot im 5. Jahrhundert v. Chr. formuliert hat.

Ein Kalender entsteht

Immer wieder vollzog sich in regelmäßigen Abständen am Nil folgendes Naturereignis: Der Nil führte zunächst immer weniger Wasser, große Trockenheit herrschte. Dann endlich schwoll er mächtig an. Bedingt durch anhaltende Regenfälle in seinen Quellgebieten wälzte er nun ungeheure Wassermassen nach Norden und überflutete die schmalen Uferstreifen. Wenn er nach einigen Monaten in sein Bett zurückkehrte, blieb eine fruchtbare Schlammschicht auf dem Boden zurück. Rasch hatten die Menschen begriffen, daß man jetzt sofort säen und pflügen mußte. In der anschließenden Zeit hatten sie mit der Bewässerung der Felder zu tun, bald konnte das Korn geschnitten, konnten Linsen, Bohnen, Zwiebeln, Datteln, Feigen und Trauben geerntet werden. Dann wurde die Erde trockener und dürrer. Und irgendwann zeigten die Markierungen an den Uferfelsen, daß der Fluß wieder anstieg. Zählte man die Tage von einem Ansteigen des Nils zum nächsten, so erhielt man zwar nicht immer die gleiche Zahl, aber doch schon nach einer gewissen Zeit einen Durchschnittswert von 365 Tagen: ein Niljahr. Kein Wunder, daß die Ägypter die Jahreszeiten nach dem Verhalten des Flusses bezeichneten: Überschwemmung – Hervorkommen (der Felder aus dem Wasser) – Erntezeit: drei Perioden zu je vier Monaten.

Ein Blick zum Himmel gibt Auskunft

Ein sicheres Zeichen, nach dem sich die Bauern mit ihren Vorbereitungen richten konnten, entdeckte man am Himmel. Wenn der Stern Sirius, der lange Zeit nicht zu sehen war, kurz vor Sonnenaufgang wieder leuchtend hell im Osten erschien – das ist in unserem Monat Juni –, dann stand das Nilwasser unmittelbar bevor. Der Tag, an dem der Sirius, der „Nilbringer", aufging, wurde zum Neujahrstag. Die Zeit bis zum nächsten Neujahrstag teilte man in zwölf Monate zu 30 Tagen ein. Zur letzten Jahreszeit fügte man fünf Schalttage, um auf die 365 Tage des Sonnenjahres zu kommen.

Dieser „Sirius-Kalender"*, ist im Prinzip noch heute gültig. Mit diesen Beobachtungen waren die Anfänge der *Astronomie* geschaffen.
Nach den Überschwemmungen waren die Grenzen der Felder verschwunden. Sie mußten deshalb stets neu vermessen werden. Elle und Fuß waren dabei natürliche und praktische Maße. Aus der Feldvermessung entwickelten die Ägypter eine besondere Wissenschaft, die von den Griechen später *Geometrie* (Landvermessung) genannt wurde.

Zusammenarbeit und Vorratshaltung

Der Nil bestimmte das Zusammenleben der Bewohner. Da alle von der Überschwemmung und dem fruchtbaren Schlamm abhängig waren, erkannten die Menschen sehr früh, daß Zusammenarbeit notwendig war. Deiche, Kanäle, Staudämme und Auffangbecken mußten gebaut werden, damit man die Fluten des Nils in der Gewalt behielt und das Wasser auf alle Felder leiten konnte. Mit Hilfe einfacher Schöpfgeräte wurde das Wasser auch auf höhergelegene Flächen gebracht. Dämme und Deiche mußten unablässig und sorgfältig instandgehalten werden. Der Nil konnte zum Segen, aber auch zum Verhängnis werden. In normalen Zeiten gab es genug Getreide. Eine zu große Überschwemmung war jedoch ebenso verhängnisvoll wie eine zu geringe: Hungersnot war die Folge. Nur wenn alle von der erwirtschafteten Ernte abgaben, konnte auch für alle vorgesorgt werden. Die Vorratswirtschaft hatte noch andere Folgen. Nicht mehr das ganze Volk mußte nun in der Landwirtschaft arbeiten. Ein Teil der Bevölkerung wurde für andere Tätigkeiten frei und konnte von den Bauern mitversorgt werden. Wahrscheinlich hat die Vorratswirtschaft auch zur Erfindung der Schrift beigetragen, da man sich ja einen Überblick über Ernteerträge, Vorräte, Anzahl der Menschen und Tiere verschaffen mußte.

Wandmalerei aus dem Grab des Nacht: Feldarbeiter werfen das geerntete Getreide in die Luft, damit der Wind die Körner von der Spreu trennen kann.

Ägypten zur Pharaonenzeit

Die Schminkpalette des Königs Narmer

Auf welches geschichtliche Ereignis beziehen sich die Abbildungen?

Schminkpaletten, wie die hier abgebildete, brauchte man, um Augenschminke anzurühren, mit der man sich nicht nur verschönerte, sondern auch gegen Augenkrankheiten schützte. Die Schminkpalette des Königs Narmer wurde im Jahre 1894 gefunden, sie ist 64 cm hoch und 42 cm breit. Mit ihren Abbildungen erinnert sie an ein wichtiges historisches Ereignis, nämlich die Vereinigung der beiden ursprünglich getrennten Reiche Oberägypten und Unterägypten um 3000 v. Chr. Einiger des Reichs war der oberägyptische König Narmer. Daß diese Einigung mit Krieg und Gewalt verbunden war, das zeigen die Abbildungen auf der Palette.

Was sieht man? – Was bedeuten die Bilder?

Der obere Teil der Palette ist rechts und links mit einem Bild der kuhköpfigen Göttin Hathor geschmückt, dazwischen finden wir den Namen des Königs abgebildet: Er setzt sich zusammen aus dem Zeichen für den Wels (nar) und dem des Meißels (mer). Der Name ist eingeschrieben in ein Bildzeichen, das den königlichen Palast in seinen Nischen und Mauervorsprüngen darstellen soll. Ein weiteres Mal findet sich der Name auf der Vorderseite vor der Abbildung des Königs.

Schminkpalette (Vorderseite)

Die Rückseite der Schminkpalette wird beherrscht durch die monumentale Gestalt des Königs, der auf dem Kopf die Krone des oberägyptischen Reiches trägt. In seiner rechten, erhobenen Hand hält er eine Keule, bereit, den besiegt vor ihm knienden Feind zu töten. Neben dem König sehen wir einen Falken, der den Himmelsgott Horus verkörpert; er hält einen gefangenen Feind, dargestellt durch den an einen Strick gebundenen Kopf. Dieser Kopf ist mit einem wulstartigen Gebilde verbunden, aus dem sechs Papyruspflanzen wachsen. Mit diesem Papyrus-Zeichen wird ausgedrückt, daß es sich um den Sieg über das Nil-Delta, also Unterägypten, handelt. Dem König folgt ein Diener, der ihm die Sandalen und ein Waschgefäß trägt. Im unteren Teil der Palette sieht man zwei erschlagene Feinde.

Die Vorderseite der Palette zeigt den Triumphzug des siegreichen Königs Narmer zum Tempel des Horus. Wieder überragt der König alle an Größe; auf dem Kopf trägt er nun die Krone des unterworfenen Reiches. Vor dem Tempel liegen in zwei Reihen gefesselte und enthauptete Feinde, der Kopf ist ihnen zwischen die Beine gelegt.

In der Mitte halten zwei Männer zwei pantherköpfige Fabelwesen mit Schlangenhälsen an Leinen. Man deutet diese Abbildung als die Darstellung der beiden nun vereinten Teilreiche Ober- und Unterägypten. Eine andere Erklärung dieses Bildes besagt, daß es sich bei den beiden Fabelwesen um den östlichen bzw. den westlichen Horizont handle. Die kreisrunde Vertiefung zwischen ihnen, die als eigentlicher Schminknapf diente, soll die Sonne symbolisieren, die von zwei Gottheiten täglich

Schminkpalette (Rückseite)

von Osten nach Westen geführt wird. Eine Zugbewegung von links nach rechts kann an den Leinen erkannt werden. Im unteren Teil sehen wir einen kraftvollen Stier als Verkörperung des Königs, der mit seinen Hörnern eine Festung einreißt und einen Gegner zu Boden trampelt.
Die Schminktafel des Königs Narmer ist ein wichtiges geschichtliches Dokument. Sie beweist, daß die Ägypter schon sehr früh (um 3000 v. Chr.) wichtige Ereignisse in Bildern festhielten. Bilder, und vor allem die Schrift, führten dazu, daß sich die Ägypter ihrer Geschichte bewußt wurden. Sie erkannten die Bedeutung, die einer schriftlichen Überlieferung zukommt.

Der König und sein Volk

Die Macht des Königs

Zunächst bestanden auf dem Gebiet Ägyptens zwei getrennte Reiche, Oberägypten und Unterägypten, mit jeweils eigenen Herrschern. Um das Jahr 3000 v. Chr. sind beide Reiche unter einem einzigen König* vereinigt worden. Die ägyptischen Könige wurden *Pharaonen* genannt. „Pharao" bedeutet „großes Haus" und war ursprünglich die Bezeichnung für den königlichen Palast. Die Könige verfügten über eine fast unvorstellbare Macht. Das lag daran, daß sie für alles, was im Lande zu geschehen hatte, verantwortlich waren: für Bewässerung, Nahrungs- und Vorratsbeschaffung, für ein geregeltes Zusammenleben der Bewohner, für die Sicherung des Friedens nach außen und innen. So viele Fähigkeiten konnte, so glaubten die Ägypter, nur ein übermenschliches Wesen besitzen. Daraus ergab sich, daß die Ägypter den Pharao als Gott verehrten. Jeder ägyptische König führte den Titel „Sohn des Re". Der Gott Re war für die Ägypter der welterschaffende und die Welt beherrschende Sonnengott. Alle Bewohner Ägyptens waren diesem *Gottkönig* untergeben, hatten sich seinen Weisungen zu fügen und ihm und damit dem Land Dienste zu leisten. Alle waren Untertanen, aber nicht alle waren gleichgestellt. Das hing mit den verschiedenen Aufgaben zusammen, die im Land zu erfüllen waren.

So wird das Land regiert

An der Spitze der Verwaltung stand der *Wesir*. Er war der vom Pharao bestimmte oberste Beamte* und gleichzeitig oberster Richter im Namen des Pharao. Er vergab auch die großen königlichen Bauaufträge. Viele Beamte mit genau vorgeschriebenen Aufgaben waren ihm untergeordnet. Alle Beamte waren als Schreiber ausgebildet, da diese Fähigkeit für sie unbedingt notwendig war.
Große Bedeutung und großen Einfluß besaßen die Priester*, die in den zahlreichen Tempeln die Verantwortung für die Ausübung des Glaubens und die Verehrung der Götter hatten. Verantwortlich waren sie auch für die Nutzung der reichen Opfergaben. Ihnen unterstanden die großen Tempelgüter, auf denen Zehntausende von Arbeitern beschäftigt wurden.

Die ägyptische Gesellschaft

Die ägyptische *Gesellschaft* glich in ihrem Aufbau und ihrer inneren Ordnung einer Pyramide: ganz oben stand der Pharao, es folgten die höchsten Beamten des Landes, die Priester, die übrigen Beamten; in immer tieferen Rängen und größerer Anzahl dann Handwerker, Bauern und Sklaven. Die Macht, die Rechte und Freiheiten waren in dieser Gesellschaft unterschiedlich verteilt.

Je höher der Rang war, den jemand in der Gesellschaft einnahm, desto größer war seine Befehlsgewalt. Wer einen niedrigeren Platz in der Gesellschaft einnahm, besaß auch weniger Macht, er war in vielem zu Gehorsam und Dienst verpflichtet. Wir nennen eine Gesellschaft, die auf diese Art geordnet ist, ein hierarchisches* System.

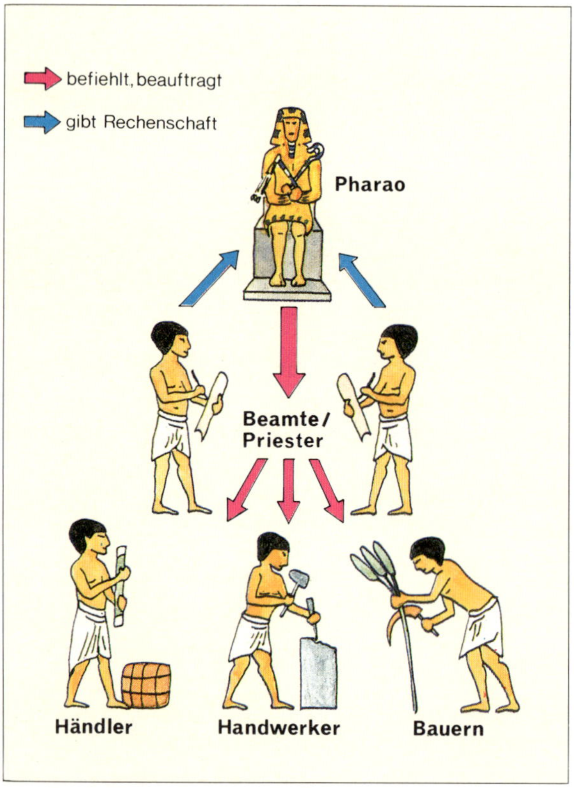

Die Hierarchie der ägyptischen Gesellschaft

Auf dem Lande. Die meisten Ägypter waren Bauern.Sie bestellten als Pächter das Land, das dem Pharao gehörte. Zwar sorgte der Nil für die Fruchtbarkeit des Landes, dennoch war ihre Arbeit mühevoll und hart.

Einen kleinen Teil der Ernte konnten sie für sich behalten, den größten Teil aber mußten sie für die staatlichen Speicher abliefern. Während der Trockenzeit besserten sie die Bewässerungsanlagen aus, und in der Flutzeit arbeiteten sie in der Regel auf einer Baustelle des Königs, an Pyramiden oder Tempeln. Das gehörte zu den Steuerpflichten.

Man tat es aber auch aus religiösen Gründen, denn mit dem Bau eines königlichen Grabmals – so dachten viele Ägypter – sicherte man sich selbst sein Seelenheil. Trotz dieser Abgabe- und Arbeitspflichten waren die Bauern frei. Unfrei waren nur die Sklaven*, meist Kriegsgefangene. Sie arbeiteten auf Landgütern, im königlichen Palast oder dienten als Soldaten im Heer.

Handwerkliche Berufe. In den Dörfern und Städten lebte eine große Zahl von Handwerkern. Der königliche Haushalt beschäftigte unzählige Maurer, Steinmetze, Goldschmiede, Weber, Maler. Es gab Schreiner, Töpfer, Bierbrauer und Bäcker, die über 40 verschiedene Sorten Gebäck zu backen verstanden. Metall verarbeitende Handwerker stellten nicht nur Waffen her; sondern verstanden es auch Edelmetall äußerst kunstfertig zu formen.

Bezahlt wurden sie mit Naturalien: Brot, Bier, Bohnen, Salz, Kleidung und anderen Dingen.

Die handwerklichen Fähigkeiten und Techniken, die Werkzeuge, die benutzt wurden, sind auf zahlreichen Bildern wiedergegeben.

Die Verwaltung des Reiches. Auf vielen Darstellungen aus dem Alltagsleben der Ägypter sieht man Leute, die sich Notizen machen: Das sind die *Schreiber*, die wegen ihres Könnens großes Ansehen genossen. Ohne sie wäre die ägyptische Verwaltung nicht möglich gewesen. Sie hielten die regelmäßigen Volks- und Viehzählungen, die Fänge der Fischer, die Steuerzahlungen, die Menge der Vorräte schriftlich fest. Sie schrieben auch alles auf, was der Erinnerung wert schien.

Der Beruf des Schreibers galt als begehrter Beruf, aber die Lehrzeit war anstrengend und lang – sie dauerte bis zu zwölf Jahren. Ungefähr 7000 Schriftzeichen mußten

Handwerker im alten Ägypten: Maurer und Ziegelhersteller bei ihrer Arbeit.

gelernt werden, Fleiß und Ausdauer waren deshalb unerläßlich. Die Lehrmethoden waren rauh, Schläge mit dem Stock nicht selten. Es galt der Grundsatz: „Das Ohr des Jungen ist auf dem Rücken." Tag für Tag übten die Schüler auf Tonscherben, Kalksteinen und hölzernen Tafeln, die Schriftzeichen zu schreiben, die sie später in der Verwaltung brauchen würden.
Besonders verehrt von den Schreibern wurde der Gott Toth. Die Ägypter glaubten, daß er die Schrift erfunden habe.

Das Leben in der Familie

Ehe und Familie* hatten für die Menschen im alten Ägypten einen hohen Wert. Man heiratete früh, man freute sich über die Kinder und schätzte das gemeinsame Leben in der Familie. Auf vielen Abbildungen sind Ehepartner in liebevoller Verbundenheit dargestellt, oft umgeben von ihren Kindern. Für „Heirat" benutzten die Ägypter das Zeichen für „ein Haus gründen". Die Familie war demnach eine Kleinfamilie: Wenn die Kinder heirateten, verließen sie die Eltern, um einen eigenen Hausstand zu gründen.Innerhalb der ägyptischen Familie hatte die Frau eine gleichberechtigte Stellung. In die Ehe brachte sie eine Art Aussteuer ein; sie hatte auch das Recht, eigenes Vermögen zu besitzen, zu erben und zu vererben. Das ist für die antike Welt außergewöhnlich.
Auch im religiösen Bereich waren Mann und Frau einander gleichgestellt. Die Frau war zuständig für das gesamte häusliche Leben, die Erziehung der Söhne allerdings war die Aufgabe des Vaters. Richtiges Verhalten in der Gesellschaft sollte der Sohn von ihm lernen: im richtigen Augenblick zu schweigen oder zu sprechen, den Eigensinn unter den Gemeinsinn zu stellen, im Einklang mit den Geboten der Götter zu leben. Der Vater lehrte seinen Sohn, was er selbst schon von seinem Vater durch Ratschläge erfahren hatte. Er wies ihm den „Weg des Lebens", was aus ägyptischer Sicht bedeutete, im Einklang mit der Gesellschaft und der göttlichen Weltordnung zu leben.

Wie die Menschen wohnten

Reiche und mächtige Ägypter wie Kaufleute und hohe Beamte wohnten in sehr großen und prächtig ausgestatteten Häusern. Die folgende Beschreibung vermittelt davon einen Eindruck: Ein solches Haus war meist freistehend und von schattenspendenden Bäumen umgeben. Über eine Art Terrasse, deren Dach von Säulen getragen wird, gelangt man an einen kunstvoll angelegten Teich. Auf der Wasseroberfläche wenden Lotospflanzen ihre Blüten dem Licht der Sonne zu. In der Nähe des Teiches wachsen sorgfältig gepflegte Obstbäume. Deutlich heben sich die farbigen Säulen von den weiß bemalten Hausmauern ab. Die Fenster sind klein und hoch oben angebracht, damit möglichst wenig Sonnenhitze eindringen kann. Auf dem Hausdach sind besondere Öffnungen zur zusätzlichen Belüftung angebracht.

Neben verschiedenen Wohnräumen, in denen sich die Familie tagsüber aufhält, neben den Schlafräumen und einem Arbeitszimmer für den Hausherrn finden sich auch Räume für die Dienstboten, Vorratsräume, Küche, Bad und Toilette. Vorratsräume und Küche liegen unter dem Dach, so daß der Rauch des Herdfeuers und die Essensgerüche leicht abziehen können.

Im Badezimmer schützen Kalksteinplatten die Wände und den Fußboden vor Nässe. Das Wasser, mit dem sich der Badende übergoß oder übergießen ließ, wurde sorgfältig in einer Vertiefung gesammelt und nach außen geleitet.

Zahlreiche Darstellungen solcher Häuser finden sich in den Grabmalereien vornehmer und mächtiger Beamter. Wie ein normaler Handwerker lebte, läßt sich hingegen recht genau aus den Überresten schließen, die man bei Ausgrabungen in der Stadt Dêr el-Medîne fand.

Die Wohnung eines Handwerkers war natürlich weniger groß. Durch den Hauseingang ging es zunächst in einen Vorraum, an den sich der größte Raum des Hauses anschloß: hier wohnte die Familie, hier empfing sie Besuch, hier betete sie zu den Göttern.

Von diesem Hauptraum aus führte eine Treppe in einen kleinen Keller. Hinter dem Hauptraum lag ein kleiner Schlafraum, dahinter die Küche. Eine weitere Treppe führte auf das Dach des Hauses. Die Küche war nach oben teilweise offen, um den Rauch abziehen zu lassen. In manchen Wohnungen führte von der Küche aus eine Treppe in einen zweiten Keller, in dem wohl Vorräte aufbewahrt wurden.

Die Größe solcher Wohnhäuser betrug ungefähr 80 Quadratmeter. Wie die Häuser der Reichen waren sie aus Ziegeln hergestellt, denn Holz gab es in Ägypten nur wenig. Es mußte aus anderen Ländern eingeführt werden und war sicher nicht billig.

Querschnitt eines typischen Arbeiterhauses in Dêr el-Medîne: a) Straße, b) Raum mit Schrankbett, c) Empfangshalle, d) Keller, e) Lagerraum/ Schlafraum, f) Treppe zum Dach, g) Küche, h) Umfassungsmauer des Dorfes, i) Keller.

Horus: Himmelsgott, Sohn des Sonnengottes Re

Hathor: Göttin der Liebe, der Mütterlichkeit

Anubis: Sohn des Totengottes Osiris

Amun-Re: Sonnengott, Gott des Windes

Die Religion der Ägypter

Die Götterwelt

Die Anzahl der Götter, die von den Ägyptern verehrt wurden, war sehr groß. Viele Erscheinungen der Natur galten als göttlich: die Sonne, der Mond, die Sterne, ebenso viele Tiere, deren Fähigkeiten als göttlich bewundert wurden, so das Krokodil, der Skarabäuskäfer oder der Falke. Als die Menschen Ägyptens im Laufe ihrer Geschichte die Umwelt beherrschen lernten und immer mehr Naturereignisse erklären konnten, veränderten sich auch ihre Vorstellungen von der Welt und dem Aussehen der Götter. Neben den Göttern in Tiergestalt gab es nun auch solche in Menschengestalt, häufig vermischten sich auch Tier- und Menschengestalt.

Das Krokodil verehrten die Ägypter als „Herrn“ der Stromschnellen und Sandbänke, den Skarabäuskäfer als Sinnbild des ewigen Werdens, weil man glaubte, er bringe sich selbst aus der Kugel hervor, die er vor sich herrollt. Die scharfen Augen und der schnelle Flug des Falken führten zur Vorstellung von dem Himmelsfalken Horus, dessen Augen Sonne und Mond sind und dessen Flügelspitzen die Welt umspannen. Bei anderen Tieren ist nicht immer klar zu erkennen, welche göttliche Macht die Ägypter ihnen zuschrieben.

Manche Götter wurden nur in bestimmten Städten und Regionen verehrt, andere im ganzen Land: zu diesen gehörte der Sonnengott Re, der mit dem Gott Amun zum Reichsgott Ägyptens wurde, Horus, der falkenköpfige Gott, der als der Schutzgott der Pharaonen galt, Osiris, der Totengott, und seine Frau Isis.

In den alten Geschichten, die die Ägypter über ihre Götter erzählten, empfinden diese Liebe und Haß. Sie leben, überlegen und handeln wie Menschen. Die bekannteste Götterfamilie bildeten Osiris, Isis und Horus. Die Muttergottheit Isis war sehr beliebt, ihr Kult verbreitete sich in der gesamten *Alten Welt.* Die Ägypter bildeten sie häufig mit ihrem Sohn Horus auf dem Schoß ab. Mit diesem Bild begann eine Tradition, die in den christlichen Muttergottesdarstellungen weitergeführt wurde. Osiris und Horus standen in engem Zusammenhang mit dem Pharao. Jeder lebende Pharao war zugleich Horus, dargestellt meist als Menschengestalt mit Falkenkopf. Jeder verstorbene König war Osiris, der als Herrscher des Jenseits mit Krone und Zepter abgebildet wurde. Richtiges Verhalten im Leben wurden von Osiris in der Ewigkeit belohnt.

Mit ihren religiösen Vorstellungen und mit ihrer Deutung des menschlichen Lebens in vielen Kunstwerken hat die ägyptische Hochkultur sowohl die griechische wie auch die römische Welt beeinflußt.

Vornehme Familien bei der Jagd. Links im Bild schleudert der Mann ein Wurfholz in eine Gänseschar, hinter ihm seine Frau, eine Tochter umklammert sein Bein, ein Sohn im Hintergrund macht die Bewegungen des Vaters nach (Grabmalerei, um 1380 v. Chr.).

Totenglaube

Die Ägypter waren überzeugt, daß ein verstorbener Mensch auch im Jenseits ein Leben führt, das dem diesseitigen gleicht. Die Seele, so glaubten sie, verläßt beim Tod den Körper, kehrt aber später wieder in diesen zurück. Deshalb mußte der Körper erhalten werden, denn nur dann konnte der Tote im Jenseits weiterleben. So entwickelten die Ägypter die Kunst der Einbalsamierung oder *Mumifizierung*. Nach der Mumifizierung folgte in einer besonderen Zeremonie die „Mundöffnung"; sie war notwendig, damit die Seele wieder in den Toten zurückkehren konnte.

Der mumifizierte Körper wurde in einen Sarg gelegt, auf dessen Deckel der Tote abgebildet war. In den Sarg legte man Papyrusrollen, sogenannte Totenbücher, die Abbildungen und den Text enthielten, mit dem sich der Tote rechtfertigen sollte. Die Ägypter glaubten nämlich, der Eintritt in das ewige Leben sei nur nach einer eingehenden gerichtlichen Prüfung vor dem Totengott Osiris möglich.

Damit es den Toten an nichts fehle, gab man ihnen Speisen, Getränke, Geschirr und vieles andere mit ins Grab. Später ging man dazu über, die Versorgung der Toten nur noch symbolisch darzustellen. Abgebildet wurden die aufgehäuften Gaben, aber auch die Familie des Toten und Ereignisse aus seinem Leben. Die Bilder zeigen uns eine Fülle von Einzelheiten aus dem Alltag der Ägypter: Wir sehen, wie sie Nilpferde jagen, Vögel fangen, Feste feiern und tanzen, wie sie Tische und Stühle herstellen, säen und ernten, backen und Bier brauen.

Die Pyramiden – Wohnhäuser für die Ewigkeit

Die Toten sollten Wohnungen aus dauerhaftem Material bekommen. Dauerhafte Gräber zu erstellen, kostete jedoch viel. Wir kennen daher nur Gräber von Pharaonen, ihren Angehörigen und von hohen Beamten. Von den Gräbern der einfachen Leute fand sich im Wüstensand so gut wie nichts.

Die bekanntesten Grabstätten sind die Pyramiden. Sie haben Jahrtausende überstanden. In ihnen wurden während der Zeit von etwa 1000 Jahren die Pharaonen bestattet. Der Bau dieser Grabstätten erstreckte sich über Jahre, z. T. Jahrzehnte. Auf dem Nil und den abzweigenden Kanälen konnten die Steinblöcke relativ rasch transportiert werden, aber in den Steinbrüchen und am Bau konnten nur Menschenkraft, Ochsenschlitten, Taue, Rollen, Steinhämmer und Beile aus gehärtetem Metall eingesetzt werden.

Die Arbeiter beförderten die Steinblöcke auf dem Nil vom Steinbruch zur Pyramidenbaustelle.

Auf die wachsende Pyramide wurden die Steinblöcke über eine Rampe geschleppt. Mit zunehmender Bauhöhe wurde die Rampe nach außen verlagert.

Zum Abschluß wurde die Pyramide mit Steinplatten verkleidet und geglättet. Dabei benutzte man Holzgerüste.

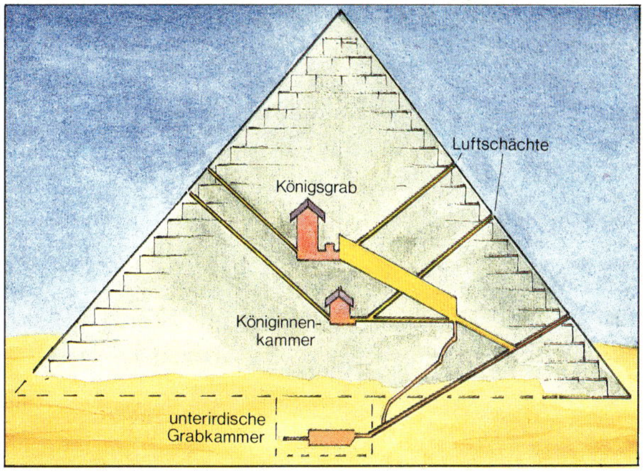

Der Querschnitt durch die Cheopspyramide zeigt die drei Grabkammern sowie die Gänge und Luftschächte.

Rad, Flaschenzug und andere Hebewerkzeuge kannte man noch nicht. Auf großen Ziegelrampen wurden die Blöcke immer höher gezogen, wobei man Wasser und Schlamm als Schmiermittel benutzte. Als Hilfsmittel zur Kontrolle dienten Winkelmaß, Senkblei und Schnur.

Später ließen die Könige in einem Wüstental westlich der Hauptstadt Theben, im „Tal der Könige“, ihre Gräber in Felsen einhauen. 1922 wurde hier von Howard Carter, einem englischen Archäologen, das Grab des Pharao Tutenchamun gefunden. Es war das einzige Grab, das noch nicht von Grabräubern entdeckt und geplündert war.

Die Cheopspyramide, erbaut um 2520 v. Chr. Die Außenverkleidung ist im Laufe der Jahrtausende zerstört worden.

1 Reiseland Ägypten

Im 5. Jahrhundert v. Chr. schrieb der vielgereiste griechische Historiker Herodot über das „klassische" Reiseland Ägypten:

Q Als erste unter den Menschen haben die Ägypter das Jahr gefunden und es in 12 Monate aufgeteilt. Sie erzählen, die Sterne hätten sie auf diese Einteilung gebracht. Ich glaube, ihre Berechnung ist insofern klüger als die griechische, als die Griechen in jedem dritten Jahr einen Schaltmonat wegen der Jahreszeiten einfügen. Die Ägypter aber zählen 12 Monate zu 30 Tagen und fügen jedes Jahr noch fünf Tage außer der Reihe hinzu. So läuft der Kreis der Jahreszeiten immer auf das gleiche hinaus ... Ebenso haben die Ägypter als erste den Göttern Altäre, Bilder und Tempel errichtet und Figuren in Stein gemeißelt ...

Offenbar sind die Gebiete Ägyptens, die von Griechen zu Schiff besucht werden, Neuland [Schwemmland des Nils] und ein Geschenk des Stromes ... Freilich ernten die Ägypter den Ertrag ihres Bodens recht mühelos wie kaum andere Menschen. Sie haben es nicht nötig, mühevoll mit dem Pflug Furchen zu ziehen, den Boden zu hacken oder sonst Feldarbeiten zu tun, womit sich andere auf dem Acker plagen. Der Strom kommt von selbst, bewässert die Äcker und fließt dann wieder ab. Dann besät jeder seinen Acker und treibt Schweine darauf. Wenn er die Tiere die Saat hat festtreten lassen, wartet er ruhig die Ernte ab, drischt das Korn mit Hilfe der Schweine und fährt es heim ...

Über die Natur des Flusses habe ich weder von den Priestern noch von sonst jemand etwas erfahren können. Ich hätte gern wissen wollen, warum der Fluß von der Sommersonnenwende an fast 10 Tage so wasserreich strömt, und auch, warum er danach wieder zurückgeht, wobei er sein Bett nicht ganz füllt, und den ganzen Winter über den niedrigen Wasserstand behält bis wieder zur Sommersonnenwende.

Herodot, Historien II 4, 5, 19. Übers. nach J. Feix, München 1977, S. 203f.

1 *Welche Leistungen der Ägypter bewundert Herodot?*
2 *Erklärt, wie Herodot dazu kommt, Ägypten als ein „Geschenk des Stromes" zu bezeichnen.*
3 *Herodot behauptet, daß die Ägypter „recht mühelos" ernten können. Erklärt diese Behauptung und überlegt, was ihm ein ägyptischer Bauer entgegenhalten könnte. Lest dazu noch einmal S. 36.*
4 *Herodot beklagt sich, daß er „über die Natur des Flusses" nichts erfahren habe. Was könnt ihr ihm antworten?*

2 Die Pharaonen – unumschränkte Herrscher?

Aus den Ratschlägen, die der König von Ober- und Unterägypten für seinen Sohn verfaßt hat:

Q Tu du als König das Rechte, solange du auf Erden weilst. Beruhige den Weinenden, quäle keine Witwe, verdränge keinen Mann von der Habe seines Vaters. Hüte dich davor, ungerechterweise zu strafen ... Schreite mutig fort auch in Schwierigkeiten, das Gewissen kennt den rechten Ort und verfehlt nicht den Weg von gestern, kein Zauber wehrt ihm, es eilt zum frischen Quell. Vertraue nicht auf die Länge der Jahre, das Leben gleicht einer Stunde, aber was ein Mann war, bleibt nach seinem Tode übrig, und seine Taten werden zuhauf neben ihn gelegt. Die Ewigkeit aber währt es, daß man im Totenreiche ist, und ein Tor ist, wer die Totenrichter verachtet. Wer zu ihnen kommt, ohne daß er gesündigt hat, der wird im Totenreiche wie ein Gott sein, frei schreitend wie die seligen Toten. Mache keinen Unterschied zwischen dem Sohn eines Vornehmen und dem niedriger Abkunft, hole dir einen Mann wegen seiner Fähigkeiten.

In: F.W. v. Bissing, Altägyptische Lebensweisheit, Zürich/Stuttgart 1955, S. 55 f.

1 *Welche Ratschläge erteilt in dieser Quelle der Pharao seinem Sohn?*
2 *Wie begründet er diese Ratschläge?*
3 *Wo sieht der Pharao die Schranken der königlichen Macht?*

3 Die Familie

3a *Aus dem Brief eines Ägypters an seine Frau:*

Q „Ich habe dich zur Frau genommen, als ich ein junger Mensch war, und lebte mit dir zusammen. Dann habe ich alle Würden erreicht, aber ich habe dich nicht verstoßen und dein Herz nicht leiden lassen. Sieh, was immer ich getan habe, als ich ein junger Mann war und die hohen Ämter beim Pharao ... bekleidete, ich habe dich nie vergessen. Im Gegenteil, ich erklärte, daß auch du daran Anteil hattest."

Nach: P. Montet, Ägypten, Stuttgart 1978, S. 66 f.

3b *Mahnung eines Vaters an seinen Sohn:*

Q „Verdopple das Brot, das dir deine Mutter gab,
trage sie, wie sie dich trug.
Sie hatte Mühe und Last mit dir,
sie endeten nicht, als du geboren wurdest
nach deinen Monaten.
Ihr Nacken trug dich.
Ihre Brust war in deinem Mund drei Jahre lang,
sie hegte keinen Ekel vor deinem Kot
und sagte nicht aus Abscheu:
Was soll ich tun?

Sie brachte dich zur Schule.
Nachdem du zum Schreiben erzogen warst,
sorgte sie täglich für dich
mit Brot und Bier aus ihrem Hause.
Du bist ein Jüngling und nimmst dir eine Frau,
du richtest dich ein in deinem Haus:
Sei eingedenk dessen, daß du geboren wurdest,
und aller Sorge, mit der dich deine Mutter aufzog."

H. Kayser, Hundert Tore hatte Theben, Hannover 1965, S.136.

- *Beschreibt mit Hilfe der beiden Texte die Stellung der Frau in der ägyptischen Gesellschaft.*

4 Das Totengericht

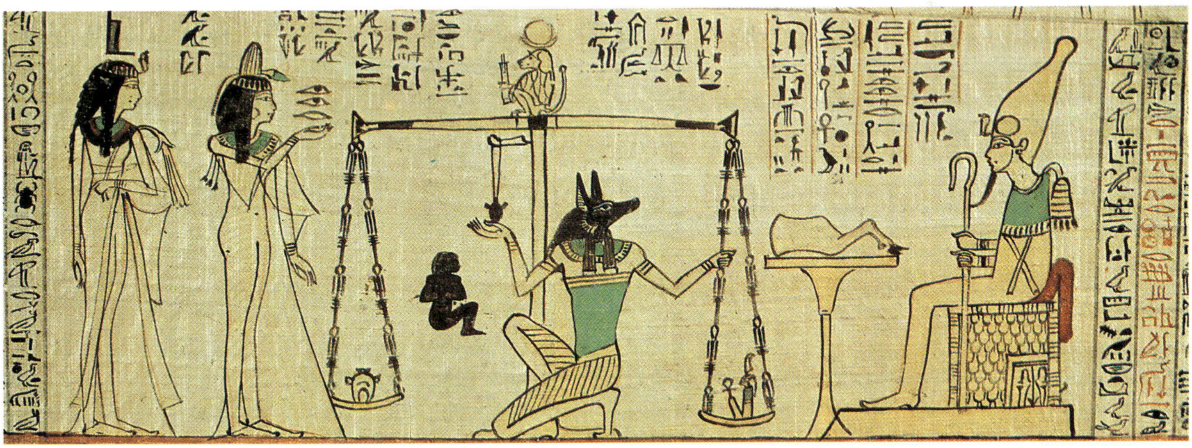

Lange Papyrusrollen mit bunten Malereien und Schriftzeichen* wurden den Toten im alten Ägypten mit ins Grab gegeben. Wir nennen sie „Totenbücher". Neben Wünschen und Ratschlägen für den Toten enthalten viele dieser Totenbücher die Darstellung eines Totengerichts an der Schwelle zum Totenreich.Begleitet von einer Göttin (ganz links) steht eine verstorbene Priesterin vor der Waage des Totengerichts. Auf der linken Waagschale liegt das Herz der Verstorbenen, auf der rechten eine Figur, die die Göttin der Ordnung, Wahrheit und Gerechtigkeit darstellt. Anubis, der schakalköpfige Gott kontrolliert die Waage. Der Schreibergott in Gestalt eines Pavians sitzt auf der Waage und verkündet: „Ihr Herz hat die Prüfung bestanden. Sie soll wieder zum Leben erweckt werden." Rechts der Totengott Osiris. (Aus dem Totenbuch des Schreibers Hunifer, 13. Jahrhundert v. Chr.).

- *Was erfahren wir aus dem Bild über die Vorstellung, die die Ägypter vom Leben nach dem Tod hatten?*

Die Hochkultur zwischen Euphrat und Tigris

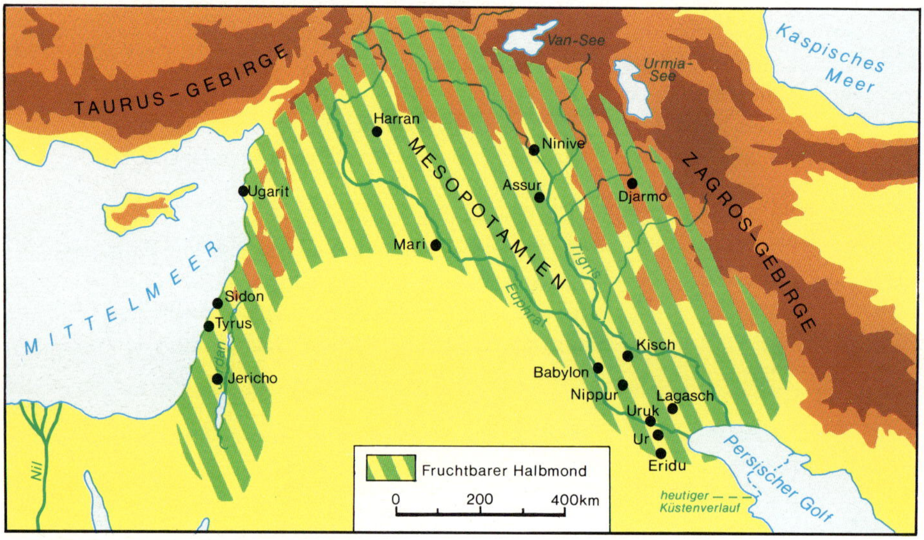

Der Vordere Orient zur Zeit der Hochkulturen (um 3 000 v. Chr.)

Mesopotamien – das „Land zwischen den Strömen“

Das alte Mesopotamien ist heute aufgeteilt auf die Länder Irak, Iran und Syrien. Wie in Ägypten ließen sich auch hier seit dem 5. Jahrtausend v. Chr. Siedler nieder, die das fruchtbare Land an den beiden Strömen zu bebauen begannen. Euphrat und Tigris waren unberechenbare Ströme; wenn sie sich nach der Schneeschmelze zu Tal ergossen, waren sie nur mit größter Mühe zu bändigen. Zur Erschließung der Flußtäler mußten Deiche, Kanäle und Bewässerungsanlagen gebaut werden. So mußten sich die Menschen zwangsläufig zusammenschließen und das Zusammenleben gemeinsam organisieren, um die schwierigen Lebensbedingungen zu meistern. Im Unterschied zu den Ägyptern allerdings gründeten um 3000 v. Chr. die Sumerer im Mündungsgebiet von *Euphrat* und *Tigris* kein einheitliches Reich, sondern eine Anzahl kleinerer *Stadtstaaten*: Damit begann etwas Neues in der Geschichte der Menschen. Die Stadtkultur wurde Hochkultur: In der Stadt war der Mittelpunkt der Verwaltung, des Gewerbes, des religiösen Lebens. An der Spitze der Stadtstaaten standen Priesterkönige. Den Mittelpunkt der Stadt bildete der *Tempel* mit den Vorratshäusern. Die Menschen entwickelten – wie in Ägypten – eine eigene Schrift, die sogenannte *Keilschrift*. Weitere Fortschritte wurden durch die Erfindung von Drehscheibe, Wagen und Pflug ermöglicht. In vielen Wissenschaften sowie in der Architektur erbrachten die Sumerer bedeutende, bis heute gültige Leistungen.

Das babylonische Reich Hammurabis

Mesopotamien war ein Land, das gegen feindliche Angriffe wenig natürliche Grenzen besaß, es war nach vielen Seiten hin offen und ungeschützt: im Osten gegen das iranische Bergland, im Süden gegen den Persischen Golf, im Norden lagen die Karawanenstraßen nach Kleinasien.
So mußten sich die Stadtstaaten immer wieder gegen Überfälle fremder Völker wehren. Im Laufe des 3. Jahrtausends v. Chr. wurden sie durch Eroberung zu einem Großreich zusammengeschlossen. Ein späterer Herrscher in diesem Großreich, König Hammurabi (1750 v. Chr.) ließ die gültigen Gesetze sammeln, in Stein hauen und öffentlich aufstellen.

Aus der von Hammurabi aufgestellten Gesetzessammlung

Die schriftliche Aufreihung der Gesetze, die Hammurabi anordnete, bedeutete für die Menschen einen großen Fortschritt. Recht und Unrecht waren dadurch eindeutig bestimmt. Wer Unrecht erlitten hatte, konnte jetzt Anklage erheben, wer Unrecht begangen hatte, war vor Willkür geschützt und wußte nun, welche Strafe ihn erwartete.

Q 1. Wenn ein Bürger einen Bürger bezichtigt und ihn mit Mordverdacht belastet, es ihm aber nicht beweist, so wird, der ihn bezichtigt hat, getötet.

22. Wenn ein Bürger Raub begangen hat und ergriffen wird, so wird dieser Bürger getötet.

23. Wenn der Räuber nicht ergriffen wird, so gibt der beraubte Bürger das ihm abhanden gekommene Gut vor dem Gotte an, und die Gemeinde sowie der Vorsteher, auf deren Grund und Gemarkung der Raub begangen wurde, ersetzen ihm das abhanden gekommene Gut.

53. Wenn ein Bürger bei der Befestigung seines Felddeiches die Hände in den Schoß gelegt und den Deich nicht befestigt hat, in seinem Deich eine Öffnung entsteht, er gar die Flur vom Wasser wegschwemmen läßt, so ersetzt der Bürger, in dessen Deich die Öffnung entstanden ist, das Getreide, das er vernichtet hat.

54. Wenn er das Getreide nicht zu ersetzen vermag, so verkauft man ihn und seine Habe, und die Flurgenossen, deren Getreide das Wasser weggeschwemmt hat, teilen den Erlös.

195. Wenn ein Sohn seinen Vater schlägt, so wird man seine Hand abhacken.

196. Wenn ein Bürger das Auge eines Bürgersohnes zerstört, so zerstört man sein Auge.

200. Wenn ein Bürger den Zahn eines ihm ebenbürtigen Bürgers ausschlägt, so schlägt man seinen Zahn aus.

233. Wenn ein Baumeister für einen Bürger ein Haus gebaut hat, sein Werk aber nicht haltbar gemacht hat, und eine Wand ist eingefallen, so wird selbiger Baumeister von seinem eigenen Gelde diese Wand befestigen.

Die Gesetzessäule Hammurabis: König Hammurabi (links) erhält aus der Hand eines Gottes, vielleicht des Sonnengottes, die Gesetze. Sie sind unter der Personengruppe in Keilschrift aufgezeichnet (um 1750 v. Chr.).

Das Gesetzeswerk endet mit folgenden Sätzen:
Rechtssprüche der Gerechtigkeit, die Hammurabi, der tüchtige König, festgesetzt und durch die er dem Lande rechte Leitung und gute Führung verschafft hat … (Um) vom Starken den Schwachen nicht entrechten zu lassen, der Witwe, der Waise Recht zu verschaffen, habe ich in Babylon … meine köstlichen Worte auf meinen Denkstein geschrieben.

W. Eilers, Gesetze des Chammurabis, Leipzig 1932, S. 16 f.

1 *Wie könnte man sich das Leben in Mesopotamien vor der Aufzeichnung der Gesetze vorstellen?*

2 *Warum hat Hammurabi seinem Land Gesetze gegeben und diese öffentlich zugänglich gemacht?*

3 *Nennt einige Grundsätze der Gesetzgebung Hammurabis, und vergleicht sie mit Vorstellungen unserer Zeit.*

Zwischen den großen Reichen: Das Volk Israel

Das Gelobte Land

Über das Volk Israel wissen wir viel aus der Bibel. Zwar ist die Bibel kein geschichtliches Quellenbuch, das man in jeder Beziehung wörtlich verstehen darf, doch besitzen ihre Darstellungen einen historischen Kern und geben uns deshalb wichtige Hinweise und Erkenntnisse über die Geschichte des Judentums.

Ein Volk verläßt seine Heimat

Um das Jahr 1800 v. Chr. macht sich ein kleines Volk auf den Weg in ein neues Land, das ihm von seinem Gott verheißen war. Dieses Volk kam aus dem Lande Ur, einem Gebiet nahe der Mündung des Euphrat. Unter der Leitung seines Stammesältesten Abraham zog es zunächst den Euphrat hinauf bis etwa zur Stadt Harran, verließ dann Mesopotamien, um seinen Weg nach Süden zu nehmen.

Neben dem Namen Israel, der „Streiter Gottes“ bedeutet, wurde dieses Volk später auch als Volk der Juden bezeichnet; Juda hieß ursprünglich einer der zwölf israelischen Stämme. Der Zug des Volkes Israel aus dem Lande Ur nach Palästina – so wurde dieses Gebiet seit Herodot genannt – war Teil einer großen Wanderbewegung zahlreicher Völkerschaften dieser Region.

Nach Ägypten und zurück nach Kanaan

Es dauerte wohl ein Menschenalter, bis die Juden endlich das Land Kanaan erreichten. Eine Landnahme und dauerhafte Ansiedlung gelang ihnen jedoch nicht, da Hethiter und Ägypter das Land beherrschten und ihnen an Stärke überlegen waren. Als Halbnomaden führten sie so ein unsicheres und unstetes Dasein, bis sie schließlich weiter nach Ägypten zogen; dort erwartete sie ein Leben, das zwar mehr Sicherheit bot, aber ein Leben in Abhängigkeit und Knechtschaft war. Erst Jahrhunderte später, etwa um 1200 v. Chr., führte Moses die Juden aus der ägyptischen Knechtschaft wieder nach Palästina. Nach jahrelangen Mühen und Entbehrungen erreichten sie schließlich ihr „Gelobtes Land“ und konnten sich nach vielen kriegerischen Auseinandersetzungen dort niederlassen. Der Auszug aus Ägypten und die Ansiedlung in *Palästina* sind uns, wie vieles andere aus der Geschichte der Juden, in der Bibel überliefert.

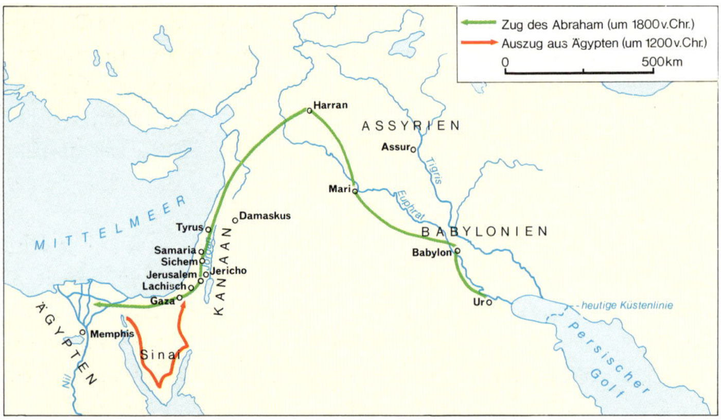

Der Zug des Volkes Israel

Ein starkes Reich entsteht

Auch nach der Landnahme und Ansiedlung blieben die einzelnen jüdischen Stämme zunächst ziemlich selbständig; gemeinsam war ihnen nur ihr Glaube. Erst in den Kämpfen gegen die Philister und andere Völker schlossen sie sich enger zusammen. Aus dem Sieg über die Philister entstand etwa um das Jahr 1000 v. Chr. ein einheitliches Königtum. Die Herrschaft der Könige David und Salomon machte das jüdische Reich mächtig und wohlhabend. Salomon ließ *Jerusalem* zu einer prachtvollen Königsresidenz ausbauen. Der unter ihm errichtete Tempel in Jerusalem wurde zum Mittelpunkt des jüdischen Glaubens. Zur Zeit Davids und Salomons erreichte der Staat Israel dank seiner Einigkeit und Stärke auch eine selbständige, unabhängige Stellung zwischen den Großmächten, von denen es umgeben war.

Die Babylonische Gefangenschaft

Reichsteilung und Niederlage

Nach dem Tode Salomons ging die Einigkeit des Reiches schnell wieder verloren. Die nördlichen Stämme Israels waren mit der Politik seines Nachfolgers nicht zufrieden und ernannten einen eigenen König. So kam es im Jahre 926 v. Chr. zur Spaltung des Reiches in zwei Kleinstaaten: ein südliches Reich Juda mit der Hauptstadt Jerusalem und ein nördliches Reich Israel, dessen Hauptstadt zuerst Sichem, zuletzt Samaria war.
Beiden Reichen fehlte es an innerer Stabilität und Kraft, sie befeindeten sich gegenseitig. Auch von mächtigen Nachbarreichen wurden sie immer wieder bedroht, ihre selbständige Existenz war zunehmend in Frage gestellt.
Schließlich erlagen beide Reiche der Übermacht ihrer feindlichen Nachbarn: 722 v. Chr. wurde das Nordreich Israel von den *Assyrern* erobert, Samaria wurde nach dreijähriger Belagerung zerstört. Die Bevölkerung wurde in das Innere des assyrischen Reiches verschleppt und zerstreut. Außenpolitische Probleme hielten die Assyrer davon ab, nach Süden weiterzuziehen und auch Jerusalem zu erobern.
Das Südreich Juda konnte dem Druck der Mächte noch 100 Jahre standhalten. Sein Ende kam, als das assyrische Reich zerstört und durch die babylonische Vorherrschaft abgelöst wurde. In zwei Feldzügen besiegte der babylonische König Nebukadnezar II. Juda und zerstörte 586 Jerusalem und seinen Tempel. Die Bevölkerung mußte ebenfalls ihre Heimat verlassen und lebte von nun an in *babylonischer Gefangenschaft*.

Ihr Glaube hilft den Juden überdauern

Was die Juden so stark machte, daß sie auch in der Gefangenschaft sich selbst treu blieben, das war ihr Glaube. Er war der Mittelpunkt des gefangenen Volkes, durch ihn unterschieden sie sich, er bewahrte sie davor, mit anderen Völkern zu verschmelzen. Während alle anderen Völker eine große Zahl verschiedenartiger Götter verehrten – Götter, die in ihrer Vorstellung teils wie Tiere, teils wie Menschen aussahen, Götter, die den Menschen gleich waren in ihren Leidenschaften und in ihrem Denken – kannten und verehrten die Juden nur einen einzigen Gott. Dieser Eingottglaube – *Monotheismus* – unterschied sie von den übrigen Völkern und deren Religionen.
Im Vertrauen auf den einen Gott hatten sie sich auf den Weg begeben in das Land, das er ihnen verheißen hatte. Dieser eine Gott hatte sie aus der ägyptischen Knechtschaft befreit und nach Kanaan geführt. Noch intensiver wurde das Verhältnis der Israeliten zu ihrem Gott seit Moses. Der Glaube erhielt eine neue Stärke durch den Bund, den Gott durch Moses mit den Juden schloß: Das Volk Israel war nun sein Volk geworden. Die Zehn Gebote, die Gott ihnen gab, wurden zur Grundlage nicht nur der Religion, sondern des gesamten Lebens der Juden.
Anders als in allen anderen Religionen ist es den Juden verboten, sich ein Bild ihres Gottes zu machen. Obwohl Gott seinem Volk unsichtbar bleibt, spricht er zu ihnen. Ausgewählte Männer sind es, die Propheten, denen er sich offenbart. Sie leiten das Volk und weisen ihm den Weg.

Rückkehr nach Palästina

In der Babylonischen Gefangenschaft bewahrte der Glaube den Zusammenhalt der Juden. Auch wenn der Tempel Salomons zerstört war, blieb Jerusalem das Zentrum ihrer religiösen Sehnsucht. Als die Perser 538 v. Chr. das babylonische Reich unterwarfen, baten die Juden deshalb die neuen Herrscher, in ihre Heimat zurückkehren zu dürfen. König Kyros gestattete ihnen dies.
Die Rückkehrer begannen mit dem Wiederaufbau Jerusalems und der Wiederherstellung des zerstörten Tempels. Nach nur fünf Jahren Bauzeit fand 515 v. Chr. die Einweihung des neuen Tempels statt: Symbol der Sammlung des Volkes und religiöser Mittelpunkt aller Juden. Unter König Herodes (39-4 v. Chr.) wurde der Tempel noch erweitert.
In den folgenden Jahrhunderten konnte das jüdische Volk eine staatliche Selbständigkeit nicht erhalten. Wiederholt geriet es unter die Herrschaft fremder Mächte. Immer aber blieb die Ausübung des Glaubens wesentlicher Inhalt jüdischen Lebens. Immer wieder wehrte es sich unter großen Opfern gegen Versuche, ihm diesen Glauben zu nehmen.

Pyramiden

Schriftzeichen

Pharaonen

Gesetzessäule Hammurabis

Judentum

In bestimmten Gebieten der Erde entstanden in der Zeit zwischen 3000 und 1000 v. Chr. Formen menschlichen Zusammenlebens, die grundlegend neu waren. Diese Staatsgründungen bedeuteten einen großen Fortschritt. Wir nennen sie ***Hochkulturen.*** Die Gebiete, in denen sich solche Hochkulturen entwickelten, stimmen in einem wichtigen Merkmal überein: es sind die Täler und Mündungsgebiete großer Flüsse. Ob am Nil, an Euphrat und Tigris, ob am Indus oder am Huangho: die natürlichen Gegebenheiten zwangen die Menschen, sich zusammenzuschließen.

Am Beispiel Ägyptens wird dies besonders deutlich:

- Aus dem regelmäßigen Rhythmus von Überschwemmung und Trockenheit entwickelten die Menschen den Kalender.
- Um der Naturgewalt des Nil standzuhalten, mußten die Menschen zusammenarbeiten: Die Planung und der Bau eines Bewässerungssystems waren nur gemeinsam möglich.
- Da Hungersnöte eine dauernde Gefahr blieben, war eine Vorratswirtschaft notwendig, die über einzelne Dörfer hinausreichte.
- Die Erfindung der Schrift (***Hieroglyphen***), die auf ***Papyrus*** geschrieben wurde, der Mathematik und der Landvermessung ergaben sich notwendigerweise aus den oben genannten Aufgaben.

Es entstand so in Ägypten ein straff organisierter Staat; an seiner Spitze stand der ***Pharao***, dessen Macht fast grenzenlos war. In den ***Pyramiden*** (seit *2500 v. Chr.*) und Felsengräbern, die z. T. noch heute erhalten sind, zeigt sich die besondere Bedeutung, welche die Vorbereitung auf das Jenseits im Leben der Ägypter hatte.

Während in den ***Stromkulturen*** bereits hochentwickelte Handwerksberufe entstanden, begann in Europa die ***Bronzezeit*** (um *1800 v. Chr.*) und später die ***Eisenzeit*** (ab *800 v. Chr.*). Eine besondere Stellung nimmt das Volk Israel ein. In seinem beharrlichen Glauben an einen einzigen Gott (***Monotheismus***) unterschied es sich von allen übrigen Völkern, welche an viele Götter glaubten (***Polytheismus***).

Die folgende Geschichte spielt vor mehr als 3300 Jahren im alten Ägypten.
Die Hauptperson der Geschichte ist ein junger Ägypter.

Erst wurde mir der warme Sand und die vom wolkenlosen Himmel brennende Sonne bewußt. Ich schloß wieder die Augen und spürte den Schmerz im Hinterkopf und im Rücken. Ich stöhnte. Die Schmerzen fuhren mir durch den ganzen Körper, daß mir schlecht wurde. Für einen kurzen Moment wurde ich erneut ohnmächtig. Als ich wieder zu mir kam, versuchte ich, mich aufzurappeln. Ich verstand nicht, warum die Beine so schwach waren und der Schädel so brummte. ...
Mühsam drehte ich den Kopf. Der Strom war breit und dunkel. Zwischen zwei Papyrusstauden hervor kam ein Krokodil angeschwommen, ein altes, riesiges Tier, dessen Haut so rauh wie ein verwitterter Palmenstamm war. Seine heimtückischen Augen starrten mich kalt an, als wolle es mich hypnotisieren. Mir wurde klar, daß ich sofort von hier verschwinden mußte.
Als ich endlich auf den Beinen stand, drehte sich die ganze Welt. Das Krokodil hing in der Luft, und die Strahlen abschießende Sonne lag im Wasser. Ich schwankte wie ein betrunkener Tempeldiener und fiel wieder auf die Knie. Träge kroch das Krokodil aus dem Wasser, sein heller Bauch schurrte auf dem Sand. Trotz der Hitze fröstelte mich. Ganz langsam öffnete sich der furchteinflößende Rachen, die grausamen Zähne blitzten auf, und der Schlund gähnte wie eine dunkle Grotte. Ich murmelte ein Gebet zu den Göttern, aber zu meinem Entsetzen konnte ich mich an keinen ihrer Namen erinnern. ...
Eine Armlänge trennte mich noch vom Krokodil. Die Augen lauerten, das abscheuliche Maul ging noch weiter auf. ...
Da zischte ein Pfeil so dicht an meinem Kopf vorbei, daß ich den Luftzug spüren konnte. Ein Krokodilauge versank in einem Schwall von schwarz-rotem Blut, und das Maul klappte dicht vor mir zu. Ein zweiter Pfeil bohrte sich in die weiche Kehle, und schon glitt das Untier mit schlagendem Schwanz zurück und verschwand im Wasser. Nur Blutspuren verrieten noch, wo es untergetaucht war. Mit pochendem Herz schaute ich mich um. Ein Papyrusboot glitt leicht wie eine Feder durchs Wasser, und darin stand ein hochaufgeschossener Mann, den Bogen noch im Anschlag, einen neuen Pfeil schußbereit auf der Sehne. ...
Da sprang der Mann auch schon neben mir in den Sand und schaute mich spöttisch lachend an. Er trug einen verschossenen Lendenschurz.
„Bist du betrunken, Mann?“
War ich betrunken? Hatte ich zuviel Bier oder Wein getrunken? Und war ich mit trunkenem Kopf hier gelandet?
„Oder warum legst du dich hier, mitten im Strom, auf eine Sandbank, so groß wie ein Lendenschurz?“
Verwirrt schaute ich ihn an. Er hatte breite Schultern und starke Arme. Er stand da mit gespreizten Beinen und wiegte sich hin und her, und dabei schaute er mich immer noch spöttisch an.
„Bist du ...?“ fragte ich. Ich deutete auf die Sonne hinter ihm. „Kommst du ...?
Ich wußte nicht, wie ich meine Frage in Worte fassen sollte. Wie spricht man jemanden an, der ein Gott sein könnte?
Er verstand meine Gebärde falsch und deutete mit dem Daumen über die Schulter.
„Ich war dahinten auf der Jagd“, sagte er. „Ich jage gern. Ich fühle mich dann frei ... wie ein Vogel in der Luft oder ein Fisch im Wasser. Ich weiß nicht, warum ich gerade in diese Richtung schaute. Aber ich sah, wie du dich aufrappeltest, und ich sah das Krokodil. Zu deinem Glück habe ich eine sichere Hand und ein gutes Auge, auch wenn ich ehrlich zugeben muß, daß der erste Schuß ein Glückstreffer war. Genau ins Auge, das gelingt nicht jeden Tag. Warum sagst du nichts?“
„Danke“, stammelte ich. „Herzlichen Dank ...“
„Wer bist du, Knabe? Wie kommst du hierher, wenn du nicht betrunken bist?“
„Ich ...“
In dem Moment wurde mir erstmals klar, daß ich nicht wußte, wer ich war. Ich schaute den Mann an und zwang mich nachzudenken. Denken! Jage den Nebel aus deinem Kopf. Du mußt doch wissen, woher du kommst! Nur deinen Namen. ...

Entnommen aus: Paul Kustermanns, Timus lange Flucht, Anrich Verlag, Kevelaer 1989.

3. Die griechische Welt

Einer der bekanntesten Athleten des antiken Griechenland war ein Mann namens Glaukos. Er stammte aus einer bäuerlichen Familie, wo er schon als Junge bei der Landarbeit half. Sein Vater, so wurde erzählt, beobachtete ihn, wie er einmal die verbogene Pflugschar aus Eisen mit den Fäusten wieder geradehämmerte.
Erstaunt über so viel Kraft meldete ihn der Vater für den Knabenboxkampf in Olympia, wo er tatsächlich in den Endkampf gelangte und siegte. Auch als Erwachsener siegte er in Olympia, zweimal in Delphi, achtmal bei den Isthmischen Spielen und neunmal bei den Spielen von Nemea.
Am meisten Ansehen brachte der Sieg in Olympia. Die Wettspiele dort wurden zum Vorbild für die Olympischen Spiele unserer Zeit. Noch heute wird zur Eröffnung olympischer Spiele eine Flamme in Olympia entzündet und in einem Stafettenlauf zum jeweiligen Austragungsort gebracht. Im 8. Jahrhundert v. Chr. wurden die Spiele in Olympia zum erstenmal gefeiert, über tausend Jahre lang fanden sie ohne Unterbrechung statt.
Ebenfalls im 8. Jahrhundert v. Chr. entstanden in Griechenland die ersten großen europäischen Dichtungen: die Ilias und die Odyssee. Sie erzählen vom jahrelangen Kampf um Troja und den Irrfahrten des Odysseus. Die Helden dieser Dichtungen, ihre Siege und Niederlagen, ihr Schmerz, ihre Trauer und ihre Freude sind seither zu allen Zeiten mit Spannung und Anteilnahme gelesen worden.
Im Griechenland des 8. Jahrhunderts wurde auch eine Schrift entwickelt, die viel einfacher war als alle Schriften, die es bis dahin gab. Mit wenigen Buchstaben konnte nun alles geschrieben werden, eine so einfache Schrift konnte ein jeder lernen. Daß wir heute lesen und schreiben können und keine berufsmäßigen Schreiber benötigen, wie es sie in Ägypten gab, dafür haben die Griechen die Voraussetzungen geschaffen.
Griechische Städte gab es nicht nur in Griechenland, sondern auch in Unteritalien, Sizilien, in Südfrankreich, Spanien, am Schwarzen Meer, in Kleinasien. Überall dort wurde die gleiche Sprache gesprochen, wurden die gleichen Götter verehrt. Dennoch waren diese Städte nie in einem gemeinsamen Staat vereint. Jede Stadt war ein selbständiges, unabhängiges Gemeinwesen. Die Bürger der griechischen Städte wollten jedoch nicht nur Unabhängigkeit nach außen, sie wollten auch im Innern über alles mitbestimmen, was ihre Stadt betraf. Das griechische Wort für Stadt lautet Polis, aus dem der Begriff „politisch" abgeleitet ist. Diejenigen, die nicht nur ihr eigenes Interesse im Auge hatten, sondern das der Polis, der ganzen städtischen Gemeinschaft, waren „politische Menschen".
In griechischen Städten entstand so eine Herrschaftsform, in der die Bürger frei und gleich waren und die gleichen politischen Rechte hatten. Damit war zum erstenmal in der menschlichen Geschichte diejenige politische Ordnung geschaffen worden, die wir Demokratie nennen.
Der Begriff Demokratie stammt aus dem Griechischen und heißt wörtlich Volksherrschaft. Am Beispiel der Stadt Athen können wir die Entwicklung zur Demokratie am deutlichsten verfolgen.
Athen und Sparta waren die größten der griechischen Stadtstaaten, aber auch sie waren relativ klein. Nur 9000 Soldaten konnte Athen zum Kampf aufstellen, als im Jahre 490 v. Chr. das riesige Perserreich die griechischen Städte unterwerfen wollte. Dennoch siegte in der Schlacht bei Marathon das Heer der Athener gegen die persische Übermacht. Nach weiteren Siegen Athens und Spartas mußte der persische Großkönig Frieden schließen.
150 Jahre später eroberte Alexander der Große das persische Reich. Mit seinem Sieg verbreitete sich die griechische Kultur im Orient und im ganzen östlichen Mittelmeerraum.
Was war das für ein Volk, dem wir so viel verdanken? Ein Volk, in dem der Wettkampf so viel galt? Ein Volk, das die Tapferkeit seiner Kriegshelden besang, das aber auch seine Dichter miteinander wetteifern ließ?
Von den Anfängen der griechischen Geschichte bis zu Alexanders Versuch, die ganze damals bekannte Welt zu beherrschen, will das folgende Kapitel das Leben der Griechen darstellen, ihre Ideale, ihre Zeit.

Der heilige Bezirk in Delphi

Die Frühzeit Griechenlands

Heldentum und Mühsal

Die Einwanderung der Griechen

Während der ersten Hälfte des 2. Jahrtausends v. Chr. sind jene Völkerstämme nach Griechenland eingewandert, nach denen später das Land benannt wurde: die Griechen. Die Ursachen für diese Wanderung, der genaue Zeitraum, die Herkunft – all das ist ungewiß, da es darüber keine sicheren Quellen gibt. Man weiß jedoch, daß es keine einheitliche, geschlossene Einwanderung gab. Es waren miteinander verwandte Stämme, die in einzelnen Wellen einwanderten, über einen jahrhundertelangen Zeitraum hinweg. Alle diese griechischen Stämme gehörten zur großen *indoeuropäischen* Völkerfamilie, die ursprünglich durch eine gemeinsame Sprache verbunden war. Ihr Siedlungsgebiet erstreckte sich von Nordeuropa bis nach Indien.
Etwa um das Jahr 1200 v. Chr. war diese Einwanderung nach Griechenland beendet. Die Menschen, die zuvor schon dort gelebt hatten, waren den Einwanderern, die bereits Waffen aus Eisen einsetzten, unterlegen. Man nimmt an, daß im Laufe der Zeit beide Kulturen – die der Ureinwohner und die der Einwanderer – miteinander verschmolzen und eine neue Hochkultur entstand.

Die Dichter Homer und Hesiod

Über die Art und Weise, wie die Griechen in ihrer Frühzeit – von ca. 800 bis 500 v. Chr. – lebten, über ihre Familien, ihre Dörfer und Städte, ihre Wünsche und Gedanken, erfahren wir viel von zwei Dichtern: Homer und Hesiod. Hesiod schildert das Leben der einfachen Bauern, aus Homers „Ilias“ und „Odyssee“ erfahren wir vom Leben der Adligen. Beide Werke sind Dichtungen, aber sie enthalten viele geschichtliche Aussagen und Hinweise. Die Stadt Troja etwa, deren Belagerung und Eroberung in der „Ilias“ geschildert werden, gab es wirklich. Ein deutscher Archäologe, Heinrich Schliemann, entdeckte sie vor etwas mehr als 100 Jahren.

Das Leben der Bauern

Viele Gebirgszüge durchschneiden Griechenland, teilen es in zahlreiche, voneinander abgetrennte Gebiete: Die

Bauer mit Pflug (Vase 6. Jahrhundert v. Chr.). Der starre Holzpflug war am Rande mit Eisen verstärkt und mußte mit viel Kraft in den Boden gedrückt werden.

Ebenen sind steinig und karg. Deshalb war das Leben der griechischen Bauern hart und mühselig. Für große Viehherden gab es kaum fruchtbare Weiden, ausreichend Nahrung fand sich meist nur für kleine Ziegen- und Schafherden. Die Werkzeuge der Bauern waren einfach und die tägliche Arbeit mit ihnen erforderte viel Kraft und Anstrengung. Im Oktober mußte gepflügt werden, im Winter wurde Holz geschlagen, aus dem auch die meisten Geräte hergestellt wurden. Im Februar begann bereits wieder die Feldarbeit. Im Mai und Juni wurde gemäht und gedroschen, das Getreide mußte eingelagert werden, im September stand die Weinlese an. Nur im Hochsommer, wenn die Arbeit etwas geringer war, gab es eine Pause in den täglichen Mühen.
Angebaut wurden in Griechenland Gerste, Flachs (für die Herstellung von Leinen), Gemüse, Obst, vor allem Birnen, Äpfel, Granatäpfel, Feigen und Wein. Große Bedeutung hatte der Olivenanbau. Olivenöl verwendeten die Griechen nicht nur zum Kochen, sondern auch zur Herstellung von Seife und als Brennmaterial für Lampen.

Die Welt des Adels

Griechenland wurde damals nicht – wie etwa Ägypten – einheitlich regiert und verwaltet. Statt dessen herrschten zahlreiche Adlige*, die sich alle Könige nannten, über das Volk. Auf der Insel Ithaka, wo nach der Erzählung Homers Odysseus zu Hause war, lebten ebenfalls adlige Familien. Unter ihnen nahm Odysseus einen höheren Rang ein, da er seine Abstammung von den Göttern ableitete. Seine Macht beruhte auf großem Landbesitz und auf Reichtum, die er aufgrund seiner kriegerischen Fähigkeiten, durch seine Klugheit und Listigkeit sowie durch seine Rednergabe erworben hatte. Um seine Macht zu steigern, scharte er andere Adlige um sich, die ihm freiwillig folgten.

Durch kriegerische Raubzüge, vor allem zur See, erwarb man Beute: wertvolle Gegenstände, Sklavinnen (die besiegten Männer wurden meist umgebracht), Vieh und vor allem Metall. Metall, das hieß Bronze, Eisen, Gold. Es war besonders wertvoll, denn daraus wurden Waffen, Werkzeuge, Hausrat und Schmuck hergestellt. Der Erfolg bei solchen Raubzügen mehrte das Ansehen der Adligen und sicherte ihre führende Stellung. Dem Anführer des siegreichen Raubzuges stand das Recht zu, die Beute zu verteilen.

Im Gegensatz zu den Bauern waren die Adligen nicht gezwungen zu arbeiten, Arbeit wurde deshalb von ihnen geringgeschätzt, sie galt als unangemessen für einen Adligen. So läßt etwa Homer den Odysseus sich rühmen: „So einer war ich im Krieg: Die Arbeit aber war mir nie lieb ... Sondern mir waren immer beruderte Schiffe lieb und Kriege und wohlgeglättete Wurfspieße und Pfeile.“ Obwohl es sich hier nur um Aussagen von Odysseus handelt, spiegeln sie das adlige Selbstverständnis anschaulich wider. Aber es gab auch kritische Stimmen gegen diese Lebensweise. Hesiod zum Beispiel verglich die Adligen mit Drohnen, denen er das mühevolle Leben der Bauern gegenüberstellte.

Bester im Wettkampf

In Homers „Ilias“ sehen wir, daß kriegerische Auseinandersetzungen vor allem aus zahlreichen Zweikämpfen adliger Krieger bestanden. Der berühmteste dieser Kämpfe ist der zwischen dem trojanischen Königssohn Hektor und dem griechischen Helden Achill.

Im Kampf zu siegen, das bedeutete Anerkennung und Ruhm. Auch außerhalb des Krieges gehörte das Sich-miteinander-Messen zum Leben der Adligen. Wettkämpfe waren Bestandteil eines jeden Festes, der Wettstreit wurde schließlich zu einem Grundprinzip des Zusammenlebens und der Kultur der Griechen. Aus den Wertvorstellungen des Adels wurden Wertvorstellungen aller Griechen. Überall galt nun die Forderung Homers, „Immer Bester zu sein und überlegen zu sein den anderen und nie Schande zu machen dem Hause der Väter.“

Zum sportlichen Wettkampf gesellte sich später der Wettstreit der Sänger, Dichter, Bildhauer, Musiker und Redner. Solche künstlerischen Wettkämpfe waren auch Teil der Spiele von Olympia und Delphi (vgl. Seite 62).

Abgebildet sind Hektor, wie er von Andromache, und Paris, wie er von Helena Abschied nimmt. Daneben steht der Reitknecht Kebriones (Vase, 6. Jahrhundert v. Chr.).

Zeus

Hermes

Poseidon

Götter und Glaube der Griechen

Das Wesen der griechischen Götter

Wie Hektor war Paris ein Sohn des trojanischen Königs Priamos. Als er sich eines Tages allein im Schatten ausruhte, erschienen, so berichtet die Sage, drei schöne Frauen vor ihm. Sie reichten ihm einen goldenen Apfel und forderten ihn auf, zu entscheiden, welche von ihnen die schönste sei.

Die drei Frauen aber waren drei Göttinnen, nämlich Hera, Athene und Aphrodite. Hera versprach ihm alle Macht der Welt, falls er sich für sie entscheide, Athene bot ihm Tapferkeit, Weisheit und ewigen Ruhm. Aphrodite jedoch, die dritte Göttin, erschien ihm am schönsten und anmutigsten, und so überreichte Paris ihr den Apfel als Siegespreis. Dafür versprach sie ihm die schönste Frau der Welt. Die beiden unterlegenen Göttinnen jedoch schworen in ihrem Zorn, sich an Paris zu rächen.

Aus dieser Sage erfahren wir viel darüber, wie sich die Griechen ihre Götter vorstellten. Ihr Aussehen gleicht dem der Menschen, allerdings können sie auch jede andere Gestalt annehmen. Sie verkehren mit den Menschen, geben ihnen Ratschläge, sprechen ihnen Mut zu usw. Dabei können sie unerkannt bleiben oder sich als Götter zu erkennen geben. Sie besitzen dieselben Eigenschaften wie die Menschen, gute wie schlechte: Mut, Klugheit und Kraft, aber auch Neid, Haß und Eifersucht, daneben aber auch übernatürliche Kräfte.

Da die Götter den Menschen so sehr glichen, war auch der Abstand zwischen ihnen nicht unüberwindlich. Es gab nach Ansicht der Griechen auch Halbgötter, Kinder aus Verbindungen zwischen Göttern und Menschen, und es gab Menschen, die nach ihrem Tode zu Göttern erhoben wurden.

Die Heimat der Götter, so glaubten die Griechen, sei der Olymp, der höchste Berg Griechenlands. Dort wohnten sie in kunstvollen Palästen und nährten sich von Nektar und Ambrosia.

Unter Führung des Zeus lebten die Götter hier wie eine große Familie zusammen. Während Zeus über Himmel und Erde herrschte, wachte sein Bruder Poseidon über das Meer. Hades, der dritte Bruder, war der Herr der Unterwelt. Er wurde auch Pluton, der Reiche, genannt, weil ihm die Schätze der Erde, Gold, Silber usw., gehörten.

Hades

Athene

Apoll

Glaube und Verehrung

Die griechischen Götter waren nicht allmächtig und allwissend, selbst Zeus nicht. Sie waren nicht die Schöpfer, nur die Beherrscher der Welt.

Die Ähnlichkeit der Götter mit den Menschen minderte nicht die Verehrung, die die Griechen ihnen entgegenbrachten. Die Götter waren in der Lage, in das Leben der Menschen einzugreifen, sie konnten Glück und Unglück zuteilen. Richtiges Verhalten konnte belohnt werden, falsches wurde bestraft. Sisyphos, so berichtet die Sage, hatte versucht, die Götter zu hintergehen. Er wurde von ihnen dazu verurteilt, einen schweren Felsen auf den Gipfel eines Berges hinaufzuwälzen. Doch immer wieder entgleitet ihm der Stein, kurz bevor er den Gipfel erreicht, und stürzt den Berg wieder hinab, so daß seine Mühe aufs Neue beginnt. Zu dieser Arbeit ist Sisyphos für alle Ewigkeit verdammt.

Um die Götter milde und günstig zu stimmen, brachten ihnen die Griechen Opfer dar: Früchte, Getreide, Wein, auch Gegenstände wie Waffen und Statuen.

Zahlreiche Tempel wurden den Göttern errichtet. Manche der Heiligtümer hatten einen besonderen Rang, so z. B. das berühmte *Orakel* des Gottes Apoll in *Delphi*. Eine Priesterin gab den Ratsuchenden Auskunft. Die Anworten waren meist mehrdeutig formuliert.

Leben und Tod

Was die Götter von den Menschen unterschied, war ihre ewige Jugend, ihre Schönheit und Unsterblichkeit. Der Tod war das Schicksal der Menschen, er überschattete das ganze menschliche Leben. Weil die Götter dem Tod nicht unterworfen waren, galt ihr Dasein als strahlend und beneidenswert.

Für die Griechen bedeutete der Tod nicht die Erlösung wie für das Christentum. Nach der Bestattung, so glaubten die Griechen, ginge der Tote in den Hades ein. Hades hieß nicht nur der Gott, sondern auch die Unterwelt, wo die Toten als kraftlose Schatten weiterexistierten, ohne Erinnerung an das Leben, ohne Willen und Bewußtsein. In der „Odyssee" wird berichtet, wie es Odysseus gelang, die Unterwelt aufzusuchen. Als er sich dort mit dem toten Achill unterhält, klagt dieser, wie leer und trostlos das Dasein im Hades sei, und daß er, der große griechische Held, bereit sei, als der allerärmste Knecht eines Bauern zu arbeiten, wenn er dafür wieder zurück könne zu den Lebenden.

Die griechische Kolonisation

Auf der Suche nach einer neuen Heimat

Im letzten Drittel des 6. Jahrhunderts v. Chr. verlassen mehrere hundert Samier, Bewohner der griechischen Insel Samos, ihre Heimat. Unter ihnen befindet sich Pythagoras, ein weitgereister, auf vielen Wissensgebieten beschlagener Mann, der mit seiner Frau, seiner Mutter und einem Diener auswandert, weil er wegen der Herrschaft eines Tyrannen* in der Stadt keine Möglichkeit findet, sich zu entfalten und sein Wissen nutzbar zu machen. Das Schiff wird ihn nach Kroton (heute Crotone), einer griechischen Stadt in Süditalien, bringen. Wie viele Ratsuchende hatte er sich zuvor an das *Orakel* in Delphi gewandt und dem Spruch der Pythia (der Priesterin des Apoll) entnommen, daß dies für ihn ein günstiger Platz sei.

Die anderen Samier planen einen völligen Neuanfang: Sie wollen einen Ort gründen, in dem Gerechtigkeit herrscht, im Gegensatz zur Herrschaft des Tyrannen auf Samos. Deshalb nennen sie auch ihre neue Stadt in Süditalien „Dikaiarchia“ (Stadt, in der Gerechtigkeit herrscht). Es ist das heutige Pozzuoli bei Neapel.

Die Geschichte der Leute von Samos ereignete sich am Ende einer Epoche, die man als die Zeit der griechischen Kolonisation* bezeichnet.

Warum verlassen Griechen überhaupt ihre Heimat?

„Wir sitzen um unser Meer wie die Frösche um einen Teich“, sagte Sokrates und beschrieb damit die Siedlungstätigkeit der Griechen, die über drei Jahrhunderte andauerte. Sie begann in der griechischen Frühzeit, im 8. Jahrhundert v. Chr. und endete etwa mit dem 6. Jahrhundert v. Chr. Fast über das ganze Mittelmeergebiet und dazu noch rings um das Schwarze Meer breiteten sich griechische Städte aus: Kolonien (Tochterstädte) von Korinth, Phokaia, Rhodos oder Milet.

Diese Tochterstädte gründeten ihrerseits wieder Kolonien, sogenannte *Enkelstädte*. Ihre Namen leben zum Teil heute noch in veränderter Form weiter: z. B. Nizza (Nikaia), Marseille (Massilia).

Welche Ursachen führten zu dieser Auswanderungsbewegung, die die Griechen als „Verlagerung der Wohnstätte“ bezeichneten? Im Falle der Samier waren es politische Streitigkeiten und die fehlende Aussicht auf Erfolg und Wohlstand. Andere Gründe waren die Suche nach neuen Handelsplätzen, Abenteuerlust, Wissensdurst. In den meisten Fällen aber ließen Mißernten, Hungersnöte, Armut und Überbevölkerung keine andere Wahl, als fortzugehen.

Da nach griechischem Erbrecht der Besitz unter alle Söhne aufgeteilt wurde, konnten die Bauerngüter mit der Zeit so klein werden, daß sie ihre Besitzer nicht mehr ernährten. Da zudem die Bevölkerung wuchs, bot die Heimat nicht genug Boden und Lebensgrundlagen. Als durch Händler Nachrichten über andere Länder bekannt wurden, begannen einzelne Städte auf Abhilfe zu sinnen: Sie gründeten Kolonien.

Wer bestimmt das Ziel?

Bei den Koloniegründungen spielte das Orakel in Delphi eine wichtige Rolle. Kein Schiff wurde ohne Befragung des Gottes Apoll ausgesandt. Zweifellos waren die Priester des Apoll, die die Orakelsprüche auslegten, bestens über alles informiert, was mit Koloniegründungen zusammenhing. Sie waren deshalb auch in der Lage, Ratschläge und Weisungen zu erteilen. In Delphi trafen sich nämlich Reisende aus allen Gegenden des Mittelmeerraumes, die Erfahrungen austauschten. Hierher kamen auch nach geglückten Gründungen Berichterstatter mit reichen Weihegeschenken, an denen der Wohlstand einer Kolonie abgelesen werden konnte.

Fahrt in die Fremde

Begleiten wir ein Auswandererschiff, das ins Ungewisse fährt: An Bord befinden sich 100 bis 200 Männer, Bauernsöhne und Händler, der von der Stadt eingesetzte Schiffsführer und Expeditionsleiter und ein Seher, dazu Waffen, Werkzeuge, Saatgut, lebendes Vieh, Feuer und Erde aus der *Mutterstadt*. Frauen sind zunächst nicht dabei, können aber – wie wir von einigen Fällen wissen – später nachgeholt werden.

Einen Kompaß zur Orientierung kennt man noch nicht. Die Menschen fürchten nicht nur Nebel, Unwetter, Untiefen und Piraten, sondern auch angeblich schreckliche Uferbewohner, ungastliche Gegenden und furchtbare Tiere, von denen sie in Erzählungen gehört haben. Die Fahrt geht möglichst an der Küste entlang, abends legt man am Ufer an. Der endgültige Siedlungsort soll dünn oder gar nicht besiedelt sein, über eine günstige Anlegestelle, eine Anhöhe, die man als Verteidigungsort benutzen kann, über eine Quelle und über genügend anbaufähiges Land verfügen.

Ankunft in der Fremde

Durch Gebet und Opfer nimmt der Anführer den Boden feierlich in Besitz. Man fertigt auf der mitgebrachten Erde einen gemeinsamen Herd und legt dort das Feuer aus der Mutterstadt nieder. Nun müssen Häuser gebaut und Nahrungsmittel beschafft werden. Den Boden urbar zu machen, kostet besonders große Mühe. Der Landvermesser wird jedem ein Stück Land durch Los zuweisen und einen beträchtlichen Teil für öffentliche Gebäude – ein Heiligtum für Apoll beispielsweise – und für eventuell nachkommende Siedler reservieren.

Man wartet auf die Reaktion der einheimischen Bevölkerung: Zieht sie sich ins Hinterland zurück, wehrt sie sich gegen die fremden Eindringlinge, die sie ihres Bodens berauben, oder kommt es über Tauschhandel und Heirat zu einem friedlichen Nebeneinander?

Wie die jeweils einheimische Bevölkerung reagierte, ist nur in wenigen Fällen bekannt. Von Sizilien weiß man, daß die griechischen Kolonisten mit der sizilianischen Urbevölkerung kämpften und sie anschließend vertrieben. In anderen Fällen verlief die Koloniegründung ohne größere Schwierigkeiten, weil die Ufergegenden, an denen sich die Griechen niederließen, noch fast unbewohnt waren. Und es gibt auch Beispiele dafür, daß die Griechen von den ansässigen Einheimischen Land zur Bebauung oder als Handelsplätze zugewiesen bekamen.

Je nach Absicht der Siedler und den örtlichen Gegebenheiten entstanden zwei Arten von Städten: *Ackerbaukolonien*, mit vorwiegend landwirtschaftlich genutztem Gebiet, und solche, die eher als *Handels-* und *Umschlagplätze* dienen. Sie entwickelten sich frei und unabhängig von der Mutterstadt. Viele wuchsen rasch, manchen jedoch war kein Erfolg beschieden.

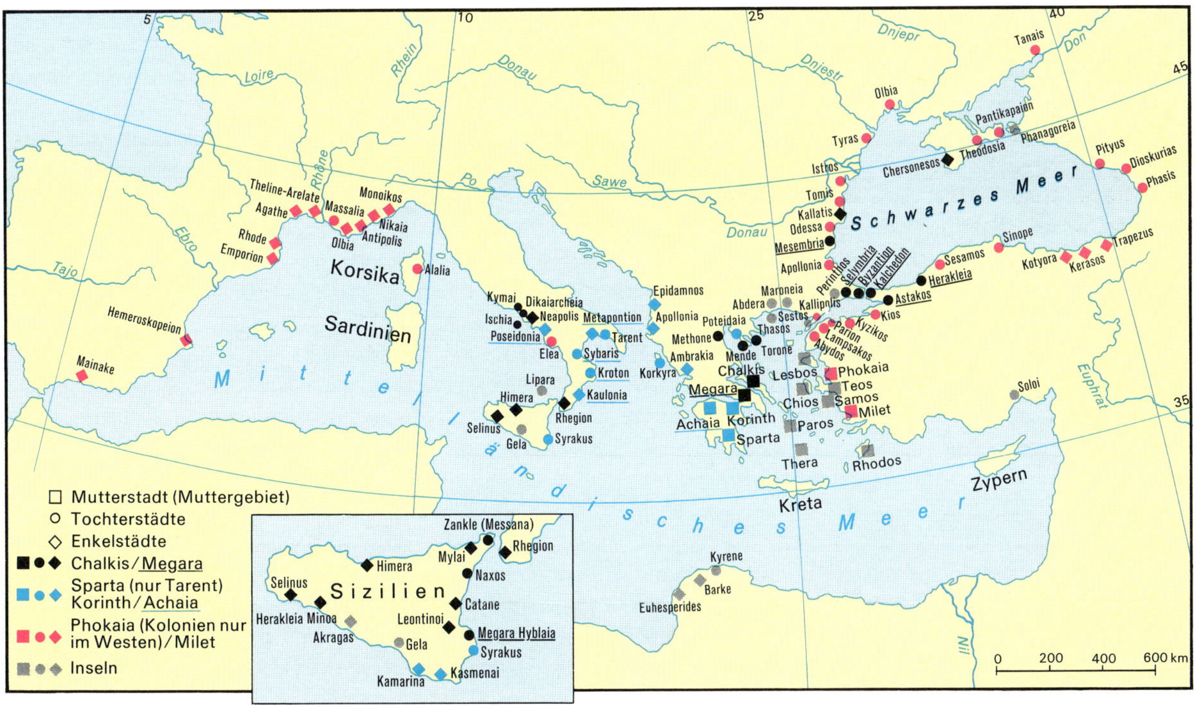

„Wir sitzen um unser Meer wie die Frösche um einen Teich" – Die Kolonisation der Griechen

Griechischer Tempel in Paestum (Poseidonia) in Süditalien, im 5. Jahrhundert v. Chr. erbaut

Die Auswirkungen der Kolonisation

Die Ergebnisse der griechischen Kolonisation waren vielfältig. An den Mittelmeerküsten Spaniens, Südfrankreichs und Italiens, in Nordafrika, an den Küsten Syriens, des Libanons und der Türkei wachsen heute Ölbäume. Das ist zum großen Teil den griechischen Kolonisten zu verdanken. In Süditalien und Sizilien stehen die besterhaltenen griechischen Tempel aus dem 5. Jahrhundert v. Chr. Heute noch wird in einigen Dörfern rings um die Stadt Brindisi ein griechischer Dialekt gesprochen, und auch in einigen südfranzösischen Dialekten finden sich noch griechische Sprachreste. Wohin die Griechen auch kamen, dorthin brachten sie das Alphabet, das Münzwesen, handwerkliche Fertigkeiten (u. a. Keramikkunst, Salzgewinnung, Waffenherstellung). Das Wichtigste jedoch war ihre Vorstellung von einem freieren und besseren Leben, die sie überall zu verwirklichen suchten.

In den Kolonien litt kaum jemand an Hunger oder Bodenknappheit, Handel und Gewerbe blühten. In der Technik und Wissenschaft gab es große Fortschritte, etwa beim Bau von Hafenanlagen, bei der Be- und Entwässerung, der Metallgewinnung und der Landwirtschaft. Aufnahme- und lernbereit machten sich die Griechen auch die Kenntnisse der Urbevölkerung zunutze. Sie suchten Anschluß an wichtige Straßen und Handelswege auf dem Festland, so daß sich der Handel mit griechischen Waren auf große Teile des europäischen Kontinents ausdehnte. Funde griechischer Keramik im heutigen Frankreich, in Baden-Württemberg, in Südrußland und an vielen anderen Orten belegen diese Ausdehnung. Für das griechische Mutterland und für die Kolonien bedeutete dies alles einen wirtschaftlichen Aufschwung.

Die Erfahrungen aus den Kolonien wirkten sich auch auf Griechenland selber aus: In den Kolonien galten zunächst für jeden gleiche Bedingungen. Der Boden wurde gleichmäßig verteilt, die Kolonisten entschieden über alle Angelegenheiten der neugegründeten Stadt gemeinsam, keine Gruppe hatte irgendwelche Vorrechte. Diese Art der Selbstverwaltung beeinflußte auch die Mutterstädte. Mit der Zeit erreichten auch dort immer mehr Menschen das Recht auf politische Mitbestimmung. In einigen Kolonien entstanden allerdings auch tyrannische Herrschaften.

Obwohl die griechischen Städte so weit verstreut lagen, wuchs das Gefühl der Zusammengehörigkeit. Die gemeinsame Sprache, der gleiche Götterglaube, die Sitten und Gebräuche, die sich erhielten, alles das nährte das Gemeinschaftsgefühl. Die Begegnung mit fremden Völkern und Kulturen formte und schärfte den Sinn für das eigene Wesen. Den Städten Delphi und Olympia kam als Treffpunkt aller Griechen eine besondere Bedeutung zu.

1 Die Rolle des Mannes und der Frau in der Adelswelt

Homer beschreibt den Abschied des trojanischen Königssohns Hektor von seiner Frau Andromache, bevor er den Kampf gegen den griechischen Helden Achill aufnimmt.

Q Schnell legte Hektor den Weg durch die Straßen Trojas jetzt wieder zurück. Als er das Skäische Tor erreicht, kam seine Gemahlin Andromache, die blühende Tochter des kilikischen Eëtion von Theben, eilenden Laufes gegen ihn her; die Dienerin, ihr folgend, trug das unmündige Knäblein Astyanax, schön wie ein Gestirn, an der Brust. Mit stillem Lächeln betrachtete der Vater den Knaben, Andromache aber trat ihm unter Tränen zur Seite, drückte ihm zärtlich die Hand und sprach: „Entsetzlicher Mann! gewiß tötet dich noch dein Mut, und du erbarmest dich weder deines stammelnden Kindes noch deines unglückseligen Weibes, das du bald zur Witwe machen wirst. Werde ich deiner beraubt, so wäre es das beste, ich sänke in den Boden hinab. Den Vater hat mir Achill getötet, meine Mutter hat der Bogen der Artemis erlegt, meine sieben Brüder hat auch der Pelide umgebracht, ohne dich habe ich keinen Trost, Hektor: du bist mir Vater und Mutter und Bruder. Darum erbarme dich, bleib hier auf dem Turm; mach dein Kind nicht zur Waise, dein Weib nicht zur Witwe! Das Heer stelle dort an den Feigenhügel: dort steht die Mauer dem Angriffe frei und ist am leichtesten zu ersteigen, dorthin haben die tapfersten Krieger, die Ajax beide, Idomeneus, die Atriden und Diomedes schon dreimal den Sturm gelenkt, sei es, daß ein Seher es ihnen offenbarte, sei's, daß das eigene Herz dieselben trieb!"

Liebreich antwortete Hektor seiner Gemahlin: „Auch mich härmt alles dieses, Geliebteste; aber ich müßte mich vor Trojas Männern und Frauen schämen, wenn ich, erschlaffi wie ein Feiger, hier aus der Ferne zuschaute. Auch mein eigner Mut erlaubt es mir nicht, er hat mich immer gelehrt, im Vorderkampfe zu streiten; zwar das Herz weissagt es mir: der Tag wird kommen, wo die heilige Troja hinsinkt und Priamos und all sein Volk; aber weder der Trojaner Leid noch der eigenen Eltern und der leiblichen Brüder, wenn sie dann unter dem Schwert der Griechen fallen, gehn mir so zu Herzen wie das deine, wenn dich, die Weinende, ein Danaer in die Knechtschaft führen wird und du dann zu Argos am Webestuhl sitzest oder Wasser trägst, vom harten Zwang belastet, und dann wohl ein Mann, dich in Tränen schauend, spricht: ‚Das war Hektors Weib!' Decke mich der Grabhügel, ehe ich von deinem Geschrei und deiner Entführung hören muß!" So sprach er und streckte die Arme nach seinem Knäbchen aus; aber das Kind schmiegte sich schreiend an den Busen der Amme, von der Zärtlichkeit des Vaters erschreckt und vor dem ehernen Helm und dem fürchterlich flatternden Roßschweif erbangend. Der Vater schaute das Kind und die Mutter lächelnd an, nahm sich schnell den schimmernden Helm vom Haupte, legte ihn zu Boden, küßte sein geliebtes Söhnchen und wiegte es auf dem Arm. Dann flehte er zum Himmel empor: „Zeus und ihr Götter! laßt dies mein Knäblein werden wie mich selbst, voranstrebend dem Volk der Trojaner; laßt es mächtig werden in Troja und die Stadt beherrschen, und dereinst sage man, wenn es beutebeladen aus dem Streite heimkehrt: der ist noch weit tapferer als sein Vater; und darüber soll sich seine Mutter herzlich freuen!" Mit diesen Worten gab er den Sohn der Gattin in den Arm, die unter Tränen lächelnd ihn an den Busen drückte. Hektor aber streichelte sie, inniger Wehmut voll, mit der Hand und sagte: „Armes Weib, traure mir nicht zu sehr im Herzen, gegen das Geschick wird mich niemand töten; dem Verhängnis aber ist noch kein Sterblicher entronnen. Auf geh du zur Spindel und zum Webestuhl und befiehl deinen Weibern! Den Männern Trojas liegt die Sorge für den Krieg ob, am meisten aber mir!" Als er dies gesagt, setzte sich Hektor den Helm auf und ging davon. Andromache schritt dem Hause zu, indem sie wiederholt rückwärts blickte und herzliche Tränen weinte.

Nach: Gustav Schwab, Sagen des klassischen Altertums, Frankfurt am Main 1975, S. 406 f.

1 *Warum will Andromache Hektor vom Kampf abhalten? Welche Folgen würde der Tod ihres Mannes für sie und ihr Kind haben?*

2 *Überlegt, obHektor die Sorgen und Ängste seiner Frau versteht? Sprecht über eure Ergebnisse.*

3 *Was bewegt Hektor, trotz des Flehens seiner Frau in den Kampf zu ziehen?*

2 Die Lebensregeln des Hesiod

Hesiod ermahnt seinen Bruder Perses, der bei der Teilung des vom Vater hinterlassenen Gutes zuviel erhalten hat, weil er die adligen Richter für sich gewonnen hatte:

Q Perses, o mögest du dies in deinem Herzen bewegen:
Höre immer aufs Recht und niemals übe Gewalttat!
Denn ein solches Gebot erteilte Kronion [Zeus] den Menschen:
Bestien zwar und Fische und flügelspannende Vögel
Sollten einander verschlingen, denn sie ermangeln des Rechtes;
Aber den Menschen verlieh er das Recht, das bei weitem der Güter
Bestes. Denn wenn ein Mann Gerechtes nach seiner Erkenntnis
Wissentlich kundtut, den segnet der Allüberschauer Kronion …
Arbeite, Perses, erlauchter Sproß, damit dich der Hunger
Hasse, dagegen dich liebe die schönbekränzte Demeter [Göttin der Fruchtbarkeit],
Die erhabene, und dir füllt die Scheuer mit Nahrung.
Hunger ist ja immer der Arbeitsscheuen Gefährte.
Der ist Göttern und Menschen verhaßt, der ohne zu wirken
Hinlebt; gleicht er doch den faul-nichtsnutzigen Drohnen,
Die da als zwecklose Fresser das Werk der Bienen vernichten.

Hesiod, Werke und Tage, 274 ff. In: Geschichte in Quellen, Bd. 1. Hg. v. W. Arend, München 1965, S. 122 f.

1 *Welche Forderungen stellt Hesiod für das „richtige Leben“ auf?*

2 *Vergleicht die Lebensregeln Hesiods mit der Lebensweise der Adligen.*

3 Die Götter

Zu den *Abbildungen* auf Seite 54/55:

Zeus ist der mächtigste der olympischen Götter. Zepter, Blitz und Adler sind seine Attribute.

Hermes, der Götterbote, wird meist mit Hut, Heroldstab und Flügelschuhen dargestellt. Er ist auch der Gott der Wanderer, der Kaufleute und der Diebe. Er geleitet die Seelen der Verstorbenen in die Unterwelt.

Poseidon ist der Gott des Meeres. Mit seinem Dreizack wühlt er das Meer auf.

Hades lebt als Gott der Unterwelt nicht auf dem Olymp, sondern in den Schattengründen der Erde.

Athene, Tochter des Zeus, wird als Göttin der Klugheit verehrt. Sie soll den Athenern den Ölbaum geschenkt haben. Dafür wurde sie zur Schutzgöttin Athens. Zu ihrem Bild gehören meist Helm, Schild und Speer.

Apoll ist der Gott der Wahrheit, der Sänger und Dichter, der die Menschen zur Erkenntnis führt. Seine Orakelstätte in Delphi gehört zu den berühmtesten Heiligtümern. Oft wird er mit einer Leier dargestellt.

1 *Vergleicht die griechischen Götter mit den Göttern der Ägypter (siehe S. 39). Welche Unterschiede könnt ihr feststellen, welche Übereinstimmungen?*

2 *Worin unterscheidet sich der Jenseitsglaube der Griechen von dem der Ägypter?*

3 *Neben den auf S. 54/55 abgebildeten Göttern, die oben vorgestellt sind, kannten die Griechen zahlreiche weitere, z. B. Hera, die Gemahlin des Zeus, Aphrodite, die Göttin der Schönheit, eine Tochter des Zeus, Ares, der Kriegsgott, Persephone, die Gemahlin des Hades, Hephaistos …, Artemis, die Göttin der Jagd. Kennt ihr noch weitere griechische Götter. Erstellt einen Stammbaum der griechischen Götterwelt.*

4 Das antike Griechenland

1 *Welche geographischen Gegebenheiten kennzeichnen die Gegenden, in denen Griechen wohnten?*

2 *Überlegt, welche Folgen sich für die Lebensweise der Griechen aus der Eigenart der griechischen Landschaft ergaben.*

5 Die Gründung der Kolonie Kyrene

Der griechische Geschichtsschreiber Herodot berichtet, wie die Bewohner der griechischen Insel Thera (heute Santorin) im Jahre 631 v. Chr. die Kolonie Kyrene gegründet haben:

Q Als sich Grinnos, der König von Thera, ein Orakel über ganz andere Dinge sagen ließ, gab ihm die Pythia die Antwort, der solle in Libyen eine Stadt gründen … Nach ihrer Heimkehr ließen sie den Orakelspruch ganz unbeachtet; denn sie wußten nicht, wo in aller Welt Libyen liegt, und wollten es nicht gern wagen, Siedler ins Ungewisse auszusenden. Nun blieb sieben Jahre lang der Regen in Thera aus … Auf ihre Anfrage beim Orakel erinnerte die Pythia sie an die Kolonisation in Lybien … Die Theraier bestimmten, daß aus allen sieben Gemeinden der Insel immer je einer von zwei Brüdern um die Auswanderung losen sollte … So schickten sie zwei Fünfzigruderer nach Platea (Insel vor der Kyrenaika) … Hier wohnten sie zwei Jahre; aber es ging ihnen dort nicht gut. So ließen sie denn einen einzigen aus ihrer Mitte zurück, und alle übrigen fuhren nach Delphi. Dort baten sie das Orakel um einen Spruch und erzählten, sie hätten sich in Libyen angesiedelt, aber es gehe ihnen trotzdem keineswegs besser, obwohl sie dort wohnten. Darauf verkündete ihnen die Pythia folgendes: „Kennst du besser als ich, der ich dort war, Libyens Herden: Dich, der du nicht dort warst, muß ich ob deiner Weisheit bewundern.“
Als sie dies hörten, segelten sie wieder zurück; denn offenbar ersparte ihnen der Gott der Ansiedlung nicht bis sie nach Libyen selbst gekommen seien. Sie landeten auf der Insel, nahmen den Zurückgelassenen an Bord und siedelten sich auf dem Festland gegenüber der Insel an … Hier wohnten sie sechs Jahre. Im siebenten Jahr erboten sich die Libyer, sie an einen noch schöneren Platz zu führen. Sie entschlossen sich mitzugehen.

Herodot, Historien, IV 150-158. Übers. von J. Feix, München ^{2}1977, S. 613 ff.

● *Welche Schwierigkeiten konnten bei einer Koloniegründung auftreten, und wie wurden sie geregelt?*

Olympia: Götterverehrung und Wettspiel

Eine Feier zu Ehren des Zeus

Neben der gemeinsamen Sprache und neben dem Glauben an dieselben Götter waren die Griechen im Mutterland und in den Kolonien vereint durch ihre Feste und Spiele. Überall in den größeren Städten Griechenlands und bei den wichtigen Heiligtümern fanden solche Feste statt, am berühmtesten waren die Spiele in Olympia,deren Beginn auf das Jahr 776 v. Chr. datiert wird . Nur Griechen durften an diesen Spielen teilnehmen, und zwar ausschließlich Männer. Frauen waren sogar als Zuschauerinnen ausgeschlossen. Im Unterschied zu den heutigen Olympischen Spielen hatten die antiken Spiele einen streng religiösen Charakter: es waren Veranstaltungen zu Ehren des Zeus. Ihr Zentrum war der heilige Hain von Olympia mit dem Zeustempel als Mittelpunkt.
Während der Spiele herrschte in der gesamten griechischen Welt Friede. Kriege, Streitigkeiten, ja sogar Gerichtsverfahren wurden unterbrochen. Das Fest für die Götter sollte durch keinerlei menschliche Zwietracht und Auseinandersetzung gestört werden. Es wird berichtet, daß man sogar Gefangenen die Fesseln löste und daß es untersagt war, Schulden einzutreiben.
Die Spiele in Olympia hatten eine so große Bedeutung, daß sie sogar als Grundlage für eine Zeitrechnung* dienten. Wie die heutigen Olympischen Spiele fanden auch die antiken alle vier Jahre statt. Die Griechen zählten nun nicht jedes Jahr für sich, sondern faßten jeweils vier Jahre zu einer Olympiade zusammen. So sagten sie beispielsweise, daß die Schlacht bei den Thermopylen (siehe S. 72) im ersten Jahr der 75. Olympiade stattgefunden habe, das ist nach unserer Zeitrechnung das Jahr 480 v. Chr.

Der Ablauf der Spiele

Die Spiele in Olympia dauerten fünf Tage. Am ersten Tag wurden die Listen der Kämpfer aufgestellt und man legte fest, in welcher Reihenfolge die Teilnehmer antreten mußten. Schließlich wurden die Paare ausgelost, die gegeneinander zu kämpfen hatten. Den Höhepunkt des ersten Tages bildete der gemeinsame Eid aller Sportler

Am zweiten Tag fanden zunächst die Knabenspiele statt, dann folgte das Wagenrennen, das eine sehr kostspielige Sportart war, weshalb sich nur Reiche, meist Adlige, eine Teilnahme leisten konnten. Es gab Rennen mit Viergespannen und mit Zweigespannen, als Fahrzeug diente ein zweirädriger Wagen, der vorn und an den Seiten eine niedrige Brüstung hatte. Der Wagenlenker stand auf dem Wagen, in der einen Hand die Zügel, in der anderen die Peitsche. Zwölf Runden mußten in einem Rennen zurückgelegt werden, besonders das Wenden um die Wendesäule erforderte vom Lenker und von den Pferden viel Geschick.
Am dritten Tag fanden keine Wettkämpfe statt, es war der Tag des Opferfestes. Alle Anwesenden versammelten sich zu einer großen Prozession, vorneweg gingen Trompeter und Herolde. Den eigentlichen Zug führten die Kampfrichter in purpurnen Gewändern an, es folgten die Priester, dann die Opfertiere. Den Abschluß bildeten die Wettkämpfer.

Wagenrennen, dargestellt auf einer Amphora (großer zweihenkliger Krug) aus dem 5. Jahrhundert v. Chr.

Waffenlauf, dargestellt auf einer Amphora aus dem 6. Jahrhundert v. Chr.

Fünfkämpfer. Zum Wettkampf gehörten Diskus- und Speerwurf, Weitsprung mit Gewichten, Laufen und Ringen (Amphora, 5. Jahrhundert v. Chr.)

Die Prozession ging zum Tempel des Zeus. Mit Gebeten, Gesängen und Flötenspiel wurden die Opfer dargebracht, danach nahmen alle am gemeinsamen Opfermahl teil.
Alle übrigen Wettkämpfe fanden am vierten Tag statt: der Weitsprung, die Laufwettbewerbe, die drei Kampfsportarten, der Fünfkampf (Diskus-, Speerwerfen, Weitsprung, Laufen, Ringen).
Zu den Laufwettbewerben gehörten der Stadionlauf über eine Strecke von knapp 200 Metern und der Langstreckenlauf, der über eine Strecke von 4,5 km führte, sowie der Waffenlauf, bei dem die Teilnehmer ursprünglich in voller Rüstung gelaufen waren, also mit Helm, Beinschienen, Speer und Schild. Später liefen sie nur noch mit Helm und Schild.
Die drei Kampfdisziplinen umfaßten den Ringkampf, den Faustkampf sowie das Pankration, den Allkampf. Beim Pankration war nahezu alles erlaubt, was den Gegner kampfunfähig machen konnte. Wie der Faustkampf wurde das Pankration mit großer Härte geführt, beide dauerten so lange, bis ein Gegner nicht mehr kämpfen konnte oder aufgab. Wegen dieser Härte wurde in der Öffentlichkeit immer wieder Kritik an beiden Sportarten geäußert.

Langstreckenlauf (Amphora, 4. Jahrhundert v. Chr.)

Die Sieger

Der letzte Tag der Spiele in Olympia war der Ehrung der Sieger vorbehalten. Herolde riefen ihre Namen, die ihrer Väter und Heimatstädte auf. Mit dem Sieger wurden so auch seine ganze Sippe und seine Heimat geehrt. Vom heiligen Ölbaum beim Zeustempel wurden Olivenzweige geschnitten, mit denen die Sieger bekränzt wurden. Nur die Ersten wurden geehrt, bereits der Zweite ging leer aus. Auch in ihrer Heimat wurden die Sieger reich beschenkt und überschwenglich gefeiert. Nicht selten wurden sie für ihr ganzes Leben von allen Steuern und Abgaben befreit, in Athen erhielten sie sogar freien Unterhalt bis an ihr Lebensende.

Im Laufe der Zeit strömten immer mehr Menschen nach Olympia. Vielen Rednern, Dichtern, Philosophen und Politikern boten die Spiele Gelegenheit, ihre Gedanken und Werke der Öffentlichkeit vorzustellen.

Im Jahre 393 n. Chr. verbot der römische Kaiser Theodosius im Namen des Christentums die Spiele als heidnische Unsitte und ließ an die Tempel Feuer legen. Das zeigt, daß die Spiele in Olympia bis an ihr Ende als religiöses Fest empfunden wurden.

Faustkämpfer. Die Person links im Bild ist vermutlich der Preisrichter, der mit seinem Stock in den Kampf eingreift, wenn gegen die Anordnungen und Regeln verstoßen wird. (Griechische Vase, ca. 6. Jh. v. Chr.).

Weitsprung aus dem Stand. Zwischen 1,5 und 4,5 kg schwere Gewichte aus Stein, Blei oder Eisen verstärken den Vorwärtsschwung.

1 Sportliche Wettkämpfe

Der Schriftsteller Lukian (ca. 120 n. Chr.-Ende 2. Jh.) erfindet lange nach der Blütezeit der Spiele ein Gespräch zwischen dem Athener Solon und dem Skythen Anacharsis:

Q *Anacharsis:* Weswegen, bester Solon, tun das bei euch die jungen Männer? Sie umschlingen einander und stellen sich ein Bein, andere wieder packen sich an der Kehle, versuchen sich gegenseitig zu Boden zu werfen und wälzen sich wie Schweine im Kot. Zu Anfang aber – ich sah es selbst –, nachdem sie sich der Kleider entledigt hatten, salbten sie sich mit Öl und einer rieb den anderen friedlich abwechselnd ein; darauf jedoch – ich weiß nicht, was sie anwandelte – rennen sie mit geducktem Kopf aufeinander zu und schmettern die Stirn aneinander ... Andere hingegen stehen, mit Sand bedeckt, aufrecht, fallen ebenso übereinander her, stoßen und treten sich mit den Füßen. Dieser Unglückliche da wird, so scheint es, auch bald seine Zähne ausspucken, so voll ist sein Mund bereits von Blut und Sand, da er, wie du siehst, mit der Faust einen Schlag in den Kinnbacken bekommen hat. Doch der Übungsleiter ... feuert sie noch an und lobt noch den, der den Schlag ausgeteilt hat ... Ich möchte nun gerne wissen, wofür das alles gut sein soll. Mir wenigstens scheint dieses Treiben mehr dem Wahnsinn zu gleichen.

Solon: Mich wundert gar nicht, ..., daß du diese Übungen so siehst, denn sie sind dir fremd ... Doch beruhige dich, mein Lieber! Was du hier siehst, ist kein Wahnsinn: Diese jungen Leute schlagen und wälzen einander im Lehm nicht aus Übermut, sondern diese Übungen sind auf eine ergötzliche Weise recht nützlich und kräftigen den Körper nicht wenig ... Verstehe, mein Anacharsis, wir trainieren die männliche Jugend, weil wir glauben, daß sie so zu tüchtigen Hütern unserer Stadt wird, und wir durch sie in Freiheit leben können, indem wir die Feinde bezwingen, wenn sie uns angreifen sollten, und den Nachbarn Furcht einflößen, so daß die meisten sich ducken und vorziehen, Tribut zu entrichten. Aber auch im Frieden haben wir ... weit bessere Mitbürger an ihnen, da sie nicht nach Schimpflichem streben und auch nicht aus Faulheit in frevlerisches Tun verfallen, sondern sich eben nur mit solchen Aufgaben beschäftigen und ganz darin aufgehen.

Lukian: Anacharsis 1-6, 30.

1 *Wie beurteilt Anacharsis die Wettkämpfe in Olympia?*
2 *Welche Wettkämpfe werden von ihm geschildert?*
3 *Mit welchen Argumenten erklärt Solon den Sinn der sportlichen Wettkämpfe?*

2 Herkunftsorte von Siegern bei Olympischen Spielen

Olympiade	Herkunft des Siegers im
29. Olympiade (664 v. Chr.)	Weitsprung aus Sparta
48. Olympiade (588 v. Chr.)	Stadionlauf aus Kroton in Süditalien
65. Olympiade (520 v. Chr.)	Stadionlauf aus Tarent in Süditalien
66. Olympiade (516 v. Chr.)	Stadionlauf aus Himera auf Sizilien
79. Olympiade (464 v. Chr.)	Faustkampf aus Rhodos
93. Olympiade (408 v. Chr.)	Stadionlauf aus Kyrene in Nordafrika
99. Olympiade (384 v. Chr.)	Langlauf aus Kreta
103. Olympiade (368 v. Chr.)	Stadionlauf aus Ephesus in Kleinasien

● *Betrachtet die Herkunftsorte der Olympiasieger in dieser Liste und sucht sie auf der Karte S. 57. Welche Schlußfolgerungen lassen sich ziehen?*

3 Sportliche Ausbildung der Athleten

Der Historiker Michael B. Poliakoff hat sich in seinen Forschungen ausgiebig mit dem Kampfsport in der Antike befaßt. In seinem Buch behandelt er auch das Thema „Training"; daraus stammen die folgenden Auszüge:

Q Athleten zu trainieren und auf Wettkämpfe vorzubereiten war ein hochentwickelter Spezialberuf. Sport spielte in der militärischen Ausbildung der Epheben, der Achtzehnjährigen, die sich auf ihre Aufgaben als Soldaten und Bürger vorbereiteten eine wichtige Rolle. Daher stellte ihnen während der klassischen Zeit der Staat auf eigene Kosten verschiedene Trainer zur Verfügung. Die besten Lehrer jedoch, die die Athleten auf Wettbewerbe hin trainierten, waren sehr teuer. Wir hören davon, daß im 4. Jahrhundert v. Chr. ein Sport-

lehrer hundert Drachmen (fast ein Drittel des Jahresverdienstes eines Tagelöhners) von einem Schüler bekam. Diese Männer waren zuweilen ehemalige Sieger, und oft begleiteten sie die Athleten zu den Wettbewerben und berieten sie noch während des Kampfes. Manchmal unterstützten eine Stadt oder ein reicher Mäzen einen vielversprechenden Sportler, oder ein Jugendlicher sammelte bei lokalen Veranstaltungen genug Geld, um einen berühmten Trainer anstellen zu können. Medizinische Kenntnisse waren ebenfalls wichtig, das heißt die Betreuung und Ernährung des Athleten, um die bestmögliche Leistung zu erzielen. Die Siegesrezepte waren jedoch nicht besonders verlockend. Die Nahrung der Sportler, zumal der Schwerathleten, bestand aus viel Fleisch, eine Seltenheit in Griechenland, aber verbunden damit war ein genau festgelegtes Programm von Ruhe, Training und zeitweiliger Reinigung des Körpers durch künstlich herbeigeführtes Erbrechen. Irgendwann vor dem 1. Jahrhundert v. Chr. entwickelten die Trainer einen Viertageturnus, die Tetrade. Diese begann mit einem Tag vorbereitender Übungen. Dann am nächsten Tag gab es ein intensives Krafttraining, gefolgt von einem Tag der Entspannung und schließlich einem Tag mittlerer Belastung …
Für die Schwerathleten gab es verschiedene Programme, die den Einsatz von Gewichten, gymnastischen Übungen und Sandsäcken vorsahen … Ein Autor des 4. Jahrhunderts v. Chr. beschreibt, wie Athleten in Athen ihre Kräfte maßen, indem sie schwere Gewichte hoben, und wie sie dies als Kriterium bei der Auswahl der Paare für den Wettkampf benutzten. Mit anderen Worten: Es gab ein System von Gewichtsabstufungen. Gewisse Vasenbilder zeigen Athleten beim Training mit sehr leichten Gewichten, die geeignet waren, die Spann- und Schnellkraft der Muskeln zu entwickeln. Die Faustkämpfer benutzten kleine Kornsäcke ähnlich den von heutigen Boxern gebrauchten Maisbirnen, während die Pankratiasten ihre Tritte und Schläge an viel größeren Säcken übten, die anstatt mit Korn mit Sand gefüllt waren. Das schwingende Gewicht entwickelte nicht nur ihre Schlagkraft, sondern bot ihnen auch Übung darin, der Wucht ihrer Gegner zu widerstehen. Auch für diese wichtigen Sackübungen hatte die Palästra einen speziellen Raum, das *korykeion*. Einige Übungen erhöhten die Kraft ohne Gewichte. Die Trainer kannten den Wert des Seilkletterns und An-den-Armen-Hängens.

Michael B. Poliakoff, Kampfsport in der Antike. Das Spiel um Leben und Tod, Zürich/München 1989, S. 31 f.

- *Vergleicht die Trainingsmethoden der griechischen Antike, wie sie hier dargestellt sind, mit Trainingsmethoden von heute. Wo gibt es Übereinstimmungen, wo liegen die Unterschiede?*

4 Olympischer Eid

Q „Die Zeusstatue … hat den Beinamen Horkios (Schwurgott) und hält in jeder Hand einen Blitz. Bei ihr müssen die Athleten und ihre Väter und Brüder und auch die Lehrer über einem Eberopfer schwören, daß sie sich keinen Verstoß gegen die olympischen Wettkämpfe zuschulden kommen lassen werden … und daß sie sich insgesamt zehn Monate nacheinander der sorgfältigen Übung hingegeben hätten … Vor den Füßen des Horkios ist eine Bronzetafel, darauf stehen Verse, die den Meineidigen Furcht einflößen wollen.

Pausanias. Aus: L. Drees, Olympia, Stuttgart 1967, S. 179.

1 *Weshalb müssen außer den Athleten auch sein Trainer und seine männlichen Verwandten einen Eid leisten?*
2 *Informiert euch, welchen Inhalt der Olympische Eid heute hat. Vergleicht den antiken und den modernen Eid.*

5 Olympia – Gemeinschaftsfest der griechischen Städte

5 a *Die Anlage von Olympia (Rekonstruktion des Zustands etwa Ende des 4. Jahrhunderts v. Chr.).*

5 b *Das Olympiagelände in München (Luftbild).*

1 *Vergleicht die Bilder. Sucht Unterschiede. Achtet auch darauf, welche Anlagen auf Bild 5 b fehlen.*

2 *Überlegt, wodurch sich die damaligen Olympischen Spiele von den heutigen unterscheiden.*

Die Polis Athen

Der freie Bürger als Ideal

Verarmung und Knechtschaft als Schicksal der Bauern

Das Leben der Bauern war von mühevoller Arbeit bestimmt, und so viel ein Bauer auch arbeitete, nie konnte er sicher sein, daß die Ernte ausreichen würde, ihn und seine Familie zu ernähren. Die meisten Bauern besaßen nur wenig Land, und in jeder Generation wurde der Besitz kleiner, da es üblich war, ihn unter allen Erben aufzuteilen. Die Bodennutzung war wenig intensiv. Um die Fruchtbarkeit des Bodens zu erhalten, mußten die Bauern jedes Jahr einen bestimmten Teil des Landes unbebaut lassen.

Fiel die Ernte einmal geringer aus, so konnte es geschehen, daß bald alles verbraucht war, und der Bauer nichts mehr zu säen hatte für das nächste Jahr. Also ging er zu einem der reichen adligen Großgrundbesitzer und borgte sich Saatgut, in der Hoffnung, daß er durch eine gute Ernte seine Schulden tilgen könnte. Doch wieder war der Sommer zu trocken, und die Ernte reichte erneut kaum für die eigene Familie aus. Und diesmal borgte ihm der Adlige nichts. Vielmehr forderte er für die ausstehende Schuld das Land des Bauern als Pfand. Fortan mußte der Bauer als Schuldknecht* für den Adligen arbeiten. Manche Bauern wurden sogar als Sklaven in das Ausland verkauft. Es kam auch vor, daß ein Bauer zunächst seine Frau oder seine Kinder als Sklaven verkaufen mußte, um seinen Schulden abzutragen. Mit der Zeit traf immer mehr Bauern dieses Schicksal. Ihre Klagen über das unmenschliche Schuldrecht mehrten sich. Immer offener forderten die Bauern eine Neuaufteilung des Landes und die Tilgung der Schulden. Wer aber sollte das gegen den mächtigen Adel durchsetzen? Zur Selbsthilfe waren die Bauern zu schwach.

Die Macht des Adels

In Athen gab es kein Königtum mehr. Die Adligen hatten im 7. Jahrhundert die Könige verdrängt und bestimmten allein, was geschehen sollte. Sie hatten sich in einem Rat, dem Areopag* zusammengeschlossen; sämtliche wichtigen Ämter wurden von ihnen ausgeübt. Da es zunächst keine schriftlichen Gesetze gab, die das Zusammenleben regelten und ordneten, konnten die Adligen nach ihrem Willen handeln und urteilen. Das Volk war von ihrer Willkür abhängig, keiner wußte, was ihn erwartete. Recht oder Unrecht waren oft nicht mehr auseinanderzuhalten. Auch als um das Jahr 624 v. Chr. Drakon die Rechtsgrundsätze schriftlich festlegte und damit der Willkür ein Ende setzte, wurde die Lage der einfachen Leute kaum besser. Auch durch die *drakonischen* Strafen wuchs die allgemeine Unzufriedenheit.

Ein Schlichter wird gerufen

Es bestand die Möglichkeit, daß ein mächtiger Adliger diese unruhige Lage für sich nutzen würde, um als Tyrann die Macht allein an sich zu reißen. Die Gefahr einer solchen Tyrannis beunruhigte den Adel, denn er fürchtete, seine Macht und seinen Einfluß zu verlieren. Um dies zu verhindern, war es notwendig, die Mißstände zu beheben und die gesellschaftlichen Verhältnisse neu zu ordnen.

Die einsichtsvollen Adligen wählten deshalb aus ihrer Mitte einen Mann namens *Solon* zum Schiedsmann und Schlichter. Im Jahre 594 v. Chr wurde er zum Gesetzgeber mit außerordentlichen Vollmachten ernannt. Solon bemühte sich, seine Aufgabe möglichst unparteiisch zu erfüllen und bei seinen Reformen weder den Adel noch die Bauern einseitig zu bevorzugen oder zu benachteiligen.

Die Beseitigung der Schuldknechtschaft

Erstes Ziel Solons war es, die Ursachen der allgemeinen Unzufriedenheit und Empörung zu beseitigen und die Lebensbedingungen der Bauern zu verbessern. Das System der Schuldknechtschaft wurde für alle Zukunft verboten; niemals mehr sollte es erlaubt sein, einen Bürger Athens als Pfand für eine nicht bezahlte Schuld in Knechtschaft zu nehmen. Solon setzte durch, daß dieses Gesetz nicht nur zukünftig galt, sondern daß es auch rückwirkende Geltung erhielt. Die Bauern wurden wieder frei und erhielten das Land zurück, das sie als Schuldknechte für die Adligen bearbeitet hatten. Ihre

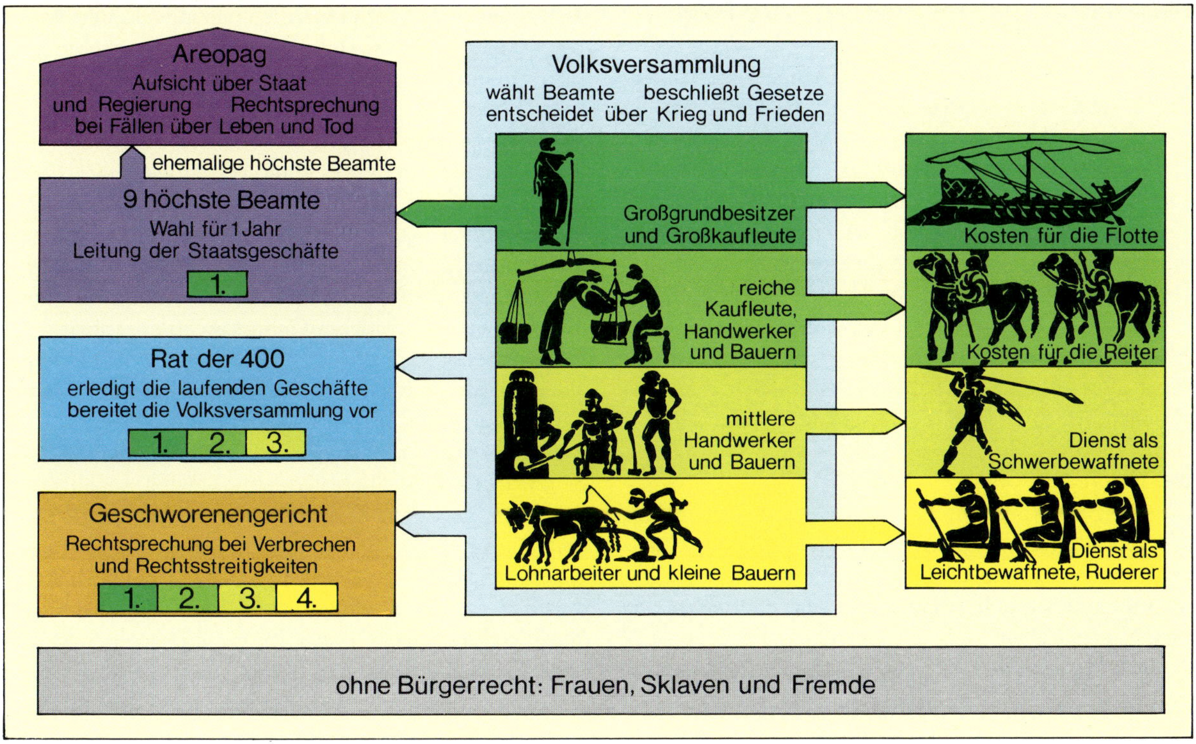

Die Verfassung Athens nach den Reformen des Solon (Erste Hälfte des 6. Jahrhunderts v. Chr.)

Schulden wurden gestrichen. Die Steine, die man den Bauern als Zeichen ihrer Verschuldung auf die Äcker gestellt hatte, wurden wieder entfernt.
Solon ging noch einen Schritt weiter: Jene Bauern, die außerhalb Athens als Sklaven verkauft worden waren, wurden freigekauft und dadurch wieder freie Bürger Athens.

Die Bedeutung Solons
Auf drehbaren hölzernen Tafeln wurden die Gesetze Solons aufgeschrieben, alle konnten sie einsehen. Damit war die Grundlage für die Demokratie* in Athen geschaffen. Zwar blieb der Adel mächtig und einflußreich. Nicht alle besaßen die gleichen Rechte, und wer reich war, hatte mehr zu bestimmen. Aber kein Bürger war mehr ausgeschlossen von der politischen Mitarbeit, jeder hatte Anteil an der Verantwortung für das Ganze.
Die Sorge um soziale Gerechtigkeit und die Beseitigung von Not und Elend galten nun als Aufgaben der staatlichen Gemeinschaft, nicht mehr nur als Probleme der Betroffenen. Solon ging davon aus, daß eine Polis* nur dann Bestand hat, wenn das Wohl aller Bürger und aller Bevölkerungsgruppen berücksichtigt wird. Seine Politik zielte auf Kompromisse und auf Ausgleich zwischen den verschiedenen Gruppen. Keine Gruppe konnte alle ihre Wünsche durchsetzen, Vernunft und Verantwortungsgefühl sollten zur Grundlage des politischen Handelns werden.
Trotz der Reformen hatte Solons Politik zunächst nur kurzfristig Erfolg. Es kam erneut zu Auseinandersetzungen, und Peisistratos ergriff um 560 v. Chr. als Tyrann die Macht in Athen. Doch Solons Gedanken blieben lebendig, und nach dem Ende der Tyrannis wurden seine Vorstellungen weiterentwickelt.

Die Perserkriege – Ein Sieg und seine Folgen

Im Jahre 510 v. Chr. beendeten die Athener mit spartanischer Hilfe die Tyrannenherrschaft in ihrer Stadt. Die Verfassung Solons trat wieder in Kraft. Neue Reformen sorgten dafür, daß das Volk weitere Rechte erhielt. Auf dem Weg zur Demokratie hatte Athen wieder ein Stück zurückgelegt. Endgültig verwirklicht wurde die athenische Demokratie nach den Perserkriegen.
Der Sieg über diesen äußeren Feind war ein Sieg der Freiheitsliebe. Er stärkte das Selbstbewußtsein der athenischen Bürger. Ihr Stolz, eine so gewaltige Macht wie die Perser besiegt zu haben, spiegelt sich in den griechischen Berichten über die Perserkriege wider.

Das Reich der Perser

Ursprünglich waren die Perser ein Volksstamm neben anderen inmitten des medischen Reiches. Im Jahre 550 v. Chr. jedoch gelang es dem Perserkönig *Kyros* II., die Meder zu besiegen und sich selbst zum Herrscher des Reiches zu machen.
Er eroberte auch Lydien und Babylonien und entließ die Juden aus der babylonischen Gefangenschaft. Seine Nachfolger Kambyses und Dareios dehnten ihre Herrschaft noch weiter aus, indem sie Kleinasien, Ägypten und Thrakien eroberten. Um ihre überragende Stellung als Herren dieses riesigen Reiches deutlich zu zeigen, legten sich Kyros und seine Nachfolger den Titel Großkönig zu.
Die Bewohner galten ohne Ausnahme als Untertanen. Sie mußten Tribut* zahlen, mußten Kriegsdienst leisten, wenn es der Großkönig wünschte, und sie mußten ihm in allem unbedingten Gehorsam entgegenbringen. In einem jedoch gewährte der Großkönig volle Freiheit: jedes Volk in seinem Reich durfte seine eigene Religion beibehalten und nach ihr leben (vgl. S. 46 f.).
Um das riesige Reich regieren und verwalten zu können, wurde es in kleinere Gebiete aufgeteilt, sogenannte *Satrapien*, an deren Spitze Statthalter (Satrapen) standen. Als besondere Beobachter und Kontrolleure dienten dem Großkönig zuverlässige und vertraute Männer, die ihm direkt unterstellt waren und ihn über alles Wichtige im ganzen Reich informieren sollten. Man nannte sie die „Augen und Ohren“ des Königs.

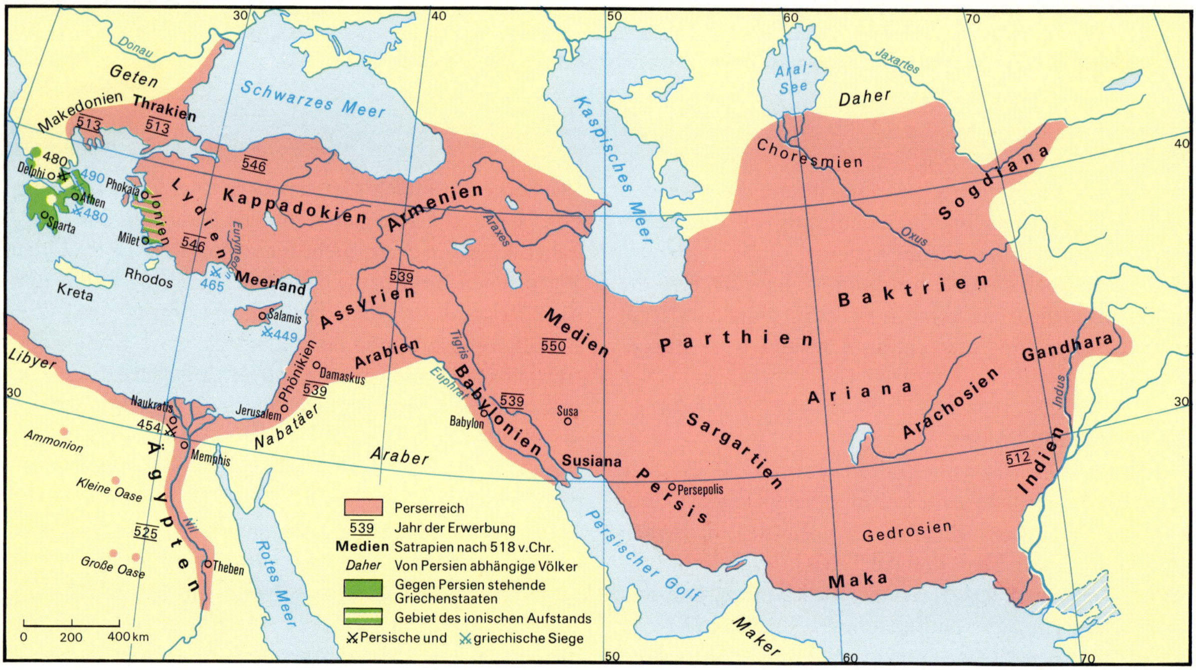

Das Perserreich und die Perserkriege.

Damit alle Befehle und Meldungen möglichst schnell an ihren Zielort gelangten, wurden große Fernstraßen gebaut, die alle Teile des Reiches miteinander verbanden. Überall wurden Poststationen zum Pferde- und Botenwechsel eingerichtet. So konnte man an einem Tag 300 km zurücklegen. Eine Botschaft von der Hauptstadt Susa nach Milet konnte über die sogenannte Königsstraße (2700 km) in 7 Tagen befördert werden.

Griechen erheben sich gegen die persische Herrschaft

Am westlichen Rande des Perserreiches, an der kleinasiatischen Küste, lagen zahlreiche griechische Städte. Seit der Niederlage des sagenhaft reichen Königs Krösus von Lydien unterstanden diese Griechenstädte ebenfalls der persischen Oberhoheit. Die wichtigste von ihnen war *Milet*. Dort kam es im Jahre 499 v. Chr. zu einem Aufstand gegen die Perser, dem sich fast alle Griechenstädte in Kleinasien anschlossen. Die griechischen Truppen waren zunächst sehr erfolgreich. Sie vertrieben die persischen Besatzungen aus ihren Städten und eroberten sogar Sardes, die Residenz des persischen Statthalters. Da sie jedoch wußten, daß sie allein der Macht des Großkönigs nicht würden widerstehen können, suchten sie im griechischen Mutterland nach Hilfe. Aber nur Athen und Eretria versprachen Hilfe und schickten einen Teil ihrer Flotten. Sparta verweigerte eine Unterstützung, da es selbst vor kriegerischen Auseinandersetzungen stand, die übrigen griechischen Staaten lehnten die Hilfe ab.
So blieb das persische Heer in seiner riesigen Übermacht schließlich Sieger. Milet, das zu Wasser und zu Lande eingeschlossen worden war, wurde im Jahre 494 v. Chr. erobert, die Stadt zerstört, die Bewohner wurden in das Innere des Perserreiches verschleppt.

Der Sieg bei Marathon

Die Niederwerfung Milets genügte den Persern nicht. Sie wollten nun auch jene bestrafen, die den Aufständischen geholfen hatten. Am besten schien es dem Großkönig (Dareios), Griechenland ganz zu unterwerfen.
Im Jahre 490 v. Chr. setzte sich ein gut ausgerüstetes persisches Heer von ca. 20 000 Mann gegen Griechenland in Bewegung. In einem ersten Angriff eroberten die Perser Eretria. Wie in Milet wurden sämtliche Einwohner verschleppt. Darauf bezogen die Perser in der Ebene von Marathon Stellung. Die Athener entschlossen sich auf Anraten ihres Feldherrn *Miltiades*, nicht auf eine Belagerung ihrer Stadt zu warten, sondern den Persern bei *Marathon* zum Kampf entgegenzutreten. Tagelang lagen sich die Heere gegenüber, bis es zur Schlacht kam. Obwohl der Gegner doppelt so stark war, blieb das athenische Heer, das von etwa 1000 Kämpfern aus der Nachbarstadt Plataä unterstützt wurde, Sieger.
Der griechische Schriftsteller Herodot berichtet von dieser Schlacht: Als sich die beiden Heere trafen, legten die griechischen Schwerbewaffneten (*Hopliten*), die letzte Strecke als *Phalanx* im Laufschritt zurück, um den Pfeilhagel der Perser zu unterlaufen.
Die Phalanx bedeutete eine Kampfaufstellung, in der die Hopliten in einem eng geschlossenen Verband kämpften. Dadurch deckte der mit der linken Hand getragene Schild auch die rechte Seite des jeweiligen Nebenmannes, die sonst ungeschützt geblieben wäre. Die Phalanx war meist vier bis acht Reihen tief gestaffelt. Nicht mehr besondere Geschicklichkeit und besonderer Wagemut wie früher im Einzelkampf waren nun nötig, sondern Disziplin und gleicher Mut. Der Erfolg der Phalanx hing davon ab, daß keine Lücke entstand, daß keiner floh und die Mitkämpfer im Stich ließ. Fiel einer im Kampfe, so rückte aus der hinteren Reihe ein zweiter nach, um die Lücke zu schließen. Die Athener siegten. Angeblich soll ein Bote sogleich nach der Schlacht nach Athen gelaufen sein, um den Sieg zu melden. Der Marathonlauf (42,2 km) als sportlicher Wettbewerb erinnert noch heute daran.

Neue Kriegsvorbereitungen

Der persische Großkönig Dareios wollte sich mit der Niederlage nicht abfinden und bereitete einen neuen Feldzug vor. Wie Herodot schildert, „dröhnte Asien von persischer Rüstung“. Aber auch Athen verstärkte seine Verteidigungsanstrengungen. Themistokles, ein führender athenischer Politiker, setzte den Bau von 200 neuen Kriegsschiffen durch. Bevor das persische Heer erneut nach Griechenland zog, schickte der Großkönig Gesandte nach Griechenland, um die Unterwerfung zu verlangen. Daraufhin schlossen sich etwa 30 griechische Stadtstaaten zu einem Bund zusammen und legten angesichts des gemeinsamen Feindes ihre Streitigkeiten untereinander bei. Allerdings umfaßte der Bund nur das südliche Griechenland mit Korinth, Athen und Sparta. Da Sparta als die stärkste Macht in Griechenland galt, übernahm es die politische und militärische Führung im Bund. Viele griechische Stadtstaaten traten dem Bund nicht bei. Manche standen auf Seiten der Perser, andere fühlten sich nicht bedroht. Die griechischen Städte in Kleinasien waren gezwungen, ihr militärisches Aufgebot dem Großkönig zur Verfügung zu stellen.

Der Feldzug des Xerxes

Als das persische Heer im Jahre 480 v. Chr. gegen Griechenland zog, befand sich *Xerxes*, der Nachfolger des Dareios, auf dem Höhepunkt seiner Macht. Er hatte den Feldzug sorgfältig vorbereitet und war gewillt, Griechenland völlig zu unterwerfen. Am Berg Athos ließ er eigens für seine Flotte einen Kanal anlegen, den Hellespont überschritt er mit seinem Landheer auf einer speziell konstruierten Schiffsbrücke.
Auf ersten Widerstand stießen die Perser in Mittelgriechenland, an den *Thermopylen*. Die Griechen hatten diese Stelle bewußt ausgewählt. Es handelte sich um einen schmalen Engpaß zwischen hohen Bergen auf der einen, dem Meer auf der anderen Seite. Diesen Landweg hatte ein kleines griechisches Heer unter Führung des Spartanerkönigs Leonidas abgeriegelt. Der persischen Übermacht gelang es zunächst nicht, diese Stelle zu passieren. Erst nach einem Verrat wurden die griechischen Verteidiger umgangen und eingekreist. Trotzdem versuchte *Leonidas*, das persische Heer wenigstens solange aufzuhalten, bis die griechische Flotte am vorgesehenen Ort angekommen war. Nur dann nämlich bestand überhaupt die Chance eines Sieges über die Perser. Es gelang Leonidas, die Perser so lange wie nötig aufzuhalten, jedoch um den Preis, daß sämtliche Verteidiger, die übriggeblieben waren, etwa 1000 Mann, im Kampf ihr Leben verloren, darunter auch Leonidas selbst.
Die Entscheidungsschlacht allerdings fand zur See statt, in der Meerenge zwischen *Salamis* und Athen. Der Führer der athenischen Flotte, Themistokles, hatte diese Stelle ausgesucht und die persische Flotte dorthin gelockt. Wie vorausgesehen, behinderten sich die großen persischen Schiffe gegenseitig und wurden von der beweglicheren Flotte der Griechen geschlagen. Nach der Niederlage bei Salamis beendete auch das persische Landheer seinen Vormarsch und zog sich weit nach Norden zurück.

Kriegsende

Im folgenden Jahr – ~~489~~ 479 v. Chr. – fiel das persische Heer erneut in Attika ein, besetzte wie im Jahr zuvor Athen und zerstörte es völlig. Bei Platää kam es zur letzten Schlacht auf griechischem Boden, die wieder mit einer Niederlage der Perser endete. Anführer der griechischen Truppen war der spartanische Feldherr *Pausanias*. Noch im gleichen Jahr wurde bei Mykale an der kleinasiatischen Küste auch die persische Flotte von den Griechen zerstört. Damit war der Krieg entschieden, der Versuch der Perser, die Griechen zu unterwerfen, war endgültig gescheitert.

Die Folgen der Perserkriege

Viele Ursachen führten dazu, daß es den Griechen gelang, die übermächtigen persischen Heere zu besiegen; eine der wichtigsten ist sicherlich, daß Athen und Sparta um ihre Heimat und um ihre Freiheit gekämpft hatten. Um diese Freiheit auch in Zukunft zu sichern, schlossen sich zahlreiche griechische Städte zu einem Bündnis zusammen, dem Delisch-Attischen Seebund (487 v. Chr.). Die Führung des Bundes übernahm Athen, das in den Perserkriegen neben Sparta zur mächtigsten Stadt Griechenlands geworden war. Auch nach innen hatte der Sieg über die Perser Folgen: Das athenische Volk hatte erfahren, daß der Sieg nur möglich gewesen war, weil alle ohne Unterschied für die Verteidigung ihrer Heimat eingestanden waren. Diese Erfahrung war wichtig für die Weiterentwicklung der Demokratie in Athen: fortan sollten alle Bürger ohne Unterschied die gleichen politischen Rechte besitzen.
Sparta befürchtete jedoch, daß Athen seine Macht noch weiter ausdehnen würde. So stritten die beiden mächtigsten Stadtstaaten miteinander um die Vormacht in Griechenland und begannen im Jahre 431 v. Chr. Krieg gegeneinander zu führen. Der *Peloponnesische Krieg* endete erst im Jahre 404 v. Chr. mit dem Sieg Spartas.

Das demokratische Athen – Eine blühende Stadt

Ein Besuch in Athen

Im Delisch-Attischen Seebund, der nach dem Sieg über die Perser gegründet wurde, war Athen führend. Es verwaltete die Mitgliedsbeiträge und bestimmte die Politik des Seebundes. Auch Rechtsstreitigkeiten des Bundes wurden von athenischen Gerichten entschieden. Athen wurde zum geistigen und kulturellen Zentrum der griechischen Welt. Zahlreiche Besucher, Griechen und Nichtgriechen, kamen nach Athen, aus privaten wie aus beruflichen Gründen. Sie waren beeindruckt vom Leben dieser Stadt, ihrem Selbstbewußtsein und ihrer Pracht. Begleiten wir einmal einen solchen Reisenden, der etwa im Frühling des Jahres 432 v. Chr. Athen besucht. Nennen wir ihn Demetrios; er stammt aus Rhodos und kommt mit dem Schiff in Athen an.

Die Hafenanlagen. Schon bei der Ankunft in Piräus, dem Hafen von Athen, bietet sich ihm ein faszinierendes Bild. Eine Vielzahl von Schiffen liegt an der Reede, Waren aller Art werden entladen: Rindfleisch aus Thessalien, Rindsleder aus Kyrene, Schweine und Parmesankäse aus Syrakus, Papyrus aus Ägypten und aus Syrien Weihrauch, Korn aus den Ländern am Schwarzen Meer, Zypressenholz von Kreta, Elfenbein

Das Gebiet des Stadtstaates Athen

aus Libyen, aus Phrygien Sklaven, Mandeln und Kastanien aus Paphlagonien, Teppiche aus Karthago und vieles andere mehr.

Nachdem unser Besucher sich von diesem Treiben gelöst hat, verläßt er den Handelshafen, zwängt sich durch das Emporion, den Bezirk für den Fernhandel, und wandert hinüber zu den beiden Kriegshäfen Zea und Munychion. In zahlreichen Werften werden dort athenische Kriegsschiffe gebaut, überholt und repariert. Während die breiten, plumpen Handelsschiffe, die bis zu 100 Tonnen fassen, nur eine sehr geringe Geschwindigkeit erreichen, sind die Kriegsschiffe wendig und schnell. Neben mehr als 100 Ruderern und Matrosen fahren auf jedem Schiff auch 30 Hopliten mit.

Demetrios verläßt nun den Hafen auf einer Straße, die ihn innerhalb der sogenannten „Langen Mauern" nach Athen führt.

Diese „Langen Mauern" sichern die Verbindung zwischen der Stadt und ihrem Hafen. Zwischen ihnen haben viele tausend Menschen Platz und können dort in Kriegsfällen Schutz finden.

Die Demokratie und ihre Bauten. Unser Besucher betritt die Stadt durch das Melitische Tor und wendet sich zunächst nach rechts, um die Pnyx zu besichtigen, den Platz, an dem die Volksversammlungen stattfinden. Eben findet eine solche Versammlung statt. Dichtgedrängt stehen Männer aus ganz Attika, jung und alt. Auf seine Fragen erfährt Demetrios, daß jeder männliche Bürger ab 18 Jahren an der Volksversammlung* teilnehmen darf und daß jeder Bürger das Recht hat, in der Volksversammlung zu reden und Anträge zu stellen. Und jeder Teilnehmer, ob arm oder reich, hat das gleiche Stimmrecht. Die Volksversammlung kann über alles beschließen, über große politische Fragen ebenso wie über die kleinsten Dinge. Mindestens 40 Volksversammlungen finden pro Jahr statt. Für die Teilnahme erhielten die Bürger Tagegelder (Diäten).

Wir nennen eine solche Regierungsform eine unmittelbare Demokratie: Das Volk übt seine Macht als ganzes aus, es wählt keine Abgeordneten, also Vertreter, die an seiner Stelle entscheiden, sondern es entscheidet selbst. Aufgabe der Volksversammlung war es auch, die Notwendigkeit eines Ostrakismos (Scherbengericht) zu überprüfen. Hatte das Volk den Eindruck, daß ein Politiker zu mächtig wurde, so konnte er für zehn Jahre aus Attika verbannt werden. Ein Verlust an Besitz und Ehre war damit nicht verbunden. Mit dieser Vorsichtsmaßnahme sollte die Gefahr einer Alleinherrschaft vermieden werden. Sogar ein verdienstvoller Politiker wie Themistokles (siehe S. 71) war davon betroffen.

Demetrios bleibt einige Minuten stehen, um dem Redner zuzuhören. Dieser spricht klar und überzeugend, die Menschen hören ihm aufmerksam und konzentriert zu. Wie Demetrios erfährt, ist es *Perikles* selbst, der spricht, der berühmte athenische Staatsmann.

Seit 460 v. Chr. gilt er als der führende Politiker Athens. Von 443 v. Chr. bis zu seinem Tode (429 v. Chr.) ist er ununterbrochen Stratege, d. h. einer von mehreren Beamten, die das Heer und die Flotte Athens befehligen. Er ist weit über Athen hinaus bekannt wegen seiner politischen Klugheit, seiner Erfahrung und Redekunst.

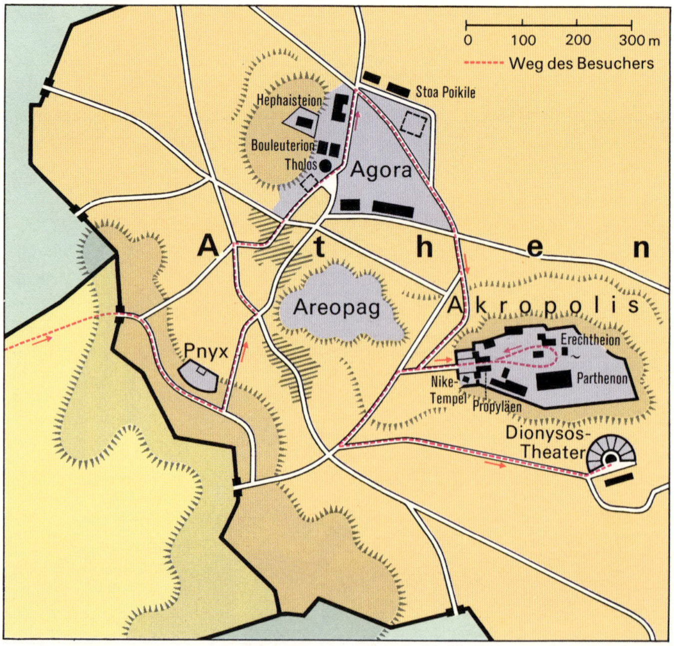

Athen zur Zeit des Perikles

Modell der Agora in Athen zur Zeit des Perikles
1 Tholos (Rundbau, in dem die Prytanen speisten)
2 Gebäude, in dem der Rat der 500 tagte
3 Stoa (Gerichtsgebäude)
4 Hephaistos-Tempel
(- - - Weg des Besuchers)

Die politische und kulturelle Blütezeit Athens verbindet man mit seinem Namen (vgl. S. 85).

Der Besucher wendet sich nun nach Nordosten und gelangt an einen Hügel, den Areopag.

Nach diesem Hügel benannte man auch den Rat, der dort tagte. Dieser aus Adligen bestehende Rat, hatte einst große politische Macht besessen. Als die Demokratie in Athen verwirklicht wurde,verlor er jedoch immer mehr an Einfluß.

Langsam bummelt Demetrios weiter durch die Stadt in Richtung auf den Markt, die *Agora*. Auf seinem Weg dorthin kommt er an vielen Häusern vorbei, in denen es nicht nur Wohnungen gibt, sondern in denen im Erdgeschoß kleine Läden und Werkstätten zur Straße hin liegen: Töpfer, Lederarbeiter, Schmiede und viele andere. Meist sind es nur kleine Werkstätten, Familienbetriebe, in denen manchmal auch einige Sklaven mitarbeiten. Einige dieser Werkstätten sind hochspezialisiert: so gibt es zum Beispiel Schuster, die nur Damenschuhe, andere, die nur Herrenschuhe herstellen.

Die Agora betritt unser Besucher von Südwesten her, wo er auf einen auffälligen Rundbau stößt, hinter dem sich zwei viereckige Gebäude erheben. In einem dieser viereckigen Gebäude tagt der Rat der Fünfhundert*, die sogenannte *Boulé*. Sie ist neben der Volksversammlung die wichtigste Einrichtung der attischen Demokratie. Die Mitglieder des Rates werden durch das Los bestimmt. Der Rat bereitet die Arbeit der Volksversammlung vor, er legt fest, worüber diskutiert und abgestimmt werden soll. Er ist auch dafür verantwortlich, daß die Beschlüsse der Volksversammlung richtig ausgeführt werden. Der Rat der Fünfhundert hat also viel Einfluß, aber er hat weniger Macht als die Volksversammlung.

Der Rundbau (Tholos) ist für die *Prytanen* bestimmt. Das sind die 50 Ratsleute, die jeweils für einen Monat im Rat den Vorsitz führen und im Rundbau speisen. Das zweite viereckige Gebäude, so erfährt Demetrios, ist die Stoa. Es ist das Gerichtsgebäude. Die Richter für die einzelnen Gerichtshöfe werden ebenfalls ausgelost, insgesamt 6000 Richter jedes Jahr. Es gibt keine Berufsrichter wie bei uns, auch die Rechtsprechung liegt in Athen in den Händen des Volkes.

Tempel, Feste und die Kosten. Unser Besucher befindet sich nun auf der Straße, die unmittelbar hinauf zur Burg von Athen, der *Akropolis*, führt. Auf dieser Straße bewegt sich alle vier Jahre die große Prozession, die zum Fest der Stadtgöttin Athene stattfindet. Er geht bis zum Fuß der Akropolis, steigt dann hinauf und sieht dabei schon rechts den kleinen Tempel der Athena Nike, der Siegesgöttin. Staunen erfaßt ihn, als er die mächtige Eingangshalle, die Propyläen, durchschreitet und dann vor sich den Parthenon, den Haupttempel der Athener, und die anderen Heiligtümer sieht.

Eine solche Pracht ist ihm noch nirgendwo begegnet. Waren die Athener so fromm oder wollten sie eher ihre Größe zur Schau stellen? Nachdenklich steigt Demetrios von der Akropolis und macht noch einen Abstecher zum Dionysos-Theater, das er von oben schon gesehen hat. Er läßt sich erzählen, daß die Athener von der Stadt sogar Geld erhalten, wenn sie Theatervorführungen besuchen, die zu bestimmten religiösen Festen gehören. Und er erfährt, daß die Athener überhaupt mehr Feste feiern als die anderen Griechenstädte. Was für eine Stadt, denkt er! Alle erdenklichen Luxusgüter, 40 mal im Jahr eine Volksversammlung, ein ständiger Rat von 500 Athenern, ein Volksgericht mit 6000 Richtern, dazu die prächtigen Bauten und die Feste mit den Theatervorführungen! Wie konnte Athen diesen prachtvollen Aufwand bezahlen? Der Besucher dachte an das, was er am Morgen in Piräus gesehen hatte. Die Ein- und Ausfuhrzölle, die Hafenabgaben und Marktgebühren mußten bei einer so großen Handelsstadt viel einbringen.

Auch er selber trug ja zu ihrem Reichtum bei: Sein Aufenthalt in der Stadt brachte Einnahmen für so manchen athenischen Wirt. Und schließlich waren da noch die Mitgliedsbeiträge, welche von den Städten im Delisch-Attischen Seebund gezahlt werden mußten für den Schutz, den der Bund mit seiner Vormacht Athen ihnen bot.

Alle diese Geldquellen zusammen erbrachten große Einnahmen, und diese Einnahmen hatten die Athener genutzt. Sie hatten viel aus ihrer Stadt gemacht.

Für einen Moment überlegte Demetrios, ob es ihm wohl gefallen würde, hier zu wohnen. Er wußte, daß Fremde in Athen durchaus willkommen waren, hier leben und arbeiten durften. Man nannte sie Metöken* (Mitbewohner). Politische Rechte allerdings besaßen die Metöken nicht, ebensowenig wie die Frauen und natürlich die Sklaven. Metöken galten nicht als Vollbürger.

Schnell ließ Demetrios den Gedanken wieder fallen und machte sich auf die Suche nach einer Herberge. Der nächste Tag würde anstrengend werden, er hatte viele geschäftliche Aufträge zu erledigen. Und am übernächsten Tag mußte er bereits wieder zurück nach Rhodos. Doch er wußte: bald wollte er Athen wieder besuchen.

Modell der Akropolis. Rechts der Treppenaufgang mit den Propyläen, auf dem Podium rechts von den Stufen der kleine Tempel der Athena Nike, in der Bildmitte der Parthenon-Tempel, davor am Bergrand der Erechtheion-Tempel.

1 Die Verfassung der attischen Demokratie

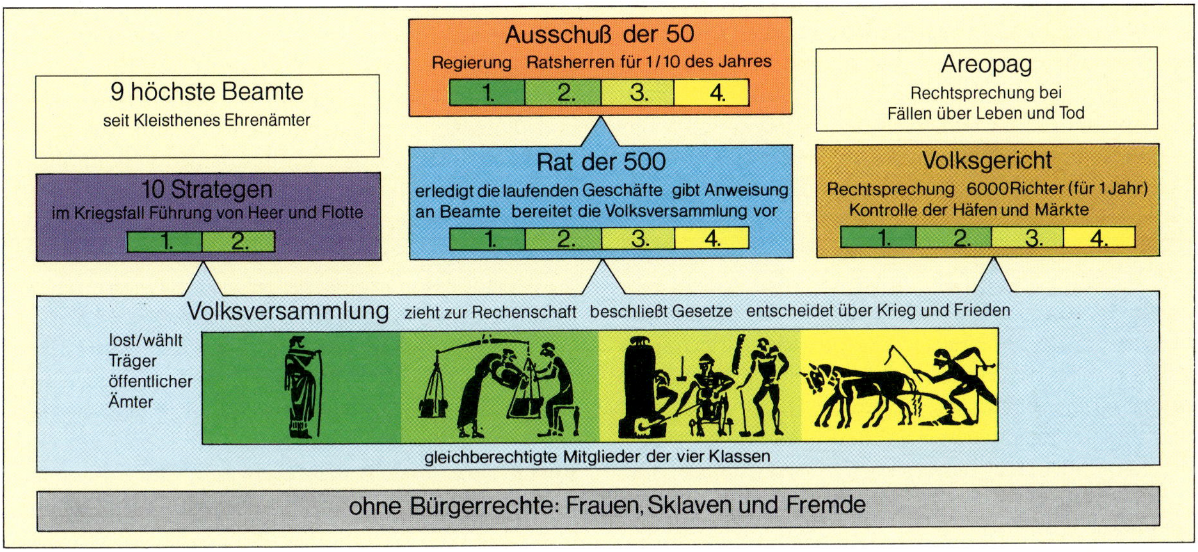

D In den Jahrzehnten nach den Reformen Solons hatten Kleisthenes und Ephialtes die politische Ordnung in Athen weiter verbessert. Zur Zeit des Perikles war Athen endgültig eine Demokratie geworden. Alle Bürger hatten nun die gleichen Rechte und konnten in gleicher Weise mitbestimmen, unabhängig von ihrem Besitz. Nur die höchsten Beamtenstellen waren den drei oberen Einkommensklassen allein vorbehalten.

1 *Vergleicht die Verfassung zur Zeit des Perikles mit der Verfassung, die Solon den Athenern gab (S. 69).*
2 *Welche Einrichtung ist neu hinzugekommen?*
3 *Wer hat Rechte und Befugnisse gewonnen, wer hat sie verloren?*
4 *Weshalb kann man sagen, daß die Verfassung zur Zeit des Perikles demokratischer ist?*

2 Das politische Zentrum des demokratischen Athen

Die Pnyx, Platz für die Volksversammlung. Die größte Breite des Platzes beträgt 80 m, die größte Tiefe 40 m.

1 *Athen hatte um 430 v. Chr. ungefähr 40 000 erwachsene männliche Bürger. Wie viele von ihnen fanden schätzungsweise auf der Pnyx Platz?*
2 *Betrachtet die Karte auf S. 73. Sucht die Orte Marathon und Sunion, die auch zur Polis Athen gehörten. Wie weit ist es jeweils von dort bis Athen? Wie lange braucht man wohl für diese Strecken zu Fuß? Welche Folgen ergaben sich daraus für die Teilnahme an den Volksversammlungen (40 Volksversammlungen pro Jahr!)?*

3 Das Urteil des Thukydides über Perikles

Q Denn solange er (Perikles) die Stadt in Friedenszeiten leitete, führte er sie mit Besonnenheit und lenkte sie sicher durch alle Fährnisse, und unter ihm wurde sie mächtig …
Der Grund hierfür war, daß jener, mächtig durch sein Ansehen und seine Einsicht, in Geldangelegenheiten rein und unbestechlich, die Masse in Freiheit niederhalten konnte und sich nicht von ihr führen ließ, sondern selber führte, weil er nicht, um die Macht mit unlauteren Mitteln zu erlangen, ihr zu Gefallen redete, vielmehr gestützt auf sein Ansehen ihr auch im Zorn widersprach. Sooft er jedenfalls merkte, daß sie sich in frecher Überheblichkeit erkühnte, jagte er ihnen mit seinen Worten Angst und Schrecken ein, aus grundloser Furcht aber richtete er sie auf und flößte ihnen wieder Mut ein. So war es dem Namen nach Demokratie, in Wirklichkeit aber Herrschaft des ersten Mannes. Die Späteren, einer ziemlich wie der andere und jeder nur bemüht, der erste zu werden, sanken so tief, den Launen des Volkes sogar in der Staatsführung nachzugeben.

Thukydides, Der Peloponnesische Krieg, II, 65. Übers. u. hrsg. v. H. Vretska, Stuttgart 1966.

1 *Welche Eigenschaften nennt Thukydides, die Perikles zu einem großen Staatsmann machten?*
2 *Vergleicht sie mit den Eigenschaften, die ihr über den athenischen Politiker Solon erfahren habt.*

4 Athen als Vorbild

Es war in Athen üblich, die im Kriege Gefallenen öffentlich zu bestatten. Dabei hielt ein von der Stadt ausgewählter Mann eine Lobrede für die Toten. Nach dem ersten Jahr des Peloponnesischen Krieges wurde Perikles dazu berufen, die Lobrede auf die Gefallenen zu halten. Er sagte unter anderem:

Q Wir haben bei unserer Verfassung keine fremden Einrichtungen zum Muster genommen; im Gegenteil, wir haben anderen eher als Vorbild gedient als ihnen was nachgemacht. Und weil das Regiment bei uns nicht in der Hand weniger, sondern der Gesamtheit liegt, nennt man unsere Verfassung demokratisch. Denn wie in den Angelegenheiten der einzelnen gleiches Recht für alle gilt, so gibt auch in Beziehung auf Geltung und Ansehen in Staat und Gemeinde nur persönliche Tüchtigkeit einen Vorzug, nicht aber die Zugehörigkeit zu einer bestimmten Klasse, und selbst Armut hindert keinen, der was kann, aus seiner Unansehnlichkeit zu Amt und Würden zu gelangen. Wir sind im öffentlichen Leben nicht engherzig und im täglichen Verkehr untereinander keine Duckmäuser, nehmen es unseren Nächsten nicht übel, wenn er mal über die Stränge schlägt …
Auch in Beziehung auf das Kriegswesen befolgen wir insofern andere Grundsätze als unsere Gegner, als wir niemand den Aufenthalt hier in der Stadt verwehren. Es kommt nie vor, daß jemand ausgewiesen oder daran gehindert wird, sich hier umzutun und zu belehren, aus Furcht, die Feinde könnten uns Geheimnisse absehen und sich zunutze machen. Denn wir verlassen uns nicht sowohl auf Vorsichtsmaßregeln und Überraschungen als vielmehr auf den im Kampf bewährten persönlichen Mut. Während man bei ihnen die Knaben schon von klein auf durch Anstrengungen und Abhärtung zur Tapferkeit erziehen zu müssen glaubt, gehen wir auch ohne solche harte Zucht nicht minder entschlossen in den Kampf …
Denn wir pflegen die Künste, aber nicht eiteln Prunkes willen, und lieben die Wissenschaft, aber ohne uns dadurch verweichlichen zu lassen. Wir schätzen den Reichtum als ein Mittel, um nützlichen Gebrauch davon zu machen, nicht aber um damit zu protzen …
Mit einem Wort, ich sage, unsere Stadt ist die hohe Schule für ganz Griechenland, und glaube, daß auch der einzelne Athener sich mit seiner Gewandtheit und Sicherheit in allen Lebenslagen in der Regel leicht zurechtfinden wird. Und daß sich damit nicht nur bei dieser Gelegenheit den Mund etwas vollnehme, sondern, daß dem in der Tat so ist, beweist die große Stellung unserer Stadt …

Thukydides, Der Peloponnesische Krieg, II, 37. Aus: Geschichte im Altertum, hg. v. J. Rehork, Hamburg 1963.

1 *Sammelt die Merkmale, mit denen Perikles seine Heimatstadt Athen charakterisiert.*
2 *Perikles hält seine Rede während des Krieges, dessen Ende noch nicht in Sicht war. Überlegt, was er mit seinen Aussagen erreichen wollte.*

Familie und Gesellschaft in Athen

Eltern und Kinder

Eine Familie war in Athen kaum anders zusammengesetzt als bei uns. Sie bestand aus Mann, Frau und Kindern. Wir nennen das eine Kleinfamilie oder Kernfamilie. Wenn die Eltern des Mannes noch lebten, wohnten sie oft mit der Kernfamilie zusammen. Die Söhne waren durch das Gesetz verpflichtet, für den Unterhalt der Eltern zu sorgen, wenn diese alt geworden waren. Mädchen heirateten meist sehr jung, nicht sie selbst wählten ihren Ehepartner, sondern die Eltern. Gingen aus der Ehe Kinder hervor, so konnte der Vater darüber entscheiden, ob das Kind angenommen oder ausgesetzt werden sollte. Wurde das Kind angenommen, so trug es der Vater am siebten Tag nach der Geburt in der sogenannten Amphidromie um den Herd herum, wobei ihm die Familienmitglieder und die Hebamme folgten. Der Herd mit dem Herdfeuer galt als heiliger Mittelpunkt des Hauses. Die Amphidromie bedeutete also, daß das Kind nun Mitglied der Familie geworden war, und zwar auch in religiöser Hinsicht. Am zehnten Tag nach der Geburt erhielt das Kind seinen Namen.

Der Vater war das uneingeschränkte Oberhaupt der Familie; Frauen und Kinder waren ihm unterstellt. Die Ehefrau hatte nicht nur in der Familie weniger Rechte als der Mann, auch im politischen Leben hatte sie keinen Platz: Frauen durften weder an der Volksversammlung teilnehmen noch konnten sie politische Ämter übernehmen. An Festen und Gastmählern nahmen Frauen ebenfalls nicht teil.

Wenn die Söhne volljährig wurden (zwischen 18 und 21 Jahren), endete die väterliche Gewalt über sie. Häufig blieben die Söhne auch nach ihrer Heirat noch so lange im elterlichen Haus, bis sie selbst Kinder bekamen. Dann zogen sie aus und gründeten eine neue Familie. Heiraten aus Liebe waren die Ausnahme, die Ehe war eher eine Zweckverbindung, die Ehepartner kannten sich vor der Hochzeit nur wenig, Liebe konnte somit erst in der Ehe entstehen. Da der Ehemann in der Regel wesentlich älter war als seine Frau, kam es häufig vor, daß er seine Frau noch zu erziehen versuchte.

Wohnen

Die untergeordnete Rolle der Frau spiegelte sich auch in der Aufteilung der Wohnräume wider. Da die Frauen am gesellschaftlichen Leben nicht teilnehmen durften, war ihnen ein eigener Raum zugewiesen, in den sie sich zurückziehen mußten. Dieser Raum lag im ersten Stock. Dort befand sich auch das Schlafzimmer. Der Symposienraum hingegen war der Raum für die Männer, er lag im Erdgeschoß. Symposion heißt eigentlich Gastmahl. In diesem Raum traf sich der Hausherr mit seinen Freunden und Gästen.

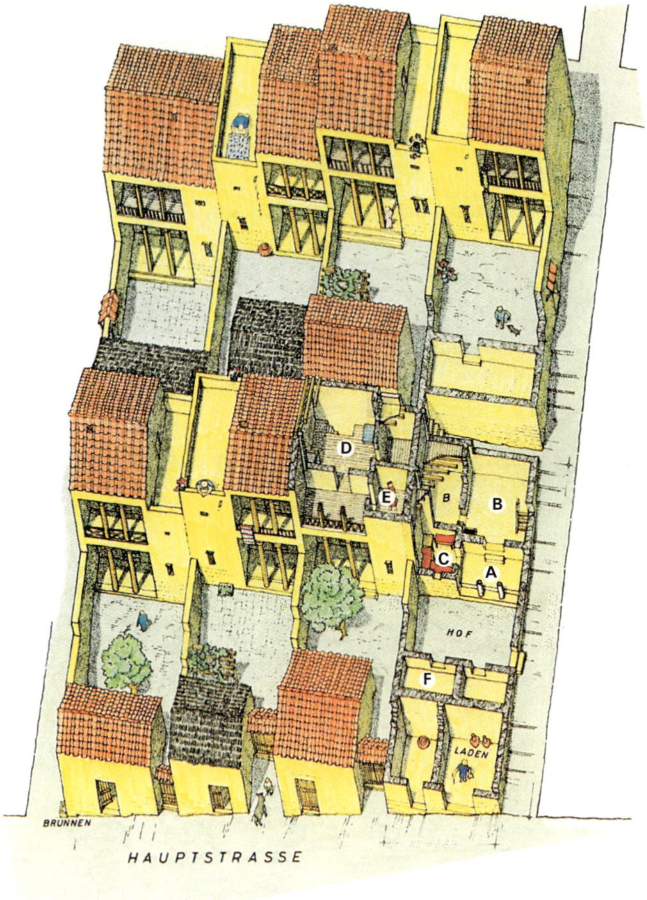

Rekonstruktion griechischer Häuser
A Halle; B Wohnraum; C Symposienraum; D Schlafraum; E Frauenraum; F Vorrat, Handwerk, Stall.

Kindererziehung und Schule

Bis ungefähr zum siebten Lebensjahr wurden die Kinder allein von der Mutter erzogen. Reichere Familien übertrugen diese Aufgabe auch häufig einer Amme. So erzählt z. B. schon Homer, daß Odysseus, als er nach langen Irrfahrten unerkannt und verkleidet in seine Heimat zurückkehrte, von seiner Amme erkannt wurde, die ihn einst aufgezogen und betreut hatte.
Sobald die Kinder laufen konnten, spielten sie in Haus und Hof, auf der Straße und in den Werkstätten und lernten so die Welt der Erwachsenen kennen. Obwohl es natürlich wie bei uns typische Mädchen- und typische Jungenspiele gab, spielten Jungen und Mädchen bis zum Alter von sieben Jahren gemeinsam. Von da an wurden Jungen und Mädchen getrennt erzogen. Die Mädchen blieben oft bei der Mutter, erlernten hauswirtschaftliche Tätigkeiten, wozu auch Spinnen und Weben gehörte, und wurden so auf die Ehe vorbereitet. Nur selten kam es vor, daß Eltern ihre Töchter auch zur Schule schickten.

Szenen aus dem Schulalltag (Attische Schalen, um 480 v. Chr.)

Für die Jungen hingegen war der Schulbesuch die Regel. Zwar war die Schule nicht kostenlos, doch war das Schulgeld in Athen so niedrig, daß auch ärmere Familien ihre Kinder zur Schule schicken konnten. Die Ausbildung dauerte drei bis vier Jahre. Die Schüler lernten lesen, schreiben sowie die vier Grundrechenarten. Wohlhabendere Familien ließen ihre Kinder auch in Musik, Tanz und Gymnastik ausbilden.
Für sehr reiche Jugendliche gab es in Athen noch die Möglichkeit, Unterricht in der Redekunst, der Rhetorik, zu nehmen. Ein solcher Unterricht ist mit unserer Universitätsausbildung vergleichbar; er sollte die Jugendlichen dazu befähigen, als Redner in der Volksversammlung und vor Gericht aufzutreten.

Die Bedeutung der Polis für die Erziehung

Das demokratische Athen brauchte mündige, politisch denkende Menschen. Ein wichtiger Teil der Erziehung bestand deshalb in der Vorbereitung auf die Rechte und Pflichten als Bürger des Stadtstaates. Jungen konnten ihre Väter zu öffentlichen Veranstaltungen begleiten, zu Diskussionen auf die Agora, den Marktplatz. Sie nahmen, wie übrigens auch Mädchen, an den großen Götterfesten der Stadt teil. In der Palästra, einer Art Sporthalle, begegneten sie Gleichaltrigen ebenso wie erwachsenen Männern. Die Athener vertrauten also darauf, daß die Jungen durch die Teilnahme am öffentlichen Leben sowie durch den Kriegsdienst genügend auf ihre Aufgabe als Bürger vorbereitet würden.
Zum Kriegsdienst wurden junge Männer über 18 Jahre herangezogen. Sie dienten entweder im Heer oder bei der Flotte und erhielten dafür einen bestimmten Sold. Sklaven und Metöken durften keinen Kriegsdienst leisten.
Die Zahl der Bürger war für den Staat wichtig: War die Anzahl der Bürger gering, so konnten im Kriegsfall nicht genügend Soldaten einberufen werden. Da die Bürger Athens keine Steuern zahlten, erhöhten sich die Ausgaben des Staates, wenn die Anzahl der Bürger stieg. Durch zahlreiche Gesetze wurde deshalb festgelegt, wer als Bürger galt, und dafür gesorgt, daß das Erbe erhalten blieb. Von reichen Familien wurde erwartet, daß sie auch unmittelbar staatliche Aufgaben übernahmen, z. B. den Bau eines Kriegsschiffes oder seine Ausrüstung und Instandhaltung für ein Jahr.

Auf diesem Grabstein (um 400 v. Chr.) steht geschrieben: „Hier halte ich das Kind meiner Tochter, meinen Liebling, den ich einst auf meinem Knie hielt, als wir beide lebten und das Sonnenlicht sahen; nun bin ich tot und halte sie, die auch tot ist."
Grabsteine dieser Art weisen darauf hin, daß viele Kinder früh starben. Bis ins 19. Jahrhundert starb mehr als die Hälfte im ersten Lebensjahr.

1 Die Aufgaben von Männern und Frauen

Sokrates und Ischomachos unterhalten sich über die Pflichten der Männer und Frauen:

Q Sokrates: „Aber auch das, mein lieber Ischomachos", fiel ich ihm ins Wort, „möchte ich sehr gern von dir erfahren, ob du selbst deine Frau erzogen hast, so daß sie ist, wie sie sein muß, oder ob sie schon in allem unterrichtet war, als du sie von ihrem Vater und ihrer Mutter bekamst" …

Ischomachos berichtet dann, wie er seine Frau unterrichtet hat:

„Mir scheinen auch die Götter dies Gespann, Mann und Weib genannt, sehr vorsichtig zusammengepaßt zu haben, damit es sich durch die Gemeinschaft gegenseitig soviel Nutzen bringe wie möglich. Denn erstens ist dieser Bund geschlossen, um miteinander Kinder zu zeugen, damit die Arten der Lebewesen nicht aussterben. Zweitens schaffen sie sich mit den Kindern, die aus diesem Bunde hervorgehen, Stützen für das Alter. Da nun diese Menschen nicht wie das Vieh unter freiem Himmel leben können, brauchen sie offenbar gedeckte Räume. Dahinein gehört auch alles, was sie im Freien erzeugen. Für die Arbeit unter freiem Himmel brauchen sie Leute. Die Feldbestellung und die Aussaat, das Pflanzen und Weiden, alles das sind Arbeiten unter freiem Himmel. So entsteht und wächst, was wir zum Leben brauchen. Wenn dann die Ernte eingebracht ist, dann braucht man wieder jemand, der sie behütet und die Arbeiten, die damit zusammenhängen, erledigt. Nach einem schützenden Hause verlangt auch die Aufzucht der kleinen Kinder; ebenso kann die Bereitung des Brotes und die Herstellung der Kleider aus Wolle nur in gedeckten Räumen geschehen.

Da beide Arten von Arbeit nötig sind, die draußen und drinnen, schuf Gott die Natur des Weibes für die Arbeiten im Hause, die des Mannes für die Arbeiten außerhalb des Hauses. Denn der Mann ist mehr dazu geschaffen, Kälte und Wärme, Märsche und Feldzüge zu ertragen. Daher trug der Gott ihm die Arbeiten außerhalb des Hauses auf. Der Körper der Frau ist weniger widerstandsfähig, deshalb ist sie besser für die Arbeiten im Hause geeignet. Da sie aber mehr dazu befähigt ist, die kleinen Kinder aufzuziehen, gaben ihr die Götter die größere Liebe; und da sie sie zur Hüterin des Eingebrachten bestimmten, gaben sie ihr auch dafür die nötigen Fähigkeiten. Daß die Natur des Weibes furchtsamer ist als die des Mannes, darin sahen die Götter keinen Mangel. Dem Manne aber gaben sie mehr Kühnheit, da es zuweilen nötig sein könnte, sein Hab und Gut gegen zugefügtes Unrecht zu verteidigen. Weil aber beide Teile geben und nehmen müssen, verteilte er Gedächtnis und die Sorge in gleicher Weise. Daher kann man nicht unterscheiden, welches Geschlecht darin den Vorzug verdient, das männliche oder das weibliche …"

Xenophon, Oikonomikos 7. Übers. von E. Bux, Stuttgart 1965, S. 258 f.

1 *Welche Aufgaben werden hier dem Haus, welche der Familie zugewiesen?*
2 *Welche Aufgaben haben die Frauen, welche die Männer?*
3 *Wie wird die Verteilung der Aufgaben begründet?*
4 *Vergleicht die damalige Situation von Mann und Frau mit der heutigen. Zieht dazu auch die Darstellung auf S. 79 heran.*

2 Die Sklaverei

Q Da nun der Besitz ein Teil des Hauses ist … und … die zugehörigen Werkzeuge vorhanden sein müssen, wenn die Aufgabe erfüllt werden soll …, so ist auch für den Hausverwalter der Besitz im einzelnen ein Werkzeug zum Leben und im ganzen eine Sammlung solcher Werkzeuge und der Sklave sein beseelter Besitz; jeder Diener ist gewissermaßen ein Werkzeug, das viele andere Werkzeuge vertritt …

Die Natur hat außerdem die Tendenz, auch die Körper der Freien und der Sklaven verschieden zu gestalten, die einen kräftig für die Beschaffung des Notwendigen, die anderen aufgerichtet und ungeeignet für derartige Verrichtungen, doch brauchbar für das politische Leben … Es ist also klar, daß es von Natur Freie und Sklaven gibt und daß das Dienen für diese zuträglich und gerecht ist.

Aristoteles, Politik, 1253 b ff. In: Geschichte in Quellen, Bd. 1.Hrsg. v. W. Arend, München 1965, S. 311.

1 *Womit vergleicht Aristoteles die Sklaven?*
2 *Wie rechtfertigt er die Sklaverei?*
3 *Versucht, die Argumente des Aristoteles zu widerlegen.*

3 Spiele griechischer Jugendlicher

Die bemalten Gefäße stammen alle aus der Zeit zwischen 510-420 v. Chr.

- *Vergleicht die Spiele von attischen Jungen und Mädchen mit heutigen Spielen.*

Griechische Kunst und Kultur – „Die Nachwelt wird mit Bewunderung auf uns blicken“

Malerei, Architektur, Bildhauerei

Mit ihren Tempeln und Heiligtümern, ihren Menschen- und Götterdarstellungen in Stein, Marmor oder Bronze, mit bemalten Vasen und Schalen haben uns die Griechen Zeugnisse ihres großen handwerklichen und künstlerischen Könnens hinterlassen.

Wenn wir die griechische Kunst heute betrachten, so fällt uns auf, daß sie im Laufe der Jahrhunderte ihre Merkmale wandelte und sich verändernde Einstellungen und innere Haltungen der Menschen zeigte. Es änderte sich die Darstellungsart und es änderten sich die dargestellten Inhalte. Über eine lange Zeit hinweg schufen die Griechen ihre Bauten und Skulpturen vorwiegend für den Götterkult: Die griechischen Tempel waren im 8. Jahrhundert v. Chr. nur bescheidene Häuser und unterschieden sich kaum von den menschlichen Behausungen. Bereits im 6. Jahrhundert v. Chr. jedoch hatten die Griechen sie zu großen, harmonischen, ausgewogenen Steinbauwerken mit Säulenreihen und einem Innenraum für das Kultbild entwickelt. Die Städte, besonders die der griechischen Kolonisten, wetteiferten miteinander, die schönsten Bildwerke, das größte Heiligtum zu schaffen. Ein Beispiel dafür sind die Tempel in Paestum (siehe S. 58). Die Giebel der Tempel waren mit farbenprächtigen Skulpturen von Göttern und Heroen (Halbgöttern) geschmückt, im Tempelbezirk standen Weihegeschenke, so z. B. die Statue eines Wagenlenkers oder die eines Diskuswerfers. Die Altäre waren mit Reliefs verziert.

Neben den Tempeln sind uns heute vor allem zahllose Gefäße erhalten, die den Griechen als Grabbeigaben oder als Gebrauchsgegenstände dienten. Die Malereien auf diesen Gefäßen zeigen uns Szenen aus dem Arbeitsleben, von kriegerischen und sportlichen Ereignissen, aber auch Szenen aus der Welt der Götter.

Orpheus hat durch seinen Gesang die Schatten der Unterwelt gerührt, ja sogar Persephone, die Gattin des Hades, so bezaubert, daß sie ihm erlaubt, seine junge Frau Eurydike wieder mit hinauf in die Menschenwelt zu nehmen. Sie hat ihm jedoch zur Bedingung gemacht, daß er Eurydike nicht ansehen dürfe, bis sie das Reich des Hades verlassen hätten. Hermes, der Götterbote, wird als Begleiter mitgegeben. Schon sind sie an der Schwelle zur Oberwelt, da ergreift Orpheus die Sehnsucht, Eurydike zu sehen. Diesen Moment fängt der Künstler auf dem Relief ein. Orpheus, erkennbar an der Leier und den Reiseschuhen, wendet sich seiner Frau zu und streicht ihr liebevoll den Schleier vom Gesicht. Eurydike neigt sich zu ihm: Ihre Hand auf seiner Schulter ist ebenso eine Geste des Erkennens wie des Abschieds; sie sehen sich ein erstes und letztes Mal. Denn schon hat Hermes die Hand Eurydikes ergriffen; die Bewegung seiner Beine zeigt Gehen und Stocken: Eurydike muß zurück. Orpheus hat sein Versprechen nicht erfüllt.

Der Künstler hat das Relief meisterhaft komponiert. Alle drei Personen sind miteinander verbunden: Hermes und Eurydike durch die Parallele der Haltung und Bewegung; mit Orpheus ist Eurydike vereint durch die Gebärde der Hände, das Zueinanderneigen, die Gegenläufigkeit der Bewegung. Hermes und Orpheus sind einander als „Gegenspieler“ symmetrisch zugeordnet. Die Mittelachse verläuft durch das Kleid Eurydikes; sie gehört noch zum Leben und schon zum Tod. So sind in diesem Relief für einen Augenblick Vergangenheit, Gegenwart und Zukunft zusammengefaßt.

Das Zeitalter des Perikles

Athen war zur Zeit des Perikles das künstlerische und kulturelle Zentrum der griechischen Welt. Nach der Zerstörung der Stadt durch die Perser ließ Perikles sie innerhalb weniger Jahre schöner und prachtvoller wiederaufbauen, als sie je gewesen war. Die große Bautätigkeit und die zahlreichen Aufträge für Kunstwerke führten dazu, daß begabte Handwerker und Künstler nach Athen zogen, da sie dort Arbeit, Anerkennung und reichlichen Verdienst fanden: Zimmerleute, Goldschmiede, Bildhauer, Maler, Emailleure und viele andere. Um das Material herbeizuschaffen – Holz, Marmor, Elfenbein, Gold, Erz usw. – benötigte man Fuhrleute, Seiler, Sattler, Straßenbauer, Stellmacher, Schiffsbauer und Matrosen.

Auf der Akropolis wurden sämtliche Tempel neu geplant und auf so großartige Weise ausgeführt, daß selbst die Ruinen noch den heutigen Betrachter beeindrucken. Die berühmtesten Architekten, Bildhauer und Maler Griechenlands waren an den Bauten der Akropolis beteiligt. Schon die Zeitgenossen bewunderten die Schönheit der Tempel; ein griechischer Schriftsteller beschrieb ihre Wirkung als unvergänglich, „als atmeten sie den Hauch ewigen Frühlings".

Anfänge wissenschaftlichen Denkens

Zu den Freunden des Perikles gehörte auch Anaxagoras aus Klazomenai in Kleinasien (500-428 v. Chr.), ein Gelehrter, dessen Ziel es war, Sonne, Mond und Sterne und die Naturereignisse auf der Erde zu erforschen. So erklärte er unter anderem sehr zutreffend, wie es zur jährlichen Nilüberschwemmung kam, die Entstehung von Blitz und Donner und die Mond- und Sonnenfinsternis.

Als man Perikles von seinem Landgut einen Widderkopf mit einem einzigen Horn auf der Stirn brachte – solche Mißbildungen hielt man damals für Wunderzeichen –, ließ Anaxagoras kurzentschlossen den Schädel öffnen und zeigte, daß diese Mißbildung aus natürlichen Ursachen entstanden war. Anaxagoras behauptete ferner, daß Sterne und Mond ähnlich wie die Erde beschaffen seien und daß die Sonne ein glühender Stein sei. Das brachte ihm den Vorwurf der Gottlosigkeit ein, und er wurde zum Tode verurteilt. Dieser Strafe entzog er sich, indem er Athen verließ.

Anaxagoras gehörte zu einer Gruppe von Gelehrten, die wir als *Naturphilosophen* bezeichnen, weil sie nach dem Ursprung der Natur fragten und die Gesetzmäßigkeiten der Natur aufzuspüren versuchten. Deshalb wurden sie „Physiker" genannt, das heißt Naturforscher (griech.: *physis* = Natur).

Das Wort *Philosophie* entstammt ebenfalls aus dem Griechischen und bedeutet „Liebe zur Weisheit" oder „Streben nach der Weisheit". Als Philosophie bezeichnen wir noch heute die Wissenschaft, die sich z. B. mit folgenden Fragen beschäftigt: Was ist der Sinn des menschlichen Daseins? Was ist der Mensch? Wer bestimmt das Wesen des Menschen und das der Welt?

Einer der berühmtesten Philosophen der Antike war *Sokrates*. Nach seiner Überzeugung wird der Mensch nicht durch Wissen und Kenntnis der Naturgesetze weise, sondern durch das unaufhörliche Fragen z. B. nach dem, was gut ist und was das richtige Verhalten des Menschen in der Gemeinschaft ist. Sokrates stellte seine Fragen so geschickt, daß sie jeden zum Nachdenken brachten. Das verschaffte ihm aber nicht nur Freunde. Seine Gegner klagten ihn vor Gericht an, er verführe die Jugend und beleidige die Götter. Er wurde zum Tod verurteilt und trank, obwohl er hätte fliehen können, den Becher mit Gift – eine der damals üblichen Todesstrafen.

Die Gespräche und Gedanken des Sokrates hat sein Schüler *Platon* (427-347 v. Chr) niedergeschrieben und weitergeführt. Er gründete in Athen eine Schule, die *Akademie*, die fast ein Jahrtausend lang ein Zentrum der Gelehrsamkeit war.

Platons berühmtester Schüler war *Aristoteles* (384-322 v. Chr.), der das gesamte Wissen seiner Zeit sammelte und vor allem die Logik, die Lehre von den Regeln des Denkens, begründete. Er wurde später Erzieher Alexanders des Großen (siehe S. 94).

Auch auf anderen Gebieten offenbarte sich das wissenschaftliche Denken dieser Zeit. So begründete der Arzt Hippokrates von Kos eine neue Heilkunst. Er verwarf abergläubische Erklärungen und Zaubermittel. Die Ärzte sollten die menschliche Natur erforschen und nach den Ursachen von Erkrankung und Gesundung suchen. Der sogenannte hippokratische Eid, den heute jeder Arzt abzulegen hat, erinnert an diesen Mitbegründer der medizinischen Wissenschaft.

1 Ein Blick in das griechische Theater

1 a *Das Dionysostheater in Athen*

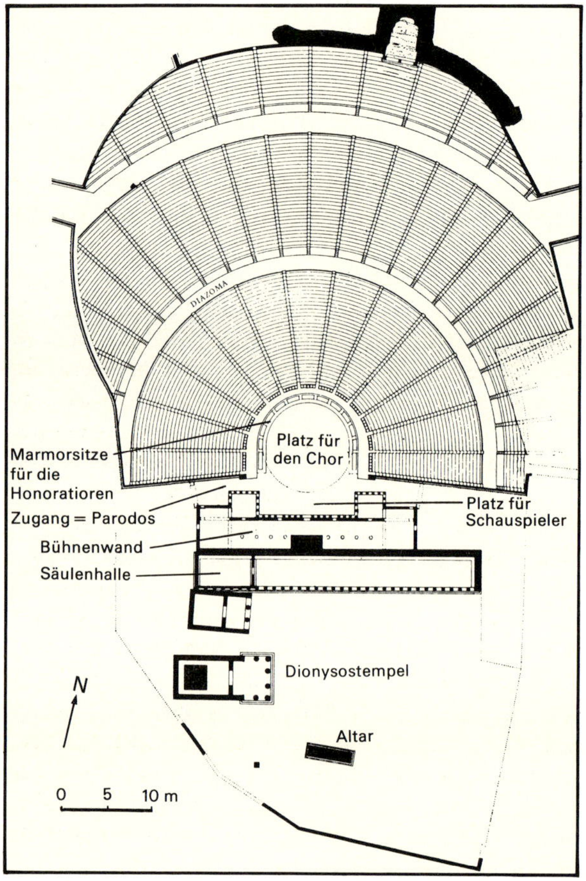

1 b *Schauspieler mit tragischer Maske*

1 c *Rekonstruktion eines Szenenbildes zu König Ödipus (5. Jahrhundert v. Chr.)*
In dieser Tragödie gibt es drei Schauspieler: Der erste Schauspieler spielt Ödipus, der zweite Schauspieler spielt Kreon und den Boten, der dritte Schauspieler spielt den Oberpriester, die Königin, den Hirten, den Seher. Dazu tritt der Chor mit dem Chorführer auf.

2 Ein Tag im Dionysostheater

Die folgende erdachte Geschichte versucht, ein Bild vom antiken Theater zu geben:

D Mit seinem athenischen Gastfreund betritt Demetrios von Rhodos das Theater. Obwohl die Athener schon eine Reihe von Festtagen und Schauspielen hinter sich haben, füllt sich an diesem frühen Aprilmorgen das mindestens 14 000 Zuschauer fassende Halbrund rasch. Wie jedes Jahr waren die Großen Dionysien, das Fest zu Ehren des Fruchtbarkeitsgottes, mit einem Umzug eröffnet worden. Am zweiten Tag hatte Demetrios den Wettkampf verschiedener Chöre, die zur Leier tanzten und sangen, verfolgt. Am dritten Tag waren drei Komödien aufgeführt worden, heitere Stücke voller Anspielungen auf politische Ereignisse, voller Späße und Kritik. Mit Beifalls- und Buhrufen hatte man die Handlung begleitet. Zwei Tage mit jeweils drei bis vier Tragödien hatten sich angeschlossen. Wie können die Athener nur so vielen gesungenen und gesprochenen Versen aufmerksam lauschen, fragt sich Demetrios. Warum sollen möglichst viele Athener, auch Frauen, „ins Theater“ gehen? Warum bezahlt die Polis den Bedürftigen sogar einen kleinen Beitrag für die Teilnahme an den Festspielen? Die Aufführungen kosten doch Geld – wer bezahlt das? Welche Dichter dürfen ihre Werke aufführen. Wer wählt aus? Wer organisiert die Festspiele? Sein Freund erklärt ihm, daß die höchsten Beamten die Vorbereitung der Spiele leiten und nach ihrer Amtszeit von der Volksversammlung zur Rechenschaft gezogen werden und daß reiche Bürger von diesen Beamten aufgefordert werden, die Kosten zu übernehmen. Dichter, die am Wettbewerb teilnehmen wollten, müßten sich beim Archonten melden, dieser wähle aus. Die Schauspiele zu besuchen sei für jeden Bürger, ob Schuster oder Stratege, religiöse und politische Pflicht.

Eben hat Sophokles in der ersten Reihe neben den Schiedsrichtern und Beamten Platz genommen. Seit dem Wirken des Aischylos ist er neben Euripides der anerkannteste Tragödiendichter. Heute soll sein Werk „König Ödipus“ uraufgeführt werden. Jetzt zieht unter Flötenklängen eine feierliche Prozession von „Bürgern“ Thebens ein. Sie klagen, daß die Pest in der Stadt wüte. Ödipus tritt aus dem Palast. Er trägt ein langes, weißes Gewand und – wie alle Schauspieler – eine Maske. Die Masken sollen die Person des Schauspielers, der auch Frauenrollen spielt, verbergen und den Typ „König“ oder „blinder Seher“ oder „junge Frau“ verkörpern. Bis in die obersten Reihen sind die Worte des Königs zu hören: Er werde alles tun, um das Leid zu beenden. Nach Delphi habe er bereits geschickt. Das Orakel fordere, man müsse den Mörder des Laios, des vorherigen Königs von Theben, finden und strafen. Schritt für Schritt erlebt nun Demetrios, wie Ödipus durch sein beharrliches Fragen entdecken muß, daß er selbst Laios, seinen eigenen Vater, erschlagen und als Sieger über die Sphinx die Hand der Königin, seiner eigenen Mutter, erhalten hat. Der Prozeß des Erkennens wird immer wieder unterbrochen durch die Lieder des Chors, der aus 15 Greisen besteht. Sie verkörpern den Rat der Stadt und kommentieren singend und sich rhythmisch bewegend das Geschehen. Nachdem Ödipus sich in seinem Entsetzen geblendet hat, wendet sich der Chor an die Zuschauer:

„Seht, wie hat des Unheils Woge diesen Mann hinweggespült! Muß der Mensch nicht ängstlich spähen nach dem letzten Lebenstag? Kann man fortan einen Menschen glücklich nennen, der noch nicht seine ganze Bahn durchmessen, ohne Kummer, ohne Leid?“ – Diese Wahrheit verstehen alle. Furcht erfaßt sie vor dem, was das Schicksal einem jedem zugedacht haben mag, Mitleid mit dem einst so strahlenden Helden, der jetzt als blinder die Stadt verläßt.

Bei der Preisverleihung erhält Sophokles diesmal nicht den Preis. Doch ahnt Demetrios, daß er eine der größten Tragödien miterlebt hat!

1. *Stellt Unterschiede zwischen dem Theater in der antiken Polis und dem heutigen Theater heraus. Beachtet dabei das Programm der Festwoche.*
2. *Welche Aufgaben und welche Bedeutung hatte das Theater damals?*

3 Griechische Kunst

Jünglingsgestalt („Kuros") um 540 v. Chr., Höhe 2,11 m

Götterstatue (Zeus oder Poseidon), nach 460 v. Chr., Höhe 2,09 m, Spannweite der Arme 2,10 m

Zwei Löwen verschlingen einen Mann, links davon Kämpfe, rechts Leierspieler und Frauen mit Krügen auf dem Kopf. (Ende 8. Jahrhundert v.Chr./Höhe des Frieses 4 cm).

1 *Vergleicht die Plastiken auf beiden Seiten mit der Malerei und achtet auf die Darstellung des menschlichen Körpers, auf Ausdruck und Bewegung. Welche Entwicklung läßt sich beobachten?*

2 *Versucht, das Relief auf S. 84, das Orpheus, Euridike und Hermes darstellt, in die Reihe der abgebildeten Plastiken einzuordnen.*

Laokoon-Gruppe, 1. Jahrhundert v. Chr.
Laokoon, ein trojanischer Priester, warnte während des Trojanischen Krieges seine Landsleute davor, das Geschenk der Griechen, das hölzerne Pferd, in die Stadt zu holen. Die Göttin Athene, auf der Seite der Griechen, schickte voller Zorn zwei Schlangen, die Laokoon und seine Söhne töten sollten.

4 Der Philosoph Sokrates

Q Ich weiß, daß ich nichts weiß.

Sokrates

Q Ich hasse auch den Sokrates, den Habenichts, den Schwätzer, der über vieles sonst sinniert, doch wie er was zu essen kriegt, das hat ihn nie gekümmert.

Aus einer Komödie

Q Er lebte immer in der Öffentlichkeit. Er ging früh in die Wandelhallen und Gymnasien ... Wenn sich der Markt füllte, war er dort zu sehen. Er lehrte auch meistenteils, und wer Lust hatte, konnte zuhören. Niemand aber hat je gesehen oder gehört, wie Sokrates etwas Gottloses und Frevelhaftes tat oder sagte. Er redete auch nicht über die Natur des Weltalls wie die meisten anderen Philosophen... Er selbst aber unterhielt sich immer nur über die menschlichen Dinge und forschte, was fromm, was göttlich, was schön, was häßlich, was gerecht, was ungerecht, was Besonnenheit, was Verzückung, was Tapferkeit, was Feigheit, was Staat, was Staatsmann, was Herrschaft über Menschen, was ein Herrscher über Menschen sei.

In: Xenophon, Erinnerungen an Sokrates. Geschichte in Quellen, Bd. 1 hg. v. W. Arend, München 1965, S. 291.

Sokrates lebte von ca. 470 bis 399 v. Chr. Er war der Sohn eines Bildhauers in Athen. In mehreren Feldzügen zeichnete er sich durch seine Tapferkeit aus. Auf den Straßen und Plätzen Athens lehrte er vor allem die Jugend, über die Wahrheit und das richtige Leben nachzudenken. Wir kennen seine Lehre nur durch seine Schüler Platon und Xenophon. Er selbst hat keinerlei Schriften hinterlassen. Als er zum Tod verurteilt wurde, nahm er das Urteil an, wie er sich immer den Gesetzen seiner Vaterstadt unterworfen hatte.

1 *Vergleicht die drei Aussagen: Wie sieht Sokrates sich selbst? Warum wird er in der Komödie kritisiert? Was bewundert Xenophon an seinem Wirken?*

2 *Wodurch unterscheidet sich Sokrates in seinem Denken und in seiner Art zu fragen von den Naturphilosophen (siehe S. 85)?*

Sparta – Ein Staat anders als Athen, anders als die anderen

„Niemand durfte leben, wie er wollte, in der Stadt hatten die Spartaner wie in einem Feldlager eine genau festgelegte Lebensweise und eine Beschäftigung, die auf das öffentliche Wohl ausgerichtet war, da sie dachten, sie gehörten ganz dem Vaterland und nicht sich selbst."

So kennzeichnete der griechische Schriftsteller Plutarch (ca. 46 – ca. 120 n. Chr.) den Stadtstaat Sparta. Das Vaterland war der höchste Wert für die Bürger Spartas, und ohne Einschränkung stellten sie sich in den Dienst des Staates. Für ihn lebten sie und für ihn waren sie bereit, jederzeit zu sterben.

Viele Griechen bewunderten die Stärke der spartanischen Polis und die Dauerhaftigkeit ihrer Staatsordnung, die über Jahrhunderte Bestand hatte. Sie priesen den heldenhaften Opfermut und die Tapferkeit der spartanischen Krieger. Manchen Griechen galt Sparta sogar als die ideale Polis. Andererseits aber beurteilten auch viele Griechen die spartanische Lebensart wegen der völligen Unterordnung unter den Staat als unmenschlich und unnatürlich.

Bis in unsere Zeit noch sehen viele spartanische Zucht und spartanische Lebensweise mit ihrer Härte und Anspruchslosigkeit als vorbildlich an. Anderen erscheinen diese Eigenschaften eher verdächtig, sie halten sie für gefährlich. Was verschafft Sparta diesen umstrittenen Ruhm? Wie kam es, daß in Sparta eine Polis entstand, die unter mehreren Gesichtspunkten ganz anders war als die übrigen Stadtstaaten?

Eine Polis entsteht

Sparta liegt im Süden der griechischen Halbinsel Peloponnes, im Tal des Eurotas. Die Landschaft heißt *Lakonien*, deshalb wurden die Bewohner Lakedaimonier genannt.

Die Polis Sparta war durch natürliche Barrieren geschützt: im Westen durch das unzugängliche Taygetosgebirge (2400 m), im Osten von den Gebirgsketten des Parnon (2000 m), im Süden durch die sumpfige Ebene des Eurotas, die sich fast 40 km am Meer entlangzieht. Von beiden Gebirgen aus bewässern zahlreiche kleinere Flüsse und Rinnsale diese Ebene und machten sie schon in der Antike zu einem äußerst fruchtbaren Landstrich.

Die Eurotasebene im Süden der Peloponnes mit der Kette des Taygetosgebirges.

Die Anfänge Spartas reichen in die Zeit um 900 v. Chr. zurück. Nachdem der griechische Stamm der *Dorer* Lakonien unterworfen hatte, wurde Sparta Mittelpunkt der weit verstreuten Siedlungen. Im 8. Jahrhundert dehnte Sparta seinen Machtbereich in harten Kämpfen nach Süden aus. Dies geschah, weil die Bevölkerung wie überall in Griechenland stark angewachsen war. Das eroberte Land wurde auf die Vollbürger Spartas, die Spartiaten, verteilt. Die Unterworfenen wurden zu Heloten* gemacht. Sie mußten für die Spartiaten das Land bewirtschaften und ihnen einen großen Teil der Erträge abtreten. Fortan lebten die Spartiaten und ihre Familien von den Abgaben der Heloten, mußten selbst keine Landwirtschaft mehr betreiben und konnten fern von ihren Höfen in Sparta wohnen.

Das Schicksal der Heloten war hart. Zwar lebten sie weiter in ihrem Familienverband und durften auch ihre religiösen Kulte behalten, aber sie hatten keinerlei Rechte mehr. Sie waren Sklaven im Besitz des Staates.

Die Bevölkerung, die in den Randgebieten des Stadtstaates wohnte, nannte man Perioken*, das heißt „Umwohnende". Sie waren zwar persönlich frei, aber politische Rechte wie die Teilnahme an der Volksversammlung wurden ihnen vorenthalten. Zum Kriegsdienst allerdings waren sie verpflichtet, sie kämpften jedoch in eigenen Einheiten. Sie waren Bauern oder arbeiteten für die Spartaner als Händler und Handwerker. Handel und Gewerbe nämlich waren den Spartiaten verboten, sie sollten keinerlei Arbeit nachgehen, sondern sich ganz und gar dem Kriegsdienst widmen, da ja ständig die Gefahr bestand, daß die zahlenmäßig überlegenen Heloten sich gegen ihre Herren zur Wehr setzen würden.

Die Messenischen Kriege

Während die übrigen griechischen Städte rund um das Mittelmeer Kolonien gründeten, eroberten die Spartaner nach einem fast 20 Jahre dauernden Krieg um das Jahr 735 v. Chr. das benachbarte Messenien. Sie unterjochten die gesamte Bevölkerung und machten sie zu Heloten. Damit war Sparta der mächtigste Staat auf der Peloponnes geworden.

An die Stelle des Einzelkampfes trat der Kampf im geschlossenen Verband, der Phalanx. Die schwerbewaffneten Krieger (Hopliten*) rückten in einer engen Reihe vor. So kämpften die Spartaner wohl schon im zweiten der drei Messenischen Kriege.

Die unterdrückten Messenier versuchten noch zweimal, um 650 v. Chr. und um 460 v. Chr., sich von der Herrschaft der Spartaner zu befreien, beide Male vergeblich. Vor allem die Erhebung im Jahre 650 v. Chr. kostete die Spartaner größte Anstrengungen. Fast 30 Jahre dauerte es, bis die Messenier erneut unterworfen waren. Die Folgen für die Messenier waren grausam. Jedes Jahr erklärten ihnen nun die Spartaner den Krieg, um sie ungestraft mißhandeln und töten zu können und sie somit in dauernden Schrecken zu versetzen. Der Dichter Tyrtaios beschrieb das Los der messenischen Heloten:

„Wie Esel unter der schweren Last sich schindend,
Bringen sie ihren Herrn in hartem Zwang
Die Hälfte all dessen, was die Flur erzeugt.“

Die Ordnung des spartanischen Staates

Der Aufstand der messenischen Heloten war für die Spartaner eine große Gefahr gewesen. Um zukünftig gegen solche Bedrohungen gesichert zu sein, gestalteten sie ihre Lebensweise völlig um. Sparta wurde nun ein Kriegerstaat, die gesamte Staatsordnung und die Erziehung der Bürger diente nur diesem einen Ziel.

Wie sah nun diese neue Ordnung aus? Bezeichnet wurde sie als Herrschaft der „Gleichen“. Alle Spartiaten hatten die gleichen Rechte und Pflichten, alle lebten in gleicher Weise für den Staat. So waren alle Spartiaten Vollbürger und bildeten, wenn sie über 30 Jahre alt waren, gemeinsam die *Volksversammlung*. Die Volksversammlung beschloß – ohne vorhergehende Diskussion, nur durch Abstimmung – die Gesetze, entschied über Bündnisse sowie über Krieg und Frieden. Sie verlieh das Bürgerrecht und wählte jährlich die fünf *Ephoren*, die leitenden Beamten. Dennoch lag die eigentliche Macht in Sparta nicht bei der Volksversammlung, sondern bei den Ephoren und dem Rat der Alten, der *Gerusia*.

Die fünf Ephoren sorgten dafür, daß die Gesetze eingehalten wurden. Sie hatten eine Art Polizeigewalt und waren auch als Richter tätig. Sie mußten für ihre Amtsführung nicht der Volksversammlung, sondern nur ihren Nachfolgern Rechenschaft ablegen.

Der Rat der Alten setzte sich aus 28 Männern zusammen. Sie mußten über 60 Jahre alt sein und wurden auf Lebenszeit gewählt. Aufgrund ihrer Erfahrung besaßen sie großen Einfluß. Die Gerusia legte fest, über welche Fragen die Volksversammlung abstimmen sollte, und sorgte dafür, daß sie nicht allzu oft befragt wurde. Alle Entscheidungen über wichtige Staatsangelegenheiten wurden von diesem Rat getroffen. Bei schweren Verbrechen amtierte der Rat auch als Gericht.

Zum Rat der Alten gehörten auch zwei Könige, die jedoch nur noch in zwei Bereichen alleinige Macht ausübten: sie waren die obersten Priester und die Heerführer im Krieg.

Diese spartanische Verfassung wurde von vielen Griechen als ideal bezeichnet, weil sie eine Mischung sei aus monarchischen, aristokratischen und demokratischen Elementen: den Königen, dem Rat der Alten und der Volksversammlung. Aber war diese Mischung wirklich ideal? Welche Vorteile sie möglicherweise besaß, welche Nachteile sie hatte, wird deutlich, wenn wir sie mit der Staatsordnung Athens vergleichen.

Die Bevölkerung Spartas		
(Ungefähre Angaben für das frühe 5. Jahrhundert v. Chr.)		
Spartiaten (Vollbürger)	ca.	9000
Periöken	ca.	40 000-60 000
Heloten	ca.	140 000-200 000

Erziehung zum Kampf

Sparta war eine Stadt ohne Mauern, ohne jede Art von Befestigung. Immer wieder wunderten sich Besucher Spartas darüber, daß die Hauptstadt eines so kriegerischen Staates nicht befestigt war. Lykurg, der Gesetzgeber Spartas, soll daraufhin einmal geantwortet haben: „Eine Stadt ist nicht unbefestigt, die mit Menschenmauern und nicht mit Ziegelmauern umgeben ist.“

Nur durch militärische Stärke konnten sich die Spartaner gegen die zahlenmäßige Übermacht der Heloten behaupten. Darum wurden alle Bewohner zum Kampf erzogen, alle mußten sich von Kindheit an diesem Ziel unterwerfen. Der Staat griff schon früh in das Familienleben ein. Bereits nach der Geburt eines Kindes entschied ein besonderer Ausschuß, ob das Neugeborene stark genug sei, um aufgezogen zu werden. Nicht gesunde Kinder wurden im Taygetosgebirge ausgesetzt,

wo sie starben, wenn nicht gerade ein mitleidiger Bauer sie fand und sie aufzog. Bis zum siebten Lebensjahr sorgten die Mütter oder eigens vom Staat bestellte Ammen für die Kinder. Dann wurden die Jungen der Familie entzogen. Sie mußten in eine militärische Gemeinschaft – eine Horde – eintreten, die von einem jungen Spartiaten geführt wurde. Hier lernten sie vor allem den kriegerischen Kampf, das Anwenden von List, um den Gegner zu schlagen, und die Verachtung gegenüber dem körperlich Unterlegenen. Gehorsam gegenüber Befehlen, Unterordnung und bedingungsloser Kampfeinsatz für die Polis waren die Ziele spartanischer Erziehung. Wer sich in der Schlacht feige gezeigt hatte, der wurde von jedem Amt ausgeschlossen.
Jeglicher Luxus war streng untersagt. Die Ernährung wurde so karg gehalten, daß die jungen Spartiaten immer hungrig waren. Sie sollten lernen, durch Diebstahl sich die nötigen Lebensmittel selber zu verschaffen. Wer sich dabei ertappen ließ, bekam Prügel, nicht wegen des Diebstahls, sondern wegen seiner Ungeschicklichkeit.
Mit 20 Jahren wurden die jungen Spartaner, wenn sie die Erziehung erfolgreich durchlaufen hatten, in andere Gemeinschaften aufgenommen: Jeweils 15 bildeten zusammen eine *Essensgemeinschaft.* Nur wer einer solchen Gemeinschaft angehörte, konnte Vollbürger werden. Aus den Erträgen seines Landes mußte jeder einen regelmäßigen Beitrag für die gemeinsame Verpflegung beisteuern. Konnte er das nicht, verlor er die Rechte eines Vollbürgers.
Vom 30. Lebensjahr an durften die Spartiaten in ihren Häusern wohnen. Nur noch die Mahlzeiten mußten sie in der Gruppe einnehmen. Die Mitglieder dieser Tischgemeinschaften führten zusammen militärische Übungen durch. Im Krieg stellten sie eine Phalanx. Gegenseitig kontrollierten sie sich bei der Ausbildung ihrer kämpferischen Fähigkeiten. Die Älteren überwachten dabei die Jüngeren, ob diese die vorgeschriebene Einfachheit in der Kleidung und Anspruchslosigkeit in der Lebensführung einhielten. Sie sollten keinem fremden Einfluß erliegen, deshalb wurden Fremde auch meist aus der Polis verwiesen.
Der Familie wurde in Sparta wenig Bedeutung beigemessen, sie besaß keinen Eigenwert. Mutterliebe, eheliche Liebe, kindliche Liebe, Freundschaft – alles das war unwichtig, wichtig war nur der Staat. Der Bürger gehörte dem Staat. Bezeichnend ist die Geschichte von jener spartanischen Mutter, die nach einer Schlacht ihren zurückkehrenden Sohn mit Unwillen von sich stieß und statt dessen zum Tempel eilte, um den Göttern für den anderen zu danken, der im Kampf gefallen war. Selbst die Mädchen wurden einer strengen körperlichen Ausbildung unterzogen. Auch ihnen war einfache, schmucklose Kleidung vorgeschrieben. Im Gegensatz zu den Jungen lebten sie jedoch weiter daheim. Plutarch beschrieb Sparta so: „Niemand durfte leben, wie er wollte ..., und sie dachten, sie gehörten ganz dem Vaterland und nicht sich selbst."

Spartanischer Krieger (Bronzestatuette aus dem 6. Jahrhundert v. Chr.).

Hellenismus – Die Ausbreitung der griechischen Kultur

Alexander der Große – Ein Mann macht Geschichte

Die Makedonen

Alexander stammte aus dem Geschlecht der Könige der Makedonen. Die Makedonen waren ein den Griechen verwandter Volksstamm, der im Norden Griechenlands lebte. Die Griechen sahen in ihnen lange Zeit „Barbaren“. Ihr rauhes Leben war von Viehzucht und Jagd geprägt, sie waren unter sich häufig zerstritten, feindliche Nachbarn waren eine ständige Bedrohung. Deshalb mußte der König der Makedonen vor allem ein tatkräftiger Heerführer und ein geschickter Politiker sein. Alexanders Vater, Philipp II., war dies in besonderem Maße. Es war ihm nicht nur gelungen, die verschiedenen makedonischen Stämme zu vereinen und ein schlagkräftiges Heer zu formen, sondern sogar die Griechen in der Schlacht von Chaironeia 338 v. Chr. zu unterwerfen. In dieser Schlacht standen den Soldaten Philipps die Truppen des Hellenischen Bundes gegenüber. Dieser Hellenische Bund war ein Bündnis zahlreicher griechischer Staaten unter Führung Athens.
Nach dem Sieg Philipps wurde auf seine Veranlassung im gleichen Jahr eine große Versammlung von Bevollmächtigten aller griechischen Stämme und Städte nach Korinth einberufen. Sie beschloß einen allgemeinen Frieden für das gesamte Griechenland, jede kriegerische Auseinandersetzung und jede gewaltsame Änderung der politischen Verhältnisse wurde verboten. Damit wurden jahrzehntelange innergriechische Zwistigkeiten und Kriege beendet. Philipp war nun der eigentliche Herrscher in Griechenland geworden. Doch damit war er noch nicht zufrieden. Er wollte seine Macht vergrößern, seine Herrschaft noch weiter ausdehnen. Er stellte deshalb vor der Versammlung in Korinth den Antrag, einen Feldzug gegen das Persische Reich zu unternehmen. Es solle, so argumentierte Philipp, ein Rachefeldzug dafür sein, daß die Perser 150 Jahre zuvor Griechenland überfallen hatten. Der Feldzug wurde beschlossen, Philipp zum Feldherrn ernannt. Doch noch ehe der Kriegszug begann, wurde Philipp im Sommer des Jahres 336 v. Chr. ermordet.

Der junge Alexander

Nach Philipps Tod wurde Alexander, gerade 20 Jahre alt, sein Nachfolger. Er sicherte seine Herrschaft, indem er sogleich alle denkbaren Konkurrenten rücksichtslos ermordete. Als einige griechische Städte die Gelegenheit benutzen wollten, um die makedonische Vorherrschaft zu beseitigen, eroberte er im Jahre 335 v. Chr. Theben und zerstörte die Stadt völlig.
Alexander hatte schon als Achtzehnjähriger unter seinem Vater Philipp mitgekämpft und war Befehlshaber der makedonischen Reiterei gewesen. Aber nicht nur in militärischen Dingen war er speziell für seine Aufgabe als König erzogen worden. Eine Zeitlang war Aristoteles, der berühmte Philosoph und Universalgelehrte (siehe S. 103), sein Lehrer gewesen. Dieser brachte ihm die Geschichte und Kultur der Griechen näher. Ganz besonderen Eindruck machte auf den Prinzen die Lektüre von Homers „Ilias“. So beherrschten die Ideale der griechischen Helden auch den jungen Alexander: Im Sport zu siegen, bei der Jagd die größten und wildesten Tiere zu erlegen, im Kampf am tapfersten zu fechten, aber auch in fröhlicher Runde möglichst viele Becher zu leeren – das waren für ihn wie für seine Freunde die Leistungen eines „richtigen“ Mannes.
Aber Alexander wollte noch mehr: Er maß sich selbst an den größten Helden der griechischen Sage, an Herakles und Achill. Diesen wollte er es gleichtun, ja, sie noch übertreffen. Deshalb suchte er rastlos den Kampf und die Herausforderung durch das, was noch niemand erreicht hatte.

Der Eroberer Alexander

Den Feldzug gegen das Perserreich, den Philipp geplant hatte, führte nun Alexander aus. Mit seiner makedonisch-griechischen Streitmacht von 32 000 Fußsoldaten und 5500 Reitern setzte er im Jahre 334 v. Chr. von Europa nach Asien über und brachte seinem Heldenvorbild Achill vor Troja, damals ein kleines griechisches Städtchen, ein Opfer dar. Ein erstes persisches Heer besiegte er am Flusse Granikos. Während der persische Großkönig Dareios III. daraufhin ein riesiges Heer aufstellte, zog Alexander an der Küste Kleinasiens

Alexandermosaik aus dem Haus des Fauns in Pompeji. Das Mosaik, das ein hellenistisches Gemälde nachahmt, stellt den entscheidenden Moment einer Schlacht zwischen Alexander und Dareios dar (Issos oder Gaugamela): Alexander (links) trifft auf das Zentrum des Perserheeres, Dareios (rechts) auf seinem Streitwagen beginnt seine Flucht.

entlang. Die dortigen Griechen begrüßten ihn als Befreier. Im folgenden Jahr (333 v. Chr.) besiegte er das zahlenmäßig deutlich überlegene Perserheer in der Schlacht bei *Issos*: Die Entscheidung führte Alexander selber herbei, indem er sich an der Spitze seiner Reiterei gegen das Zentrum des persischen Heeres warf, wo sich der Großkönig auf seinem Streitwagen befand: Dieser wandte sich zur Flucht und verlor damit die Schlacht.
Alexander marschierte zunächst weiter an der Küste entlang, um die letzten Stützpunkte der persischen Flotte in seine Hand zu bringen. Wo er auf Widerstand stieß, bekämpfte er diesen rücksichtslos. Die mächtige phönizische Stadt Tyros zum Beispiel ließ er monatelang belagern. Mit Hilfe eines über einen Meeresarm aufgeschütteten Dammes eroberte er sie schließlich und versklavte ihre Bevölkerung.

Ägypten fiel ihm danach kampflos zu. Die Ägypter sahen in ihm ihren Befreier von der persischen Herrschaft und krönten ihn zum Pharao. Bei dem Besuch einer berühmten Orakelstätte in der Oase Siwah wurde er als Sohn des Gottes Amun-Re (für die griechische Vorstellung Zeus) begrüßt. Jetzt konnte er sich endlich dem Zeus-Sohn Herakles ebenbürtig fühlen. Vom makedonischen Heerkönig war Alexander zum ägyptischen Gottkönig und zum griechischen Halbgott geworden.
An der Mündung eines Nilarms gründete er eine Stadt mit seinem Namen: Alexandria. Sie wurde als kulturelles Zentrum eine der bedeutendsten Städte des Altertums (siehe S. 97). Auch in anderen Teilen des eroberten Reiches gründete Alexander später Städte, die nach ihm benannt wurden.

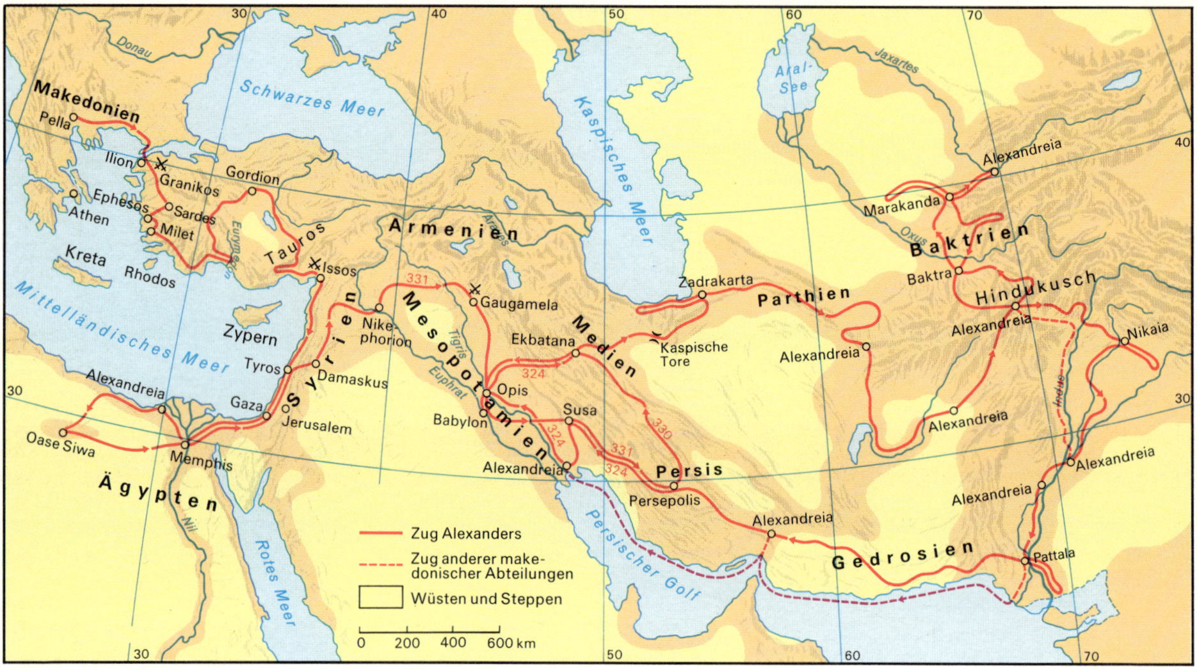

Der Zug Alexanders des Großen und sein Reich

Diese Städte waren nicht nur militärische Stützpunkte, sondern vor allem Siedlungszentren für ausgediente Soldaten, aber auch für andere, zahlreich nachrückende Menschen insbesondere aus Griechenland. Diese Städte wurden so zum Ausgangspunkt einer neuen griechischen Kolonisierung in Gebieten, die den Griechen vorher verschlossen waren.

Im Kampf gegen den Perserkönig fiel die endgültige Entscheidung im Oktober 331 v. Chr. bei *Gaugamela*, östlich des Tigris. Dareios hatte erneut ein gewaltiges Heer zusammengezogen, vor allem aus den östlichen Teilen des Reiches. Doch wie bei Issos konnte der Großkönig selbst dem Angriff Alexanders, der wieder an der Spitze seiner Reiterei direkt auf ihn zustürmte, nicht standhalten. Er floh und entkam nach Medien. Nach diesem Sieg stand Alexander das Zweistromland offen. Babylon und Susa unterwarfen sich ihm freiwillig. Von Susa aus eroberte Alexander Persepolis, die königliche Residenzstadt.

Alexander – Herrscher eines Weltreiches

In Persepolis hatte Alexander den Befehl gegeben, den riesigen und prachtvollen Königspalast der persischen Großkönige in Brand zu setzen. Mit diesem symbolischen Akt der Rache für die Zerstörung der Akropolis in Athen war der Feldzug offiziell beendet. Aber es ging Alexander inzwischen nicht mehr darum, das Persische Reich zu zerstören, sondern er wollte nun selbst Herrscher dieses Reiches werden, als Nachfolger des persischen Königsgeschlechtes der Achaimeniden.

Dieses Ziel zeigte sich deutlich in folgenden Maßnahmen:

- Als Dareios auf der Flucht von einem Statthalter ermordet worden war, bestrafte Alexander diesen als Königsmörder mit größter Härte.
- Alexander übernahm nun auch die Krone der persischen Großkönige, die *Tiara*, und kombinierte sie mit seinem bisherigen makedonischen Herrscherabzeichen, dem *Diadem*.

- Im Hofzeremoniell verlangte er zunächst von den persischen Untertanen, später auch von den Griechen und Makedonen die Proskynese (die persische Art der Verbeugung mit unterwürfigem Kniefall). Unter seinen Soldaten, die das als erniedrigend empfanden, gab es deshalb Unruhen, die Alexander jedoch schonungslos unterdrückte.
- Neben den Makedonen und Griechen nahm Alexander zunehmend auch Perser als Statthalter und Offiziere in seinen Dienst. Die Perser sollten mit seinem eigenen Volk verbunden werden. Auf einer großen Massenhochzeit in Susa heirateten Alexander selbst, seine engsten Kampfgefährten sowie 10 000 seiner Soldaten persische Frauen. Alexander selbst vermählte sich mit einer Tochter des Dareios.

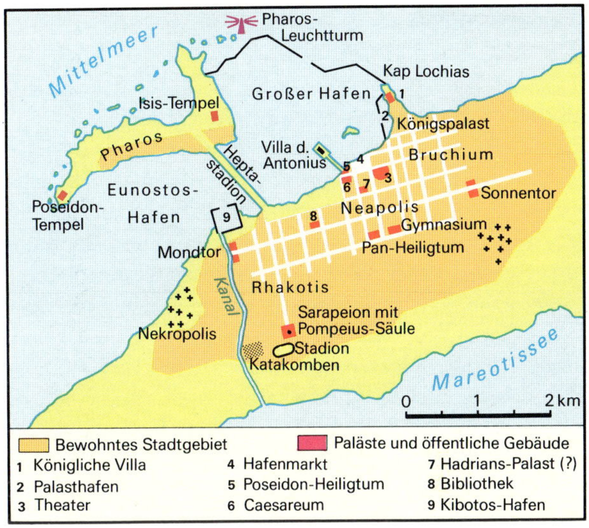

Plan der hellenistischen Stadt Alexandria

Alexanders Rastlosigkeit und Tatendurst

Auch nachdem der letzte Widerstand gebrochen war, fand Alexander keine Ruhe. Im Sommer 327 v. Chr. wandte er sich nach Osten. Mit der Eroberung Indiens, so glaubte er, würde der Ozean und damit das Ende der Welt erreicht sein. Im westlichen Indien, im Gebiet der großen Quellflüsse des Indus, schlug Alexander seine letzte große Schlacht. Er besiegte einen der mächtigsten indischen Fürsten, König *Poros*, der ihm mit einem großen Heer und einer völlig neuartigen Waffe entgegengetreten war: einer Schlachtreihe von Elefanten.

Doch immer noch trieb es ihn weiter. Er hatte von einem riesigen Reich am Fluß Ganges gehört, das noch viel mächtiger sein sollte als das Persische. Mit diesem wollte er sich unbedingt noch messen. Aber jetzt verweigerten zum erstenmal seine Soldaten den Gehorsam, vom unablässigen Monsunregen zermürbt. Sie hatten alle Kämpfe und Strapazen auf sich genommen, hatten fast Übermenschliches geleistet, nun aber fürchteten sie, ihr König würde nie zufrieden sein. So mußte Alexander umkehren.

Vom Ausgangspunkt in Makedonien, wo er seinen Feldzug über acht Jahre vorher begonnen hatte, war er mit seinen Soldaten ca. 18 000 Kilometer weit gezogen. Doch auch für den Rückmarsch nach Susa wählte er keineswegs den einfachen Weg. Auf eigens gebauten Schiffen fuhr er den Indus hinab bis zum Indischen Ozean. Die Flotte gelangte von dort unter dem Admiral Nearchos in den Persischen Golf.

Alexander aber marschierte mit seinem Heer durch eines der unzugänglichsten Wüstengebiete der Welt, die Gedrosische Wüste. Nur um noch nie Dagewesenes zu vollbringen, setzte er das Leben von Zehntausenden aufs Spiel. Von etwa 60 000 Menschen sind nur rund 15 000 in Susa angekommen.

Alexander selbst hätte sich nach der Rückkehr am Ziel sehen können: Heldentaten wie kein zweiter, anerkannter Sohn des Zeus, selbst wie ein Gott verehrt, Herrscher der Welt! Aber Ruhe war ihm fremd, er schmiedete bereits neue Pläne. Alexanders Interessen waren vielseitig. Neben dem Aufbau einer planmäßigen Verwaltung wollte er auch die Wissenschaften fördern. Nachdem ihn der Tod seines besten Freundes Hephaistion für viele Monate in tiefe Trauer gestürzt hatte, bereitete er einen neuen gigantischen Feldzug vor, die Unterwerfung der sprichwörtlich reichen und sagenumwobenen arabischen Halbinsel. Danach wollte er das westliche Mittelmeer seiner Herrschaft unterwerfen.

Doch mitten in den Planungen und Vorbereitungen, erkrankte er im Juni 323 v. Chr. an einem Fieber und starb nach wenigen Tagen, gerade 33 Jahre alt, in Babylon. Schon zu Lebzeiten erkannte man die außergewöhnliche Bedeutung dieses Herrschers, die ihm den Beinamen „der Große“ einbrachte.

Hellenismus – Der Mensch ist mehr als ein politisches Wesen

Jeder gegen jeden: Alexanders Reich zerfällt

Das Weltreich, das Alexander erobert hatte, bestand nicht lange. Nach seinem frühen Tode begannen sehr bald Kämpfe zwischen seinen höchsten Offizieren und engsten Vertrauten. Die einen wollten seine Nachfolge im gesamten Reich antreten, die anderen wollten wenigstens einen Teil des Reiches für sich gewinnen und dort selbst herrschen. Keiner duldete die Herrschaft anderer über sich. So schlossen sich immer wieder verschiedene Machthaber gegen andere zusammen, und nahezu 50 Jahre lang herrschte deshalb in Griechenland und in ganz Vorderasien größte Unruhe. Im Verlauf der Auseinandersetzungen wurde auch Alexanders noch minderjähriger Sohn, der den Namen seines Vaters trug, ermordet. Wir nennen diese Kämpfe *Diadochenkämpfe* (griech. Diadochos = Nachfolger).

Selbst das einst so mächtige Athen war nur noch ein Spielball für die einander bekämpfenden Konkurrenten. In den fünfzehn Jahren nach Alexanders Tod wechselte die Herrschaft über die Stadt viermal; immer wieder erhielt es eine neue Besatzung. Wer den jeweils neuen Gebietern nicht genehm war, mußte fliehen oder wurde hingerichtet. Wer in der Stadt Einfluß haben wollte, mußte sich den Mächtigen anpassen. Die demokratische Verfassung wurde geändert: Nur die reicheren Bürger behielten ihre politischen Rechte.

In den Diadochenkämpfen setzten sich schließlich diejenigen durch, die gegen die Einheit des Gesamtreiches waren. Sie machten sich selbst zu Königen über neue Reiche, die wir *Diadochenreiche* nennen. Deren wichtigste waren:

- das Königreich des Seleukos I. (312-281 v. Chr.) und seiner Nachfolger, der Seleukiden, das sich über Syrien, Kleinasien, Mesopotamien und fast das ganze Persien erstreckte;
- das Königreich des Ptolemaios I. (323-283/2 v. Chr.) und seiner Nachfolger, der Ptolemäer, das sich entlang der nordafrikanischen Küste von Libyen nach Ägypten und Palästina ausbreitete;
- das Königreich des Antigonos (283-239 v. Chr.) und der Antigoniden in Makedonien und Teilen von Griechenland.

Statt freier Bürger – Könige und Untertanen

Mit dem Sieg Philipps II. über den Hellenischen Bund hatte die Entmachtung der griechischen Stadtstaaten begonnen. Jetzt, in den Diadochenkämpfen, war sie endgültig geworden: Nicht mehr die einzelne, selbständige Polis bestimmte die Politik, sondern der Alleinherrscher. Zwar hatten die Könige gegen etliche Schwierigkeiten anzukämpfen: Höchst unterschiedliche Völkergruppen siedelten in ihren Reichen. Sie hatten verschiedene Vorstellungen von Recht und Gesetz und glaubten an ganz unterschiedliche Götter.

Riesige Entfernungen mußten auf teilweise schlechten Straßen zurückgelegt werden, wenn die Könige ihren Untertanen Befehle übermitteln wollten. Aber wie ihr großes Vorbild Alexander ließen sie sich nicht davon abhalten, nach immer mehr Macht zu streben und die anderen Könige zu übertreffen. Deshalb suchten sie Krieg und Erfolg, ließen sich als Wohltäter der Städte feiern und – von den Einheimischen wie von den Griechen – als göttliche Herrscher verehren. Wo sich eine Gelegenheit bot, zeigten sie ihre Macht durch große Prachtentfaltung: In ihren Hauptstädten residierten sie in riesigen Palästen, umgeben von Beamten und Soldaten, aber auch von Künstlern und Gelehrten.

Die Kosten für die häufigen Kriegszüge und für den üppigen Lebensstil mußten die Untertanen durch Steuern und andere Abgaben aufbringen. Die Einkünfte, die beispielsweise der König von Ägypten auf diese Weise erzielte, hätten ausgereicht, 500 000 Menschen ein Jahr lang zu versorgen.

Diese Art der Alleinherrschaft eines einzelnen war für die Bevölkerung des Orients und Ägyptens nichts Neues. Seit Jahrhunderten hatten sie in solchen Verhältnissen gelebt; sie hatten lediglich den Herrn gewechselt. Den politischen Vorstellungen der Griechen aber widersprach dies zutiefst. Sie waren bemüht, als Bürger einer Polis ihre Angelegenheiten selbst in die Hand zu nehmen. Aber jetzt hatten sie sich zu fügen. Wer von ihnen überhaupt noch politisch tätig war, war dies im Dienst des Königs. Politik war nicht mehr Sache aller Bürger, sondern einiger weniger Reicher und Vornehmer mit guten Beziehungen zum Herrscher. Die meisten Menschen zogen sich ins private Leben zurück. Hier konnten sie ihrem Leben einen Inhalt geben, hier konnten sie sich entfalten.

Das Leben in den hellenistischen Reichen

Wie lebten die Menschen in diesen Diadochenreichen? Wie sah das Zusammenleben zwischen Einheimischen und Griechen aus?

Begleiten wir einen griechischen Kaufmann aus Athen auf seiner ersten großen Handelsfahrt: Zu Schiff gelangt er mit seinen Waren in die kleinasiatische Stadt Milet (siehe Karte S. 96). Sein erster Gang führt ihn auf den Markt, und sogleich stellt er fest: Die Stadt erinnert ihn sehr an den Hafen seiner Heimatstadt, an Piräus. Die Straßen kreuzen sich rechtwinklig, sie sind breit und übersichtlich. Der Marktplatz ist eine rechteckige Anlage, seine Waren kann er in einer schattigen Säulenhalle (Stoa), die den Marktplatz säumt, verkaufen. Auch für Freizeitbeschäftigung ist gesorgt. Er sieht ein Theater, ganz in der Gestalt, die ihm aus Athen geläufig ist, und selbst von den Stücken, die gegeben werden, hat er einige bereits gesehen. Ferner gibt es Plätze, auf denen man Sport treiben kann, nämlich ein Stadion, einen Ringkampfplatz (Palästra) und ein Gymnasion. Dort halten öfter berühmte Redner und Gelehrte Vorträge, wie er es von Athen her gewohnt ist. Und die zahlreichen Denkmäler unterscheiden sich kaum von denen in der Heimat. Doch wundert er sich nicht allzusehr, daß er sich fast wie zu Hause fühlt, denn Milet ist ja eine alte griechische Stadt. Aber als er seine Reise ins Innere von Kleinasien fortsetzt, staunt er doch darüber, daß die Städte – auch sehr neue – ganz ähnlich aussehen. Besonders freut er sich darüber, daß er keine Schwierigkeiten mit der Verständigung hat, denn überall sprechen die Menschen Griechisch. Viele erzählen ihm, daß sie aus Griechenland in die neue Stadt ausgewandert seien. Andere Städte sind ganz nach griechischem Vorbild umgebaut: Man zeigt ihm stolz das Theater, das Gymnasion und das Stadion. Sogar die Tempel der einheimischen Götter sehen wie griechische Tempel aus, und diese Götter selbst haben griechische Namen bekommen.

Auf dem Lande aber sieht es anders aus. In den Dörfern, oft schon nahe den Stadtmauern, und je mehr er ins Landesinnere kommt, desto häufiger, sprechen die Menschen ihre herkömmlichen Sprachen und haben wenig städtischen Komfort. Die Götter, die sie anbeten, und die Opfer, die sie verrichten, kommen dem griechischen Kaufmann fremdartig und etwas unheimlich vor. Auf späteren Reisen, die ihn zu Schiff nach Alexandria in Ägypten und den Nil aufwärts oder mit Karawanen am Euphrat entlang nach Mesopotamien führen, macht er gleiche Beobachtungen: Überall findet er Griechen und zu Griechen gewordene Orientalen, die *hellenisiert* sind, wie man sagt; vor allem in den Städten stößt er auf griechische Lebensweise, Sprache und Kultur.

Außerhalb der Städte aber hatten sich bei der einfachen Landbevölkerung weiterhin orientalische und ägyptische Vorstellungen, Sitten und Sprachen gehalten. Vieles davon hatten die Griechen sogar ihrerseits von den Einheimischen übernommen, besonders in der Religion: Sie verehrten auch deren Götter, ja, sie zogen sie oft sogar den eigenen vor. So vermischten sich griechische und orientalische Göttervorstellungen.

Die neue Weltkultur – eine griechische Kultur

Bildung und Wissenschaft hingegen waren stark von den Griechen geprägt. Die großen Hauptstädte der hellenistischen Reiche waren auch die Mittelpunkte des geistigen Lebens. Eine besondere Stellung nahm dabei Alexandria ein: Dort hatten die ägyptischen Könige aus der Dynastie der Ptolemäer eine Gruppe von Gelehrten um sich geschart, die im *Museion* lebten, einem Gebäude, das den Musen, also den Göttinnen von Kunst und Wissenschaft, geweiht war. Diese Wissenschaftler sammelten und erklärten alle wichtigen Schriften aus der ganzen Welt und übersetzten sie, wenn nötig, ins Griechische. So entstand eine riesige Bibliothek, die mehrere hundertausend Papyrusrollen umfaßte. Neben der Bibliothek gab es eine Sternwarte, einen Zoo mit exotischen Tieren und andere wissenschaftliche Einrichtungen. Die Forscher im Museion beschäftigten sich auch mit naturwissenschaftlichen Fragen, z. B. welche Gestalt die Erde habe.

Bekannte hellenistische Gelehrte sind Euklid, der das gesamte geometrische Wissen seiner Zeit zusammenfaßte, sowie Archimedes, der zahlreiche mathematische und physikalische Entdeckungen machte.

All diese wissenschaftlichen Erkenntnisse breiteten sich in der gesamten von Griechen bewohnten Welt aus, denn die Städte boten mit ihren Gymnasien und Bibliotheken auch den Wissenschaften eine Heimat. So verbanden Kultur und Wissenschaft des Hellenismus die gesamte Mittelmeerwelt.

Ende und Weiterleben

Die großen hellenistischen Reiche hatten ihre Blütezeit im 3. Jahrhundert, zum Teil auch noch im 2. Jahrhundert v. Chr. Dann wurden sie nach und nach von einer neuen Macht, den Römern, besiegt und erobert, als letztes das ptolemäische Ägypten (30 v. Chr.).
Aber die Epoche des Hellenismus war damit nur im Bereich der Politik beendet. Auf die Kultur und die Lebensweise der Menschen hatten die politischen Machtwechsel wenig Einfluß. Nicht einmal die Sprache der neuen Herrscher, das Lateinische, wurde im Osten gebräuchlich. So blieben Griechenland, Ägypten, Kleinasien, Syrien und Palästina hellenistisch.
Erst die Ausbreitung des Islams im 7. Jahrhundert n. Chr. schuf eine völlig neue Lage (siehe S. 195). Aber auch danach lebte die griechische Kultur noch weiter im Reich von Byzanz (siehe S. 188).

Bronzestatue des „Dornausziehers" (aus dem 1. Jahrhundert v. Chr.)

Mädchen mit Taube (Kopie eines hellenistischen Originals aus dem 2. Jahrhundert v. Chr.)

1 Wie Alexander sich darstellen ließ

1 a *Münze, die den Halbgott Herakles zeigt. Das über den Kopf gezogene Löwenfell erinnert an seine erste Großtat, die Erlegung des nemeischen Löwen. Die Gesichtszüge sind die Alexanders des Großen.*

1 b *Die Münze stellt Alexander mit Widderhörnern dar. Sie sind das Sinnbild des Zeus-Amun (vgl. S. 95 sowie S. 39).*

1 *Welche Absicht verfolgte Alexander mit der Prägung solcher Münzen?*
2 *Welches sind die Eigenschaften jener sagenhaften griechischen Helden, die sich Alexander zum Vorbild nahm?*

1 c *Alexanders Pläne und die Reaktion seiner Soldaten. Nach der siegreichen Schlacht gegen König Poros wollte Alexander noch weiter ziehen, seine Soldaten weigerten sich jedoch. Alexanders Rede an das Heer und die Antwort eines makedonischen Offiziers überliefert uns der Geschichtsschreiber Arrian (2. Jahrhundert n. Chr.):*

Q „Makedonen und Bundesgenossen! Da ich sehe, daß ihr nun nicht mehr die Absicht habt, mir mit der gleichen Gesinnung wie bisher in Gefahren zu folgen, habe ich euch hierher zusammengerufen, um euch entweder zu überzeugen und dann weiterzuziehen oder mich von euch überzeugen zu lassen und dann umzukehren …
Aber wenn einer zu wissen begehrt, was denn von diesem jetzigen Kampf das Ende sei, so soll er wissen, daß uns nicht mehr viel zu erobern übrigbleibt, bis wir an den Ganges und das östliche Meer kommen werden … Ich werde … beweisen, daß die indische Meeresbucht mit der persischen ein Gewässer bildet. Vom Persischen Meer aus aber wird unsere Flotte die libysche Küste bis zu den Säulen des Herakles (Gibraltar) umsegeln, und ganz Libyen, das innerhalb dieser liegt, wird ebenso wie Asien unser sein. Dann aber werden die Grenzen unseres Herrschaftsbereiches dort liegen, wo die Gottheit für die Erde selbst die Grenze gesetzt hat …
Auf solche und ähnliche Worte Alexanders herrschte längere Zeit Schweigen, denn niemand wagte frei heraus dem König zu widersprechen … Bis endlich Koino, Mut faßte und folgendes sagte: … Du siehst selbst, wie viele wir waren, die von den Makedonen, von den Griechen auszogen, und wie viele davon noch übrig sind … Die anderen, die mit dir Strapazen und Gefahren teilten, … sind teils im Kampfe zugrunde gegangen, teils durch ihre Wunden kampfunfähig geworden und zum Teil über ganz Asien verstreut zurückgeblieben. Die Mehrzahl aber starb an Krankheiten, und so sind von der ganzen großen Zahl nur noch wenige übrig: Die aber sind kaum noch im Vollbesitz ihrer körperlichen Kräfte und noch mehr hat seit langem schon ihre Begeisterung gelitten. Sie alle sehnen sich nach Eltern, falls sie solche noch haben, nach Gattin, Kindern – nach der Heimat."

Arrian, Anabasis, V, 25-27 Übersetzt u. hg. v. G. Wirth und O. v. Hinüber, Zürich/München 1985.

1 *Alexander offenbart den Soldaten seine Pläne. Worin bestehen diese? Was ist letztlich Alexander Ziel?*
2 *Wie argumentieren seine Soldaten?*
3 *Woran scheitert Alexander?*
4 *Vergleicht Alexanders geographische Vorstellungen vom Umfang und Aussehen der Erde mit unseren heutigen Kenntnissen.*

2 Die hellenistische Stadt

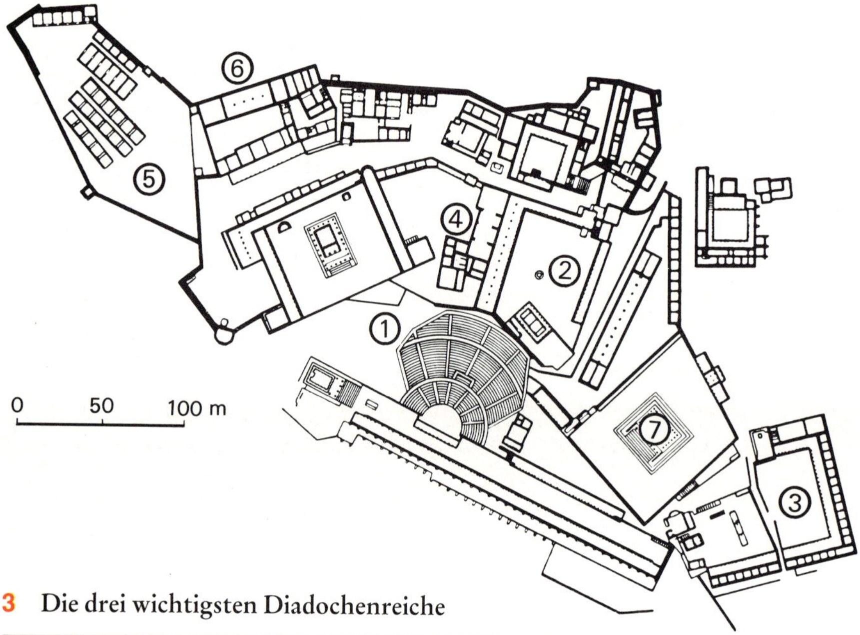

Plan der Stadt Pergamon

1 *Vergleicht die Stadtpläne von Athen (siehe S. 74), Alexandria (siehe S. 97) und Pergamon (Abb. links) miteinander.*

2 *Zählt auf, was allen Städten gemeinsam ist.*

3 *Stellt die wichtigsten Unterschiede fest. Wie kann man sie erklären?*

3 Die drei wichtigsten Diadochenreiche

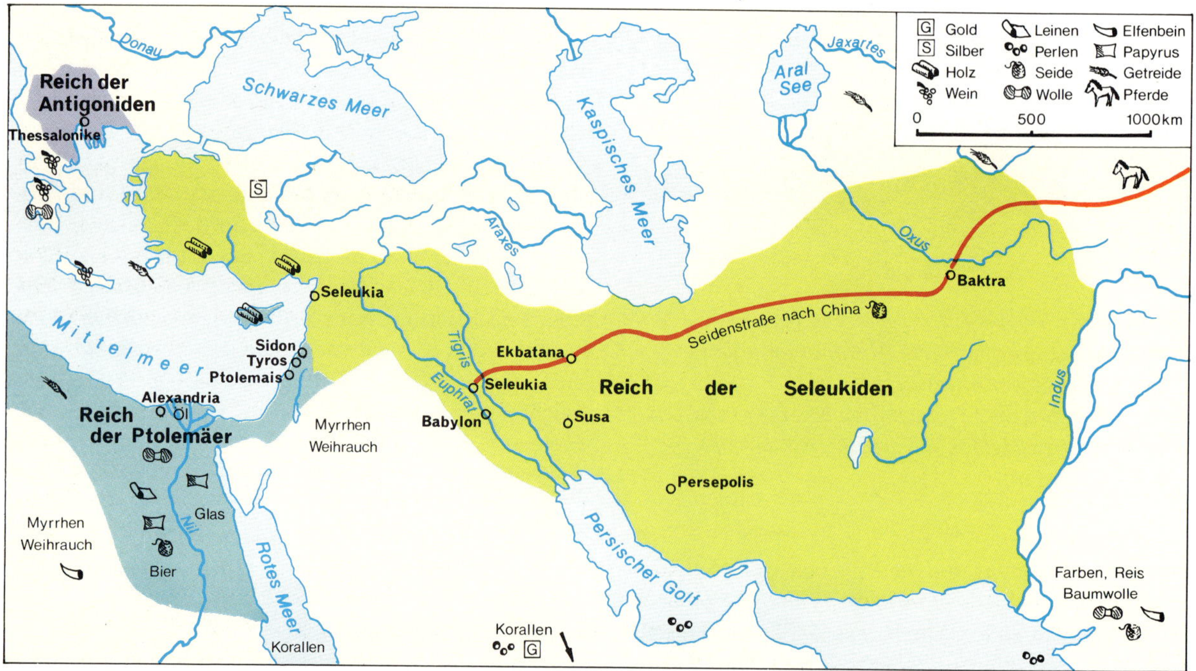

1 *Überlegt anhand der Karte, welche geographischen Vor- und Nachteile die Diadochenreiche hatten.*

2 *Welche Staaten liegen heute ganz oder teilweise auf dem Gebiet der drei Diadochenreiche?*

4 Wie soll der Mensch leben? – Die Antwort der hellenistischen Philosophie

4a *Unter den Lehrsätzen des Philosophen Epikur, der am Ende des 4. Jahrhunderts v. Chr. in Athen lebte und lehrte, finden sich folgende Aussprüche.*

Q Befreien muß man sich aus dem Gefängnis des Alltagsgetriebes und des Staatslebens.

– Die Anerkennung durch die anderen muß von selbst kommen. Uns ziemt es, nur an unsere eigene Heilung zu denken.
– Der edle Mann bemüht sich vor allem um Weisheit und Freundschaft.
– Wenn sich auch die Sicherheit vor den Menschen bis zu einem gewissen Grade durch Macht und Wohlhabenheit stützen läßt, so ist doch jene Sicherheit die echteste, die man sich durch ein Leben in Stille und Zurückgezogenheit vor der großen Menge schafft.

Epikur, Schriften. Übersetzt von P.M. Laskowsky bei Wilhelm Goldmann Verlag GmbH, München.

4b *Eine Gruppe von Philosophen, die Epikur und seine Lehren bekämpfte, nennen wir Stoiker, nach einer Säulenhalle (Stoa) in Athen, in der der Begründer dieser Lehre zuerst auftrat. Sie vertraten unter anderem folgende Ansichten:*

Q Man muß sich vor Augen halten: Wir sind von der Natur so geschaffen, daß die Kinder von den Eltern geliebt werden; und das ist der Ausgangspunkt, von dem wir zu der allumfassenden Gemeinschaft des Menschengeschlechtes gelangen ... Von da aus erwächst aber eine naturhafte Zueigung, die alle Menschen als Menschen miteinander verbindet, so daß der Mensch einen Menschen schon darum, weil er Mensch ist, nicht als „fremd" empfinden darf ... Schon Ameisen, Bienen, Störche tun manches um anderer willen; viel enger ist noch die natürliche Verbundenheit der Menschen. Darum sind wir von Natur zum Beisammensein, zur Versammlung, zum staatlichen Leben geschaffen. Die ganze Welt aber wird von dem Willen der Götter gelenkt; sie ist sozusagen die gemeinsame Stadt und Staatseinheit von Menschen und Göttern, und jeder einzelne von uns ist ein Teil dieser Welt ... Keiner ist adliger als der andere, außer wer eine bessere und leistungsfähigere Naturanlage hat. Kein Mensch ist von Natur Sklave. Nicht der Verkauf macht den Käufer zum Herrn oder den Verkauften zum Sklaven. Nicht durch Verkauf und Kaufgeld kennzeichnet die Wahrheit den Sklaven, sondern durch die Unfreiheit der Gesinnung. Die Freiheit besteht in der Möglichkeit selbständigen Handelns, die Knechtschaft in dem Fehlen dieser Möglichkeit. Frei ist darum nur der Weise, die Toren sind unfrei.

Stoa und Stoiker. Eingeleitet und übertragen von M. Pohlenz, Zürich/Stuttgart 1950. S. 108, 134, 140.

1 *Vergleicht die Gedanken von Epikur (4 a) und den Stoikern (4 b) mit dem, was ihr über Sokrates und seine Vorgänger erfahren habt.*
2 *Welche Lebensregeln entwirft Epikur?*
3 *Welche Eigenschaften machen nach Ansicht der Stoiker den Menschen erst zum Menschen?*
4 *Wie stehen Epikur und die Stoiker zum Leben des Menschen in der Polis? Wie schätzen sie die Polis ein?*

4c *Der Philosoph Aristoteles (384-322 v. Chr.) hatte in seinem Werk über das Staatsleben geschrieben:*

Q Wer mit dem Verstand vorauszuschauen vermag, ist von Natur der Regierende und Herrschende, wer aber mit seinem Körper das Vorgesehene auszuführen vermag, ist der von Natur Regierte und Dienende ... Aus diesen beiden Gemeinschaften entsteht zuerst das Haus ... Die erste Gemeinschaft, die aus mehreren Häusern und nicht nur um der täglichen Bedürfnisse willen besteht, ist das Dorf ... Endlich ist die aus mehreren Dörfern bestehende vollkommene Gemeinschaft die Polis ... Es ist klar, daß die Polis zu den natürlichen Dingen gehört und daß der Mensch von Natur ein auf die Polis ausgerichtetes Lebewesen ist ... Alle Menschen haben also von Natur den Drang zur Polis. Derjenige, der durch seine Natur und nicht bloß aus Zufall außerhalb der Polis steht, ist entweder schlecht oder höher als der Mensch.

Aristoteles, Politik 1,1, 1252a 1 ff.

● *Vergleicht diese Einstellung des Aristoteles mit der der Stoiker und des Epikur.*

Griechische Götterwelt

Olympia

Kolonisation

Perserkriege

Hellenismus

Im 2. Jahrtausend v. Chr. wanderten ***indoeuropäische Völker*** in einzelnen Schüben in das heutige Griechenland ein. Es entstanden, voneinander getrennt durch die geographischen Bedingungen, kleine unabhängige Staaten.

Eine allen gemeinsame Kultur verband die Stadtstaaten:

- der Glaube an die gleichen Götter,
- eine gemeinsame, sagenhafte Vergangenheit, überliefert vor allem in den Erzählungen Homers (***Ilias*** und ***Odyssee***, um *750 v. Chr.*)
- die Ideale einer Adelswelt, in der der Wettkampf, das Sich-Messen mit den anderen, einen herausragenden Platz einnahm.

In den ***Wettspielen von Olympia***, die alle vier Jahre stattfanden, wurde diese gemeinsame Kultur besonders deutlich: es waren religiöse Veranstaltungen, Wettkämpfe zu Ehren des Zeus.

Im 8. Jahrhundert entwickelte sich eine ***Kolonisationsbewegung***, in deren Verlauf Auswanderer aus Griechenland rund um das Mittelmeer eine Vielzahl von Städten gründeten, die alle mit dem griechischen Mutterland in enger Verbindung blieben. Schwerpunkte dieser Kolonisation waren Unteritalien, Sizilien, die Küsten des Schwarzen Meeres.

In den griechischen Stadtstaaten entstand jene Form des politischen Zusammenlebens, die wir Demokratie nennen. Am Beispiel der ***Polis Athen*** läßt sich die geschichtliche Entwicklung von der ***Aristokratie*** (Adelsherrschaft) zur ***Demokratie*** besonders deutlich verfolgen. Im Bündnis mit Sparta gelang den Athenern die ***Abwehr der Perser*** (*490-480 v. Chr.*). Seine ***Glanzzeit*** erlebte ***Athen*** um *450-430 v. Chr.*.

100 Jahre später eroberte Alexander der Große das Persische Weltreich. Nach Alexanders frühem Tod entstanden drei große und eine Anzahl kleinerer Nachfolgereiche. Dort und im gesamten Mittelmeerraum verbreiteten sich griechische Kultur und Wissenschaft. Griechenland wurde das Fundament der europäischen Kultur. In der griechischen ***Antike*** entwickelte sich das Fundament der europäischen Kultur.

Der Minotauros

Es begann zwei Tage später. Gegen Abend erschütterte die Stadt ein heftiger Stoß, der die Hunde heulen, die Vögel aufflattern und die Menschen zusammenfahren ließ. Lampen fielen um, Tische wurden verrückt, Decken bröckelten ab, und in mancher Wand tat sich ein Riß auf. In der Werkstatt, in der sich Daedalos und Ikaros aufhielten, klirrten die Werkzeuge.

Erschrocken sah Ikaros seinen Vater an:

„Das war er", sagte Daedalos. „Er ist aufgewacht."

Dem Stop folgte ein donnerähnliches Grollen, das in eine unheimliche Stille auflief.

„Ist das immer so?" fragte Ikaros in das beklemmende Schweigen.

„Er ist unberechenbar", antwortete Daedalos. „Manchmal grollt er tagelang, ehe er anfängt, sich auszutoben. So wie diesmal war's überhaupt noch nie. Er muß aufgesprungen sein und sofort wild um sich geschlagen haben." Daedalos wirkte wie von einer Last befreit. „Vielleicht hat er von Theseus geträumt."

„Aber wie kann er von ihm wissen?"

„Oh, der Minotauros wittert Menschen!" versicherte Daedalos. „von ihm heißt es, er wittere sogar Gedanken. Warum also nicht den, der ihm ein Ende bereiten wird!"

„Du bist sicher, daß Theseus ihn besiegen wird."

„Ich kenne beide", sagte Daedalos.

Nirgendwo war der Stoß aus der Tiefe so stark zu spüren gewesen wie im Vorhof zum Labyrinth und in den Unterkünften der Stierspringer. Dort hielt sich Theseus bereit, seit Ariadne ihm das goldene Knäuel übergeben hatte.

„Es ist soweit", sagte er zu seinen Gefährten und ordnete an, daß sich alle mit Ausnahme von Imenes schon zum Schiff begeben sollten. Mit Imenes wollte er nachkommen.

„Sobald meine Arbeit getan ist. Dann hält uns hier nichts mehr."

Einem der Mädchen, Eris, gab er einen besonderen Auftrag: Sie sollte die Kleider, die Aglaja getragen hatte, Ariadne überbringen. Andros wies er an, sich um den Piraten zu kümmern.

Theseus ging auf das Labyrinth zu. Die dreizehn sahen, wie der finstere Spalt im Felsen sich aufhellte, als Theseus mit der Lampe, die Daedalos ihm gegeben hatte, näherkam. Am Eingang warf er seinen Mantel ab. Dann betrat er das Labyrinth. Im gleichen Augenblick begann ein Grollen, das aus großer Tiefe aufstieg, plötzlich abbrach, stärker wieder einsetzte, in immer kürzeren Abständen. Die Menschen stürzten aus den Häusern ins Freie. Kinder klammerten sich an ihre Väter, ihre Mütter. Schafe, Ziegen, Rinder drängten sich mit Gebrüll und heiseren Schreien aneinander. Nur der Himmel blieb stumm, starrend von Sternen, zu weit entrückt, als daß ihn ein Laut erreichen konnte.

Aber die Luft, die während des Tages bewegungslos über der Insel gestanden hatte, kam nun in Bewegung. Heftige Windstöße fuhren von den Bergen nieder und entfesselten einen Sturm, der das Meer in Unruhe versetzte, die Wälder zum Stöhnen brachte und von den Rändern der Schluchten Bäume wegbrach, die länger als hundert Jahre dort gestanden hatten. Und wer in den dunklen, wolkenlosen Himmel hinaufblickte, sah die Sterne schwanken.

Minos hatte sich nach dem ersten Erdstoß in das Heiligtum begeben. Wer ihm begegnete, war von seiner Haltung überrascht. Er ging beflügelt, als habe er soeben eine lang erwartete Botschaft erhalten.

Seine Leibwache ließ er im Großen Hof warten. Dem Hauptmann gab er den Befehl, Daedalos zu holen. Dann zog er sich in den Thronsaal zurück.

Als Daedalos kam, sah er sofort, daß die zur Schau getragene Zuversicht nur eine Maske war. Zwar glühte das Gesicht, aber unter dieser Glut lag Asche. Daedalos konnte keinen Zweifel haben, daß Minos ihn hatte rufen lassen, weil er es nicht ertrug, allein zu sein. Er tat jedoch, als sei es für ihn eine Auszeichnung, in dieser Stunde an der Seite des Königs zu sein, noch dazu an diesem Ort, der dem König vorbehalten war.

Das Grollen in der Tiefe wurde stärker.

Diese Geschichte aus der griechischen Mythologie (Götterlehre) ist entnommen aus: Hans Baumann, Flügel für Ikaros, Thienemanns Verlag, Stuttgart 1982.

4. Das Weltreich der Römer

Mit festlichen Wettkämpfen, die hundert Tage andauerten, wurde im Jahre 80 nach Christi Geburt jenes Amphitheater eröffnet, das noch heute unter dem Namen Colosseum unsere Aufmerksamkeit erweckt.
Manche sind der Meinung, daß diese Arena wegen ihrer kolossalen Ausmaße die Bezeichnung Colosseum erhielt, andere sagen, daß dieser Name auf eine riesenhafte Statue des Kaisers Nero zurückgeht, die in unmittelbarer Nähe aufgestellt worden war.
Zehn Jahre wurden benötigt, bis das Oval mit einer Länge von mehr als 180 m, einer Breite von mehr als 150 m und einer Höhe von 57 m fertiggestellt war. Welche statischen Kenntnisse waren erforderlich, um über 50 000 Besucher sicher unterbringen zu können? Dabei mußte auch ein reibungsloser Zu- und Abgang zu den Sitzplätzen in den vier Etagen gewährleistet sein!
Welch unglaublichen technischen Aufwand kostete es, das Rund der Arena in ein einziges Bassin zu verwandeln, in dem sogar Seeschlachten aufgeführt werden konnten, an denen mehrere Dutzend Schiffe beteiligt waren!
Die Stehplätze für das niedere Volk befanden sich im obersten Stockwerk. Über ihnen flatterten Segel, die sich, an Holzmasten befestigt, wie ein Zeltdach über das Stadion spannten, um die Besucher vor der heißen Sonne zu schützen. In den mittleren Stockwerken fanden die Ritter und Bürger Platz. Unten, in unmittelbarer Nähe des Geschehens, war für den Kaiser, die Senatoren und die höheren Beamten ein eigenes Podium aufgebaut.
Welche Gründe mögen Kaiser Vespasian veranlaßt haben, ein derartiges Werk zu beginnen? Als Nachfolger des verschwendungssüchtigen Kaisers Nero wollte er der flavischen Familie, der er entstammte, dort ein Denkmal setzen, wo sein Vorgänger einen Prunkpalast geplant hatte, diesen aber nicht verwirklichen konnte. In einigen anderen Städten des Reiches existierten bereits Amphitheater. Für den Kaiser und die Römer war es eine Selbstverständlichkeit, daß das Amphitheater in Rom keine gewöhnliche Arena sein konnte.

Das Programm, das in der monumentalen Arena geboten wurde, diente nicht ausschließlich der Unterhaltung des Publikums. Neben Tierhetzen und den Kämpfen von Gladiatoren fanden auch Folterungen und Hinrichtungen von Menschen statt.
Aber nicht nur daran erinnert das Colosseum. Wie kaum in einem anderen Bauwerk sind in diesem Amphitheater Größe und Majestät des Römischen Reiches versinnbildlicht.
Als das Colosseum erbaut wurde, hatte die Stadt Rom bereits den Aufstieg zur mächtigsten Stadt der damaligen Welt hinter sich. In einer wechselvollen Geschichte war aus den dorfähnlichen Siedlungen auf mehreren Hügeln eine Stadt geworden, die den unumstrittenen Mittelpunkt der damals bekannten Welt darstellte.
„Alle Wege führen nach Rom", lautet eines der vielen Sprichwörter, die auf die Sonderstellung der urbs aeterna (ewige Stadt) hinweisen. „Roma locuta, causa finita", sagt ein anderes Sprichwort, dessen Bedeutung zum Nachdenken anregt: Rom hat entschieden, damit ist die Angelegenheit endgültig erledigt!
Wenn der Papst den Christen in aller Welt an Weihnachten und Ostern vom Petersdom aus den Segen spendet, benutzt er die Formulierung „urbi et orbi", womit die Stadt (Rom) und der ganze Erdkreis in einen engen Zusammenhang gebracht werden.
Warum sprechen wir ganz selbstverständlich von einer *römischen* Geschichte? Warum benutzen wir in diesem Falle den Namen einer Stadt und nicht einen Begriff, der ein größeres Gebiet bezeichnet? Es heißt ja z. B. auch griechische Geschichte oder deutsche Geschichte!
Die folgenden Kapitel werden darüber Auskunft geben, wie die Stadt Rom zur Herrin Italiens und des gesamten Mittelmeerraums wurde, und welche Folgen diese Machtstellung nach sich zog. Dabei soll auch deutlich werden, wie die Römer ihr staatliches Zusammenleben organisierten. Und schließlich wird berichtet, wie die Menschen in Rom, aber auch in den Gebieten, die von den Römern besetzt wurden, ihr alltägliches Leben einrichteten und bewältigten.

Die Ruine des Colosseums in Rom
mit den Säulen des Fortuna-Tempels.

Rom als Gemeindestaat und Republik

Die Anfänge Roms

Die Gründungssage

Die Frage nach dem Alter der „Ewigen Stadt“ hat die Menschen zu allen Zeiten bewegt. Archäologen haben viel herausgefunden. Und die Römer selbst überlieferten eine Sage, die von der Gründung erzählt.

Die Darstellung einer Wölfin, die zwei kleine Knaben nährt, ist das noch heute bekannte Sinnbild, das auf die Gründung der Stadt Rom hinweist. Der Sage nach sind Romulus und Remus in einem Korb auf dem Tiber ausgesetzt worden. Glücklicherweise strandeten die beiden, und eine Wölfin, die am Fluß ihren Durst löschte, hörte ihr Jammern. Das Raubtier trug die Brüder in die nahegelegene Höhle und säugte sie wie ihre eigenen Jungen.

Faustulus, ein Oberhirte des Königs Amulius, entdeckte diese ungewöhnliche Gemeinschaft und nahm die Zwillinge in seine Obhut, wo sie sich zu besonders mutigen Jungen entwickelten, die ihren Altersgenossen in allen Belangen überlegen waren.

Sie schmiedeten große Pläne. An jener Stelle, an der sie gerettet wurden, wollten sie eine Stadt gründen, gegen die alle anderen winzig erscheinen sollten.

Der Sage nach soll die Gründung der Stadt im Jahre 753 v. Chr. erfolgt sein. Die Frage, wer von beiden der Stadt den Namen geben dürfe, führte schließlich zum Streit. In ihrem Zweifel riefen die Zwillinge die Götter an, doch auch das Orakel (vgl. S. 56) des Vogelfluges brachte keine Entscheidung: Während dem Remus zuerst sechs der glückbringenden Geier zuflogen, zeigten sich Romulus kurz darauf zwölf der Schicksalsvögel. Romulus begann, eine Mauer zu errichten. Remus übersprang sie, um seinem Bruder zu zeigen, daß eine so niedrige Mauer keinen Schutz gewähren könne. Im Zorn streckte Romulus seinen Bruder nieder und drohte, daß es jedem so ergehen werde, der es wagen würde, über seine Mauern zu steigen.

Die Rache der Götter blieb nicht aus. Erst als Romulus im Gedenken an seinen Bruder einen zweiten Thron aufstellte, wichen die schrecklichen Krankheiten und die verheerende Dürre. Roms Aufstieg begann.

Kapitolinische Wölfin. Diese bronzene Darstellung der Wölfin stammt aus dem 5. Jahrhundert v. Chr. Die Zwillinge wurden im 16. Jahrhundert n. Chr. ergänzt.

Die etruskischen Könige

In der Zeit, von der die Sage erzählt, befanden sich auf den Hügeln der späteren Stadt kleine Bauernsiedlungen. Später wuchsen sie zu einer Stadt zusammen, in der ein König herrschte, der Anführer im Krieg und gleichzeitig oberster Priester und Richter war.

Die Religion war für die Römer von Anfang an von besonderer Bedeutung: Bei jeder Gelegenheit versuchte man, sich das Wohlwollen der Götter zu sichern. Deshalb mußte der König vor jeder wichtigen Handlung die *Auspizien* einholen, das sind die Vorzeichen (z. B. der Flug der Vögel), aus denen die Priester den Willen der Götter abzulesen versuchten. Warum haben sich die Menschen in Rom so häufig an die Götter gewandt? War das vielleicht der Ausdruck einer tiefen Unsicherheit, die aus Gefährdungen durch Feinde oder durch die Natur gewachsen war?

Äußere Feinde abzuwehren, wurde eine der Hauptaufgaben des Königs. Die Versammlung der Alten, der Senat*, beriet ihn dabei und stand ihm mit allen Mitteln bei. Beim Tode eines Königs nahm sich der Senat wahrscheinlich das Recht, einen neuen zu bestimmen. Von einer Volksversammlung* wurde der neue König durch Zuruf (Akklamation) bestätigt. Ob König und Senat das versammelte Volk auch befragten, wenn es um Krieg oder Frieden ging, ist ungewiß.

In dieser frühen Ordnung war der König nicht besonders hervorgehoben. Das änderte sich, als die Etrusker um 600 v. Chr. die Stadt erobert und sich gegen die *Italiker* (indoeuropäischer Stamm) durchgesetzt hatten. Woher kamen die Etrusker? Sicher ist, daß sie im Gebiet der heutigen Toskana siedelten und Bemerkenswertes hervorbrachten.

Die Könige, die mit den Etruskern kamen, nahmen für sich mehr Rechte in Anspruch als ihre Vorgänger. Vor ihnen gingen ständig 12 Liktoren (Amtsdiener) her, die Rutenbündel (fasces) und Beile trugen, um auf die Macht des Königs über Leib und Leben der Bürger hinzuweisen. Der Sitz des Königs war ein Elfenbeinthron (sella curulis), der König kleidete sich in ein Purpurgewand und ließ sich mit einem Goldkranz schmücken. Die Etrusker führten in Rom auch neue religiöse Gebräuche ein. So glaubten sie z. B. daran, aus Eingeweiden von Tieren gute oder schlechte Vorzeichen erkennen zu können.

Rom wird eine Republik

Das Ende der Königsherrschaft

Um 500 v. Chr. vertrieben die Adligen den letzten etruskischen König, Tarquinius Superbus, dessen Beiname (Superbus = der Stolze) einen Grund für diesen Vorgang andeuten könnte! Von nun an sollte die Politik nicht mehr nur die Sache eines einzelnen, sondern eine *res publica* (gemeinsame Sache) sein.

Die Magistrate. Es war eine Eigenschaft der Römer, Altbewährtes möglichst beizubehalten. So haben sie zunächst nur festgelegt, daß nicht mehr ein König an der Spitze des Staates stehen sollte. Statt dessen wurden *Magistrate* (Staatsämter) eingerichtet, die ein Amtsträger (Beamter) nur ein Jahr (Annuität) bekleiden durfte. Um sicherzustellen, daß kein einzelner die Alleinherrschaft erringen könnte, haben die Römer das oberste

Liktoren mit Rutenbündel

Staatsamt geteilt. Die beiden Amtsträger nannten sie *Konsuln.* Sie hatten die gleiche Macht, und jeder konnte die Handlungen des anderen verbieten.

Als Amtsinhaber kamen nur Adlige in Frage. Zu bedenken ist, daß es für die politische Betätigung keine Bezahlung gab. Jedes Amt galt als Ehre. Deshalb war es nicht allen möglich, sich um ein Amt zu bewerben. Anwärter für die höchsten Staatsamter mußten mit Erfolg weniger bedeutende Ämter ausgeübt und ein bestimmtes Mindestalter erreicht haben. Gesetze verhinderten, daß Bewerber ohne die vorgesehene Laufbahn (cursus honorum) z. B. Konsuln werden konnten.

Sechs *Prätoren* übernahmen die Vertretung der Konsuln und waren außerdem mit der Rechtsprechung befaßt. Um die allgemeine Sicherheit kümmerten sich die vier *Ädilen.* Sie beaufsichtigten den Markt, waren für die Getreideversorgung zuständig und führten bei Festveranstaltungen die Oberaufsicht. Die Verwaltung der Staatskasse oblag mehreren *Quästoren.*

Eine Sonderstellung nahmen die zwei *Censoren* ein, deren Amtszeit fünf Jahre andauerte. Ihnen war nicht nur die allgemeine Aufsicht über die Lebensführung und Sitten aufgetragen, sie hatten auch das Recht, die Zusammensetzung des Senates mitzubestimmen.

In Notzeiten konnte ein *Diktator** ernannt werden, der eine uneingeschränkte Befehlsgewalt innehatte. Er regierte wie vormals der König. Spätestens nach einem halben Jahr mußte er allerdings sein Amt wieder zurückgeben. Dafür gab es gewiß gute Gründe!

Der Senat. Der Ältestenrat blieb nach der Absetzung des Königs bestehen. Jetzt beriet er die Magistrate. Aussichtsreiche Kandidaten für den Senat waren solche, die vorher schon ein Staatsamt hatten. So kann man sich leicht vorstellen, daß im Senat politisch erfahrene Personen versammelt waren.

Volksversammlung. In der Zeit der Republik* sind neue Formen der Volksversammlung entstanden, von denen die folgenden (siehe Schaubild) eine große Bedeutung gewannen.

Das Volk konnte sich in *Centuriatcomitien* zusammenfinden. Dort hatten die Stimmen ein unterschiedliches Gewicht, je nach dem Beitrag, den jemand für das römische Heer leistete.

Aber auch die Versammlung in *Tributcomitien* war möglich. Diese waren nach Wohnbezirken gegliedert. Hier spielte der Besitz keine Rolle. Allerdings konnte ein Tribus (Stimmbezirk) nur eine Stimme abgeben.

Schließlich war es möglich, daß sich die einfachen Bürger in den *Plebsconzilien* zusammenfanden, um sich an der res publica zu beteiligen und ihre Ansprüche geltend zu machen.

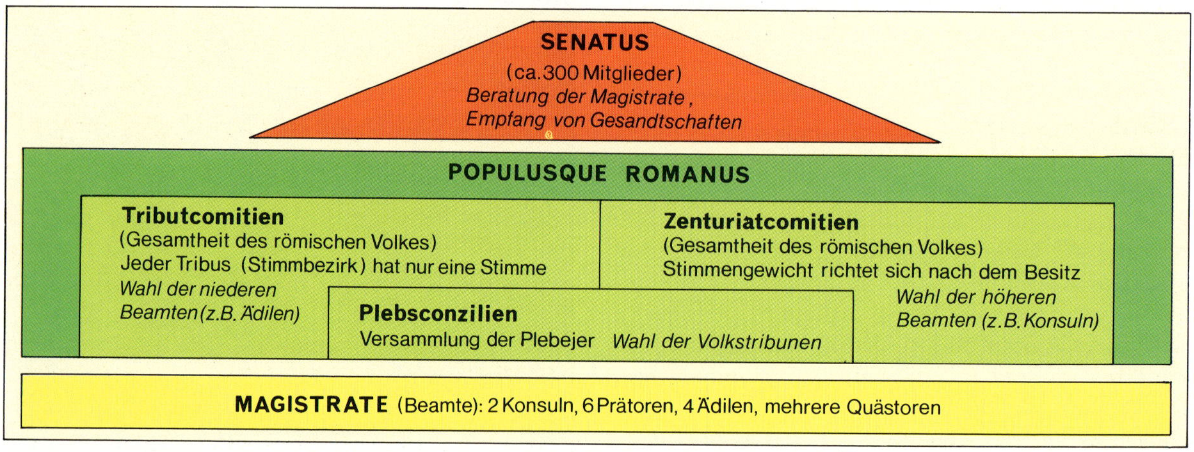

Römische Verfassung, entstanden in der Zeit der Republik.

Die Ständekämpfe

Unterschiede zwischen Patriziern und Plebejern

Allmählich bildeten sich in der Römischen Republik zwei Gruppen heraus, die durch ihre Rechte im Staat strikt voneinander getrennt waren. Diese unterschiedlichen Gruppen bezeichnen wir als Stände*.

Die Patrizier. Die Adligen hatten die Königsherrschaft beendet und eine Republik errichtet, für die sie sich allein zuständig fühlten. Sie, die sich Patrizier* nannten, verfügten über ausgedehnten Grundbesitz und stellten die Beamten. Da sie auch Oberbefehlshaber im Krieg waren und den Senat bildeten, konnten sie viele Fragen nach ihren Vorstellungen lösen, ohne die Plebejer berücksichtigen zu müssen.

Die Plebejer. Sie waren keine einheitliche Gruppe. Zu ihnen gehörten neben Handwerkern auch Tagelöhner, neben wohlhabenden und armen Bauern auch Kaufleute. Ein Großteil der Plebejer* geriet durch widrige Umstände in Abhängigkeit. Konnte ein Bauer für das geliehene Saatgut nach einer Mißernte die Zinsen nicht mehr bezahlen, drohten ihm die Schuldknechtschaft*, der Verkauf in die Sklaverei oder gar der Tod.

Die wohlhabenderen Plebejer empfanden es als ungerecht, daß sie zwar für den Kriegsdienst herangezogen wurden, aber kein Amt ausüben durften. Gemeinsam war allen Plebejern, daß sie von den politischen Tätigkeiten und von der Rechtsprechung ausgeschlossen blieben. Weil das Recht nicht schriftlich festgelegt war, waren die Plebejer der Willkür der Patrizier ausgeliefert.

„Kampf den Patriziern“

Rom war seit dem 5. Jahrhundert v. Chr. immer wieder in kriegerische Auseinandersetzungen verwickelt. Ohne die Plebejer, die die Masse der Fußsoldaten stellten, war Rom nicht schlagkräftig.

Als die Patrizier nach einem gewonnenen Krieg den Plebejern die Schulden nicht erließen, wie sie es vorher versprochen hatten, kam es zum Streit. Ein Großteil der Plebejer soll aus der Stadt ausgezogen und auf einen in der Nähe gelegenen Hügel gezogen sein, um dort die Reaktion der Patrizier abzuwarten. Ein ungeheurer Vorgang!

Die Plebejer durften nach der angedrohten Abspaltung (Sezession) in ihren Versammlungen *Volkstribunen* wählen, die ihre Interessen vertraten. Gegen Beschlüsse der Beamten und des Senats besaßen sie ein Einspruchsrecht (Veto). Wer an den Tribunen Unrecht übte, konnte als Frevler getötet werden. Das Volkstribunat wurde ein wichtiges Staatsamt.

Warum die Patrizier in dieser Situation den Plebejern nach und nach so viele Rechte zugestanden, kann man leicht erklären.

Im Jahre 450 v. Chr. entstand das *Zwölftafelgesetz*. Die gültigen Rechtsvorschriften wurden auf zwölf Tafeln aufgeschrieben. Jeder mußte sich nun daran halten und nach den Vorschriften handeln! Als das Volkstribunat anerkannt und den Beschlüssen der Plebsconzilien Gesetzeskraft zugesprochen wurde, waren die Plebejer den Patriziern rechtlich gleichgestellt.

An der Amtstracht ist zu erkennen, daß es sich hier um einen Patrizier handelt. Die Ahnenbüsten verweisen darauf, daß er auf seine Herkunft besonderen Wert legt.

Die Münze zeigt den Concordia-Tempel, der an der Stelle des alten Tempels auf Veranlassung des Kaisers Tiberius (14-37 n. Chr.) neu aufgebaut wurde.

Die Römer haben die Regeln ihres Zusammenlebens nicht in einer Verfassung aufgeschrieben. Wichtige Hinweise liefern uns Darstellungen auf Münzen. Hier ist ein Bürger dargestellt, der seinen Stimmstein in eine Urne legt. Auf dem Stein ist ein V zu erkennen, das „uti rogas“ (wie du verlangst) bedeutet. Die Abstimmungen waren bis 140 v. Chr. öffentlich. Auch daraus läßt sich eine Eigenschaft der Römer ablesen!

Die Bedeutung der Ständekämpfe

Mit großem Durchhaltevermögen und Mut erkämpften sich die Plebejer die Gleichstellung. Letztlich war es ihnen sogar nicht mehr versagt, Konsul oder Mitglied im Senat zu werden. In den Jahren 367/366 v. Chr. haben Senat und Volk gemeinsam einen Tempel erbaut, der an die Versöhnung erinnern sollte. Die Römer setzten damit ein Zeichen, wieviel ihnen die Einheit bedeutete. Der *Tempel der Concordia*, d. h. der Einigkeit, war keinem Gott geweiht, sondern einer Idee! Er wurde am Abhang des Kapitols errichtet. Vom Forum Romanum aus – also von dort, wo sich das Leben Roms abspielte – konnte man ihn jederzeit sehen.

Die Ständekämpfe zeigten, daß für das Zusammenleben im Staat Regeln notwendig waren, die Rechte und Pflichten der Bürger festlegten. Daß es während der Auseinandersetzungen zwischen Patriziern und Plebejern nicht zu einem endgültigen Bruch kam, hatte mehrere Gründe. Einer davon war die Einsicht der Patrizier: Denjenigen, die zur Verteidigung der Stadt und ihrem Aufstieg entscheidend beitrugen, konnte man nicht mit Willkür begegnen. Bis um 300 v. Chr. war es möglich gewesen, daß Magistrate einen Plebejer, der nicht gehorchte, auspeitschen oder gar töten lassen konnten.

Im Verlauf der Ständekämpfe wurde ein Gesetz erlassen, das es jedem römischen Bürger ermöglichte, gegen ein derartiges Vorgehen der Magistrate „das Volk herauszurufen“. Dieses Recht hieß *Provokationsrecht*. Der Magistrat mußte dann vor der Volksversammlung Anklage erheben und den Prozeß führen. Das Urteil fällte schließlich die Volksversammlung.

Ein anderer Grund für die „concordia“ war die *Kompromißbereitschaft* der Plebejer. Auf Anerkennung ihrer Mitsprache zwar bedacht, achteten sie doch die Autorität des Senats.

Nur eine kleine Gruppe der Plebejer konnte politisch tätig werden und mit den Patriziern zur neuen Führungsschicht, der *Nobilität**, verschmelzen. Trotzdem zeigt sich in den Ständekämpfen der Wille, gemeinsam die Probleme zu lösen. Das berühmte Zeichen SPQR, d. h. *senatus populusque Romanus* (Der Senat und das römische Volk), wurde zur Inschrift im römischen Stadtwappen und erinnert an die Verbundenheit von Volk und Senat. Überall, wo die Römer ihre Herrschaft errichteten, brachten sie das Zeichen an.

1 Die Auseinandersetzung zwischen Patriziern und Plebejern

1a *Der römische Historiker Livius (59 v. Chr. – 17 n. Chr.) geht in seiner „Geschichte seit der Gründung der Stadt“ auf Ursachen und Verlauf der Kämpfe zwischen Patriziern und Plebejern ein. Die im folgenden geschilderten Ereignisse sollen um 490 v. Chr. stattgefunden haben:*

Q Jetzt drohte der Krieg mit den Volskern – und die Bürger selbst waren untereinander nicht einig, denn zwischen Patriziern und Plebejern herrschte erbitterter Haß, besonders wegen derjenigen, die in Schuldknechtschaft waren. Sie waren empört, daß sie draußen für Freiheit und Herrschaft Roms kämpfen müßten, zu Hause aber von ihren Mitbürgern verhaftet und zugrunde gerichtet würden …

Ein alter Mann, dem man sein Elend ansah, lief auf das Forum. Seine Kleidung war schmutzig, sein Körper blaß, abgezehrt und verfallen. Der lange Bart und die Haare ließen ihn verwildert aussehen. Trotz dieses unschönen Äußeren erkannten ihn die Leute und sagten, er sei lange Hauptmann gewesen. Mitleidig erzählten sie sich einige seiner Heldentaten im Krieg. Er selber zeigte die Narben auf seiner Brust, die von manch ehrenvollem Kampf zeugten. Warum er denn so heruntergekommen sei, fragte man ihn, und man stellte sich um ihn herum wie bei einer Versammlung. „Im sabinischen Krieg“, sagte er, „habe ich Schulden gemacht. Als ich Kriegsdienst leistete, wurden meine Felder verwüstet, ich konnte nichts ernten. Mein Hof brannte ab, man nahm mir alles, auch das Vieh wurde weggetrieben. Zu diesem ungünstigen Zeitpunkt war auch noch die Kriegssteuer fällig; die Schulden wuchsen durch die Zinsen. Erst mußte ich meinen elterlichen und großväterlichen Besitz veräußern, dann mein übriges Vermögen. Endlich ergriff dieses Übel auch meinen Körper. Ich wurde meinem Gläubiger übergeben, nicht als Sklave, sondern ins Gefängnis und zur Folterung.“ Darauf zeigte er seinen Rücken, der schlimm aussah mit den noch frischen Striemen der Prügel. Als man dies sah und hörte, entstand lautes Geschrei. Es blieb nicht auf dem Forum, sondern lief durch die ganze Stadt. Alle, die noch in Schuldknechtschaft oder wieder daraus entlassen waren, liefen von allen Seiten herbei und schrien laut um Hilfe. Überall fanden sich Leute, die freiwillig mitgingen. Scharen von Menschen liefen so mit viel Geschrei zum Forum. Die Patrizier, die sich zufällig dort aufhielten, gerieten in große Gefahr, als sie mit diesen Leuten zusammentrafen. Man hätte sicher Hand an sie gelegt, wenn nicht die Konsuln Servilius und Claudius dazugekommen wären, um diesen Aufruhr zu beruhigen. Die Menge wendete sich nun an sie, zeigte ihnen ihre Fesseln und ihr Elend: „Dafür also haben wir uns geplagt.“ Und jeder erzählte von den einzelnen Orten, wo er sich tapfer geschlagen hatte. Sie drohten mehr, als daß sie baten, daß der Senat einberufen werden solle.

Livius 2,23.

1b *Livius berichtet weiter, daß die Patrizier zwar versprochen hätten, nach Beendigung des Krieges gegen die Volsker das Schuldenproblem anzupacken, aber unmittelbar nach dieser kriegerischen Auseinandersetzung wollten sie die Plebejer erneut zu einem Krieg ausrücken lassen. Darauf zogen die Plebejer aus der Stadt hinaus auf den heiligen Berg. Dort verhielten sie sich ruhig:*

Q Groß war die Bestürzung in der Stadt, die gegenseitige Furcht hielt alles in Atem. Die Plebejer, die von den Ihren zurückgelassen waren, fürchteten Gewaltmaßnahmen der Patrizier. Die Patrizier fürchteten die zurückgebliebenen Plebejer und wußten nicht, was sie eher wünschen sollten: daß diese in der Stadt blieben oder auch weggingen. Wie lange würde die Menge, die weggegangen war, ruhig bleiben? Und was sollte werden, wenn in der Zwischenzeit ein auswärtiger Krieg ausbrach? Sie kamen zu der Überzeugung, daß die einzige Hoffnung, die ihnen blieb, in der Einigkeit der Bürger liege. Diese müsse, koste es, was es wolle, wieder für den Staat hergestellt werden. Man beschloß also, den Menenius Agrippa als Sprecher zu den Plebejern zu schicken, einen redegewandten Mann, der bei den Plebejern sehr beliebt war, weil er aus ihren Reihen stammte.

Er wurde ins Lager eingelassen und soll in jener alten ungeschliffenen Art nur folgendes gesagt haben: „Zu der Zeit, als im menschlichen Körper noch nicht wie heute alle Körperteile einem Willen gehorchten, sondern jedes seinen eigenen Willen und seine eigene

Sprache hatte, ärgerten sich die Teile, daß sie nur für den Magen sorgten, für ihn arbeiteten und alles für ihn heranholten, daß aber der Magen in ihrer Mitte in aller Ruhe nur die gebotenen Annehmlichkeiten genieße. Da beschlossen die Körperglieder, daß die Hände keine Nahrung mehr zum Mund bringen, der Mund das Angebotene nicht annehmen und die Zähne nicht kauen sollten. Die Folge ihrer Empörung aber war, daß sie selbst und der ganze Körper außerordentlich schwach wurden, wo sie doch den Magen durch Hunger bezwingen wollten! Da wurde ihnen klar, daß auch der Magen keine bequeme Aufgabe hat und nicht weniger ernährt wird, als er selbst ernährt, indem er die Nahrung verarbeitet und das Blut – wodurch wir leben und gedeihen – in alle Körperteile und Venen verteilt." Durch den Vergleich des Aufruhrs im Innern des Körpers mit der Empörung der Plebejer gegen die Patrizier soll Menenius die Leute umgestimmt haben.

Livius 2,32.

1 *Stellt die Gründe zusammen, die zum Kampf zwischen Plebejern und Patriziern geführt haben.*

2 *Welche Absicht verfolgte Menenius mit seinem Gleichnis?*

2 Italien zur Zeit der frühen Römischen Republik

3 Die zwei Jahrhunderte der Ständekämpfe – Ein Überblick

Außenpolitische Ereignisse		Innere Entwicklung	
498 - 493	Krieg gegen die Latiner	494	Einführung des Volkstribunats
406 - 396	Krieg gegen Veji	450	Zwölftafelgesetz
387	Niederlage der Römer gegen die Kelten; Zerstörung Roms		
367 - 351	Krieg gegen Etruskerstädte	367/66	Plebejer können Konsuln werden
343 - 341	Erster Krieg gegen die Samniten		
340 - 338	Krieg gegen die Latiner		
326 - 304	Zweiter Krieg gegen die Samniten	326	Verbot der Schuldknechtschaft
298 - 290	Dritter Krieg gegen die Samniten	300	Zugang der Plebejer zu den Priesterämtern
284 - 280	Krieg gegen die Kelten und Etrusker	287	Anerkennung der Beschlüsse der Plebs konzilien

1 *Versucht, eine Beziehung zwischen den außenpolitischen Ereignissen und der Entwicklung der Ständekämpfe herzustellen.*

2 *Welche Mittel haben die Plebejer angewandt, um ihre Forderungen durchzusetzen? Zieht dazu auch die Quellen 1 a und 1 b heran.*

Vom Zusammenleben der Römer

Religion und Staat

Wurde in Rom ein öffentliches Gebäude errichtet, ein Platz seiner Bestimmung übergeben, wurden Magistrate gewählt oder ging es um die Frage Krieg oder Frieden, so war nach römischen Vorstellungen die Zustimmung der Götter einzuholen.
Die Erkundung des göttlichen Willens erfolgte durch die sogenannten Auspizien. Die *Auguren*, das sind Priester, die sich um die Auslegung des göttlichen Willens bemühen, riefen den Gott Jupiter an, beobachteten von einem abgegrenzten Feld aus den Flug der Vögel und lauschten ihrem Ruf. Aus ihren Beobachtungen versuchten sie dann, Schlüsse zu ziehen. Nicht nur der Vogelflug, auch andere Zeichen, z. B. der Ausbruch eines Gewitters, wurden als Hinweise der Götter verstanden, die man nicht ernst genug nehmen konnte.
Um sich die Gunst der Götter zu sichern, brachten die Römer zu vielen Gelegenheiten einer bestimmten Gottheit Opfer dar. Genaue Vorschriften bestimmten, welche Gebete zu sprechen waren und welche Gaben man darbringen mußte.

An religiösen Festen und Prozessionen, die von Priestern oder Amtsträgern gestaltet wurden, nahm das Volk regen Anteil. Dabei wurden die Unterhaltung und die reichliche Verköstigung zu einem wesentlichen Bestandteil.
Wenn Krieg geführt wurde, versuchten die Römer in besonderem Maße, mit ihren Göttern in Verbindung zu treten. Deshalb blieben in Kriegszeiten die Tore des Janustempels offen. Das war nicht selten der Fall.
Auch anderen Gottheiten waren Tempel geweiht, so z. B. der Göttin Vesta. Wurden die religiösen Aufgaben sonst von Männern erfüllt, so kam den *Vestalinnen* (Priesterinnen) im Tempel der Vesta die besondere Aufgabe zu, das dort brennende Feuer zu hüten. Zehn Jahre lang mußten sie nach ihrer Berufung als „Zehnjährige“ diesem Dienst nachkommen und durften sich dabei keine Unachtsamkeit erlauben. Erlosch das Feuer im Tempel, drohte die Strafe mit der Peitsche, verletzte eine Vestalin das Keuschheitsgebot, wurde sie bei lebendigem Leibe begraben. Andererseits ist zu bedenken, daß die Vestalinnen nach dem Tempeldienst zu den angesehensten Frauen Roms zählten.

Jede bedeutende Angelegenheit – privat oder öffentlich – begann und endete mit einem Opfer.

Eine Ehe kam dadurch zustande, daß eine Frau und ein Mann ein gemeinsames Leben zu führen begannen. Wenn sie nicht mehr zusammenlebten, bedeutete das die Scheidung. Die abgebildete Vereinigung der rechten Hände gehörte zu den Hochzeitsbräuchen und sollte den Willen zum Zusammenleben, nicht Gefühle deutlich machen.

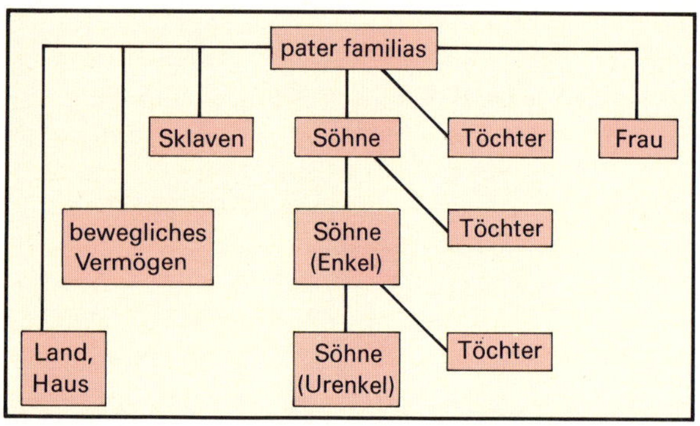

Unter der Gewalt des pater familias stehen alles bewegliche (z.B. Tiere und Werkzeuge) und unbewegliche (z.B. Land und Haus) Vermögen, die Sklaven, alle diejenigen, die von einem Vater in direkter männlicher Linie abstammen oder von ihm adoptiert worden sind, schließlich in den meisten Fällen auch seine Frau.

Familie und väterliche Gewalt

In der Geschichte gab es Gesellschaften, in denen, wie z. B. in Sparta, auf den Zusammenhalt und das Zusammenleben in der Familie kein besonderer Wert gelegt wurde. Auf diese Weise wollte man sichern, daß sich jeder bedingungslos für eine größere Gemeinschaft einsetzte. Das wollten auch die Römer. Die für den Staat so wichtigen Verhaltensweisen wie Pflichtbewußtsein, Gehorsam und Disziplin sollten aber schon in der Familie eingeübt werden. Deshalb wurde die Stellung des Vaters besonders hervorgehoben.

Das Wort Familie* hatte in Rom eine andere Bedeutung als heute. Es bezeichnete alles, was dem Hausvater (pater familias) unterworfen war. Über die Angehörigen der Familie hatte der pater familias absolute Gewalt. Er konnte sogar seine Kinder verkaufen; allein verfügte er über das Vermögen, alle anderen besaßen nichts und konnten keine Verträge abschließen. Auch bestrafen konnte der pater familias nach seinen Vorstellungen, bis hin zur Todesstrafe. Dabei war seine Gewalt eine lebenslängliche: Solange er lebte, waren ihm seine Söhne, Enkel und Urenkel unterworfen, auch wenn sie schon erwachsen waren. Ein Gesetz, das die Gewalt des Vaters einschränkte, gab es nicht.

Die Römer waren sich dieser außergewöhnlichen Stellung des pater familias bewußt. In einem Lehrbuch zum römischen Recht (5. Jahrhundert n. Chr.) heißt es: „... Keine anderen Menschen haben eine solche Gewalt über ihre Kinder wie wir."

Wie das alltägliche Leben in der römischen Familie ablief, wissen wir nicht ganz genau. Klar ist, daß der pater familias bestimmte, wie die Kinder ausgebildet werden sollten. Bei Söhnen übernahm der Vater in der Regel ab dem siebten Lebensjahr die Ausbildung selbst. Wenn sie erwachsen waren, ließ er ihnen ein Sondervermögen zukommen, mit dem sie dann selbständig wirtschaften konnten. Geld und Gewinn blieben allerdings Eigentum des Familienoberhauptes.

Ein Ehepartner konnte ebenfalls nicht ohne die Zustimmung des Vaters gewählt werden. Wir kennen auch Beispiele dafür, daß über Mitglieder der familia die Todesstrafe verhängt wurde. Freilich mußte sich der pater familias in solchen Fällen vorher mit Verwandten und Nachbarn beraten. Dadurch war zumindest eine gewisse Kontrolle gewährleistet.

Szenen aus dem Leben eines Kindes (Römisches Relief).

Dem Hausvater allein blieb es auch überlassen, ob er die Kinder in eine private Schule schickte, die *Erziehung* selbst übernahm oder aber einen Hauslehrer bestellte. Eine Schulpflicht und öffentliche Schulen wie heute gab es in Rom nicht.
Private Schulen wurden im Laufe der Zeit für die Erziehung immer wichtiger. Das Schreiben des Alphabets, das Auswendiglernen moralischer Texte und das Rechnen beim Calculator empfanden die Schüler meist als Qual, wie uns Quellen berichten. Daß sich die Lehrer keiner besonderen Beliebtheit erfreuten, lag auch an den Mitteln, mit denen sie die Disziplin wahrten. Ein wesentliches Hilfsmittel war die Peitsche.
Das Herdfeuer als Mittelpunkt des familiären Lebens wurde ebenso verehrt wie die Hausgötter und die verstorbenen Vorfahren, die als „Elterngötter" in der Vorstellung der Familienmitglieder weiterlebten. In den Häusern der Vornehmen wurden Wachsbüsten der Verstorbenen aufgestellt. Bei den Begräbnissen trugen die Angehörigen diese Büsten mit. Damit wollte man die Vergangenheit lebendig halten.

Die Klientel

Die Familie war in Rom eine Gruppe, die das Leben jedes einzelnen weitgehend bestimmte. Ein weiterer Kreis, in den die Römer eingebunden sein konnten, stellte die sogenannte Klientel* dar. Ein Klientelverhältnis entstand, wenn sich jemand unter den Schutz eines Senators begab. Dieser Mächtige wurde dann *Patron* genannt und hatte seinem Klienten Beistand vor Gericht zu gewähren. Noch heute werden die „Kunden" eines Anwaltes Klienten genannt. Aber nicht nur vor Gericht war der Beistand eines einflußreichen Patrons von Vorteil. Auch bei manch anderen Bedrängnissen wie bei Feuer, Raub und Überfall wurde vom Patron Hilfe gewährt.
Und worin bestand die Gegenleistung der Klienten? In der Volksversammlung stimmte der Klient so, wie der Patron es wollte, und bei Bedarf mußte er den Patron auch mit finanziellen Abgaben unterstützen.
Das Verhältnis zwischen beiden bezeichnete man als „fides", was soviel wie Vertrauen, Treue und Glauben bedeutet. Warum begaben sich die meisten Römer in ein derartiges Vertrauensverhältnis? Die Antwort ist nicht schwer zu finden. Bei uns gibt es Polizei und Gerichte, die für den Schutz der Bürger da sind. Auch Schwache können so durch öffentliche Einrichtungen geschützt werden. In Rom gab es keine Polizei in unserem Sinne. Wer jemanden anklagen wollte, mußte selbst dafür sorgen, daß der Angeklagte tatsächlich vor Gericht erschien. Auch die Bestrafung mußte er selbst übernehmen. Das konnten sich nur einflußreiche und mächtige Römer leisten, ganz abgesehen davon, daß deren Wort vor Gericht auch mehr zählte.
Die Klientel brachte also durchaus Vorteile für die Schwachen mit sich. Daneben erhielt und stärkte sie die Macht der Senatoren: Eine Einrichtung mit Vorteilen für beide Seiten!

Urne in Form einer Hütte aus dem 9./8. Jahrhundert v. Chr.

Das Atriumhaus wurde die typische Hausform für die römische Ober- und Mittelschicht.

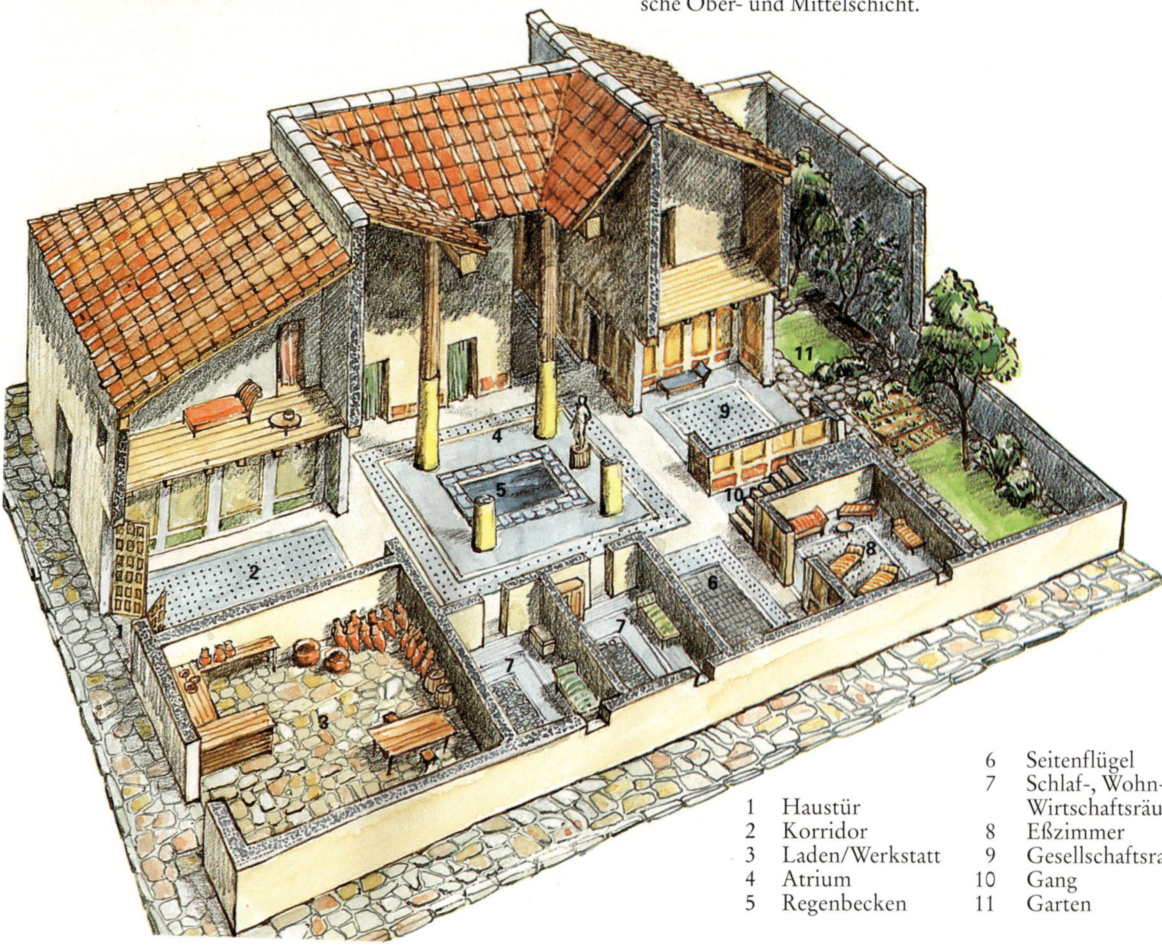

1 Haustür
2 Korridor
3 Laden/Werkstatt
4 Atrium
5 Regenbecken
6 Seitenflügel
7 Schlaf-, Wohn- und Wirtschaftsräume
8 Eßzimmer
9 Gesellschaftsraum
10 Gang
11 Garten

Tugenden und Werte

Die Erinnerung an die Vergangenheit war für das Denken der Römer sehr wichtig: Eltern haben ihren Kindern vorzugsweise Geschichten aus der Vergangenheit erzählt, öffentliche Redner bezogen sich auf die Lebensweise der Vorfahren (mos maiorum), wenn sie besonders eindringlich wurden und überzeugen wollten. Wir dürfen diese Hochschätzung der Vergangenheit aber nicht so verstehen, daß die Römer dadurch nicht in der Lage gewesen wären, sich neuen Anforderungen anzupassen. Vielleicht war diese konsequente Besinnung auf die Tradition gerade eine wichtige Voraussetzung für die Erfolge Roms.

Einordnung in die Gemeinschaft. Absoluter Gehorsam (disciplina) war nicht nur gegenüber dem Vater gefordert. Auch dem Magistrat und dem Feldherrn gegenüber war diese Tugend jederzeit zu beweisen. Ebenso war in der Volksversammlung die Einordnung verlangt. Daneben trat das Vertrauen (fides), das nicht nur das Verhalten zwischen Patron und Klient, sondern auch zwischen Gleichen bestimmte.

Unter Adligen war die politische Freundschaft sehr hoch angesehen. Um sich im Senat durchzusetzen, brauchte man freundschaftliche Verbindungen zu seinen Standesgenossen. Sich in die Gemeinschaft zu fügen, bedeutete auch, den Göttern mit Pflichtgefühl und der rechten Gesinnung zu begegnen.

Streben nach Ruhm. Besonders für die römischen Adligen war es eine Selbstverständlichkeit, nach Ruhm (gloria) zu streben. Doch politische und militärische Erfolge waren notwendig, um im Triumph nach Rom einziehen zu können. Die Kleidung des Triumphators war die der etruskischen Könige. Daraus kann man Schlüsse ziehen, welches Ansehen der Triumphator genoß und wie er sich selbst einschätzte.

Der Rat der Männer mit hohem Ansehen (dignitas) galt den Ratsuchenden als Verpflichtung. In engem Zusammenhang mit dem Ansehen eines Römers sind seine Autorität (auctoritas) und Freiheit (libertas) zu sehen, um die er ständig bemüht war.

Die rechte Lebensführung. Betrachten wir die römischen Tugenden, dann begegnen wir auch Vorstellungen, die an die bäuerliche Zeit der römischen Geschichte erinnern. Sparsamkeit steht hier neben dem richtigen Maß und der mühevollen Arbeit, die von den

Kaiser Mark Aurel zieht im Triumph zum Kapitol. Auf dem Wagen ist Jupiter dargestellt, hinter dem Kopf des Kaisers die Siegesgöttin Victoria.

Römern gutgeheißen und gefordert wird. Beständigkeit und Durchhaltevermögen sollten einen römischen Mann ebenso auszeichnen wie ernste Würde und Strenge.

Virtus. Die Zusammenfassung aller positiven Eigenschaften ist mit dem Wort virtus umschrieben, womit ein in jeder Beziehung guter Charakter gefordert wird. Eine interessante Frage ist, warum die römischen Tugenden nicht nur in Fremdwörtern, sondern auch in unseren Vorstellungen weiterleben.

1 Die Religion der Römer

1a *Götter und Menschen*

Jupiter, Gott des Himmels und des Lichts

Juno, Himmelsgöttin, Gemahlin Jupiters

Vestalin

1b *Opferszene*

Relief mit der Darstellung eines römischen Opferbrauchs

1 *Vergleicht die Darstellungen von Jupiter und von Juno mit dem Bild der Vestalin.*

2 *Wenn einer Vestalin eine Pflichtverletzung unterlief, drohten ihr harte Strafen. Hatte sie ihren Dienst ohne Fehl und Tadel erfüllt, gehörte sie zu den angesehensten Frauen (vgl. S. 115). Welche Schlüsse kann man daraus ziehen?*

3 *Vergleicht die hier dargestellte Opferszene mit dem Bild S. 115. Welche Gemeinsamkeiten und welche Unterschiede fallen auf?*

4 *Versucht zu erklären, warum die Römer bei vielen Anlässen ihren Göttern Opfer brachten.*

Rom wird eine Großmacht

Um 500 v. Chr. war Rom ein kleiner Bauernstaat, nicht einmal so groß wie ein heutiger Landkreis. 250 Jahre später herrschte Rom über Italien, weitere 100 Jahre später über den größten Teil des Mittelmeerraumes.
Dieser grandiose Aufstieg bestimmt auch noch unsere Vorstellungen von den einstigen Herren der Welt. „Du bist Römer, dies ist dein Beruf: Die Welt regiere, denn du bist ihr Herr." Weiter heißt es in der „Aeneis" des römischen Dichters Vergil, daß die Römer alle begnadigen sollten, die sich gehorsam fügten. Diejenigen aber, die sich trotzig widersetzten, müßten in Kriegen unterworfen werden.
Große Siege errang Rom, aber auch katastrophale Niederlagen mußte es hinnehmen. Warum haben die Römer diese zahlreichen Kriege geführt? Machen wir es uns nicht zu leicht, wenn wir die ungeheure Machtentfaltung des Römischen Reiches lediglich mit einer Begierde nach Herrschaft, Macht und Reichtum erklären wollten?

Die Ausbreitung über Italien

Die Kämpfe zwischen Patriziern und Plebejern waren kaum beendet, als Rom große Teile Mittel- und Süditaliens unter seine Vorherrschaft gebracht hatte. Obwohl im Inneren durch die Ständekämpfe belastet, war Rom gegen die unmittelbaren Nachbarn erfolgreich. Im Kampf mit den Völkern des Mittelmeerraumes blieben die Römer nicht immer die Sieger, aber schließlich hatten sie sich doch durchgesetzt. Was war ihr Geheimnis?

Das Ringen mit der Nachbarstadt Veji

Fast das ganze 5. Jahrhundert dauerte der Kampf mit der Etruskerstadt Veji. Wenige Kilometer nördlich von Rom und ebenfalls am Tiber gelegen, wollte es wie Rom den Fluß beherrschen und versperrte den Zugang zu weiter im Norden gelegenen Städten. Rom sah in Veji einen Rivalen.

Die Ausbreitung des Römischen Reiches von 200 v. Chr. bis 14 n. Chr.

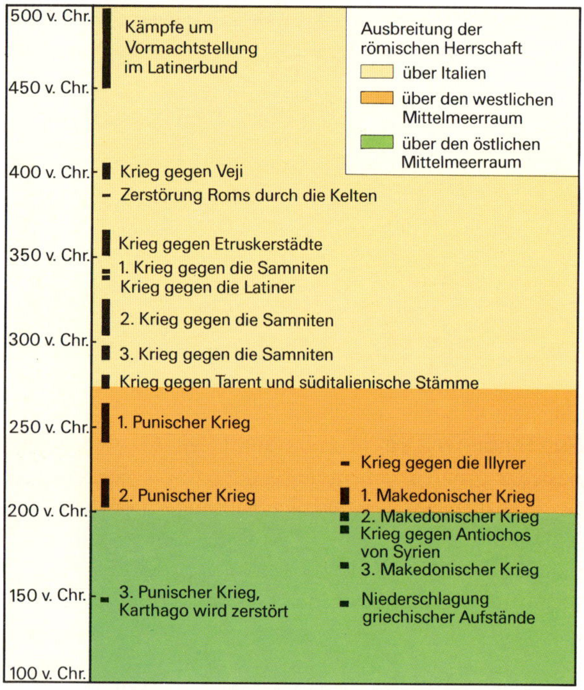

Der Aufstieg Roms zur Großmacht.

Die sogenannte Servianische Mauer in Rom.

396 v. Chr. gelang es den Römern, den Rivalen zu besiegen. Veji wurde eingenommen und völlig zerstört. Am Anfang der Ausbreitung steht also eine gewaltsame Unternehmung, die andere Nachbarn das Fürchten lehren konnte. Das gewonnene Gebiet – gutes Saatland – wurde an römische Bauern verteilt: Aus der Sicht der Römer ein geschicktes Vorgehen!

Ein „Schwarzer Tag" für Rom

Um 400 v. Chr. hatten sich die *Kelten*, von den Römern *Gallier* genannt, in der Poebene angesiedelt und wagten Beutezüge bis nach Mittelitalien.
Als sich die Römer den keltischen Angreifern an der *Allia*, einem kleinen Nebenfluß des Tiber, entgegenstellten, kam für die Römer ein „dies ater" („Schwarzer Tag"), eine schlimme Niederlage. Schließlich hielt nur das Kapitol dem Ansturm stand. Plündernd zogen die Feinde durch die Stadt.
Erst nach der Zahlung einer hohen Abfindung waren die Kelten bereit abzuziehen. Der Gallierfürst Brennus hatte den Römern mit dem Ausspruch „Wehe den Besiegten" („vae victis") gedroht. Die Antwort des römischen Diktators Camillus hörte sich nicht minder bedrohlich an: „Nicht mit Gold, mit Eisen pflegen die Römer zu bezahlen!"
Im römischen Kalender erinnerte der „Schwarze Tag" alljährlich an diese Niederlage. Aufmerksam beobachteten die Römer von nun an alle Vorgänge im Norden. Die Angst vor einem erneuten Galliereinfall war wie ein Alptraum! Als Schutzmaßnahme wurde die Servianische Mauer um Rom errichtet.
In der Folgezeit bewährte sich die Kampfkraft Roms in der Auseinandersetzung mit benachbarten Stämmen. Rom hatte eine beachtliche Wehrkraft aufgebaut. Äußere Umstände hatten dazu Anlaß gegeben! Verständlich, daß diese Macht von bedrängten Städten immer wieder um Hilfe angerufen wurde. Rom ging kriegerischen Auseinandersetzungen nicht aus dem Wege. Rückschläge bewirkten, daß noch größere Anstrengungen unternommen wurden, die den Römern bald eine Überlegenheit einbrachten.
Ihr Organisationstalent und ihr hoher Einsatz für das Gemeinwesen verliehen den Römern großes Ansehen. Viele Stämme gingen freiwillig Bündnisse mit dieser aufstrebenden Stadt ein.

Die Via Appia, begonnen 312 v. Chr., führte zunächst von Rom nach Capua, später bis nach Brindisi (siehe Karte S. 127). Sie war die erste gepflasterte Straße.

Die Römer sichern ihre Herrschaft

In den eroberten Gebieten versuchten die Römer, je nach den gegebenen Möglichkeiten, die Ausweitung ihres Einflusses zu erreichen:

- Manche Gebiete, z. B. Veji, nahmen sie in Besitz und verteilten das Land an römische Siedler oder machten es zu römischem Staatsland.
- Einigen Gemeinden erteilte man das römische Bürgerrecht. An den Wahlen in Rom nahmen diese Bürger nicht teil. Ihre inneren Angelegenheiten konnten diese Gemeinden weitgehend selbst regeln, in Fragen der Außenpolitik entschied Rom.
- In ungesicherten Grenzgebieten legten die Römer Kolonien an, in denen auch Nichtrömer angesiedelt wurden. Die Bewohner durften die Kolonien nach römischem Vorbild verwalten. Sie sollten rasch und selbständig handeln können.
- Außerdem schloß Rom mit weiterhin selbständigen Gemeinden Bündnisse. Die Bewohner dieser Gemeinden wurden Bundesgenossen, die Truppen stellen mußten.

Über die gesamten mit Rom verbundenen Gebiete breiteten sich allmählich die lateinische Sprache sowie römische Lebensgewohnheiten aus. Um eine zuverlässige Verbindung mit wichtigen Städten zu gewährleisten, begannen die Römer, feste Straßen zu bauen.

Auf dem Weg zur Herrschaft im Mittelmeerraum

Im Jahr 141 v. Chr. beendete Scipio Aemilianus seine Amtszeit als Censor mit einem Opfer. Ein Schreiber las ihm das dazugehörige Gebet vor. Darin wurden die unsterblichen Götter angefleht, den Besitz des römischen Volkes zu mehren. Da unterbrach Scipio: „Unser Besitz ist groß genug. So bitte ich die Götter nur darum, ihn für immer unversehrt zu halten.“ Scipio ließ den Wortlaut dieses Gebets abändern: Habsüchtig sei, wer jetzt, da Rom den größten Teil der bewohnten Erde besitze, noch mehr erbitte.

Wie war es zu der Machtentfaltung gekommen? Scipio und seine Vorfahren waren selbst daran beteiligt.

Im westlichen Mittelmeer bestand seit dem 7. Jahrhundert v. Chr. eine große See- und Handelsmacht, die reiche Stadt Karthago (siehe Karte S. 121).

Lange Zeit vertrugen sich Rom und Karthago gut, was wir aus Verträgen schließen können. In diesen Verträgen versichern die beiden Mächte, die Interessen des anderen zu wahren. Aber warum müssen derartige Abkommen überhaupt geschlossen werden? Warum waren beide bereit, dem anderen nicht zu nahe zu kommen? War dabei schon Angst im Spiel? Mußten beide Mächte zwangsläufig zusammenstoßen?

Nur ein Streit um Sizilien?

In Süditalien gerieten die Römer erstmals in die unmittelbare Nachbarschaft zu den Karthagern, die sich auch auf der Insel Sizilien festgesetzt hatten.

Die sizilianische Stadt *Messana*, die sich den Angriffen von Karthagern und Griechen ausgesetzt sah, rief schließlich Rom zu Hilfe. Senat und Volksversammlung entschlossen sich daraufhin, einen ersten Schritt über das italienische Festland hinaus zu wagen. Ein 23jähriger Krieg (264-241 v. Chr.) mit den Puniern – so wurden die Karthager von den Römern genannt – war die Folge, der beide Mächte an den Rand des Untergangs brachte (*Erster Punischer Krieg*).

Nach dem Vorbild der Karthager bauten die Römer ihre erste *Kriegsflotte* auf, die sich in der Seeschlacht bei *Mylae* (260 v. Chr.) als erfolgreich erwies. Über Enterbrücken stürmten die römischen Legionäre auf die Schiffe ihrer Gegner. Dieses Vorgehen wurde angewandt, weil die Römer im Manövrieren der Schiffe unterlegen waren. Zwar erzwangen sie nach einer der größten Seeschlachten des Altertums beim *Kap Ekmonos* den Übergang nach Afrika, aber der Krieg war damit noch nicht beendet.

Zwei weitere Flotten, die Rom aussandte, gingen in Seestürmen unter. Das afrikanische Unternehmen mußte zunächst als gescheitert angesehen werden, und auf Sizilien blieb der Krieg lange Zeit unentschieden. In einer letzten Anstrengung ermöglichten reiche Römer mit dem Einsatz ihres Privatvermögens den Aufbau einer neuen Flotte. Damit gelang es den Römern, die Seeverbindung der auf Sizilien kämpfenden Karthager mit ihrem Mutterland abzuschneiden. Karthago mußte 241 v. Chr. Frieden schließen. Der längste und schwerste Krieg in der römischen Geschichte war damit beendet. Etwa 20 Prozent der wehrfähigen Römer sind in diesem Krieg umgekommen.

Hamilkar, dem punischen Feldherrn, wurde freier Abzug aus Sizilien gewährt. Im Friedensschluß verlangten die Römer dann die Herausgabe der Insel und eine hohe Kriegsentschädigung. Wiederum hatte Rom sein Herrschaftsgebiet ausgedehnt. Sizilien wurde danach aber anders behandelt als die vorher gewonnenen Gebiete: Ein römischer Beamter, ein Prätor, verwaltete das Gebiet, das damit abhängig wurde. Die Bewohner mußten Abgaben (Tribute) zahlen – die erste römische Provinz* war damit errichtet.

Vorderteil eines römischen Kriegsschiffes. Die Kampfbesatzung auf einem Kriegsschiff betrug bis zu 120 Legionssoldaten. Dazu kam auf den großen Penteren, die im Ersten Punischen Krieg eingesetzt wurden, eine Bedienungsmannschaft von 300 Mann (1. Jahrhundert v. Chr. Relief aus Sandstein vom Fortuna-Tempel in Praenestre).

Hannibal zog mit Elefanten gegen die Römer.

Cato forderte die Zerstörung Karthagos.

Scipio Africanus, Sieger von Zama.

Hannibal vor den Toren (ante portas)

Um einen Ausgleich für die verlorenen Gebiete in Sizilien zu schaffen, verlegten die Karthager ihre Aufmerksamkeit auf Spanien, wo sie ein Reich gründeten. Der Fluß Ebro wurde in einem Vertrag zur Nordgrenze dieses Reiches erklärt, die der karthagische Feldherr Hannibal nicht überschreiten sollte. Die Römer wollten ihrerseits diese Grenze achten. Als die südlich des Ebro gelegene Stadt *Sagunt* die Römer um Hilfe gegen die Karthager anrief, bewies Rom Vertragstreue und stellte sich nicht gegen die Karthager. Hannibal war es, der schließlich durch eine Vertragsverletzung den Ausbruch des *Zweiten Punischen Krieges* (218-102 v. Chr.) verursachte.
Von Spanien kommend, überquerte Hannibal mit 30 000 Mann und zahlreichen Kriegselefanten in einem abenteuerlichen Zug die Alpen und brachte Rom in größte Bedrängnis. Zwei römische Heere waren schon geschlagen, als die Römer 216 v. Chr. bei *Cannae* ihre bis dahin schwerste Niederlage erlitten. Das 80 000 Mann starke Heer wurde in einer Umfassungsschlacht völlig aufgerieben. Es gab kaum eine römische Familie, in der nicht ein Trauerfall zu beklagen gewesen wäre.
Hannibal wagte es jedoch nicht, die Stadt Rom anzugreifen, was ihm von seinem Reiterführer Maharbal den Vorwurf einbrachte: „Zu siegen verstehst du, aber einen Sieg auszunützen, verstehst du nicht!"
Hingegen versuchte Hannibal, möglichst viele römische Bundesgenossen auf seine Seite zu ziehen. Die Bundesgenossen hielten aber in dieser größten Bedrängnis zu Rom. Karthagische Gesandte, die erkunden sollten, ob Rom friedensbereit sei, wurden in die Stadt nicht eingelassen. Der römische Diktator Fabius Maximus, der den Beinamen „Cunctator" (der Zauderer) erhielt, ging jeder weiteren Feldschlacht aus dem Weg. Statt dessen versuchten die Römer, den Krieg gegen die Karthager in Spanien und Afrika zu führen.
Schließlich mußte Hannibal nach Afrika zurückkehren. Ein römischer Feldherr hatte mit seiner Streitmacht dorthin übergesetzt, womit der Wechsel des Kriegsschauplatzes erreicht wurde. Bei *Zama* kam es 202 v. Chr. zur Entscheidungsschlacht, bei der Hannibal mit derselben Taktik, die er bei Cannae anwandte, besiegt wurde. Der römische Feldherr Scipio erhielt den Beinamen Africanus.
In Spanien wurden nach Ende des Krieges zwei römische Provinzen eingerichtet. Von den Karthagern verlangten die Römer, alle Kriegselefanten und alle Kriegsschiffe bis auf drei herauszugeben. 50 Jahre lang sollten die Karthager eine Kriegskostenentschädigung zahlen. Außerdem wurde dem Verlierer auferlegt, Kriege künftig nur mit römischer Zustimmung zu führen. Diese letzte Bedingung wurde den Karthagern zum Verhängnis.

Die Zerstörung Karthagos

Im Jahre 150 v. Chr. wehrten sich die Karthager gegen Angriffe der Numider, die in ihr Gebiet einfielen. Daß dies die Numider wagen konnten, sagt auch etwas aus über die Folgen, die der Krieg gegen die Römer für Karthago hatte!
Unverzüglich erklärten die Römer den Karthagern im Jahr 149 v. Chr. den Krieg. Hatten sie nur einen Anlaß gesucht? Die Karthager erkannten die lebensgefährliche Bedrohung, unterwarfen sich und lieferten ihre Waffen aus. Als die Konsuln von ihnen verlangten, die Stadt zu verlassen, weigerten sie sich. Die Römer belagerten daraufhin die Stadt, die drei Jahre lang standhielt: Eine 38 km lange Stadtmauer, bis zu 13 m hoch und 10 m dick, galt als nahezu unüberwindlicher Schutzwall. Schließlich brach angesichts der äußersten Notlage der Widerstand, die Stadt gab auf. Jetzt kam die Stunde Catos, eines römischen Staatsmannes, der sich immer wieder für die Zerstörung Karthagos stark gemacht hatte: Tatsächlich wird die Stadt dem Erdboden gleichgemacht, die Überlebenden werden versklavt. Scipio Aemilianus, der die Zerstörung miterlebte, soll beim Anblick der Verwüstung unter Tränen das Schicksal der Stadt und seiner Bewohner laut beweint haben. Obwohl die Römer den Boden Karthagos verfluchten, errichteten sie im ehemaligen Gebiet Karthagos die *Provinz Africa*. Damit hatte Rom die unumstrittene Vorherrschaft im westlichen Mittelmeerraum erreicht.

Rom und der Osten

Seit etwa 200 v. Chr. wurde Rom auch von Staaten im östlichen Mittelmeerraum als Schutzmacht angerufen. Es ließ sich bei Streitigkeiten zwischen den Diadochenreichen in mehrere Kriege verwickeln. Schließlich ordnete Rom das ehemalige makedonische Reich neu. Als *Provinz Macedonia* wurde es dem Römischen Reich angegliedert. König Attalos III. von Pergamon, der kinderlos war, vermachte sein Reich testamentarisch den Römern. Vielleicht wollte er in weiser Voraussicht den Pergamenern lange Kämpfe ersparen. Als Attalos III. 133 v. Chr. starb, errichteten die Römer gegen den Widerstand der Bevölkerung die *Provinz Asia*.
In den folgenden Jahrhunderten vergrößerten die Römer ihr Reich noch weiter: Sie wurden die Herren der damals bekannten Welt.

Auswirkungen der Weltherrschaft

Provinzen. Nach dem Ende des Ersten Punischen Krieges hatte Rom Provinzen eingerichtet. Provinzen waren besetzte Gebiete und die Bewohner keine Bundesgenossen, sondern Unterworfene (subjecti) ohne Rechte. Jährlich mußten die Provinzen einen Tribut von 10% des Bodenertrages an Rom abführen. Steuerpächter überwachte und organisierte diesen Vorgang. Keine Frage, daß dadurch der Reichtum Roms wuchs.
Wachsamkeit und Verteidigungsbereitschaft. Mit der Einrichtung von Provinzen gaben die Römer den einstigen Grundsatz auf, Unterlegene in den eigenen Staat aufzunehmen. Eine Selbständigkeit und politische Unabhängigkeit gab es jetzt nicht mehr. Natürlich waren manche Gebiete, so z. B. Sizilien, auch vor der Einrichtung von Provinzen unter fremder Herrschaft. Wenn sie Rom um Hilfe baten, so hofften sie jedoch, mit der römischen Unterstützung eine Verbesserung ihrer Lage zu erreichen. Um so schmerzhafter mußte die Erkenntnis sein, daß man sich mit den Römern gnadenlose Herrscher bestellt hatte.
Auf Widerstand in den Provinzen mußten die Römer immer gefaßt sein. Die Rebellionen nach dem Tode des Königs Attalos III. von Pergamon hatten das sehr deutlich vor Augen geführt. Wachsamkeit und ein hoher Einsatz wurden von den Römern um so mehr gefordert, je größer das Reich wurde.
Romanisierung des Westens. Die spanische, portugiesische und französische Sprache sind wie das Italienische romanische Sprachen, Tochtersprachen des Latein. Aber nicht nur sprachliche Einflüsse sind festzustellen. Die Römer brachten ihre Lebensweise, ihr Organisationstalent und ihre technischen Errungenschaften mit. Reste davon sind heute noch in allen romanischen Ländern zu finden.
Einflüsse aus dem Osten. Bei der Begegnung mit östlichen Kulturen bewiesen die Römer auch dann noch, als ihre militärische Überlegenheit offenkundig war, eine beachtliche Lernfähigkeit.
Griechische Gelehrte und Philosophen kamen nach Rom, Kunst und Kultur der Römer öffneten sich mancherlei Einflüssen. Es war kein Wunder, wenn sich nun große Veränderungen im Inneren des römischen Staatswesens vollzogen.

1 Die Ausbreitung Roms in Italien bis ca. 200 v. Chr.

Mit welchen Mitteln haben die Römer ihre Herrschaft in Italien gesichert? Lest dazu auch S. 123.

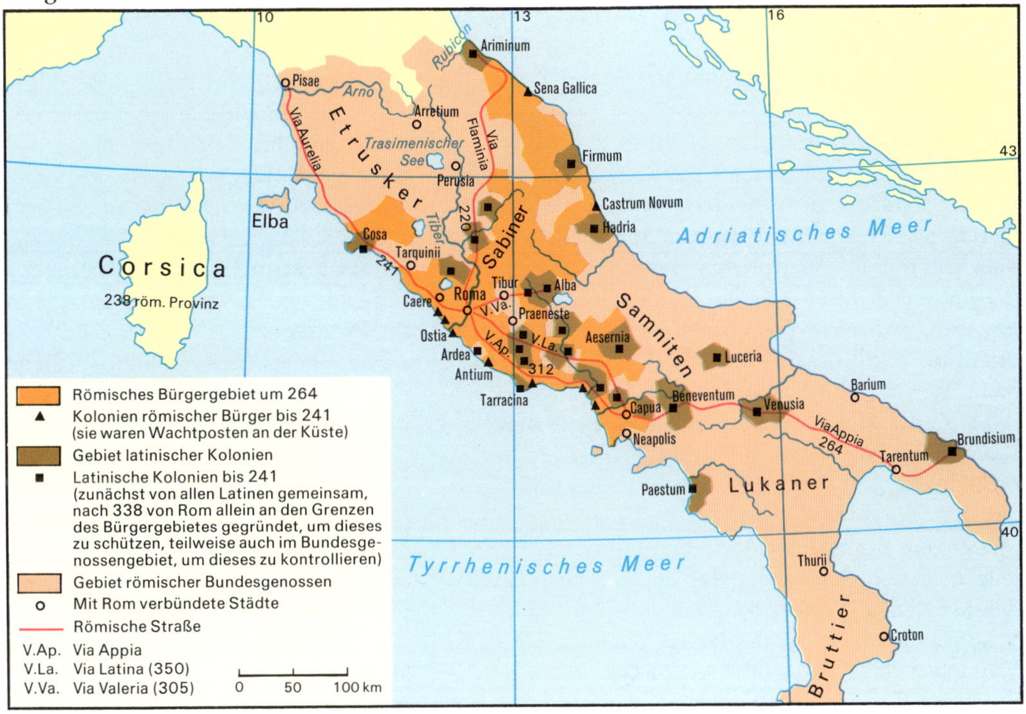

2 Rom und Karthago zur Zeit des 2. Punischen Krieges 218 – 202 v. Chr.

1 *Beschreibt Hannibals Zug nach Italien; achtet dabei auf die Jahreszahlen.*

2 *Welche Taktik Hannibals läßt sich aus diesem Zug erschließen?*

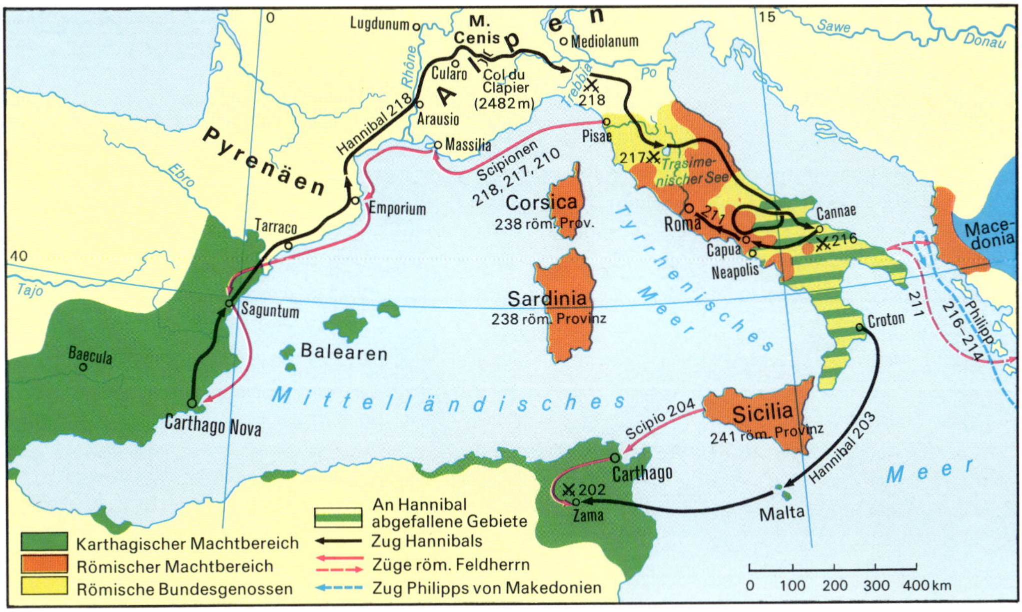

Das Ende der Republik

Veränderungen in der Gesellschaft

Kleinbauern und Großgrundbesitzer

Durch den Aufstieg Roms zu einer Weltmacht hatte sich in Italien manches verändert. In den langen Kriegen waren viele Bauern und deren Söhne gefallen. Jahrelang wurden ihre Höfe nicht richtig bewirtschaftet. Reiche Großgrundbesitzer waren jetzt in der Lage, verarmten Bauern, die sich teilweise erheblich verschuldet hatten, das Land abzukaufen. Im Laufe der Zeit entstanden dadurch große Gutsbetriebe, die zusätzlich auch noch das meiste Staatsland in Anspruch nahmen. Neben diesen Großgrundbesitzern konnten sich die Kleinbauern nicht behaupten. Zudem bedrohten billige Einfuhren aus den Provinzen die Existenz der Kleinbauern. Der Wohlstand der wenigen Großgrundbesitzer wuchs jedoch. Gewinn versprach neben der Viehwirtschaft die *Spezialisierung* – wozu die Kleinbauern nicht in der Lage waren – auf ganz bestimmte Produkte wie z. B. Wein oder Oliven. Im Umkreis der Städte ließ sich auch durch Fisch- und Geflügelzucht ein gutes Einkommen erzielen.

Den Großgrundbesitzern gehörten meist mehrere Höfe, deren Bewirtschaftung von *Verwaltern* geleitet wurde. Sie selbst konnten dadurch ihren politischen Geschäften in der Stadt Rom nachgehen.

Auf den Gütern erledigten Sklaven die schwere Körperarbeit. Diese Sklaven waren als Kriegsgefangene ins Römische Reich gekommen und auf Sklavenmärkten als billige Arbeitskräfte verkauft worden. Für viele der Kleinbauern bedeutete dies jedoch eine Verschlechterung der Lage, da sie jetzt auch als Tagelöhner auf den Gütern nicht mehr gebraucht wurden.

Die Proletarier

Allenfalls bei Erntearbeiten konnten die ehemaligen Kleinbauern auf den Gutshöfen noch kurzfristig Arbeit finden. Was man dabei verdienen konnte, genügte für die Sicherung des Lebensunterhaltes nicht. Viele zogen deshalb mit ihren Familien nach Rom. Doch auch dort erwartete sie keine bessere Zukunft, denn gerade im Handwerk und Kleinhandel waren bereits viele Sklaven beschäftigt. In Rom bildete sich so allmählich eine Bevölkerungsgruppe, die man Proletarier* nannte. Dieser Ausdruck bezeichnet Leute, die außer ihren Kindern (proles) keinerlei Besitz hatten. Natürlich waren diese Leute unzufrieden, waren sie doch größtenteils ehemals freie Bauern. Im Gegensatz zu den früheren Kleinbauern konnten die Proletarier nicht mehr als Soldaten eingezogen werden. Das mußte sich auf die Wirtschaft Roms auswirken. Wer sollte jetzt die Herrschaft Roms sichern?

Ein römischer Bauer bringt Produkte auf den Markt.

Die Ritter
Die Großgrundbesitzer waren zum Teil Senatoren. Diejenigen reichen Bauern, die nicht dem Senatorenstand angehörten, bildeten eine neue Schicht, den Ritterstand (ordo equester). Diese Gruppe hatte ihren Wohlstand der Tatsache zu verdanken, daß durch die Ausdehnung des Römischen Reiches auch neue Aufgaben entstanden waren: In den Provinzen waren die Tributzahlungen einzutreiben, und die großen Heere mußten mit Lebensmitteln und Geräten versorgt werden. Diese Aufgaben fielen den Rittern zu. Häufig konnten die Ritter neues Land erwerben und riesige Vermögen gewinnen. Sie wurden zu einer starken Gruppe in der Republik.

Konkurrenz unter den Senatoren
Vor allem die Senatoren profitierten durch den Erwerb von Provinzen. Als Feldherren und Statthalter hatten sie mancherlei Gelegenheit sich zu bereichern. Viele lebten in den Provinzen wie Könige und leisteten sich eine luxuriöse Lebensführung. Weil hohe Staatsämter hohen Gewinn versprachen, scheuten die Kandidaten sogar aufwendige Wahlkämpfe nicht. Um die römische Bevölkerung zu gewinnen, veranstalteten sie teure Spiele oder spendeten Getreide, das sie aus Sizilien einführten. Hatten die Senatoren früher darauf geachtet, daß unter ihnen Gleichheit herrschte, so versuchten sie jetzt sich gegenseitig zu übertrumpfen. Die Einheit der Senatorenschicht zerbrach.

Die Gracchen versuchen eine Reform

Tiberius Gracchus
Tiberius stammte aus einer der angesehensten römischen Familien, ein Mann mit Ehrgeiz und einer überzeugenden Rednergabe. Entsetzt war er von einer Reise aus Etrurien zurückgekommen, weil dort fast nur noch Sklaven auf den teilweise verödeten Feldern anzutreffen waren. 134 v. Chr zum Volkstribun gewählt, beantragte Tiberius Gracchus, daß eine Familie insgesamt höchstens 1000 Morgen (250 ha) Grund besitzen dürfe. Was darüber hinausging, sollten die Großgrundbesitzer an die landlosen Bauern abgeben. Dieser Vorschlag enthielt viel Zündstoff. In erster Linie sperrten sich die Großgrundbesitzer gegen diese Reform. Tiberius konnte nicht erwarten, daß sich im Senat eine Mehrheit dafür finden würde. Also trug er seinen Vorschlag der Volksversammlung vor, aber sein Mittribun widersprach ihm. Deshalb erklärte ihn Tiberius für abgesetzt, was nach der Verfassung unmöglich war. Aber das *Ackergesetz* wurde angenommen. Als Tiberius ein Jahr später, gegen geltendes Recht, erneut das Volkstribunat anstrebte, kam es zu Gewalttätigkeiten. Tiberius und zahlreiche seiner Anhänger wurden erschlagen.

Optimaten und Popularen
Eine Folge der Auseinandersetzung um die Reformen war, daß sich eine Spaltung in der politischen Führung Roms ergab. Einerseits hatte zwar eine kleine Senatorengruppe zu Tiberius gehalten, andererseits war aber sogar sein Mittribun gegen ihn aufgestanden. Fortan standen sich zwei Parteien, die *Popularen* und die *Optimaten* gegenüber: Die Popularen wollten mit Hilfe der Volksversammlung und Volkstribunen Reformen durchsetzen, die Optimaten waren daran interessiert, die Macht des Senats zu erhalten und jegliche Reform abzuwehren.

Gaius Gracchus
Zehn Jahre waren nach der Ermordung des Tiberius vergangen, als Gaius Gracchus, sein Bruder, erneut für Reformen zu kämpfen begann. War es sinnvoll gewesen, sich in Zeiten ernster Krisen grundlegenden Reformen zu widersetzen? Wem nützte die Beseitigung des Tiberius, wenn hinter ihm schon sein Bruder stand? Zunächst führte Gaius eine Landreform im Sinne seines Bruders durch. Zusätzlich forderte er den Staat auf, für feste Getreidepreise zu sorgen, da bisher in schlechten Erntejahren das Getreide für arme Leute unerschwinglich wurde. Außerdem versuchte Gaius, die Korruption in der Provinzialwirtschaft abzubauen, indem er die Statthalter von Rittern kontrollieren ließ. Zwei Jahre lang hielt das Volk zu Gaius. Als aber ein Tribun im Auftrag des Senats mit einem Vorschlag aufwartete, der den Kleinbauern noch mehr Land versprach, fiel das Volk von ihm ab. Jetzt konnte der Senat gegen ihn vorgehen: Diejenigen die treu zu ihm standen (über 3000), wurden erschlagen. Gaius selbst ließ sich von einem seiner Sklaven töten.

Einberufung in das Heer (Relief aus dem 2. Jahrhundert v. Chr.).

Einzelne gewinnen immer mehr Macht

Die Heeresreform des Marius

Rom wurde durch den inneren Streit anfälliger: In Nordafrika brach Krieg aus, und die germanischen Kimbern und Teutonen bedrohten im Norden die Grenze des Römischen Reiches.

Da erhielt 107 v. Chr., Marius, der Sohn eines Ritters, der sich im Kriegsdienst emporgearbeitet hatte, das Konsulat. Er stand auf seiten der Popularen, die die Gruppe der vornehmen Römer für feige und entscheidungsschwach hielten. Die Vertreter der Nobilität sahen in Marius ihrerseits einen „Emporkömmling aus dem Volk" (homo novus), den sie nur ungern an der Spitze des Staates duldeten.

Entschlossen setzte Marius eine *Heeresreform* durch:

- Er nahm Proletarier als Freiwillige in sein Heer auf, die Sold und freie Verpflegung erhielten.
- Die Organisation des Heeres wurde verbessert. Auf Staatskosten bekamen die Soldaten eine einheitliche Bewaffnung.
- Für die Zeit nach dem Militärdienst wurde den Veteranen als Alterssicherung Land zugesagt.

Der militärische Erfolg gab Marius zunächst recht. Mit seinem neuen Heer konnte er den Krieg in Afrika beenden und in zwei Schlachten (102/101 v. Chr.) die Kimbern und Teutonen zurückschlagen. Aber woher sollte Marius das Land für die Veteranen nehmen? Um diese Frage entbrannten blutige Kämpfe.

Eine weitere Folge der Reform verdient Beachtung: die Soldaten der Berufsheere waren nun eng mit dem Feldherrn verbunden, weil sie von ihm eine Belohnung erwarteten.

Wer konnte da ausschließen, daß ein Feldherr sein Heer eines Tages nicht auch gegen einen innenpolitischen Gegner führen würde?

Sulla – ein Diktator

Das Heer gegen einen Gegner im Inneren zu führen, blieb Sulla vorbehalten, der auf seiten der Optimaten stand und die Interessen der Besitzenden kompromißlos vertrat. 88 v. Chr. besetzte er mit seinem Heer Rom und vertrieb die Popularen.

Der militärische Erfolg in der Provinz Asia machte Sulla endgültig zum starken Mann im Staate. Er ließ sich 82 v. Chr. zum Diktator (siehe S. 110) ernennen, um die Republik zu retten. Mit brutaler Härte verfolgte er alle Gegner der Senatspartei, deren Namen in die *Proscriptionslisten* aufgenommen wurden. Diese Tafeln stellte man in der Öffentlichkeit auf. Jeder durfte die genannten Personen töten, ohne dafür bestraft zu werden.

Über 40 Senatoren und 1500 Ritter verloren ihr Leben. Ganze Städte und Gemeinden, die zu Marius und den Popularen gehalten hatten, traf der Zorn der Optimaten. Tausende verloren Haus und Hof.

Die Macht des Senats zu sichern und die der Volkstribunen zu schmälern, war das Hauptanliegen Sullas. So sollte künftig ein Tribun Anträge der Volksversammlung nur dann vorlegen dürfen, wenn der Senat vorher zugestimmt hatte. Damit war geklärt, wem die Vorherrschaft in Rom gehörte. Den Statthaltern wurde untersagt, mit dem Heer ihre Provinz zu verlassen.

79 v. Chr. legte Sulla zum Erstaunen aller seine Diktatur nieder und zog sich als Privatmann auf sein Gut bei Neapel zurück. Hatte es Sulla geschafft, mit den Mitteln eines Diktators die Republik zu retten?

Münze des Marcus Lollius Palicanus, dessen Vater ein Vorkämpfer für die Wiederherstellung der Rechte des Volkstribuns nach der Diktatur Sullas war.
Vorderseite: Libertas (Freiheit), Rückseite: Rednerbühne mit der Sitzbank der Volkstribunen.

Pompeius mit – und gegen Caesar

Sullas Maßnahmen gegen die Volkstribunen waren nicht von Dauer. Schon 70 v. Chr. erkämpften die Volkstribunen ihre alten Rechte zurück. War damit ein Ende der Unruhen erreicht? Es bleibt eine schwierige und offene Frage, warum die Römer ihrer Probleme nicht mehr Herr wurden, ohne einem einzelnen außerordentliche und uneingeschränkte Vollmachten zu geben. *Seeräuber* legten in diesen Jahren den Handel im Mittelmeer nahezu lahm. Für Rom bedeutete dies mehr als nur ein Ärgernis. In dieser Situation wurde Gnaeus Pompeius der Kampf gegen die Seeräuber übertragen.

In drei Monaten hatte er diesen Übelstand beseitigt, weit über 1000 Piratenschiffe zerstört und über 350 erbeutet. Auf die Piraten selbst wartete entweder die Todesstrafe oder der Sklavenmarkt.

In den Jahren 66 bis 63 v. Chr. hatte Pompeius in Kleinasien Erfolg. Er errichtete neue Provinzen und organisierte die Verwaltung der alten neu. Viele fürchteten jetzt, daß Pompeius nach seiner Rückkehr die Alleinherrschaft anstreben würde. Doch der siegreiche Feldherr entließ seine Soldaten. Daß der Senat die Maßnahmen des Pompeius im Osten nicht anerkannte und seinen Veteranen eine Versorgung absprach, war eine Demütigung, die weitreichende Folgen hatte: *Pompeius* schloß sich mit dem reichen *Crassus* und dem überlegenen Taktiker *Caesar* zu einem *Triumvirat* (Vorherrschaft von drei Männern in der Republik) zusammen, das bald den Beinamen „dreiköpfiges Ungeheuer" erhielt.

Caesar war der kommende Mann. Als er im Jahre 59 v. Chr. Konsul wurde, versorgte er die Veteranen des Pompeius, was sein Ansehen nicht nur dort steigen ließ. Mit der Eroberung Galliens im Laufe der nächsten Jahre bewies er seine Qualitäten als Feldherr. Jetzt verlangte er, daß seine Leistungen in Rom gebührend gewürdigt würden. Doch der Senat widersetzte sich dem Ansinnen Caesars und konnte dabei mit der Unterstützung des Pompeius rechnen, dem Caesars Machtstreben schon lange mißfiel. Schließlich forderte der Senat Caesar auf, seine Truppen zu entlassen. Diese Forderung widerstrebte Caesar.

Mit seinem Heer überschritt er den *Rubikon*, den Grenzfluß seiner Provinz, und zog gegen Rom. Das bedeutete Bürgerkrieg!

Gaius Julius Caesar in Feldherrnpose

Caesar als Alleinherrscher

In einem erbitterten Bürgerkrieg schlug das Heer Caesars 48 v. Chr. die Truppen des Pompeius bei Pharsalos in Griechenland. Pompeius floh nach Ägypten, wo er ermordet wurde.

Caesars Sieg bedeutete für den Senat eine gefährliche Bedrohung. Hatte nicht jener Caesar Sulla einen politischen Analphabeten genannt, als dieser die Diktatur niederlegte! Was mußte man von diesem Caesar erwarten? Gaius Julius Caesar stammte aus dem alten und einflußreichen Patriziergeschlecht der Julier. Frühzeitig bekleidete er verschiedene Staatsämter, bevor er als Prätor die Provinz Spanien verwaltete und schließlich mit Pompeius und Crassus das erste Triumvirat bildete. Nach der Eroberung Galliens und dem Sieg im Bürgerkrieg wurde er zunächst Diktator für ein Jahr, später für zehn Jahre und schließlich auf Lebenszeit.

Caesars Sonderstellung. Viele Ehrungen zeigen, daß Caesar einen außergewöhnlichen Platz im Staat einnahm. Er allein schlug die Kandidaten für die Ämter vor, im Senat erhielt er einen Ehrensitz und wurde als erster um seine Meinung gefragt. Seit 45 v. Chr. trug er bei allen staatlichen Handlungen das Gewand des Triumphators und den Lorbeerkranz, der eigentlich Jupiter, dem höchsten römischen Gott, gebührte. In diesem Jahr wurde auch eine Caesarstatue aufgestellt mit der Inschrift: „Dem unbesiegten Gott“.

Zukunftweisende Pläne. Caesar ging es darum, Rom in neuem Glanz erstrahlen zu lassen. Deshalb wurde eine rege Bautätigkeit gefördert. Zahlreiche Großbauten sollten entstehen. Dabei fanden mehr als die Hälfte der stadtrömischen Proletarier Arbeit, die jetzt auf Staatskosten Getreide erhielten. Überall im Reich wurden Kolonien für mehr als 80 000 Veteranen angelegt. Außerdem versuchte Caesar gegen die Ausbreitung der Sklavenwirtschaft vorzugehen.

Den Ausbau des Hafens von Ostia und die Entwässerung der südlich von Rom gelegenen Pontinischen Sümpfe konnte Caesar nicht mehr durchführen. Ebenso wurde die von ihm angeregte Sammlung des gesamten römischen Rechts nicht mehr verwirklicht.

Die Ermordung Caesars. Von vielen Zeitgenossen wurden die Maßnahmen Caesars gutgeheißen. Bei den Verfechtern der alten Republik stand er allerdings von jeher in Verdacht, die Monarchie* herstellen zu wollen. Zwar wies Caesar den Königstitel von sich, doch sein gesamtes Auftreten und das Verhalten seiner Anhänger trugen dazu bei, daß sich seine Gegner um Marcus Junius Brutus versammelten und unter Berufung auf alte republikanische Werte seine Ermordung planten. An den Iden (d. h. in der Monatsmitte) des März 44 v. Chr. wurde Caesar von Verschwörern in einer Senatssitzung erdolcht.

Die Folgen der Tat. Zwischen denen, die sich als Erben Caesars verstanden, und den Verschwörern entbrannte ein heftiger Bürgerkrieg, der zehn Jahre andauerte. Die Gegner Caesars hatten keine Vorstellungen und Ideen davon, wie der Staat neu geordnet werden sollte. Sie verstanden ihre Tat als Tyrannenmord und Akt zur Rettung der Republik. Aber war Caesars Politik die eines Tyrannen? Und war die Republik überhaupt noch zu retten?

1 Gallien wird römische Provinz

1a *Caesars Feldzüge in Gallien*

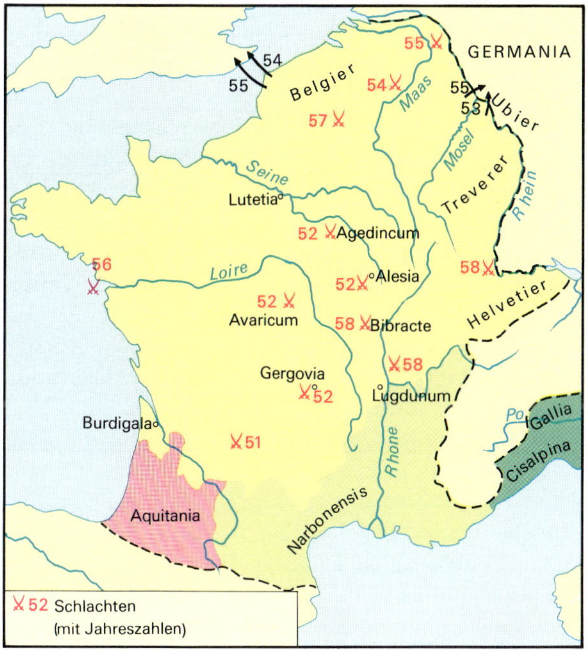

1b *Der Bericht Caesars.*

Caesar selbst hat die Ereignisse und Kriegszüge in Gallien, die Überfahrten nach Britannien und die Rheinüberquerung in seinem Buch „Der Gallische Krieg" dargestellt. Dort schreibt er, daß es ihm schließlich gelungen sei, durch ein „erträgliches" Abhängigkeitsverhältnis den Frieden mit Leichtigkeit aufrechtzuerhalten. Er beschreibt darin auch die Gesellschaft, die Religion und die Gebräuche der Gallier:

Q Die Druiden führen die Götterdienste durch; sie besorgen die öffentlichen und privaten Opfer und geben Auskünfte in religiösen Angelegenheiten ... Viele junge Leute lassen sich von ihnen unterrichten, und das Ansehen, das die Druiden genießen, ist groß. Denn in der Regel entscheiden sie in allen öffentlichen und privaten Angelegenheiten; bei jedem Mordfall, bei Erbschafts- und Grenzstreitigkeiten fällen sie das Urteil. Fügt sich ein einzelner oder ein Stamm ihrem Urteil nicht, dann schließen sie ihn von der Teilnahme an den Opfern aus. Das ist die härteste Strafe in Gallien ... Die Druiden versuchen die Leute vor allem davon zu überzeugen, daß die Seele unsterblich ist und nach dem Tod von einem Körper in einen anderen übergehe. Sie glauben, daß diese Lehre besonders zur Tapferkeit ansporne, weil man dann den Tod nicht fürchte ...
Der zweite Stand ist der der Ritter. Ihr Beruf ist der Kriegsdienst. Vor Caesars Ankunft in Gallien (Caesar schreibt hier von sich in der 3. Person) trat es in der Regel alle Jahre ein, daß sie selbst mit den Feindseligkeiten begannen oder solche abwehrten ...

Caesar, De bello Gallico VI 13.

1c *Widerstand der Gallier*

„Wir befinden uns im Jahre 50 n. Chr. Ganz Gallien ist von den Römern besetzt ... Ganz Gallien? Nein! Ein von unbeugsamen Galliern bevölkertes Dorf hört nicht auf, dem Eindringling Widerstand zu leisten ..."

1 *Entwerft aus der Sicht eines römischen Legionärs, der von Anfang an den Feldzügen in Gallien teilgenommen hat, einen Bericht über seine „Tour de France". Welche heutigen Gegenden und Städte hat er dabei kennengelernt?*
2 *Wie beschreibt Caesar die Gallier?*
3 *Versucht zu erklären, warum Asterix und Obelix bei so vielen Lesern große Sympathie genießen.*

Rom zu Beginn der Kaiserzeit

Princeps und Kaiser

Die Römer stellten sich den Staat als eine Sache der Allgemeinheit, als eine *„res publica"* vor. Die Herrschaft eines einzelnen verabscheuten sie seit dem Ende der Königszeit. Wurde diese Haltung nicht an den Iden des März 44 v. Chr. allen deutlich vor Augen geführt?

Kaiser Augustus, dargestellt wie ein römischer Feldherr und ein griechischer Halbgott. Auf seinem Panzer sind Gottheiten abgebildet, z. B. oben der Himmelsgott, der den Himmel wie ein Segel über sich ausspannt.

Octavianus „Augustus"

Caesars Adoptivsohn Octavianus blieb Sieger im Bürgerkrieg, der bis 31 v. Chr. das Römische Reich erschütterte. Ihm gelang es, eine herausragende Stellung im Staat zu erreichen. Viele Einrichtungen aus der Zeit der Republik ließ er bestehen. Es gab nach wie vor Konsuln und Volkstribunen. Auch Senat und Volksversammlung bestanden weiter.

Obwohl die Republik wiederhergestellt wurde, ließ sich Octavianus als Neugründer des Staates feiern. Er nannte sich seit 27 v. Chr. Augustus, womit er an die günstigen Vorzeichen (augustum augurium) erinnerte, die Romulus vor der sagenhaften Gründung Roms angeblich von den Göttern erhalten hatte. In seiner Person vereinigte er die Vorrechte verschiedener Ämter:

- die oberste Befehlsgewalt über das Heer,
- die Herrschaft über die wichtigsten Provinzen und
- die Rechte eines Volkstribuns.

Damit reichten seine Möglichkeiten weit über die eines Senators hinaus. Der Titel Princeps* will verdeutlichen, daß ein „erster" Senator aus dem Kreise seiner Standesgenossen hervorragt. War aber Augustus in Wirklichkeit nicht mehr als ein Princeps? Begann nicht mit ihm bereits eine monarchische Herrschaft*?

Die Beteiligung der Senatoren. Augustus war geschickt genug, den Senatoren ihr Ansehen zu belassen. Ihre Ämter blieben bestehen; ebenso konnten sie ein Heer kommandieren oder als Statthalter eine Provinz verwalten. Allerdings handelten sie jetzt nicht mehr selbständig wie früher, sondern im Namen des Kaisers*.

Die Herrschaft des Kaisers

Die kaiserliche Verwaltung. Mit der Ausdehnung des Römischen Reiches wuchsen die staatlichen Aufgaben. Ein einzelner an der Spitze des Staates konnte seine Herrschaft nur mit Hilfe einer ständigen Verwaltung sichern: Briefe und Erlasse mußten entworfen werden, die an den Kaiser gerichteten Schreiben waren zu bearbeiten, der Besucherverkehr war zu regeln und für die Prozesse mußte man Vorbereitungen treffen. Besonders einflußreiche Posten, wie z. B. Statthalter in Provinzen, vertraute der Kaiser gerne Rittern an. Diese Organisation der Verwaltung bot somit auch die Möglichkeit, den Einfluß der Senatoren zu begrenzen.

Kaiser und Volk. Besondere Aufmerksamkeit widmete der Kaiser dem Volk von Rom, also den Massen, die in der Hauptstadt zusammengeströmt waren und teilweise weder Beruf noch Einkommen hatten. Sie mußten ernährt und beschäftigt werden, wenn es nicht zu Unzufriedenheit und Unruhen kommen sollte. Für „Brot und Spiele" zu sorgen, war deshalb eine wichtige Aufgabe des Kaisers! Haben die römischen Kaiser damit nicht eine Lösung gefunden, die auch in späteren Zeiten angewendet wurde?

Aus allen Teilen des Römischen Reiches wurde Getreide herbeigeschafft und an Bedürftige kostenlos verteilt. Häufige Veranstaltungen sorgten für Unterhaltung und Ablenkung: Am beliebtesten waren die Rennen mit Pferdegespannen auf einer langgestreckten Rundbahn (Circus) und die Kämpfe von Gladiatoren, die in großen Arenen gegeneinander oder gegen wilde Tiere kämpften – meist auf Leben und Tod!

Aber auch sonst unternahmen die Kaiser viel für die stadtrömische Bevölkerung: Sie trafen Vorkehrungen gegen die regelmäßigen Überschwemmungen des Tiber und verbesserten die Wasserversorgung. Eine Feuerwehr wurde eingerichtet, um mehr Sicherheit zu bieten. Deswegen waren viele der Kaiser beim römischen Volk durchaus beliebt.

Kaiser und Recht. Der Statthalter von Bithynien im nördlichen Kleinasien fragte einmal in Rom nach, was mit Freigeborenen zu geschehen habe, die als Kinder ausgesetzt und danach als Sklaven aufgezogen wurden. Kaiser Trajan antwortete darauf: „Dieses Problem ist oft behandelt worden. In den Akten meiner Vorgänger findet sich aber nichts, was für alle Provinzen gilt. Aus den bisherigen Regelungen ergibt sich aber, daß man den genannten Personen die Anerkennung als freie Bürger nicht verwehren darf."

In diesem Vorgang spiegeln sich wichtige Regeln der römischen Rechtsprechung* wider, die u. a. die Macht des Kaisers aufzeigen. Eine Eigenheit des römischen Rechts bestand gerade darin, daß es nicht von vorneherein allgemeingültige Regeln aufstellte. Hatte ein Beamter in einem Prozeß eine Entscheidung getroffen, die späteren Rechtsgelehrten gut schien, entschieden sie in vergleichbaren Fällen ähnlich. Ebenso verfuhr der Kaiser. Obwohl die Beamten und Statthalter im weiteren Umkreis Roms die Rechtsprechung weitgehend selbständig regelten, konnten sich die Bewohner der Städte einzeln oder als Gemeinde direkt oder auch über den Statthalter an den Kaiser wenden. Dieser traf dann, gestützt auf die Gutachten seiner Berater, eine Entscheidung, die Gesetzeskraft erlangte.

Das im Jahre 2 v. Chr. eingeweihte Forum des Augustus diente dem Verwaltungs- und Schulbetrieb sowie den Gerichten. In der Mitte der Tempel, der dem Kriegsgott Mars als Rächer geweiht war, zur Erinnerung an die Rache für Caesar, den Adoptivvater des Augustus. In den Nischen der Säulenhallen ließ Augustus die Statuen berühmter Römer aufstellen.

1 Kaiser und Untertanen

Alle Römer und Untertanen mußten dem Kaiser einen Treueeid leisten. In einem solchen Eid auf den Kaiser Caligula (37-41 n. Chr.) heißt es:

Q Nach bestem Wissen und Gewissen schwöre ich, daß ich diejenigen als meine persönlichen Feinde ansehen werde, von denen ich erfahre, daß sie dem Kaiser Caligula feindlich gesonnen sind. Und wenn jemand ihn und sein Wohlergehen gefährdet oder gefährden wird, werde ich nicht aufhören, ihn mit Waffen und Krieg zu Wasser und zu Land zu verfolgen, bis er vernichtet ist. Ich werde um das Wohl des Kaisers mehr besorgt sein, als um meines oder das meiner Kinder; und ich will diejenigen, die ihm feindlich gesonnen sind, als Staatsfeinde ansehen. Wenn ich bewußt gegen diesen Eid verstoße oder verstoßen werde, dann sollen Jupiter Optimus Maximus und der unter die Götter aufgenommene Augustus und alle anderen unsterblichen Götter mir und meinen Kindern Vaterland, Gesundheit und all meinen Besitz nehmen.

Dessau, ILS Bd.I 190.

1. *Wozu wird der Bürger, der diesen Eid schwören muß, verpflichtet?*
2. *Welche Vorteile bringt ein solcher Eid dem Kaiser?*
3. *Was ergibt sich aus dem Schluß des Eides über die Stellung von Kaiser Augustus?*

2 Kaiser und Spiele

Auszüge aus einer römischen Chronik, in der Amtshandlungen der Kaiser aufgeführt sind:

Q 109 n. Chr., 22. Juni: Kaiser Trajan weihte seine Badeanstalt ein und übergab sie der Öffentlichkeit.
24. Juni: Der Kaiser weihte die Wasserleitung ein, die unter seinem Namen die Stadt mit Wasser versorgt.
1. November: Kaiser Trajan beendete sein Gladiatorenspiel: An 117 Tagen kämpften 4941 1/2 Gladiatorenpaare.
11. November: Kaiser Trajan weihte sein Seeschlacht-Stadion ein, wo an sechs Tagen 127 1/2 Gladiatorenpaare kämpften. Beendigung am 24. November.
112 n. Chr., 1. Januar: Kaiser Trajan weihte seinen Markt und die Ulpische Halle (Markt- und Gerichtshalle) ein.
30. Januar: Kaiser Trajan veranstaltete Spiele in drei Theatern an 15 Tagen.
1. März: Der Kaiser veranstaltete Wagenrennen im Circus, 30 Starts. Am selben Tag gab er dem Senat und dem Ritterstand ein Essen.

Fasti Ostinienses, ed. A. Degrassi, fr. XXII.

1. *Welche Leistungen des Kaisers werden hier erwähnt? Wem kommen sie zugute?*
2. *Warum hat der Kaiser diese Aufgaben wahrgenommen?*
3. *Gibt es heute noch vergleichbare Veranstaltungen?*

3 Gladiatorenkämpfe

Ausschnitt aus einem Gladiatorenmosaik, aus einer römischen Villa in Zliten (Nordafrika)

- *Beschreibt die Situationen, die der Künstler dargestellt hat.*

Die Gesellschaft im Kaiserreich

Wie lebten die alten Römer? Diese Frage interessiert uns noch heute. Mit dem Hinweis auf Brot und Spiele (panem et circenses) ist es nicht getan.
Hilfreich bei der Beantwortung dieser Frage ist es, zunächst zu klären, welche Unterschiede es zwischen den römischen Bevölkerungsteilen gab. Da war z. B. der Unterschied zwischen arm und reich, den wir auch heute noch kennen. Daneben bestanden aber noch weitere Unterschiede, die in unserer Gesellschaft verschwunden sind, so z. B. Unterschiede zwischen Freien und Unfreien.

Senatoren und Ritter

Ging man durch das kaiserliche Rom, konnte man Senatoren schon von weitem an der Kleidung erkennen. Wie alle Römer trugen sie eine Toga, das Besondere daran war aber ein breiter Purpursaum.
Während der Kaiserzeit gab es etwa 600 Senatoren in Rom, die – zusammen mit ihren Familien – den *Senatorenstand* bildeten. Obwohl unter die Oberherrschaft des Kaisers gebracht, wurde ihr Stand jetzt erblich. Sie bekleideten höchste Ämter, wurden Statthalter in Provinzen und führten sogar Legionen. Im Theater waren ihnen Sitze reserviert, bei Gericht wurden sie bevorzugt. Grundlage ihres Reichtums war der Landbesitz. Von den Senatoren erwartete man, daß sie sich bei der Finanzierung von Bauten oder Spielen beteiligten.
Auch die Ritter, der zweite Stand der römischen Gesellschaft, waren meist Großgrundbesitzer. Ihre Standeszugehörigkeit erkannte man an dem Purpursaum ihrer Toga, der jedoch schmäler war als der auf dem Gewand der Senatoren. Ein erheblicher Unterschied zu den Senatoren bestand darin, daß ihr Stand nicht erblich war. Wie konnte man aber dann Ritter werden? Das hing vom Kaiser ab, der geeignete Männer in diesen Stand berief. Insgesamt hat es etwa 20 000 Ritter im Römischen Reich gegeben, im Vergleich zu den Senatoren eine beträchtliche Gruppe, die aus naheliegenden Gründen treu zum Kaiser hielt. Als Richter, Offiziere und Verwalter fanden sie wichtige Beschäftigungen.

Römischer Senator. Auf der Toga ist der breite Purpursaum zu erkennen. Die Hand hat er zum typischen Gruß erhoben.

Städtisches Leben

Überall im Römischen Reich wurde der Aufbau und die Entwicklung von Städten gefördert. So gehen auch viele unserer Städtenamen auf die Römer zurück, z. B. Köln (Colonia), Regensburg (Castra Regina) oder Augsburg (Augusta Vindelicum). In den Städten befand sich die Verwaltung, die für die Steuereintreibung, für die Beaufsichtigung des Marktes und für den größten Teil der Rechtsprechung verantwortlich war.
Hier lebten die reichen Leute, deren Grundbesitz in der Umgebung der Städte lag. Ihr Reichtum ermöglichte die Durchführung von Spielen und von Festen zu Ehren der Götter. Die reichen Grundbesitzer bildeten einen städtischen Rat, der dem Senat in Rom nachgebildet war. Ihm anzugehören, galt als Ehre und Auszeichnung.

Den Großteil der Stadtbewohner machten Händler und Gewerbetreibende aus. Sie besaßen in der Regel nur kleinere Betriebe und gelangten nur selten zu Reichtum. Ihren Lebensstil müssen wir uns eher als bescheiden vorstellen. Die Tatsache, daß sie sich in Vereinen (collegia) zusammenschlossen, zeigt auch, daß sie der gegenseitigen Hilfe bedurften.

Die Landbewohner

Im Vergleich mit dem Leben der städtischen Handwerker war die Situation der meisten Landbewohner noch viel schwieriger. Das begann schon mit Fragen der Sicherheit. Hirten, die in einsamen Gegenden ihre Herden hüteten, waren schutzlos Überfällen ausgesetzt. Ein römischer Schriftsteller des 1. Jahrhunderts v. Chr. gibt beispielweise den Rat, kein Bauernhaus in der Nähe einer Durchgangsstraße zu bauen. Durchreisende könnten in Versuchung geraten, es zu überfallen.

Schlimmer noch als die Unsicherheit war die Gewalt, die reiche Großgrundbesitzer auf die Landbewohner ausübten. Die Großgrundbesitzer lebten von den Pachtzahlungen und versuchten, möglichst viel von den Steuerlasten auf die Landbewohner abzuwälzen.

Neben den Pächtern gab es immer noch freie Bauern, die aber rasch in die Abhängigkeit von reichen Gutsbesitzern geraten konnten. Wenn es zu Mißernten kam, mußten diese freien Bauern Geld aufnehmen, wofür die Großgrundbesitzer hohe Zinsen verlangten. Einflußreiche Leute scheuten in Einzelfällen sogar nicht davor zurück, die Ernte eines Bauern vernichten zu lassen, um diesen in eine unüberwindbare Notlage zu bringen. Nicht alle Großgrundbesitzer verfuhren derart gewalttätig. Es gab auch andere, die den Bauern gegenüber großzügig waren, wenn diese in die Stadt kamen, um dort ihre Produkte auf dem Markt anzubieten. Diese Großzügigkeit zeigte sich z. B. darin, daß sie eine Mahlzeit und Wein spendeten oder gar den Eintritt in das Amphitheater ermöglichten. Insgesamt dürfen wir aber den Gegensatz zwischen dem Leben in den Städten und auf dem Land nicht unterschätzen. Auch die Tatsache, daß sich manche reiche Leute in luxuriöse Landvillen zurückzogen, ändert daran nichts.

Dieses Relief aus Neumagen an der Mosel stellt eine Pachtzahlung dar. Bei dem Bauern rechts im Bild erkennt man die charakteristische Kapuze der Tracht der Bauern im Trierer Land besonders gut.

Sklaven und Freigelassene

Cato, ein berühmter Censor, erteilte u. a. folgende Ratschläge zum Betrieb eines Landgutes: „Der Hausherr soll einen öffentlichen Verkauf anstellen: Öl, wenn es seinen Wert hat, Wein, Getreide, soviel übrig ist, soll er verkaufen; alte Ochsen, entwöhnte Schafe, Wolle, Felle, altes Fahrzeug, altes Eisenzeug, alt gewordene und kränkliche Sklaven und was es sonst alles Überflüssiges gibt."

Läßt diese Aussage den Schluß zu, daß Sklaven* im Römischen Reich eine Sache waren, mit der ein Besitzer grundsätzlich machen konnte, was er wollte? Lange Zeit war es tatsächlich so, daß ein Herr seinen Sklaven sogar foltern und töten durfte.

Erst in der Kaiserzeit wurden den Sklavenbesitzern Bestimmungen auferlegt, die auf eine Verbesserung der Lebensumstände von Sklaven zielten.

Wie kamen die Sklaven nach Rom? Bereits in der Zeit, als Rom noch eine Republik war, gelangten Massen von Sklaven in das Römische Reich. Das hängt mit der Ausdehnung des Reiches und den erfolgreichen Eroberungen zusammen. Die Römer haben zwar ihre unterlegenen Kriegsgegner nicht grundsätzlich versklavt, doch deren Sklaven betrachteten sie als Kriegsbeute. So sind z. B. im Jahr 167 v. Chr. etwa 150 000 Sklaven aus Kleinasien nach Rom gekommen, nach dem Fall Karthagos im Jahre 146 v. Chr. waren es etwa 50 000.

Später haben manche römischen Feldherrn regelrechte Sklavenjagden durchgeführt, u. a. in Gebieten, die in der Nachbarschaft römischer Provinzen lagen.

Sklavenhandel und Sklavenmarkt. Rasch erkannten geschäftstüchtige Römer, daß mit dem Sklavenhandel viel zu verdienen war. Immer mehr unschuldige und ehemals freie Menschen – u. a. aus östlichen Gebieten – wurden von Piraten gefangen und an Sklavenhändler „geliefert". Auf den Sklavenmärkten wurden sie dann verkauft, denn der Bedarf an Arbeitskräften, die nicht entlohnt werden mußten, wuchs.

Viel hing davon ab, welchen Herrn ein Sklave bekam, ob er zu ihm eine persönliche Beziehung aufbauen konnte oder ob er, in Baracken untergebracht, ein zutiefst menschenunwürdiges Leben fristete.

Wenn man bedenkt, daß zeitweise ein Drittel der römischen Bevölkerung Sklaven waren, können wir uns das Ausmaß der Sklavenwirtschaft vorstellen.

Spartacus – Anführer eines Sklavenaufstands. Als die Römische Republik in eine Krise geriet (siehe S. 131), gab es auch Sklavenaufstände. Spartacus stammte aus einer vornehmen thrakischen Familie. Als Sklave nach Rom gebracht, wurde er in der Fechtschule von Capua zu einem *Gladiatoren*kämpfer ausgebildet. Von dort aus entfachte er mit etwa 70 Mitstreitern die bedeutendste Aufstands- und Fluchtbewegung. 60 000 Sklaven schlossen sich Spartacus an. Ihr Ziel war die Rückkehr in ihre Heimatländer, die vom südlichen Hafen Brundisium aus erfolgen sollte. Crassus zog gegen die immer bedrohlicher werdenden Sklaven ins Feld und war schließlich siegreich. Entlang der Via Appia ließ er 6000 gefangene Sklaven zwischen Rom und Capua kreuzigen. Das war mehr als eine Abschreckung!

Sklavenhalsband. Übersetzung der Aufschrift: Halte mich fest und bringe mich zu Apronianus Palatinus, zum „Goldenen Tuch" (eine Art Gasthaus) auf den Palatin zurück.

Lebensumstände. Auch in der Kaiserzeit blieben die Lebensbedingungen der Sklaven, je nach Arbeitsplatz, sehr unterschiedlich. In den Städten waren sie u. a. in den Haushalten der Reichen als Bedienstete, Köche, Verwalter oder gar als Sekretäre und Erzieher beschäftigt. Manche führten im Auftrag ihrer Herren auch Handwerksbetriebe. Wenn Sklaven spezielle Fertigkeiten besaßen, waren sie ihren Herren besonders wertvoll. Eine erträgliche Behandlung war ihnen dann sicher. Deshalb hatten auch viele städtische Sklaven beim Spartacusaufstand nicht teilgenommen.
Eine besondere Stellung hatten die Gladiatoren, die in Fechtschulen eine eigene Kampfausbildung erhielten und bei Spielen in den Arenen zum Einsatz kamen. Von der Gunst des Publikums und der Laune des Veranstalters hing es ab, ob ein „Todgeweihter" nach einer Niederlage am Leben bleiben durfte.
Auf dem Lande teilten die Sklaven nicht nur das harte Los der Bauern. Sie arbeiteten unter Aufsicht und waren der Willkür der Verwalter ausgesetzt. Noch schlechter ging es denjenigen, die in den Bergwerken unter ungesunden Arbeitsbedingungen litten. Hier war die Todesrate besonders hoch.

Freigelassene. Für einen Teil der Sklaven ergab sich im Laufe ihres Lebens die Möglichkeit, ihr Schicksal zu verändern. Sie konnten sich nämlich selbst freikaufen. Voraussetzung dafür war, daß ihr Herr ihnen ein Einkommen bezahlt hatte. Andere wurden von ihren Herren freigelassen. Dafür konnte es verschiedene Gründe geben: Belohnung für Verdienste aber auch die Einsparung weiterer Versorgungskosten.
Vielleicht erkannte auch so mancher Sklavenbesitzer, daß gerade ein Freigelassener mehr nützen konnte als ein Sklave. Denn ein Freigelassener blieb seinem ehemaligen Herrn zu Gehorsam verpflichtet und mußte für ihn Aufgaben übernehmen. Freigelassene des Kaisers wurden vornehmlich in der Verwaltung eingesetzt. Da sie ihrem Patron, dem Kaiser, in der Regel treu und gehorsam dienten, erlangten sie oft mehr politischen Einfluß als manche Ritter und Senatoren.
Diese Freigelassenen waren bemüht, ihren alten Stand vergessen zu machen. Durch Fleiß brachten es viele von ihnen zu einem beträchtlichen Wohlstand, ja sogar zu Reichtum. Trotzdem erreichten sie nie das Ansehen von Freigeborenen. Erst ihre Kinder konnten den Makel der unfreien Geburt ablegen.

Seit dem 1. Jahrhundert v. Chr. gibt es viele Grabreliefs römischer Freigelassener. Unser Relief hat die Inschrift: Publius Servilius, Sohn des Quintus, Globulus, der Sohn; Q. Servilius, Freigelassener des Quintus, Hilarus der Vater; Sempronia, Freigelassene des Gaius, Eune, die Ehefrau. Es dokumentiert den Aufstieg vom Sklaven zum Freigelassenen 1. durch die Toga, das Gewand der römischen Bürger, 2. durch den Hinweis auf die rechtsgültige Ehe der Dargestellten (Pater = Vater, uxor = Ehefrau, f = filius = Sohn), die für Sklaven nicht möglich war, 3. dadurch, daß der Sohn mit der linken Hand seine Toga etwas auseinanderzieht, um eine an einer Kette befestigte Amulettkapsel (die „bulla") sehen zu lassen; sie wurde von freigeborenen Knaben getragen, bis sie die Männertoga anlegten.

1 Trier – eine römische Stadt

In der römischen Gesellschaft spielten Städte eine große Rolle: Sie verwalteten das umliegende Land; in ihnen konzentrierten sich Handel und Gewerbe; sie hatten eigene Kulte. Und viele Menschen waren stolz darauf, zu einer bestimmten Stadt zu gehören, waren stolz auf die Bauten ihrer Stadt, auf die Tempel, die Mauern. In der Stadt hatte man seinen festen Platz, kannte man viele Menschen. Kurz: die Stadt war für die meisten Bewohner des Römischen Reichs wichtiger als dieses Reich selbst.

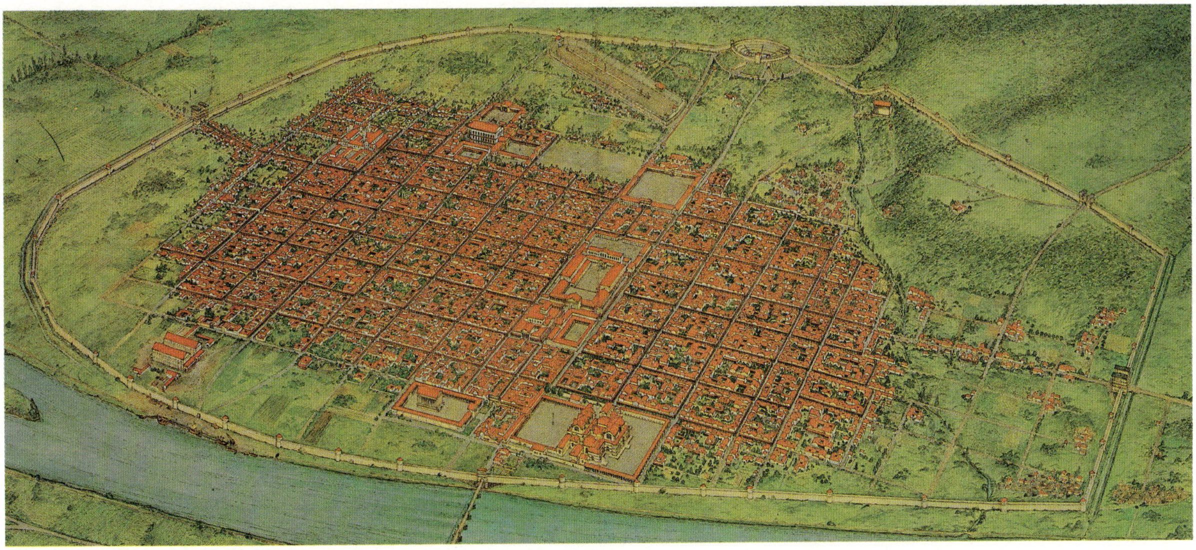

Modell und Plan der Stadt Trier (Augusta Treverorum)

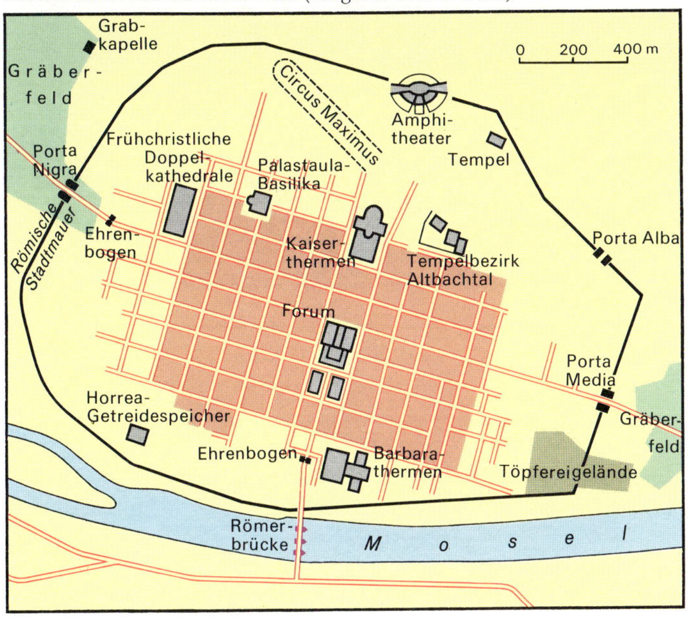

1 *Was fällt euch am Straßenplan der Stadt auf? Vergleicht den Verlauf der Straßen mit dem eurer Stadt. Könnt ihr Gründe für Unterschiede oder Ähnlichkeiten angeben?*

2 *Bildet Gruppen der eingetragenen Gebäude, die gleichen oder ähnlichen Aufgaben dienen (z. B. Verwaltung, Vergnügen). Gibt es auch in eurer Stadt Gebäude für solche Aufgaben?*

3 *Könnt ihr Gebäude oder Gebäudegruppen nennen, die für eure Stadt charakteristisch sind, aber im römischen Trier nicht auftauchen? (Wohnhäuser hat es auch in Trier gegeben – sie sind nicht eigens in den Plan eingetragen.)*

4 *Das römische Trier hatte wie viele andere Städte in der Antike eine Mauer. Moderne Städte haben keine Mauer mehr. Warum?*

2 Modell der Stadt Rom in der Kaiserzeit

1 Tiber
2 Circus Maximus
3 Palatin (Hügel, auf dem kaiserliche Paläste standen)
4 Wasserleitung
5 Colosseum
6 Thermen (Bäder)
7 Forum Augusti
8 Kapitol

1 *Vergleicht das Modell von Rom mit dem von Trier. Welche Gemeinsamkeiten und welche Unterschiede stellt ihr fest?*
2 *Worauf sind die Gemeinsamkeiten, worauf die Unterschiede zurückzuführen?*

3 Sklavenmarkt

1 *Beschreibt die Situation auf dem Bild.*
2 *Erklärt, warum die Lebensumstände der Sklaven häufig recht unterschiedlich waren.*

4 Wir alle sind „Mitsklaven“

Seneca, ein römischer Philosoph und Schriftsteller (1. Jahrhundert n. Chr.) schreibt seinem jüngeren Freund Lucilius, der der Sohn eines Freigelassenen ist:

Q Zu meiner Freude höre ich von denen, die von dir kommen, daß du freundlich mit deinen Sklaven umgehst. Das paßt zu deiner Klugheit, zu deiner Bildung. „Es sind doch nur Sklaven“, könntest du sagen. Nein, vielmehr Menschen. „Es sind doch nur Sklaven.“ Nein, vielmehr Hausgenossen. „Es sind doch nur Sklaven.“ Nein, nur im Rang niedrigere Freunde. „Es sind doch nur Sklaven.“ Nein, eher Mitsklaven, wenn du bedenkst, daß das Schicksal über sie und dich die gleiche Macht hat ... Immer wieder bringt man auch ein Sprichwort vor, das große Überheblichkeit zeigt: „Wie viele Sklaven, so viele Feinde.“ Die Sklaven sind aber nicht von Anfang an Feinde, wir machen sie dazu. Andere unmenschliche Grausamkeiten übergehe ich vorerst noch, daß wir sie z. B. nicht als Menschen, sondern als Lasttiere sehen ...
Bedenke doch, daß der, den du einen Sklaven nennst, den gleichen Ursprung hat wie du, daß sich über ihm derselbe Himmel wölbt, daß er die gleiche Luft atmet, so wie du lebt und stirbt! Du kannst in ihm ebenso einen Freien sehen wie er in dir einen Sklaven ...
Ich will mich nicht auf ein unerschöpfliches Thema einlassen und von der Behandlung der Sklaven sprechen, gegen die wir uns sehr hochmütig, grausam und unehrenhaft verhalten. Nur das will ich dir fest ans Herz legen: Behandle einen dir Untergebenen so, wie du von dem behandelt werden willst, der über dir steht. „Er ist ein Sklave“, so sagt man. Aber vielleicht ist er frei, was seinen Geist anbetrifft. „Er ist ein Sklave.“ Wird ihm das schaden? Zeig mir doch den, der kein Sklave ist! Der eine ist Sklave seiner Begierden, der andere der Habgier, der nächste Sklave seines Ehrgeizes; wir alle sind Sklaven der Hoffnung, der Furcht.

Seneca, Briefe 47.

1 *Welche Ratschläge erteilt Seneca seinem Freund?*
2 *Womit begründet Seneca seine Forderung, Sklaven nicht grausam zu behandeln?*
3 *Was meint Seneca, wenn er die Sklaven als „Mitsklaven“ bezeichnet?*

Wirtschaft, Handel und Verkehrswesen

Der Warenverkehr

Rom war mit über einer Million Einwohnern zur größten Stadt der Welt geworden. Eine wichtige und schwierige Aufgabe war es, all diese Menschen mit Lebensmitteln, vor allem mit Getreide für das tägliche Brot, zu versorgen. In der Stadt selbst und in den Villen der näheren Umgebung lebten auch die besonders reichen und vornehmen Leute, die nach verschiedenen Luxusartikeln und Delikatessen verlangten. Deshalb wurden Waren aus der ganzen Welt nach Rom gebracht: Getreide aus Sizilien, Ägypten, Nordafrika und Südfrankreich, Weine und Olivenöl aus Unteritalien, Griechenland und Spanien, Weihrauch und Elfenbein aus Arabien, Purpur aus dem Libanon, Edelmetalle aus Spanien und Britannien, Marmor aus Griechenland. Kurz: was in der damals bekannten Welt geerntet oder hergestellt wurde, konnte man in Rom kaufen.

Der Hafen Ostia. Diese Waren mußten alle in die Stadt gebracht werden, was mit Handelsschiffen noch am leichtesten zu bewerkstelligen war. An der Tibermündung lag Ostia, die alte römische Hafenstadt. Da sich die Flußmündung durch die Versandung im Laufe von Jahren immer weiter ins Meer hinausschob, mußten am Meer künstliche Häfen gebaut werden.

Während der Regierungszeiten der Kaiser Claudius und Trajan entstand ein geschütztes Hafenbecken, durch Kanäle mit dem Meer und dem Tiber verbunden. Um den Hafen herum bildete sich eine dicht besiedelte Stadt, in der reges Treiben herrschte: Viele Waren wurden in Speicherräumen gelagert, andere sofort über den Tiber zum römischen Stadthafen weiterverschifft.

In der Nähe des ehemaligen Stadthafens liegt heute der Monte Testaccio (Ziegelberg), der im Laufe der Zeit aus den Scherben von Transportgefäßen (Amphoren) gewachsen ist. Schon allein daraus können wir ersehen, in welchem Ausmaß damals der Handel blühte.

Verkauf von Waren. Teils wurden die Waren schon am Stadthafen verteilt, teils brachte man sie auf den zentralen Markt von Rom in der Nähe des Forum Romanum. Dort hat Kaiser Trajan am Hang des Quirinals eine Einkaufsstadt in Terrassenform anlegen lassen (Mercatum Traiani). Sie erstreckte sich insgesamt über fünf Ebenen und bestand aus Ladenstraßen und zahlreichen Geschäften. Um verderbliche Waren vor der Sonneneinstrahlung zu schützen, wurden eigens schattenspendende Gewölbe errichtet.

Besonderes Augenmerk galt der Einfuhr und Verteilung des Getreides. Ein Heer von Beamten sorgte dafür, daß dabei alles regelmäßig ablief, denn davon hing auch das Ansehen des Kaisers ab.

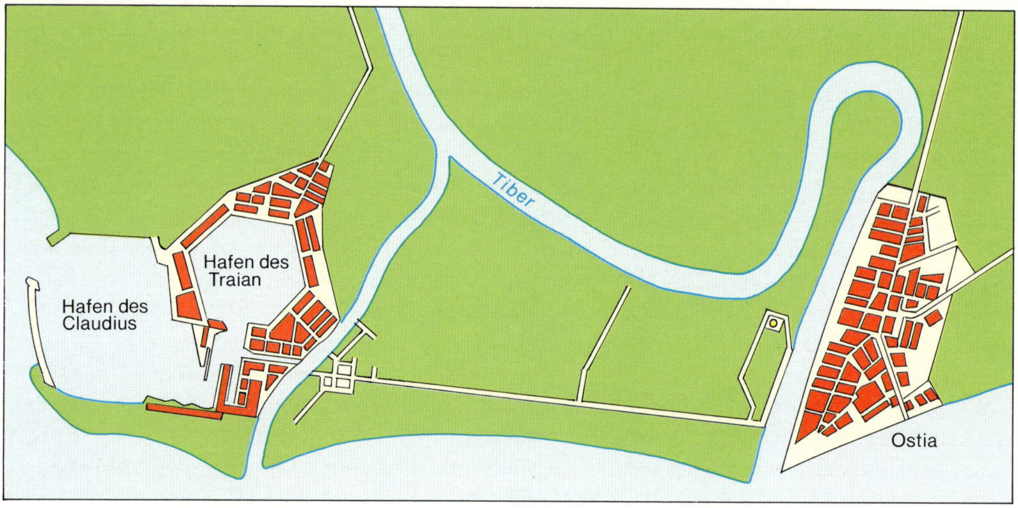

Ostia – Stadt und Hafen (Skizze)

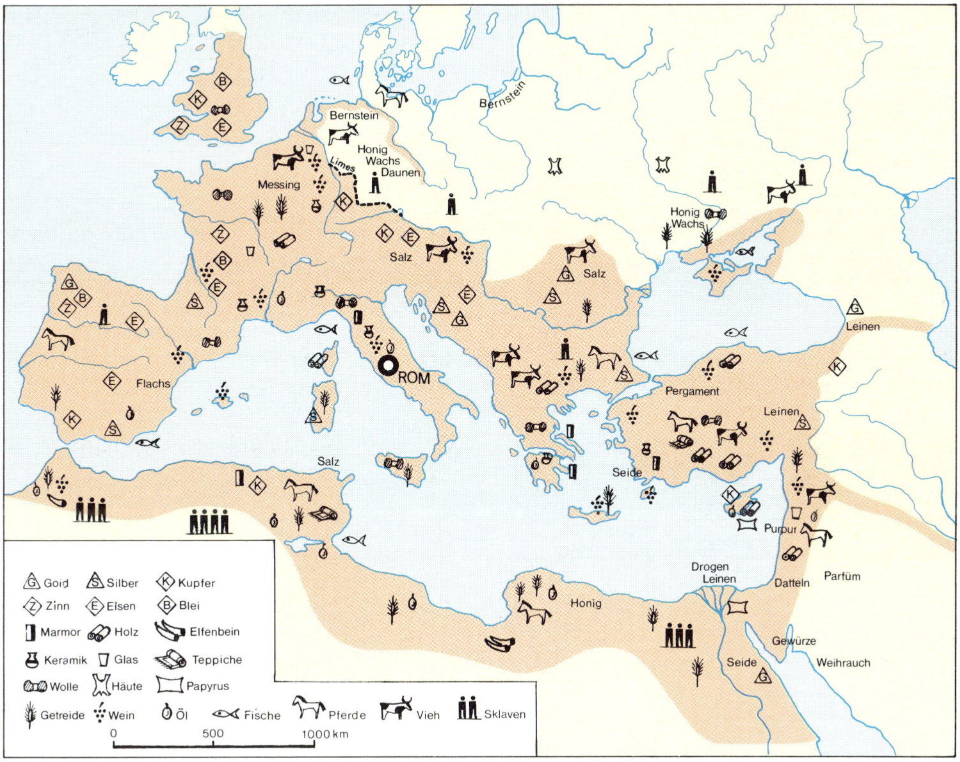

Produkte, die nach Rom geliefert wurden.

Die Landwirtschaft

Vom Umland kamen die Erzeugnisse, die in den Städten gekauft und verbraucht wurden. Der Großteil der Produkte stammte aus der Landwirtschaft, dem wichtigsten Wirtschaftszweig in der Antike. Etwa 80% der Bevölkerung arbeiteten in der Landwirtschaft.

Die Produkte. Das Hauptnahrungsmittel war Brot. Also kam dem Getreide eine besonders große Bedeutung zu, das in vielen Reichsteilen angebaut wurde. Was die Erträge angeht, so dürfen wir keinesfalls von heutigen Ernten ausgehen. Einen Großteil davon benötigten die Bauern für den eigenen Bedarf. Wein und Oliven standen auf dem Bedarfsplan ebenfalls weit oben: Wein war das wichtigste Getränk, oft billiger als Wasser. Olivenöl fand nicht nur als Speiseöl Verwendung, sondern wurde auch als Mittel zur Körperpflege geschätzt und war schließlich der wichtigste Brennstoff für Lampen.

Einkommensmöglichkeiten bot auch die Weidewirtschaft. Große Schafherden lieferten das Material zur Herstellung von Wolle und Tuchen.

Latifundien. Die Ländereien der Großgrundbesitzer, auf denen vorwiegend Viehzucht betrieben wurde, nennen wir *Latifundien*. Sie lagen größtenteils in Süditalien und Sizilien. Hirten waren nahezu ausschließlich Sklaven, die zum Schutz gegen wilde Tiere und Räuber Waffen trugen. Ein rauhes Leben!

Zu Erntezeiten wurde von den Sklaven und den Saisonarbeitern höchster Arbeitseinsatz gefordert. Um die Kosten für eigenes Arbeitspersonal zu sparen, verpachteten viele Großgrundbesitzer ihr Land.

Vom Leben der Bauern. Viel mußten die Bauern aus ihren Höfen herauswirtschaften, um überleben zu können! Der Eigenbedarf war zu decken: außer den Familienmitgliedern mußten vielleicht noch einige Sklaven versorgt werden. Daneben belasteten die Abgaben. Wurde etwas benötigt, was man selbst nicht herstellen konnte, mußten zunächst Produkte auf dem Markt verkauft werden, um das notwendige Geld für den Kauf zu haben.

Rekonstruktion einer römischen Bäckerei

Handwerk und Handel

Gewerbliche Arbeit war damals weit weniger bedeutend als heute. Viele Produkte wurden in den Haushalten hergestellt. So fertigten Frauen mit Hilfe ihrer Sklavinnen einen Teil der Kleidung an. Die meisten Handwerker stellten ihre Produkte vollständig selbst her, einzelne Arbeitsschritte wurden also nicht von verschiedenen Leuten ausgeführt. Außerdem waren die meisten Handwerksbetriebe recht klein. Die Herstellung bestimmter Waren in größeren Mengen war schon deshalb für viele nicht interessant, weil der Transport in weiter entfernt gelegene Gebiete sehr teuer gewesen wäre.

Wichtige Handwerkszweige. Neben den Tuchwalkern, die z. B. die Togen herstellten, waren die Töpfer und vor allem die Bäcker angesehene Handwerker. Alle Arbeitsvorgänge fanden in einem Raum statt. Das Getreide wurde zwischen zwei Mühlsteinen zerrieben, die meist von Sklaven gedreht wurden. Auf langen Tischen stellte man den Teig her, bevor die geformten Brote in einem vorgeheizten Ofen aus Ziegelsteinen gebacken wurden. Auch der Verkauf fand in diesem Raum statt.

Händler. Es gab zwei große Gruppen von Händlern: die Kleinhändler und die Fernhändler, die offenbar ein unterschiedliches Ansehen genossen. „Der Handel, wenn er Kleinhandel ist, ist für schmutzig zu halten; wenn er aber groß und umfangreich ist, indem er vieles von überall herbringt und vielen Leuten ohne Mogelei zuteilt, ist er nicht so tadelnswert." Dies bemerkte der römische Gelehrte und Politiker Cicero (1. Jahrhundert v. Chr.). Woher kam wohl diese unterschiedliche Einschätzung?

Die Kleinhändler kauften alle möglichen Waren von Fernhändlern und Herstellern und verkauften sie in der Nähe ihrer Wohnorte, in einem Verkaufsstand auf dem Markt oder sie zogen als reisende Händler mit einem Esel als Lasttier von Haus zu Haus. Menschen, die in abgelegenen Gebieten lebten, waren auf diese Versorgung angewiesen. Daß diese Hausierer hin und wieder ein „gutes Geschäft" machen wollten, läßt sich leicht verstehen.

Die Fernhändler lieferten Waren in größeren Mengen. Sie handelten mit Getreide, Wein und Produkten, die von entfernteren Gebieten kamen. Obwohl der Ausbau der Straßen im gesamten Römischen Reich vorangebracht wurde, bevorzugten die Fernhändler den Transport zu Wasser, da sie so mehr Waren befördern konnten. Die Küstenlinien des Mittelmeeres und die schiffbaren Flüsse wurden zu den wichtigsten Verbindungslinien.

Beliebt und verbreitet war die Terra sigillata, ein rötliches Tafelgeschirr aus Ton gebrannt, in das der Töpfer sein Namenszeichen eingestempelt hat.

1 Warentransport und Verkehr

1a *Relief des Hafens von Ostia*

Links läuft gerade ein Lastschiff in den Hafen ein, rechts wird eines entladen.

1b *Relief eines römischen Reisewagens*

1 *Welche Gründe veranlaßten die Römer, ein weit verzweigtes Straßennetz auszubauen?*
2 *Welche Umstände konnten den Warentransport zu Wasser erschweren? Warum kam der Handelsschiffahrt trotzdem eine erhebliche Bedeutung zu?*
3 *Der Warentransport ist auch in der Gegenwart nicht frei von problematischen Begleiterscheinungen. Versucht aktuelle Beispiele zu finden.*

2 Die Arbeit in der Landwirtschaft

2a *Römisches Relief*

2b *Der griechische Schriftsteller Georgios Drosinis beschreibt, wie am Ende des 19. Jahrhunderts in der Landwirtschaft gearbeitet wurde. Ganz ähnlich haben wir uns die Tätigkeiten in der Antike vorzustellen.*

Q Die Ernte gewährt eines der schönsten ländlichen Schauspiele; aber wenn sie auch einen erfreulichen Anblick gewährt, so ist sie doch durchaus keine erfreuliche Arbeit. Den ganzen Tag schaffen die armen Schnitterinnen unter den Strahlen der glühenden Sonne. Der Schweiß rinnt rieselnd über ihre Gesichter, die unter dem Sonnenbrande so schwarz und rauh werden, daß sie gegen Ende der Erntezeit fast unkenntlich sind. Sieht man ihre nackten Füße, die unaufhörlich auf rauhem Boden und scharfen und erhitzten Steinen herumtreten müssen – ihre Hände, die in einem fort mit den im Weizen wuchernden stachligen Gewächsen, wie Brombeeren und dergleichen, zu kämpfen haben und recht oft blutrünstig und aufgerissen daraus hervorkommen – und die ganze peinigende Haltung des Körpers in der dauernd gebückten Stellung – und das anfänglich anmutige Gemälde verwandelt sich in der Nähe in ein Bild, das einem fast das Herz abdrückt.

G. Drosinis, Land und Leute in Nord-Euböa, Übers. v. A. Boltz, Leipzig 1884, S. 21 f.

2c *Römisches Mosaik, Cherchell, Nordafrika*

1. *Welche Tätigkeiten eines Bauern bzw. eines Landarbeiters sind auf den Abbildungen dargestellt?*
2. *Was könnt ihr darüber sagen, wie man damals zu arbeiten hatte (vgl. dazu auch den Text 2 b)?*
3. *Stellt fest, wie die entsprechenden Arbeiten heute durchgeführt werden.*

Errungenschaften im Zeichen der Pax Romana

In der Zeit der Republik hatten die Römer viele Gebiete erobert. Die Aufgabe, diese Gebiet gerecht zu verwalten, konnten sie allerdings nicht zufriedenstellend lösen. Als sich nach den Machtkämpfen am Ende der Republik mit Kaiser Augustus ein Alleinherrscher durchgesetzt und damit der Wettbewerb unter den Senatoren um Macht und Einfluß ein Ende hatte, konnte auch eine einheitliche Politik gegenüber den Provinzen verfolgt werden.

Die Sicherung des Reiches

Rom hatte zwar viele mächtige Gegner besiegt, aber das riesige Reich war schwer zu regieren. Der Ostteil war mit dem Westteil nur durch Seewege verbunden, in vielen eroberten Gebieten, z. B. in Spanien oder Gallien, lebten kriegerische Stämme, die die Reichsgrenzen bedrohten.

Augustus setzte sich das Ziel, ein *zusammenhängendes Reichsgebiet* zu schaffen, das durch natürliche Grenzen gesichert sein sollte. Dieses Ziel hatte er schließlich weitgehend erreicht: Das Reich wurde vom Atlantik im Westen, von den afrikanischen Wüsten im Süden, vom Euphrat im Osten und von Donau und Rhein im Norden und Nordwesten abgegrenzt (siehe Karte S. 150). Lediglich der Versuch, die Reichsgrenze östlich des Rheins bis an die Elbe vorzuschieben, mißlang. Zwar waren germanische Stämme, die in diesem Raum siedelten, schon unterworfen, aber ein Aufstand unter dem Cheruskerfürsten Arminius führte zu einer bitteren Niederlage für die Römer. Daß die Germanenstämme im Jahre 9 n. Chr. im Teutoburger Wald diesen überraschenden Erfolg erreichen konnten, hat man zuweilen mit einem besonderen Freiheitsstreben der Gemanen erklärt.

Die Nachfolger von Augustus haben das Reich nur noch an wenigen Stellen ausgedehnt. Unter Kaiser Claudius kam Britannien zum Reich und unter Kaiser Trajan dann Dakien, ein großer Teil des heutigen Rumänien. Die nachfolgenden Kaiser, Hadrian und Antoninus Pius, begnügten sich damit, die Grenzen abzusichern.

Römischer Legionssoldat (Rekonstruktion, 1. Jahrhundert nach Chr.)

Die Grenzsicherung

Um in dem riesigen Reich die Grenzen zu sichern, waren umfassende Maßnahmen erforderlich. Kaiser Augustus und seine Nachfolger legten deshalb darauf einen besonderen Wert: Sie schufen riesige Befestigungsanlagen, schütteten Wälle auf, bauten Türme und Mauern oder errichteten Palisaden. Eine dieser Grenzbefestigungen stellt der Limes dar. Reste von Mauern und Wällen finden sich nicht nur in Süddeutschland, sondern z. B. auch in Nordengland.

Grenzbefestigungen des Römischen Reiches

Erst im Laufe mehrerer Jahrhunderte wurde aus dieser Grenze, an der alle 500 Meter ein Wachturm stand, der voll ausgebaute *Limes*, eine 2 bis 3 Meter hohe Steinmauer, oft auch nur ein massiver Holzzaun, hinter dem sich Graben und Wall befanden.

Angriffe an diesen Grenzen abzuwehren, war eine Aufgabe des Heeres, das deshalb in der Nähe stationiert wurde. Die größeren Einheiten, *Legionen* mit einer Stärke von ca. 6000 Mann, lagen in grenznahen Festungen. Kleinere Einheiten, sogenannte Hilfstruppen (500-1000 Mann), befanden sich in den zahlreichen *Kastellen* unmittelbar entlang der zu sichernden Grenze.

Das Heer beschränkte sich aber nicht nur auf die militärischen Aufgaben. Die Soldaten bauten ihre Festungen und Kasernen selber. Sie bearbeiteten auch dazugehörende Äcker, um die Versorgung sicherzustellen. Um den Transport zu verbessern, legten sie sogar Straßen und Kanäle an. So lag es nahe, daß in der Nähe von militärischen Festungen Siedlungen entstanden, die in vielen Fällen zu großen Gemeinden heranwuchsen. Manche dieser Siedlungen unterstanden der Verwaltung durch das Heer, weil sie unmittelbar die Versorgung der Soldaten zu gewährleisten hatten. Einige wurden durch kaiserliche Anordnung selbständig und erhielten das Stadtrecht.

In diesen Orten ließen sich auch Soldaten nieder, die nach Ablauf ihrer Dienstzeit in den Grenzgebieten bleiben wollten. Auf diese Weise bildeten sich viele bedeutende Orte, bis schließlich das gesamte Reich mit einem Netz von Städten überzogen war, in denen sich ein reges Leben entfaltete. Bedeutende Siedlungen entstanden u. a. an Rhein und Donau (z. B. Köln und Regensburg). Die Hauptstadt im süddeutschen Raum wurde Augusta Vindelicum (Augsburg).

Friedenspolitik

Vergil, ein Dichter in der agusteischen Zeit, forderte von den Römern „Ordnung zu stiften durch Frieden“. Augustus hat diese Forderung zur Leitlinie seiner Politik gemacht: Die Einweihung des Friedensaltars des Kaisers Augustus (Ara Pacis Augustae), auf dem die kaiserliche Familie in einer feierlichen Opferprozession dargestellt ist, war im Jahre 9 n. Chr. sichtbares Zeichen für den Willen, das Römische Weltreich friedlich zu regieren. Die Idee des Weltfriedens war damit geboren. Mehreren Generationen blieb die bittere Erfahrung des Krieges erspart, die Vorstellung von einem Weltfrieden war also nicht nur eine Idee.

Um den Staat im Inneren zu sichern, wurden Berufsbeamte eingesetzt, die dem Kaiser einen Eid schwören mußten und ihm persönlich verantwortlich waren. Dabei war es nicht nur den Mitgliedern einer bestimmten Gruppe möglich, in den kaiserlichen Dienst zu treten. Sogar Freigelassene konnten jetzt Beamte werden. Dies hatte zur Folge, daß die ungerechte Behandlung der Provinzen ein Ende nahm. War es bisher so gewesen, daß die Provinzen ausschließlich für den Reichtum Roms und das Vermögen von Statthaltern genutzt wurden, so verteilte sich nun der Wohlstand allmählich im ganzen Reich.

Romanisierung der Provinzen

Diejenigen, die durch Unterwerfung in das Römische Reich gelangt waren, nannte man *Peregrinen* oder *Provinzialen*. Zu dieser großen Gruppe gehörten Bürger griechischer Städte ebenso wie ägyptische Bauern, nordafrikanische Beduinen ebenso wie syrische Händler oder gallische Krieger. Sie alle besaßen zunächst kein Bürgerrecht, wodurch sie von den Römern abgegrenzt waren. Das war eine rein rechtliche Abgrenzung. Eine Verachtung wegen der Zugehörigkeit zu einem bestimmten Volk oder wegen der Hautfarbe gab es allerdings nicht.

Der Dienst im Heer eröffnete nun auch dieser Gruppe die Möglichkeit, selbst Römer zu werden. Die Hilfstruppen waren in der Regel aus Nichtrömern zusammengesetzt. Die Peregrinen und Provinzialen, die 20 Jahre lang Militärdienst ableisteten, erhielten dafür das römische *Bürgerrecht*, das zugleich für ihre Nachkommen galt.

Der untere Teil der Trajanssäule. Dargestellt sind Szenen aus dem 1. Dakischen Feldzug Trajans.

Von unten nach oben:

1. Reihe:	Das römische Heer überschreitet die Donau (als Flußgott personifiziert) auf einer Schiffsbrücke.
2. Reihe:	Trajan überwacht den Bau eines Lagers.
3. Reihe:	Reiter und Fußsoldaten vor dem Aufbruch aus dem Lager.
4. Reihe:	Die Römer setzen eine dakische Siedlung in Brand; dakische Gesandtschaft vor Trajan.

Der Pont du Gard stellt eines der besterhaltenen Zeugnisse dar, die die Römer in Frankreich hinterließen. Dieser Aquädukt wurde während der Regierungszeit des Augustus erbaut.

Auf diesem Wege sind viele nicht nur mit der lateinischen Sprache, der militärischen Ordnung und Lebensweise der Römer vertraut, sondern vollständig *romanisiert*, d. h. in den Kreis der Römer aufgenommen worden.

Ganzen Städten wurde schließlich das Bürgerrecht verliehen. Bald waren diese Neu-Römer auch in der Führungsschicht zu finden, sie wurden Senatoren, Konsuln und Statthalter. Sogar die höchste Stelle im Staat blieb ihnen nicht verschlossen: So stammte z. B. der spätere Kaiser Septimius Severus aus Afrika.

Das Reich wurde zunehmend vereinheitlicht, es gab keine unterdrückten Provinzbewohner mehr, sondern nur noch Mitglieder des Reiches.

Den Endpunkt dieser Entwicklung stellt ein Gesetz des Kaisers Caracalla dar, mit dem im Jahre 212 n. Chr. allen Bewohnern des Reiches das Bürgerrecht zuerkannt wurde. Trotzdem blieb Rom noch lange die beherrschende Hauptstadt!

Technische Leistungen

Mit der Friedenssicherung ging eine Steigerung des Wohlstandes einher. In Rom selbst war das daran zu erkennen, daß nun Marmor zum bevorzugten Baumaterial wurde. Aber nicht nur die Verschönerung von Bauwerken war ein erklärtes Ziel, auch sanitäre Anlagen wurden errichtet. Die Reinigung des Tiberbettes und die Errichtung einer Kanalisation nutzten in erster Linie der Gesundheit der Stadtbewohner.

Keinesfalls nur hygienischen Zwecken dienten die bekannten Wasserleitungen, die während der Kaiserzeit entstanden: Brücken mit großen Rundbogen wurden errichtet, die das Wasser über Niederungen führten. Weit über 50 Kilometer lang waren die Leitungen, die dann in Verteileranlagen mündeten. Die leistungsfähigsten Leitungen sollen über 2000 Liter in der Sekunde gefördert haben! Die Aqua Virgo, unter Kaiser Augustus erbaut, speist noch heute die Fontana di Trevi, den wohl berühmtesten Brunnen Roms.

Leben in Pompeji

Pompeji war eine der vielen Provinzstädte, in denen reges wirtschaftliches und kulturelles Leben den Alltag bestimmte. Warum ist gerade Pompeji wie keine andere römische Stadt in die Geschichte eingegangen?
Im Jahre 62 n. Chr. wurde die Stadt durch ein Erdbeben weitgehend zerstört. Die Häuser stürzten ein, ebenso die Tempel, Triumphbögen und mächtige Statuen. Die Wasserleitungen waren zerbrochen, wodurch die Löscharbeiten erschwert wurden. Brände entstanden durch umstürzende Öfen. Lediglich der Wasserturm hielt den Erschütterungen stand. So blieb der Stadt wenigstens eine Überschwemmung erspart.
Daß die Überlebenden ihre Angst vor einer unsicheren Zukunft überwanden, verdient besondere Beachtung, denn in der Provinz Kampanien waren damals Erdbeben keine Seltenheit. Mit Energie gingen die Bürger an den Wiederaufbau ihrer Stadt. Ein großes Laren-Heiligtum und ein Vespasians-Tempel sollten gleichsam Sühneopfer sein und weitere Zornausbrüche der Götter verhindern helfen. Beim Aufbau der Häuser wurde besonders darauf geachtet, daß die Fassaden ihre früheren Formen erhielten. Mit kräftigen Farben wurden sie bemalt.
Bei der Restauration von Säulen wandten die Pompejianer eine neue Technik an: Die zusammengesetzten Teile wurden mit Blei ausgegossen und danach auf Sockeln befestigt. Straßenzüge wurden wieder hergestellt und die Wasserversorgung mußte gesichert werden, denn auf funktionsfähige Brunnen in ihren Häusern verzichteten viele Bürger nur ungern.
Auf dem Forum konzentrierten sich die Arbeiten auf die Instandsetzung der Thermen. Der Besuch des Bades spielte im Leben der Bürger nach wie vor eine wichtige Rolle.
Wichtig erschien es zudem, die Arena und die beiden Theater herzurichten, um für ein begeisterungsfähiges Publikum regelmäßig Vorführungen zu ermöglichen. Die Privatleute renovierten die Schenken und Imbißstuben, in denen sich die Menschen trafen und unterhielten. Handwerksbetriebe und Läden waren wieder eingerichtet, größtenteils moderner als vor der Katastrophe von 62 n. Chr.
Mancherorts war Pompeji noch eine Baustelle, als das Ende der Stadt im Jahre 79 n. Chr. kam. Als Vorboten des Vesuvausbruchs waren immer wieder Erdstöße registriert worden, bevor am 24. August ein Aschen- und Bimssteinregen – begleitet von einem starken Erdbeben – Pompeji bedeckte. In der Stadt erlosch in kürzester Zeit alles Leben. Viele sind noch kurz vor der Katastrophe aus der Stadt geflohen, andere dachten lange, daß sich das Beben bald wieder beruhigen werde und traten die Flucht zu spät an. Mehr als 2000 Menschen sind ums Leben gekommen.
Plinius der Jüngere hat den Ausbruch miterlebt und das Geschehen in einem Brief aus seiner Sicht geschildert. Erstaunlich, daß trotz dieses Dokuments das Schicksal Pompejis über Jahrhunderte hinweg kaum jemanden interessierte. Erst vor etwa 250 Jahren fingen Archäologen an, die Stadt auszugraben. Ihre Entdeckungen geben einen einmaligen Einblick in das Leben einer römischen Stadt.

Ladenschild der Walkerei des Vecilius Verecundus aus Pompeji.
1. Jahrhundert n. Chr.
Links und halbrechts Wollkämmer am Arbeitstisch, in der Mitte Färber am Kocher, rechts der Geschäftsinhaber mit der fertigen Ware.

1 Rom aus eigner und aus fremder Sicht

1a *Aus dem Tatenbericht des Augustus (14 n. Chr.):*

Q Der Bevölkerung von Rom habe ich pro Kopf dreihundert Sesterzen auf Grund des Testaments meines Vaters zuteilen lassen und in meinem Namen in meinem fünften Konsulat (29 v. Chr.) je vierhundert Sesterzen aus Mitteln der Kriegsbeute gegeben; ein zweites Mal habe ich während meines zehnten Konsulats (24 v. Chr.) aus meinem Erbgut pro Kopf vierhundert Sesterzen ausbezahlt und in meinem elften Konsulat (23 v. Chr.) zwölf Getreidespenden zuweisen lassen, wobei das Getreide mit meinen eigenen Mitteln angekauft worden war ... Den Ansiedlern unter den Soldaten habe ich in meinem fünften Konsulat (29 v. Chr.) aus der Kriegsbeute pro Mann je tausend Sesterzen gegeben; diese anläßlich des Triumphs ausbezahlte Geldspende haben in den einzelnen Städten etwa hundertzwanzigtausend Menschen empfangen ...
Den kapitolinischen Tempel und das Theater des Pompeius, beide Bauwerke ließ ich mit großem Aufwand wiederherstellen, ohne daß irgend eine Inschrift mit meinem Namen angebracht wurde. Die Wasserleitungen, die an vielen Stellen bereits Altersschäden aufwiesen, habe ich wiederherstellen lassen, und die sogenannte Aqua Marcia durch Zuleitung einer neuen Quelle zu ihrem Strang in ihrer Leistung verbessert. Das Forum Julium und die zwischen den Tempeln des Castor und Saturn gelegenen Basilika, deren Bau von meinem Vater begonnen und fast vollendet worden war, habe ich fertiggestellt, und als dieselbe Basilika durch einen Brand vernichtet wurde, habe ich sie mit vergrößertem Grundriß unter dem Namen meiner Söhne zu bauen begonnen, wobei ich anordnete, daß sie, sofern ich sie zu meinen Lebzeiten nicht mehr fertigstellen könnte, durch meine Erben vollendet würde ...
In meinem siebten Konsulat (27 v. Chr.) ließ ich die Via Flaminia von der Stadt Rom bis hin nach Arminium erneuern, sowie sämtliche Brücken mit Ausnahme der Mulvischen und der Minucischen....
Dreimal habe ich in meinem eigenen Namen Gladiatorenspiele veranstaltet und fünfmal in dem meiner Söhne und Enkel; bei diesen Spielen kämpften etwa zehntausend Menschen. Zweimal bot ich dem Volk ein Schauspiel mit von überall herbeigeholten Athleten in eigenem Namen, ein drittes Mal im Namen meines Enkels ... Das Schauspiel einer Seeschlacht veranstaltete ich für das Volk jenseits des Tiber an der Stelle, wo jetzt der Hain des C. und L. Caesar liegt; dafür mußte der Grund in der Länge von tausendachthundert Fuß und tausendzweihundert Fuß in der Breite ausgeschachtet werden. Bei dieser Gelegenheit fuhren dreißig mit Rammspornen versehene Schiffe, Drei- oder Zweiruderer, und eine noch größere Anzahl von kleineren Schiffen aufeinander los; auf diesen Flotten kämpften ungefähr dreitausend Mann, abgesehen von den Ruderknechten.

E. Weber, Augustus, München 1975, S. 23 ff.

1b *Nordbritannische Stämme sind von Rom angegriffen worden. Einem ihrer Anführer legt der römische Historiker Tacitus folgende Worte in den Mund:*

Q Feindlicher als die Natur sind die Römer; vor ihrem überheblichen Machtanspruch flieht man vergebens, da helfenweder blinder Gehorsam noch Zurückhaltung. Die Römer, diese Räuber des Erdkreises, durchstöbern jetzt die Meere, nachdem ihnen, die alles verwüsteten, keine neuen Länder mehr zur Verfügung stehen. Wenn der Feind reich ist, dann sind sie habgierig, ist er arm, geht es ihnen um Ruhm. Weder der Orient noch der Okzident wird sie je zufriedenstellen. Sie allein von allen Menschen nehmen mit der gleichen Gier reich und arm für sich in Anspruch. Stehlen, Töten, Rauben, – das nennen sie mit einem falschen Wort Herrschaft, und Frieden nennen sie es, wenn sie eine Wüste hinterlassen.

Tacitus. Agricola 30, 3 f.

1. *Erstellt eine Auflistung mit den Leistungen, die Augustus für das römische Volk erbrachte.*
2. *Welche Rolle übernimmt Augustus im Staat? Erscheinen all seine Maßnahmen als gerechtfertigt?*
3. *Welche Eigenschaften werden den Römern von dem Anführer des britannischen Stammes zugeschrieben?*

Die Römer in Bayern

Keltische Siedlungen in Bayern

Aus einer Zeit, in der die Römer dabei waren, ihre Mittelmeerherrschaft auszubauen, stammen die ersten Berichte über die *Kelten*, die auch im süddeutschen Raum siedelten.
Keinesfalls lebten die Kelten in unbefestigten Dörfern und in Häusern ohne Inneneinrichtung wie das der römischen Schriftsteller Polybios behauptete. Vielmehr bauten die Kelten ebenfalls Städte (Oppida), die sie mit mächtigen Wehranlagen umgaben.
Die größte Keltenstadt im süddeutschen Raum befand sich in Manching (südlich von Ingolstadt). Auch die Reste zahlreicher Viereckschanzen (mit einem Erdwall umgebene Kultplätze) beweisen die Anwesenheit der Kelten im süddeutschen Raum.
Funde belegen, daß in den Werkstätten von keltischen Töpfern, Schmieden und Bronzegießern Produkte von höchster Qualität hergestellt wurden. Auch die Eisenverhüttung und die Salzsiederei war den Kelten bereits bekannt.
Obwohl die Kelten kulturell und wirtschaftlich einen erstaunlichen Entwicklungsstand erreicht hatten, wurde ihre Kultur unter dem Druck der Germanen und Römer im 1. Jahrhundert v. Chr. weitgehend zerstört.

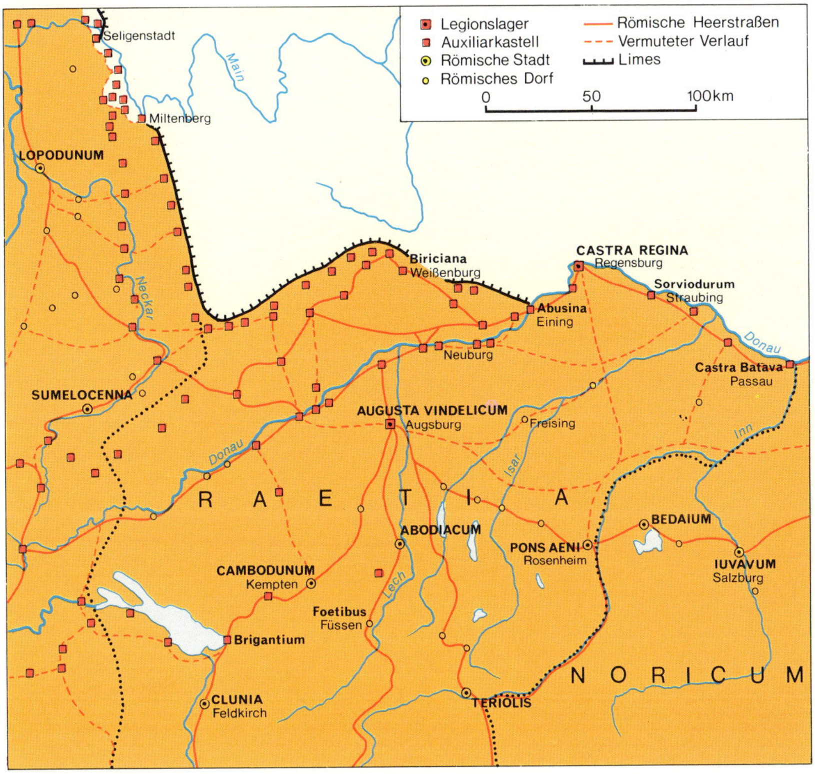

Der Limes und die Provinzen Raetien und Noricum

Die Donau als Reichsgrenze

Als Kaiser Augustus im Jahre 14 n. Chr. starb, hatte er sein Ziel aufgegeben, ganz Germanien zu unterwerfen. Dabei waren die Voraussetzungen dafür gar nicht so ungünstig gewesen. Caesar hatte bereits Gallien erobert, womit der Rhein zum Grenzfluß des Reiches geworden war. Die Stiefsöhne des Augustus, *Drusus* und *Tiberius*, brachten 15 v. Chr. das *Alpenvorland* unter römische Herrschaft: Die Raeter und Vindeliker wurden in einer Schlacht am Bodensee entscheidend geschlagen. Wer von den Besiegten für den Militärdienst noch tauglich war, wurde in römische Hilfstruppen aufgenommen. Anders verhielt sich das Königreich Noricum: Ohne Widerstand zu leisten, schloß es sich dem übermächtigen Gegner an.
Ausgehend von Rhein und Donau sollte nun Germanien bis zur Elbe erobert werden, was schließlich der Statthalter *Quintilius Varus* verwirklichte. Daß dennoch die Donau die Reichsgrenze wurde, lag vor allem am Erfolg der Germanenstämme, die 9 n. Chr. in der Gegend des Teutoburger Waldes unter Arminius (vgl. S. 149) drei Legionen aufrieben. Auch Varus selbst wurde getötet. Tief beeindruckt von diesem Ereignis hinterließ Augustus seinem Nachfolger Tiberius den Rat, an der Donau die Nordgrenze des Reiches auszubauen.

Die Absicherung des Alpenvorlandes

Unmittelbar nach den Erfolgen des Drusus und Tiberius errichteten die Römer in dem gewonnenen Gebiet zunächst keine Provinzen. Vielleicht bestand nach wie vor die Hoffnung, die Reichsgrenze weiter nach Norden verschieben zu können. Versuche zur Unterwerfung Germaniens unter Kaiser Tiberius zeigen ebenfalls den Willen der Römer, sich mit dem Erreichten noch nicht zufrieden zu geben. Aber erneute Mißerfolge führten schließlich dazu, daß sich die Haltung der Römer veränderte.

Die Provinzen Raetien und Noricum. Kaiser Claudius begann damit, die im Norden gewonnenen Gebiete in das Reich einzugliedern. So wurde aus dem ehemaligen Königreich Noricum eine Provinz. Sonderrechte und die weitgehende Selbständigkeit, die Rom im Jahre 15 n. Chr. nach dem freiwilligen Anschluß gewährt hatte, fielen damit weg. Die übrigen Gebiete wurden zur selbständigen Provinz Raetien.

Die Provinzen wurden von einem *Procurator* verwaltet, der unmittelbar dem Kaiser unterstellt war. Dieser Procurator befehligte auch die Truppen, die in der jeweiligen Provinz stationiert waren. Hauptstadt der Provinz Raetien wurde Augsburg (*Augusta Vindelicum*). Dort wurden zwei Legionen (1200 Mann) untergebracht. Das Leben in der Stadt wurde weitgehend von diesen Legionssoldaten bestimmt. Um die Stadt rasch und sicher erreichen zu können, wurde von Norditalien eine gut ausgebaute Fahrstraße errichtet, die Via Claudia.

Um die Wehrkraft zu verbessern, wurden die Holzwachttürme am Limes durch steinerne Wachtürme ersetzt.

Straßenposten und Kastelle. An Flußübergängen und Straßenkreuzungen richteten die Römer sogenannte Straßenposten mit einer Besatzung bis zu 100 Mann ein. Wie die Legionssoldaten waren Straßenposten in einfachen Holzbaracken untergebracht.

Auch die Kastelle entlang der Donau dienten dem Zweck, die Sicherheit zu erhöhen. Sie boten bis zu 1000 Infanteristen und Reitern Platz. In der Regel befand sich im Zentrum der Kastellanlage ein großzügig gestaltetes Gebäude, das dem Kommandanten vorbehalten war. Darum gruppierten sich Waffen- und Vorratskammern, Mannschaftsbaracken und Stallungen. Auch ein Lazarett durfte nicht fehlen. Als Standorte wählten die Römer Plätze, die sich leicht verteidigen ließen und den Blick in die Weite ermöglichten.

Die Grenze zwischen Rhein und Donau. Ebenso wie an der Donau, so wurden auch die Befestigungen am Rhein zu wichtigen Umschlagplätzen von Waren. Kaiser Vespasian und dessen Sohn Domitian ließen zwischen den großen Strömen eine künstliche Grenze ziehen: Oberhalb von Castra Regina (Regensburg) begann der *rätische Limes*, der über Weißenburg bis nach Lorch führte, von wo der *obergermanische Limes* bis Andernach am Rhein reichte. Ungefähr 550 Kilometer war diese Grenze lang. Während der obergermanische Limes zunächst aus einem einfachen Flechtwerk bestand, sicherten den raetischen Limes nur Kastelle. Kaiser Hadrian ließ aber ab 120 n. Chr. auch hier eine durchgehende Befestigung in Form von Holzzäunen erbauen. In der Regierungszeit Caracallas (211 – 217 n. Chr.) erfolgte eine erneute Verstärkung der Grenze: Eine gewaltige steinerne Mauer ersetzte nun die hölzerne Befestigung.

Unmittelbar hinter dem Limes bauten die Römer ein verzweigtes Straßennetz aus, das rasche Truppenbewegungen erlaubte, aber auch den Handel begünstigte.

Bei dieser Bronzestatuette des Merkur handelt es sich um eine von 17 Götterstatuetten des Weißenburger Schatzfundes. Auf keltische Einflüsse weist der Silberhalsring hin.

Römische Kultur und Zivilisation in Bayern

Auch wenn heute in erster Linie die militärischen Anlagen an die Römer in Bayern erinnern, so darf man nicht verkennen, daß mit den römischen Soldaten auch Kultur, Kunst und Zivilisation der Römer in das Land nördlich der Alpen kamen. Die Schatzfunde aus der jüngsten Vergangenheit beweisen das. Besonderes Aufsehen erregte im Jahre 1979 der Schatzfund von *Weißenburg*: Beim Anlegen eines Spargelbeetes stieß ein Privatmann in seinem Garten auf einen Tempelschatz mit insgesamt 156 Einzelteilen. Ganz abgesehen von dem hohen künstlerischen Wert der einzelnen Teile läßt sich anhand des Fundes nachweisen, daß es zwischen den Römern und der einheimischen Bevölkerung zu einem kulturellen Austausch gekommen war. Auf einigen der 20 Bronzegefäße ist die keltische Pferdegottheit Epona dargestellt. Keltische Vorstellungen haben also auch römische Künstler beeinflußt.

Neben den Schatzfunden legen die Reste von Thermen die Vermutung nahe, daß sich die Römer in der Provinz Raetien heimisch einrichteten. In Städten wie *Kempten* (Cambodunum) gab es sogar eine Thermenstraße, aber auch in Kastellen und Gutshöfen wurde dem Bad ein zentraler Platz eingeräumt. Die Thermen in den größeren Ansiedlungen waren öffentliche Einrichtungen und dienten zur Entspannung sowohl der Soldaten als auch der Bürger. Man muß sich die Thermen als Treffpunkte vorstellen, an denen die Leute zusammenkamen und über alle möglichen Dinge sprachen und Meinungen austauschten. Die Errichtung von Badeanlagen erforderte einen hohen technischen Aufwand, handelte es sich dabei doch um Anlagen mit mehreren Räumen.

Weniger die Größe als vielmehr die kunstvolle Ausstattung überrascht, bei den Bädern in römischen *Luxusvillen* untersucht. Während römische Luxusvillen wie in Westerhofen im süddeutschen Raum (siehe S. 159) selten sind, finden sich in der Nähe von Lagern oder Kastellen häufig Gutshöfe (villae rusticae), die für die wirtschaftliche Versorgung der römischen Hilfstruppen äußerst wichtig waren. An der Ausstattung der Gutshöfe läßt sich ersehen, daß die Römer viele Errungenschaften mit in die Provinzen brachten:

Brunnen wurden gegraben, um die Wasserversorgung sicherzustellen, Backöfen baute man, Räucherkammern legte man an, und sogar Getreidedarren (Trocknungsanlagen) wurden eingerichtet. Da vielfach die benötigten Baumaterialien unmittelbar dort hergestellt wurden, wo man sie auch brauchte, brannte man z. B. in speziellen Öfen Dach- und Heizungsziegel.

Die Hauptgebäude der Gutshöfe waren wie die Badeanlagen mit Heizungen ausgestattet: In Hohlräume unter dem Fußboden und in Wänden wurde warme Luft geleitet, die schließlich die Zimmer erwärmte.

Aber nicht nur einzelne Gutshöfe wurden in unmittelbarer Nähe der Lager und Kastelle aufgebaut. Häufig entstanden Dörfer (vicus), in denen Angehörige der Lagerbesatzung, aber auch Handwerker und Händler wohnten. In unmittelbarer Nähe des Römerkastells in *Pfünz* fand man bei Ausgrabungen die Reste von 137 römischen Bauten, darunter sogar zwei Tempel, von denen einer dem Gott Jupiter Dolichenus geweiht war, den die Soldaten im Donauraum besonders verehrten.

1 Römische Kastelle in Bayern

1a *Nordtor des Kastells Pfünz bei Eichstätt*

1b *Rekonstruktion des Alenkastells in Weißenburg*

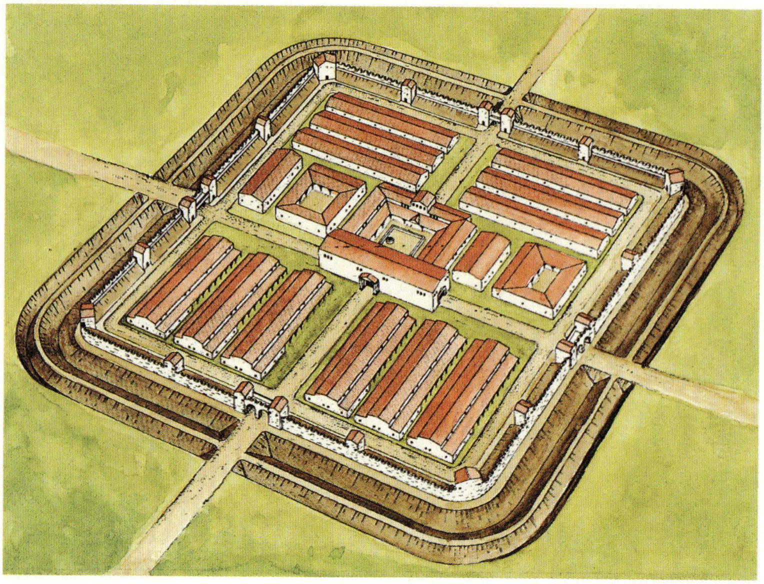

1 *Welche einzelnen Gebäude gehörten zu einem Kastell?*
2 *Wodurch unterscheiden sich moderne Häuser von römischen Bauten? Gibt es auch Gemeinsamkeiten?*
3 *Warum sind in der Nähe von Kastellen häufig römische Gutshöfe oder Lagerdörfer entstanden?*

2 Luxus und Technik

2a *Luxusvilla in Westerhofen (Grundriß)*

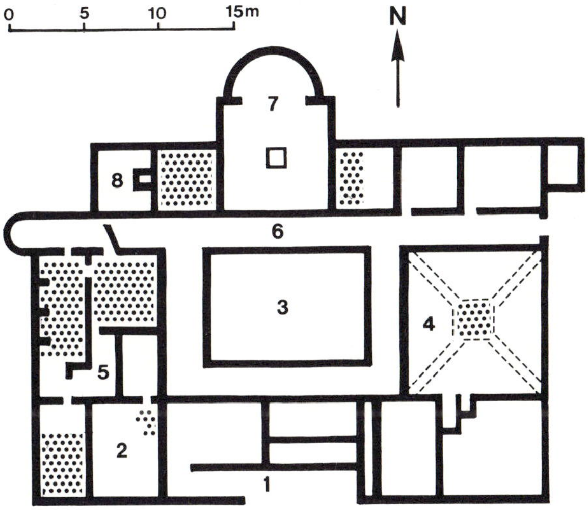

1 Eingang und Vorhalle,
2 Schreibzimmer,
3 Hof,
4 Schlafgemach,
5 Badeanlage,
6 nördl. Quergang,
7 Prunkraum mit Mosaikfußboden,
8 Küche

2b *Rekonstruktion einer Ecke des Warmwasserbeckens in einer Thermenanlage*

Neben dem Warmwasserbecken gehörten zur Thermenanlage ein Kaltbad, Laubad und Schwitzbad; außerdem eine Gymnastikhalle.

Mosaikdarstellung im Prunkraum

1. *Woraus kann man schließen, daß es sich bei der Anlage im Westerhofen um eine Luxusvilla handelte?*
2. *Welchem Zweck könnte die Luxusvilla gedient haben?*
3. *Versucht zu erklären, warum die Römer auf Badeanlagen so großen Wert legten.*
4. *Welche Voraussetzungen waren erforderlich, um eine derartige Badeanlage erbauen zu können?*

Gründung Roms

Ausbreitung über Italien

Rom als Weltstadt

Kaisertum

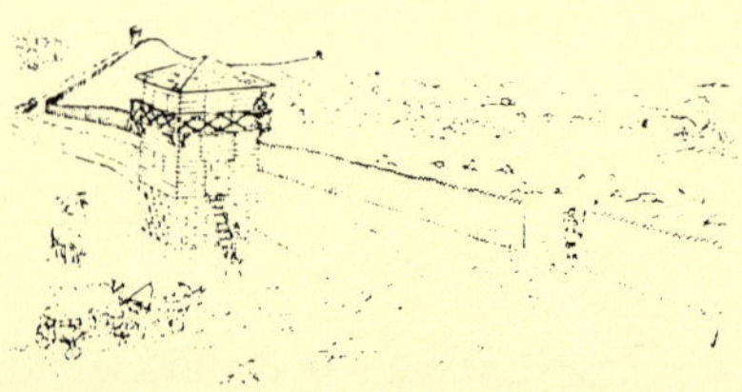
Grenzsicherung

Die Stadt *Rom* wurde ***753 v. Chr.*** gegründet, dies berichtet uns eine Sage. Sicher ist, daß etwa um ***500 v. Chr.*** die etruskischen Könige vertrieben wurden und eine ***Republik*** (res publica) entstand.

Imposant ist der Aufstieg Roms zur Herrin der damaligen Welt: Zunächst geraten die unmittelbaren Nachbarn in Abhängigkeit. Gegen die Kelten erleiden die Römer allerdings eine schmerzliche Niederlage. Bei äußerer Bedrängnis übertrugen die Römer einem ***Diktator*** für höchstens 6 Monate die oberste Befehlsgewalt.

Nach drei *Punischen Kriegen* (264-146 v. Chr.)

- der erste dauerte 23 Jahre,
- beim zweiten (***218-201 v. Chr.***) stand Hannibal vor den Toren Roms,
- nach dem dritten wurde Karthago zerstört,

hatte Rom ***Mitte des 2. Jahrhunderts*** die ***Herrschaft im Mittelmeerraum*** erreicht.

Im Inneren ist die Entwicklung nicht minder bewegt:

- Hohe Staatsämter (z. B. das Amt des ***Konsul***) konnten nur ***Patrizier*** bekleiden.

  Im Verlauf der ***Ständekämpfe*** (4. Jahrhundert v. Chr.) erstreiten sich die ***Plebejer*** immer mehr Rechte. Volkstribunen vertreten ihre Interessen, der ***Senat*** und die Magistrate als Vertretung der ***Patrizier*** können keine unabhängige Politik mehr betreiben.
- Das 1. Jahrhundert v. Chr. bezeichnen wir als Jahrhundert der ***Revolutionen***. Nach Reformversuchen kommt es zu Bürgerkriegen. Einzelne erkämpfen sich immer mehr Einfluß und Macht.

  Der ***Übergang zur Monarchie*** beginnt sich abzuzeichnen. ***44 v. Chr. wird Caesar ermordet.***

Augustus *war der erste Kaiser des Römischen Reiches.* In der Zeit um ***Christi Geburt*** versuchte er, mit einer Friedenspolitik das Weltreich zu regieren.

Die ***Romanisierung*** der ***Provinzen***, die früher z. T. ausgebeutet worden waren, führte dazu, daß römische Kultur und Zivilisation z. B. auch im süddeutschen Raum heimisch wurden. Vor allem Reste des ***Limes*** erinnern an die Römer in Bayern.

Feuer am Limes

Das Römerlager an der rätisch-alamannischen Grenze glich einem Ameisenhaufen. Die gesamte Ala (Reiterabteilung) – tausend Reiter mit Offizieren und Unteroffizieren – war alarmiert. Jeder hatte zu tun: mit Kommandieren und Antreiben, mit Saubermachen, Pferdestriegeln, Ausbessern der Befestigungsmauern, Polieren der Waffen und Rüstungen. Schmücken des Fahnenheiligtums und mit dem Abtransport des Eigentums des Kommandanten aus dem Verwaltungsgebäude...

Die Offiziere brüllten die Unteroffiziere an, die Unteroffiziere die Mannschaften; und mancher Legionär dachte, was er nicht auszusprechen wagte: Die Brüller können leicht brüllen, weil sie nicht zupacken müssen. O Götter, stopft ihnen die Mäuler!

Und warum der Betrieb?

Drohte ein alamannischer Angriff?

Nein. Kein Wächter am Limes – der Grenzmauer, die das römisch besetzte Rätien gegen das Gebiet der Alamannen abschirmte – hatte in Horn oder Kriegstrompete gestoßen. Drüben war es ruhig. Von der Plattform der Türme aus, die sich über die Steinmauer erhoben, konnten die Wächter weit in die Runde spähen. Die Türme im Limes standen auf Sichtweite. Hatten sich die Kelten im besetzten Rätien gegen die römischen Herren erhoben?

Nein. Auch diesseits der Mauer war kein Aufbegehren. Ganz im Gegenteil. Die Kelten, die mit den Familien der römischen Soldaten und anderen Römern in der Siedlung hinter dem Kastell wohnten, arbeiteten genauso geschäftig wie diese. Sie säuberten Gassen und Wege, schmückten ihre Häuser und legten Festtagsgewänder bereit. In manche Nischen wurden Götterstatuen gestellt: römische und keltische und manche Figuren, von denen niemand wußte, welche Gottheiten sie darstellten...

Aufregung und Putzfimmel hatte ein Eilbote ausgelöst, der auf schäumendem Pferd ins Lager galoppiert war und Kunde aus Rom gebracht hatte: „Der neue, von Kaiser Decius ernannte Kommandant und seine Gemahlin sind aus der Hauptstadt aufgebrochen. Zwanzig Reiter unter dem Befehl eines Centurio begleiten sie. Der Reisekutsche folgen drei Lastwagen mit schwerem Gepäck; jeder von vier Gäulen gezogen, die in den Militärstationen an der großen Heerstraße regelmäßig ausgewechselt werden. Ich wurde vorausgeschickt, um zu melden, wieviel Platz der neue Kommandant für sich, seine Begleitung und den Troß benötigt und daß er größten Wert auf militärische Ordnung und Sauberkeit legt ..."

Deshalb der Rummel.

Das Militärlager, die Gutshöfe, die Wohn- und Geschäftshäuser, die öffentlichen Bäder – „Thermen" hießen sie in der Sprache der Römer –, die kleineren Kastelle, die dichter am Limes standen, und die Wachttürme in der Grenzmauer wurden auf Hochglanz gebracht.

Einer der wenigen, die der gefürchteten Sippschaft aus Rom gelassen entgegensahen, war der alte, nun scheidende Kommandant des Kastells: der Präfekt Antonius Cornelius Tuditanus.

Er war ein sehr annehmbarer Kommandant gewesen und hatte seine Leute nie unnötig gehetzt. Der Beiname Tuditanus – „der Hammerschädel" – paßte gar nicht zu ihm. Er hatte ihn von einem Vorfahr übernommen, dessen Stirnbein angeblich stärker als ein germanischer Hammer gewesen war. Der Hammerstiel, hieß es, sei beim Zuschlagen abgebrochen, der Schädel des Großvaters heil geblieben ...

Seit einigen Jahren liebte der Präfekt die Bequemlichkeit. Aufgeregtes Getue war ihm zuwider geworden. Jetzt freute er sich auf Rom, wo er als Pensionist gemütlich weiterzuleben gedachte.

Rom lag weit entfernt von den unberechenbaren Alamannen jenseits des Limes, die sich lange Zeit ruhig verhielten, um dann plötzlich loszuschlagen. Es waren Überfälle und keine Kriege; aber es gab nie richtigen Frieden an dieser verdammten Mauer ...

Da stieß der Posten auf einem Wachtturm am Limes in die Kriegstrompete. Einmal lang – dreimal kurz – einmal lang – dreimal kurz – lang – kurz.

„Achtung!" hieß das. „Gefahr! Bei den Alamannen tut sich was!" Die Wache im nächsten Vorkastell nahm das Signal auf und gab es weiter an das Hauptlager, das der Präfekt Tuditanus befehligte ... Von immer mehr Wachttürmen schmetterte die Warnung ins rätische Land: „Alamannengefahr!"

Entnommen aus: Josef Carl Grund, Feuer am Limes, Loewes Verlag, Bindlach, [3]1986.

5. Die Verwandlung der Mittelmeerwelt

Auf dem Höhepunkt seiner Ausdehnung umfaßte das Römische Reich die gesamte Mittelmeerwelt sowie zahlreiche angrenzende Gebiete in Europa, Afrika und Asien. Den Menschen dieser Zeit war es unvorstellbar, daß dieses Reich einmal zerfallen könnte; seine Macht schien von unabsehbarer Dauer zu sein. Gegen Ende des 4. Jahrhunderts n. Chr. jedoch begann eine Entwicklung, an deren Ende die Mittelmeerwelt verwandelt war. Das Römische Reich, wie es Jahrhunderte bestanden hatte, existierte nicht mehr.

Eine Völkerwanderung von riesigem Ausmaß erschütterte fast zwei Jahrhunderte lang ganz Europa. Die alte Ordnung zerbrach, Unsicherheit prägte das Leben der Menschen. Die Unsicherheit und Gefährdung dieser Zeit spiegeln sich auch im Leben einzelner Menschen wider. Ganz besonders deutlich wird die Not dieser Zeit im Lebenslauf der Galla Placidia.

Als jüngstes Kind des Kaisers Theodosius I. wurde sie um das Jahr 392 n. Chr. geboren. Ihre ersten Lebensjahre verbrachte sie in Konstantinopel in der Obhut christlicher Erzieherinnen. Als Tochter des Kaisers schien sie ein wohlbehütetes sorgloses Leben zu erwarten. Das Gegenteil trat ein. Nach dem Tode ihres Vaters, sie war noch ein Kind, folgte sie ihrem Bruder Honorius in die westliche Hälfte des geteilten Römischen Reiches, nach Ravenna. Arcadius, der andere Bruder, blieb als Herrscher im Osten. Mit 16 Jahren wurde sie mit dem Sohn des Stilicho verlobt. Stilicho, aus dem germanischen Stamm der Wandalen, war Feldherr im römischen Heer und Vormund des Honorius. Noch bevor es zur Heirat kam, ließ Honorius ihren Verlobten jedoch ermorden.

Galla Placidia zog nach Rom und mußte miterleben, wie die Stadt zwei Jahre später von den Westgoten erobert und geplündert wurde. Alarich, der König der Westgoten, nahm Galla Placidia gefangen und verschleppte sie als Geisel. Als er in Süditalien starb, war sein Nachfolger Athaulf bereit, sie für 54 000 Hektoliter Weizen freizugeben, doch ihr Bruder, Kaiser Honorius, weigerte sich. So mußte sie bei den Westgoten bleiben, als diese Italien wieder verließen und über Südfrankreich nach Spanien zogen. In Narbonne heiratete Athaulf sie, Galla Placidia war nun Königin der Westgoten. Doch auch Athaulf wurde ermordet, Galla Placidia galt wieder als Kriegsgefangene, bis sie endlich gegen eine Weizenlieferung freikam. In Ravenna mußte sie auf Geheiß ihres Bruders erneut aus politischen Gründen eine Ehe schließen: sie heiratete Constantius, den Mitkaiser ihres Bruders. Als dieser gleichfalls nach wenigen Jahren starb, kam es zu Auseinandersetzungen mit ihrem Bruder, und sie wurde mit ihren Kindern nach Konstantinopel verbannt. Erst nach dem Tode des Honorius konnte sie zurück in das Westreich. Da ihr Sohn Valentinianus, der dem Honorius als Kaiser nachfolgen sollte, noch ein Kind war, übernahm sie für ihn die Regentschaft. Daß sie aus so vielen Bedrohungen und Gefährdungen immer wieder glücklich errettet wurde, dankte sie Gott durch den Bau vieler prachtvoller Kirchen.

Im Leben der Galla Placidia, das so viele Notlagen und Gefahren kannte, verkörpert sich das Schicksal des Römischen Reiches in dieser Zeit. Zahlreiche germanische Stämme, Goten, Wandalen, Langobarden u. a., hatten die Grenzen des Römischen Reiches überschritten, Städte und Dörfer zerstört, waren seßhaft geworden, wieder weitergezogen, um schließlich irgendwo auf römischem Boden eigene Reiche zu errichten.

Das große Römische Reich wurde geteilt. Rom, die Hauptstadt des Weltreiches, das Symbol der römischen Macht, wurde erobert. Neue Hauptstädte wurden bestimmt.

Am Ende dieser Epoche entstand ein weiterer neuer und machtvoller Staat: das islamische Reich der Araber. Wie kam es dazu? Weshalb verließen die germanischen Stämme ihre Heimat und begaben sich auf Wanderschaft? Warum gelang es dem römischen Heer nicht mehr, die Grenzen des Reiches zu sichern und Rom zu schützen? Mußte das Römische Reich geteilt werden? Woher kamen die Araber; woher rührte ihr Eroberungsdrang, worauf gründete ihre Schlagkraft?

Mit all diesen Fragen wird sich das folgende Kapitel befassen.

Galla Placidia mit ihren Kindern Valentinian III. (links) und Honoria (rechts).

Veränderungen im römischen Kaiserreich

Krisen und Reformen

Kaiser Augustus hatte keinen leiblichen Sohn. Deshalb sollte Agrippa, sein enger Vertrauter und Schwiegersohn, die Nachfolge antreten. Doch Agrippa starb frühzeitig. So wurde der Weg frei für Tiberius, den die zweite Frau des Augustus, Livia, mit in die Ehe gebracht hatte.

Herrscherdynastien und Adoptivkaiser

Tiberius, Stiefsohn des Augustus, stammte aus dem Geschlecht der Claudier. Deshalb nennt man ihn und seine Nachfahren Kaiser der *claudischen Dynastie*. Einer dieser Kaiser war *Nero*. Mit seinem Namen verbinden wir die Vorstellungen von einem größenwahnsinnigen Herrscher, der durch ungerechte Entscheidungen das Vertrauen des Volkes gegenüber dem Kaiser, das unter Augustus aufgebaut worden war, zerstörte. Durch eine maßlose Verschwendungssucht, die schon bei *Caligula*, einem seiner Vorgänger, zu beobachten war, gefährdete Nero auch die Staatskasse. Er ergötzte sich an Grausamkeiten, sprach willkürlich Todesurteile aus und scheute selbst vor Anstiftung zu Verbrechen nicht zurück. Wieviel Achtung verdient da ein Mann wie der Philosoph *Seneca*, der mit seinem aufrichtigen Eintreten für Gerechtigkeit versuchte, das Übel am Hofe Neros in Grenzen zu halten! Aber er konnte nicht verhindern, daß Nero seine Mutter und seine Frau umbringen ließ. Auch Seneca trieb er in den Tod, weil ihm in seiner Umgebung Leute zuwider waren, die selbständig dachten und ihn als Sänger und Schauspieler nicht bewunderten. Den Brand der Stadt Rom im Jahre 64 n. Chr., eine Katastrophe ungeheueren Ausmaßes, bringt man mit Nero in Verbindung. Rasch entstand das Gerücht, er selbst habe in seinem *Caesarenwahn* das Feuer legen lassen, um den Untergang Trojas nacherleben und besingen zu können.

Zuverlässige militärische Befehlshaber verhinderten in dieser Zeit, daß die Krise des Kaisertums zum Zusammenbruch des Reiches führte.

Nach dem Tod Neros im Jahre 68 n. Chr. versuchte der Senat die Nachfolge zu regeln, doch entscheidend war

Kaiser Nero

inzwischen das Heer geworden. Militärführer aus verschiedenen Provinzen ließen sich zu Kaisern ausrufen. Bürgerkriege waren die Folge. Am Ende langer Streitigkeiten und Kämpfe wurde *Vespasian* Kaiser. Damit war die Dynastie der *Flavier* (69-96 v. Chr.) an die Herrschaft gelangt.

Auf die flavische Dynastie folgten die sogenannten Adoptivkaiser (98-180 n. Chr.). Das bedeutet, daß die jeweiligen Kaiser, die keine leiblichen Erben hatten, einen aus ihrer Sicht geeigneten Staatsmann adoptierten und damit für die Nachfolge bestimmten. Dieses Vorgehen erwies sich als vorteilhaft. Unter dem Adoptivkaiser *Trajan* erreichte Rom die größte Ausdehnung überhaupt. Der von ihm adoptierte Verwandte aus Spanien, der spätere Kaiser *Hadrian*, sorgte für eine kulturelle Blüte im Römerreich. Man nannte ihn einen „zweiten Perikles", womit seine Hochachtung vor der griechischen Kultur zum Ausdruck gebracht wird. Der letzte in der Reihe der Adoptivkaiser war *Mark Aurel.* Die Beschäftigung mit der Frage nach einer sinnvollen Lebensgestaltung erschien ihm wichtiger als die Durchführung erfolgreicher Feldzüge.

Die Soldatenkaiser

Kaiser *Commodus*, Mark Aurels Sohn, wollte als Gladiator mit Löwenfell und Keule die Bewunderung seiner Zeitgenossen erlangen. Er war nicht in der Lage, die sich verschärfende politische Krise des Reiches zu lösen.

Zwar gab es nach wie vor sehr reiche Leute, nämlich Besitzer von großen Höfen oder Betrieben, aber Handwerker, Tagelöhner und Sklavenarbeiter bildeten eine breite Unterschicht. Deren Lebensunterhalt mußte immer mehr durch staatliche Unterstützung gesichert werden. *Brot und Spiele* (panem et circenses) kosteten viel Geld, erschienen den Kaisern aber als dringend notwendig, um den inneren Frieden des Reiches zu sichern. Weil in Rom gegen die Krise keine Lösung gefunden wurde, kämpften Führer von Legionen um den Kaisertitel, der dadurch zusehends an Wert verlor. Die Zeit der Soldatenkaiser wurde so auch zu einer Zeit der *Bürgerkriege*. Mehr als 80 verschiedene Herrscher gab es im 3. Jahrhundert. Unter ihnen waren Heerführer aus entlegenen Provinzen wie Maximinus Thrax (aus Thrakien) oder Philippus Arabs (aus Arabien). Der römischen Kultur standen diese Kaiser fremd gegenüber.

Eine Krise ohne Ende

Die Lebensgeschichte *Caracallas* fügt sich nahtlos in das Bild der Zeit: Unmittelbar nach der Machtübernahme ließ er seinen Bruder und Mitregenten ermorden. Fünf Jahre später wurde er selbst ermordet. Mit der *Verleihung des Bürgerrechtes* an alle freien *Provinzbewohner* im Jahre 212 n. Chr. versuchte Caracalla, den inneren Frieden im Reich zu sichern. Rechtlich waren damit die *Provinzialen* zu Römern geworden. In Rom ließ Caracalla eine luxuriöse Thermenanlage mit Spielsälen, Ausstellungsräumen und Geschäftsstraßen bauen. Aber dieser Versuch, den Menschen einen gewissen Luxus zukommen zu lassen, verminderte die Probleme nicht.

Ein Großteil der Silber- und Goldmünzen war durch den Kauf vieler Produkte in außerrömische Gebiete gekommen und wurde dort gehortet. Einen Beweis dafür liefern Münzfunde z. B. in Island oder Ostasien. Wegen des Mangels an Gold und Silber prägte man Münzen mit geringerem Metallwert, deshalb gingen viele Menschen wieder zur Form des Tauschhandels über. Vor allem der Handel wurde erschwert und ging zurück. Dadurch verlor der Staat hohe Steuereinnahmen.

Schon zu Lebzeiten ließ sich Kaiser Hadrian ein Mausoleum bauen. Später wurde es als Kastell in die Befestigung der Stadt einbezogen. Heute heißt dieses Gebäude Engelsburg. Während einer Bittprozession gegen die damals in Rom wütende Pest im Jahre 590 n. Chr. erschien dem Papst auf der Spitze des Mausoleums ein Engel, der das Ende der Seuche angekündigt haben soll.

In dieser Zeit bedrohten Germanen und Perser die Reichsgrenzen im Norden und Osten. Auch die Kastelle am Limes wurden von germanischen Stämmen vernichtet. 233 n. Chr. ging z. B. das Kastell Pfünz unter: Der Ansturm der Alamannen kam für die Lagerbesatzung so überraschend, daß sogar die Wachposten keine Gelegenheit mehr fanden, ihre Schilde zu ergreifen. Im Brandschutt fand man Reste von Schilden, die an die Außenwand der Kastellmauern gelehnt waren.

Diokletian und seine Mitkaiser Maximian, Galerius und Constantius

Die Reformen Diokletians

Diokletians (284-305 n. Chr.) Ziel war es, die Krise zu beenden und für sichere Verhältnisse zu sorgen.

Der Dominat. Zunächst mußte er versuchen, die Macht des Kaisers zu stärken. Bisher waren die Kaiser als „principes" gleichsam die ersten Bürger des Staates und ließen Reste der republikanischen Staatsform bestehen. Jetzt wurde der Senat völlig entmachtet. Die Bürger wurden zu Untertanen, die ihrem Herrn (*Dominus*), dem Kaiser, unterworfen waren. Der Kaiser befahl, und die Bürger hatten zu gehorchen.

Allein das Auftreten des Kaisers sollte zeigen, wie weit er dem Volke entrückt war. Wenn sich Diokletian „Jovius" (Sohn des Jupiter) nannte, so kommt damit zum Ausdruck, daß er sich mehr den Göttern als den Menschen zugehörig fühlte. Prunkvoll war seine Kleidung: an Seide, Purpur und Goldbrokat wurde nicht gespart. Juwelen schmückten die Krone, die der Kaiser jetzt statt des Diadems trug. Auf ein feierliches Hofzeremoniell legte der Kaiser größten Wert. Zahlreiche Würdenträger begleiteten ihn, wenn er zu Audienzen schritt. Wollten sich Untergebene dem Kaiser nähern, so mußten sie sich vor ihm auf den Boden werfen und seine Füße küssen.

Kaiser und Mitkaiser. Diokletian erkannte, daß das gesamte Reich von einer einzigen Zentrale aus nicht mehr zu kontrollieren war. Was lag da näher als eine Teilung des Reiches in Verwaltungsbezirke. Vier Teile, *Präfekturen*, erschienen Diokletian ausreichend. Von den vier Präfekten sollten die beiden älteren den Titel Augustus führen, womit ihr Vorrang zum Ausdruck gebracht wurde. Die beiden jüngeren nannten sich Caesaren. Diese Viererherrschaft, die *Tetrarchie*, sollte dem Schutz des Reiches dienen, die Verwaltung erleichtern und die Nachfolge sichern. Natürlich war der Erfolg dieser Maßnahme abhängig vom guten Einvernehmen der Herrscher. Deshalb hatte Diokletian seine Mitregenten mit Bedacht gewählt: *Maximian* residierte in Mailand. Afrika und Italien waren ihm zugeteilt. *Galerius* hatte die Provinzen an der Donau zu verwalten und *Constantius* verblieben Britannien und die westlichen Provinzen Gallien und Spanien. *Diokletian* reservierte sich den Ostteil des Reiches. Als Residenz diente ihm Nicomedia in Kleinasien.

Rom war keine Kaiserstadt mehr. Um der stadtrömischen Bevölkerung entgegenzukommen, ließ Diokletian in Rom die größte aller Thermenanlagen errichten. Mit einer Politik, die nicht frei von Zwangsmaßnahmen war, wollte Diokletian die Staatskrise beenden. So wurde z. B. den Bürgern der Umzug in eine andere Stadt oder der Wechsel des Berufes verboten. Mit einem Preisedikt (301 v. Chr.) wurden für alle Waren und Produkte Höchstpreise festgesetzt. Aber der gewünschte Erfolg blieb aus. Denn trotz Androhung strengster Strafen hielten sich viele Händler nicht an die festgesetzten Preise, so entwickelte sich ein *Schwarzer Markt*. Das Angebot auf den öffentlcien Märkten ging dagegen immer mehr zurück.

Das Christentum im Römischen Reich

Als ein römischer Hauptmann während eines Festes den Degen fortwarf und nicht mehr an den Opferfeierlichkeiten für den Kaiser teilnehmen wollte, hatte er eine folgenschwere Entscheidung getroffen. Weil er sich auch fortan weigerte, Götter aus Holz oder Stein anzubeten, und in Christus seinen einzigen und wahren König sah, wurde er zum Tode verurteilt. Man warf ihm vor, den Fahneneid gebrochen und lästerliche Worte gesprochen zu haben.

Ergeht es den Christen wie den Juden?
Bevor der Konflikt zwischen den Christen und dem römischen Staat dramatische Ausmaße annahm, hatte die Konfrontation zwischen Juden und Römern bereits zu tragischen Ereignissen geführt. Unerbittlich hatten die Juden es abgelehnt, einen Allmachtanspruch des römischen Kaisers anzuerkennen. Die Vorstellungen der Juden von ihrem Gott unterschieden sich grundsätzlich von der Religion der Römer. Ausgeprägt war die Gesetzestreue der Juden, und die Zehn Gebote stellten für sie auch eindeutige Grundlagen für das Leben im Staat dar. Für sie war ein Kniefall vor dem Kaiserbild unmöglich.
An die Spitze des jüdischen Widerstands gegen die Römer stellten sich die Zeloten, die sogenannten „Eiferer". Mit Gewalt gingen sie gegen alles Römische vor. Schließlich gelang es ihnen, die Bergfestung Massada am Toten Meer zu besetzen. Ein erster römischer Versuch, die Aufständischen zu unterwerfen, schlug im Jahre 66 n. Chr. fehl. Aber die schmerzliche Niederlage der Römer in der Schlucht von Beth Horon hatte für die Juden verheerende Folgen. Titus, der Sohn des Vespasian, belagerte im Jahre 70 n. Chr. die Stadt Jerusalem und konnte sie nach langer Gegenwehr erobern. Wertvolle Tempelgeräte wurden geraubt, bevor die ganze Befestigung in Flammen aufging. Ein Großteil der Stadtbevölkerung wurde hingerichtet, andere brachte man als Sklaven nach Rom. Mit einem Triumphzug führte Titus den Römern seinen Erfolg vor Augen: die Tempelschätze wurden präsentiert, jüdische Sklaven folgten dem Zug, den ein Relief auf dem Titusbogen darstellt. Im Bewußtsein des jüdischen Volkes blieben diese Vorgänge lange lebendig.

Römische Soldaten tragen den im Tempel von Jerusalem erbeuteten siebenarmigen Leuchter fort.

Die Bergfestung Massada, eine letzte Zuflucht der jüdischen Zeloten, konnten die Römer erst drei Jahre später überwältigen. Zuvor legten sie unter größten Mühen eine künstliche Erdrampe an, um auf das Felsplateau zu gelangen. Unmittelbar vor der Einnahme der Festung begingen die Juden Selbstmord. Dieses Verhalten darf man nicht so verstehen, als hätte es den Juden an Überlebenswillen gefehlt. Sie wollten aber ihren Feinden nicht in die Hände fallen.
Auf den Trümmern der Stadt Jerusalem entstand die Römerstadt Aelia Capitulina, die zu betreten den Juden strengstens verboten war.
Der jüdische Feldherr *Bar Kochba* hat wenige Jahrzehnte nach der Zerstörung des Tempels einen letzten Aufstand gegen die Römer angeführt, der einer halben Million Juden das Leben kostete und scheiterte.
Für viele überlebenden Juden begann die zweite *Diaspora,* eine Zeit der Verbannung aus dem „Gelobten Land", die nahezu 2000 Jahre dauerte. Jerusalem blieb aber auch während der Diaspora die Glaubenshauptstadt der Juden.

Das Christentum breitet sich aus

Zunächst sahen die Römer in den Christen nichts anderes als eine jüdische Sekte. Hatte der Begründer dieser Glaubensgemeinschaft, Jesus Christus, nicht in Judäa gelehrt? Stammten nicht auch seine ersten Anhänger von dort? Weil aber Jesus als *Messias* bezeichnet wurde und sich selbst Sohn Gottes nannte, beschuldigten ihn die Juden, daß er Gott beleidige. Vor dem Statthalter der Provinz, *Pontius Pilatus*, klagten sie ihn der Gotteslästerung an. Jesus von Nazareth wurde zum Tod am Kreuz verurteilt.

Die ersten Christen. Die Jünger Jesu bildeten in Jerusalem die erste christliche Gemeinde, eine Gemeinschaft von Getauften. In Rom kümmerte man sich um diese Vorgänge zunächst nicht weiter. Und so scheuten die Christen die Öffentlichkeit nicht.

Die Apostel begannen damit, als „Sendboten" die neue Lehre zu verbreiten, zuerst in Palästina, bald aber auch in anderen Provinzen des Reiches. Schließlich führte ihre Missionstätigkeit die *Apostel Petrus und Paulus* auch nach Rom, wo sie viele Menschen zum christlichen Glauben bekehrten.

Darin ist ein großer Unterschied zwischen der jüdischen und der christlichen Religion zu sehen. Die jüdische Religion blieb an das Volk der Juden gebunden, die christliche Religion sprach alle Menschen an, gleichgültig welcher Kulturgemeinschaft sie angehörten.

Die neue Religion gibt Antworten. Überall, wo Christen auftraten, zogen sie viele Menschen in ihren Bann. In der christlichen Lehre fanden sie die Antworten auf die Fragen, die viele von ihnen bewegten: Woher kommt der Mensch und wohin geht er? Gibt es ein Weiterleben nach dem Tod? Auf derartige Fragen hatte die römische Religion* keine Antworten gegeben. Eine „Heilige Schrift", ein Vermächtnis, das von der barmherzigen Liebe Gottes kündet und den Gläubigen Heil zusagt, gab es weder in der griechischen noch in der römischen Religion. Man opferte den Göttern nach dem Grundsatz „Ich gebe, damit du mir gibst". Hatte man ein bestimmtes Anliegen, wandte man sich damit an den zuständigen Gott: an den Gott für Aussaat und Ernte, für Ehe und Geburt, für Krieg, Rechtsprechung und Politik. Aber eine Beziehung des einzelnen zu einem Gott kam nicht zustande.

Daß es ein großes Bedürfnis der Menschen nach einer persönlichen Frömmigkeit gab, zeigt die Bereitschaft vieler, das Christentum anzunehmen. Die römische Religion wurde diesem Bedürfnis nicht gerecht. Verschiedene Kulte, die in der Regel aus dem Osten kamen, fanden kurzzeitig Anklang, weil sie den Menschen die Hoffnung auf ein Leben nach dem Tod vermitteln wollten. Der Kult des Lichtgottes *Mithras* versprach z. B. Unsterblichkeit unter der Voraussetzung, daß strenge Lebensregeln eingehalten wurden.

Unvergleichbar stärker als die Wirkung dieser verschiedenen Kulte war die Anziehungskraft der christlichen Religion. Die Gebote der Nächstenliebe, der Brüderlichkeit und der Demut begeisterten Menschen aller Bevölkerungsschichten. In der christlichen Gemeinde galt jeder als „Nächster", ob er nun Mann, Frau, Sklave oder Senator war. Die christliche Vorstellung, daß Gott ein Mensch geworden, für die Menschen gestorben und wieder auferstanden war, erfüllte die Gläubigen mit großer Hoffnung auf ewiges Leben. Das waren Glaubensinhalte, denen keiner der unzähligen Götter am römischen Götterhimmel gerecht werden konnte.

Christus als guter Hirte. In der Antike sind Opfernde häufig in ähnlicher Weise dargestellt worden. Die christliche Darstellung geht also auf eine ältere Tradition zurück (Malerei aus der Priscilla-Katakombe, 2. Jahrhundert).

Zwischen Duldung und Verfolgung

Die Christen erschienen vielen Römern verdächtig, weil sie ihr Leben nach anderen Grundsätzen einrichteten. Sie trafen sich in Privathäusern zu Gebet und Gottesdienst. Öffentlichen Festen und dergleichen blieben sie fern. Die heidnischen Götter lehnten sie ab und verehrten nur ihren *einen Gott*.

Verdächtigungen und ihre Folgen. Als im Jahre 64 n. Chr. die Stadt Rom tagelang brannte, beschuldigte Nero die Christen der Brandstiftung. Verdächtiger erschien indes vielen Kaiser Nero selbst. Aber für ihn bot sich die Möglichkeit, durch ein Strafgericht der Öffentlichkeit die „Schuldigen" vorzuführen: Viele Christen wurden im Circus des Kaisers demonstrativ und qualvoll hingerichtet. Bei dieser ersten Christenverfolgung* sollen auch die Apostel Petrus und Paulus den Tod gefunden haben. In der Nähe von Neros Gärten wurde später das mutmaßliche Petrusgrab gefunden, das die Christen bald besonders verehrten. Im 4. Jahrhundert ließ Kaiser Konstantin über diesem Grab eine reich ausgestattete Basilika erbauen. Weil diese Kirche im Laufe der Jahrhunderte aber baufällig wurde, begann man vor etwa 400 Jahren mit dem Bau des Petersdoms, der bis heute den sichtbaren Mittelpunkt der katholischen Christenheit darstellt.

Die Kirche entsteht. Wie sollte nach dem Tod der unmittelbaren Zeugen Christi die Lehre gewahrt werden? Die vier Evangelisten zeichneten noch im 1. Jahrhundert den Bericht über das Auftreten und die Botschaft Jesu in den Evangelien* auf.

Weil die Anzahl der christlichen Gemeinden im Römischen Reich sehr rasch wuchs, wurde eine gewisse Organisation erforderlich: *Bischöfe* sollten als Vorsteher einer Gemeinde dafür sorgen, die Einheit und den Zusammenhalt der Christen zu erhalten. So entstand die christliche Kirche.

Die Ablehnung und Verfolgung der christlichen Religion durch manche Kaiser stellte für das Christentum eine ernste Bedrohung dar. Dennoch breitete es sich rasch aus. Das Aufkommen neuer Religionen war im Römischen Reich nicht so ungewöhnlich. Daher duldeten viele Kaiser diese Religion zunächst einmal als einen Kult neben vielen anderen. Das Christentum breitete sich jedoch rasch in allen Provinzen aus.

In den Katakomben versteckten sich die Christen nicht während der Zeit der Verfolgung, sondern sie bestatteten hier ihre Toten und hielten Gedächtnisgottesdienste. Auch Nichtchristen wurden in solchen unterirdischen Kammern begraben. Die ersten Zeugnisse christlicher Kunst stammen aus den Katakomben.

Die drei Jünglinge im Feuerofen. Nach dem Bericht des Testaments hörten die drei Jünglinge trotz ihrer Qualen nicht auf, Gott zu loben. Sie gelten als Symbol des standhaften Glaubens. (Malerei in der Priscilla-Katakombe, 2. Jahrhundert).

Erste Märtyrer. Obwohl sie sich nicht staatsfeindlich verhielten, waren die Christen den Vorurteilen der Massen ausgesetzt. Man wußte ja nicht, was sie bei ihren Zusammenkünften taten! Was steckte hinter der Behauptung, sie seien Brüder und Schwestern. Warum kapselten sie sich ab? Warum verweigerten sie das für alle anderen selbstverständliche Opfer für den Kaiser und die Staatsgötter? Waren das nicht Staatsfeinde? Was meinten sie damit, wenn sie darauf verwiesen, daß das Reich Christi nicht von dieser Welt sei? Lag es da nicht nahe, Mißtrauen aufzubauen und Verdächtigungen zu erfinden? So wurde den Christen sogar die Tötung von Kindern unterstellt. Und warum hielten diese Christen sogar unter Todesqualen so standhaft an ihrem Glauben fest? Derartige Fragen beunruhigten die Römer und ließen ihre Bereitschaft, gegen die Christen mit Gewalt vorzugehen, anwachsen.

„Werft die Christen vor die Löwen!“ Wir kennen aus dem 2. Jahrhundert eine Reihe von Märtyrerakten. Das sind Berichte über Christen, die ihren Glauben offen bekannten und dafür den Tod erlitten. Oft war Unverständnis der Grund für die Verfolgungen. Verbrechen konnte man den Christen nicht nachweisen, aber Christ zu sein, galt schon als strafbar.

Im 3. Jahrhundert änderte sich das Bild. Jetzt klagten nicht mehr einzelne die Christen an, sondern der Staat. Dazu trug sicher auch die ständige Bedrohung des Reiches an den Grenzen bei. Die sich häufenden Niederlagen wurden als Zeichen gedeutet, daß sich die Götter vom römischen Staat abgewandt hatten.

Die erste allgemeine Christenverfolgung begann um 250 unter Kaiser *Decius.* Von allen Reichsbewohnern wurde verlangt, vor Zeugen den Reichsgöttern zu opfern. Manche Christen gaben dem Druck nach, andere gingen für ihren Glauben in den Tod.

Mit seiner Reformpolitik wollte *Diokletian* die äußere Macht und die innere Geschlossenheit des römischen Staatswesens wieder herstellen. Mehrere Maßnahmen, die unter seiner Regierung durchgeführt wurden, zielten auf eine Vernichtung des Christentums. So ließ Diokletian z. B. die christlichen Versammlungsorte ausfindig machen und zerstören. Die christlichen Schriften, die man fand, wurden verbrannt. Auch in öffentlichen Ämtern duldete man Christen nicht mehr. Den Staatsgöttern zu opfern, wurde wieder eine strenge Pflicht. Wer dieser Pflicht nicht nachkam, mußte mit der Todesstrafe rechnen.

Der gewünschte Erfolg blieb trotz der harten Maßnahmen aus. Geradezu gelassen ertrugen viele Christen die schlimmsten Qualen. Das Beispiel der Märtyrer gab anderen Mut und spornte zu Standhaftigkeit an. Auf das irdische Leben zu verzichten, um ein Leben in ewiger Seligkeit zu erlangen, fiel den Christen offenbar nicht schwer. Vor den Augen der Römer gingen viele erhobenen Hauptes *„ad bestias“* (in den Tod durch Raubtiere). Bei der Mehrzahl der Römer rief dieses Verhalten der Christen immer mehr Verunsicherung hervor.

Wieviele Christen während der großen Verfolgungswellen getötet wurden, läßt sich nicht ermitteln. Wenn wir davon ausgehen, daß von den Maßnahmen Diokletians etwa sechs Millionen Christen betroffen waren, können wir das Ausmaß der blutigen Verfolgung zumindest erahnen. Einzelne haben frühzeitig die Erfolglosigkeit der Verfolgung erkannt, so der Schriftsteller Tertullian, der schrieb: „Die Kirche blüht, während sie verfolgt wird.“

Auf der Schale aus dem 4. Jahrhundert wird die Hinrichtung eines Christen dargestellt, der „ad bestias" (zum Tod durch Raubtiere) verurteilt wurde.

Die konstantinische Wende

Schon Kaiser *Galerius* erschien der Kampf gegen die Christen aussichtslos. Auf seinem Totenbett verordnete er im Jahre 311 ein Toleranzedikt*: Von nun an sollte der christliche Glaube geduldet werden.

Der Sieg *Kaiser Konstantins* über seinen Mitkaiser Maxentius veränderte die Lage dann endgültig. Aus dem Bericht eines Zeitgenossen Konstantins erfahren wir etwas über die Vorgänge, die zu einem tiefgreifenden Wandel führten: In der Nacht vor der Entscheidungsschlacht soll Konstantin ermahnt worden sein, das Zeichen Gottes – das sogenannte Christogramm – an den Schilden der Soldaten anbringen zu lassen. „In diesem Zeichen wirst du siegen!" (In hoc signo vinces) lautete die Botschaft, die Konstantin erhielt. So ließ er das Erkennungszeichen der Christen an den Schilden anbringen. Mit Gottes Hilfe – so deutete man die Vorgänge – siegten seine Truppen 312 bei der Schlacht an der Milvischen Brücke.

Damit bahnte sich eine Annäherung zwischen dem Christentum und dem römischen Staat an, die schließlich zu einer engen Verbindung wurde.

Von nun an brachte Konstantin dem Gott der Christen hohe Achtung entgegen. Mit seinem Mitkaiser vereinbarte er 313 das *Mailänder Toleranzedikt*. Den Christen und allen anderen wurde gestattet, sich frei zu der von ihnen gewählten Religion zu bekennen, damit das, „was immer an Gottheit und himmlischen Wesen besteht, uns und unseren Untertanen gnädig sei".

Konstantin ließ nicht nur christliche Symbole auf seine Münzen prägen. Auf seine Veranlassung entstanden in Rom große Basiliken, also Gotteshäuser der Christen. Jetzt mußten sie nicht mehr in Katakomben hinuntersteigen, um ihre Gottesdienste im verborgenen zu feiern. Nun stieg die Kirche zu einer sichtbaren Macht auf, die überall auf die Bevölkerung eine große Anziehungskraft ausübte. Der Sonntag wurde im ganzen Reich ein staatlicher Feiertag. Bald waren viele Untertanen des Kaisers Christen geworden, die mit seiner Unterstützung rechnen konnten.

Konstantin erkannte schon frühzeitig, daß das Christentum die Einheit der Untertanen förderte. Deshalb war er überzeugt, daß er mit Hilfe dieser Religion das

Münze Konstantins vom Jahre 315. Auf dem Schild ist die römische Wölfin abgebildet, am Helm zeigt eine runde Scheibe das sog. Christogramm. Die griechischen Buchstaben X (CH) und P (R) sind die Anfangsbuchstaben von „Christus". Dies ist das erste eindeutig christliche Münzbild.

Römische Reich in eine glanzvolle Zukunft führen könne. Im Jahre 325 lud er alle Bischöfe zum Konzil* von Nicäa (in Kleinasien) ein. Bei dieser Zusammenkunft sollten sich alle Christen auf eine Lehre einigen und danach gemeinsam gegen andere Ausrichtungen der christlichen Religion, die als Irrlehren bezeichnet wurden, vorgehen.

Konstantins innere Beziehung zum christlichen Glauben war nicht eindeutig: Er ließ sich erst kurz vor seinem Tode taufen, obwohl er die freie Entfaltung des Christentums förderte. Eine Folge war, daß der heidnische *Polytheismus* (Glaube an viele Götter) rasch an Bedeutung verlor. Im Jahre 391 verbot *Kaiser Theodosius* schließlich alle heidnischen Kulte und erhob das Christentum zur verbindlichen Staatsreligion*.

Lateinische und griechische Kirche

Die Hoffnung Konstantins, das Römische Reich nicht nur langfristig zu sichern, sondern auch zu neuer Größe und zu einem höheren Ansehen zu führen, gingen nicht in Erfüllung. Seit er 326 seine Residenz in den Osten, nach Konstantinopel, verlegt hatte, wuchs den Bischöfen in Rom steigende politische Bedeutung zu. Immer häufiger übernahmen sie Aufgaben, für die früher der Kaiser zuständig gewesen war.

Seit dieser Zeit errangen die römischen Bischöfe auch eine Vorrangstellung unter den Bischöfen und nannten sich *Päpste.* Das kam einmal daher, daß dem Apostel Petrus eine besondere Verehrung zukam. Er hatte zusammen mit Paulus die römische Gemeinde aufgebaut und später berief man sich auf ein Matthäus-Wort, wonach Christus Petrus einen „Fels" genannt habe, auf den die Kirche aufgebaut werden sollte. Auch spielte die Bedeutung der Stadt Rom eine wichtige Rolle. Als Hauptstadt des Reiches war sie jahrhundertelang der unumstrittene Mittelpunkt der Welt. Lag es da nicht nahe, daß der Bischof dieser Stadt zum *pontifex maximus* (Oberhaupt) der Christenheit werden sollte?

Als das Römische Reich im Jahre 395 in einen West- und einen Ostteil zerfiel (siehe S. 186), war die spätere Trennung in die lateinische Kirche im Westen und die griechische Kirche im Osten vorbereitet. An der Spitze der griechischen Kirche stand ein *Patriarch*, der sich dem römischen Papst nicht unterordnete.

Der Kirche des Westens gelang es, sich von einer Bevormundung durch den Kaiser freizuhalten. Als Kaiser Theodosius in Thessaloniki in einem Racheakt 2000 Menschen töten ließ, weil ein römischer Wagenlenker umgebracht worden war, verurteilte Bischof Ambrosius dieses Vorgehen. Der Kaiser eilte daraufhin sogar nach Mailand, um als Büßer seine Sünde vor der christlichen Gemeinde zu bekennen.

Anders entwickelte sich das Verhältnis im oströmischen Reich: Der oströmische Kaiser beanspruchte für sich auch die führende Stellung in der Kirche, da er sich als Stellvertreter Christi auf Erden verstand. Auf einer Zusammenkunft mit Kirchenführern (Synode) legte er 536 fest, daß ohne die Zustimmung des Kaisers im kirchlichen Bereich nichts geschehen dürfe. So wurde die Ostkirche ein Teil des Staates.

Das Konzil von Nicäa. Kaiser Konstantin sitzt inmitten der Bischöfe und leitet die Versammlung.

1 Wie sollen sich Christen verhalten?

1a *Ratschläge des Apostels Petrus an verschiedene christliche Gemeinden:*

Q Ihr alle endlich, seid einmütig, mitfühlend, brüderlich, barmherzig, bescheiden! Vergeltet nicht Böses mit Bösem, nicht Schmähung mit Schmähung ... wer kann euch schaden, wenn ihr nach dem Guten trachtet? Ja, wenn ihr leiden müßtet um der Gerechtigkeit willen, sollt ihr selig sein. Laßt euch nicht in Furcht vor ihnen bringen und in Verwirrung. Christus aber, den Herrn, haltet heilig in euren Herzen, allzeit bereit zur Verantwortung gegenüber einem jeden, der von euch Rechenschaft fordert über die Hoffnung, die ihr in euch tragt. Tut es aber mit Sanftmut und Ehrfurcht, und bewahrt ein gutes Gewissen, damit sie, die euren guten Wandel in Christus schmähen, gerade in dem beschämt werden. worin ihr verleumdet werdet. Denn es ist besser, daß ihr, wenn Gott es so will, für gute Taten leidet als für schlechte.

1. Petrus 3,8-17.

1b *Ratschläge des Apostels Paulus:*

Q Jedermann unterwerfe sich den Obrigkeiten, denn es gibt keine Obrigkeit außer von Gott, und die bestehenden sind von Gott angeordnet. Wer sich daher der Obrigkeit widersetzt, der widersetzt sich der Anordnung Gottes, und die sich widersetzen, werden sich selbst das Gericht zuziehen ... Darum ist es notwendig, sich unterzuordnen, nicht um der Strafe, sondern auch um des Gewissens willen. Aus diesem Grund zahlt ihr auch Steuern; denn Beauftragte Gottes sind sie, und gerade dafür tun sie ihren Dienst. Gebet allen, was ihr schuldig seid: Steuer, wem Steuer, Zoll, wem Zoll, Furcht, wem Furcht, Ehre, wem Ehre.

Paulus an die Römer 13,1-6.

1. *Welche Haltung verlangt Petrus von den Christen gegenüber ihren Mitmenschen? Wer dient dabei als Vorbild?*
2. *Wie sieht Paulus das Verhältnis der Christen zum Staat und wie begründet er seine Forderungen an die Christen?*
3. *Versetzt euch in die Lage eines Römers. Wie mußten auf ihn Paulus' Forderungen wirken?*

2 Die Christen zwischen Verfolgung und Duldung

2a *Während seiner Tätigkeit als Beauftragter des Kaisers in der Provinz Bithynien führt Plinius einen regen Briefwechsel mit Kaiser Trajan. In einem dieser Briefe kommt er auf die Christen zu sprechen:*

Q Einstweilen bin ich bei denen, die mir als Christen vorgeführt wurden, folgendermaßen verfahren. Ich habe sie gefragt, ob sie Christen seien. Diejenigen, die es zugaben, fragte ich ein zweites und ein drittes Mal, wobei ich mit der Todesstrafe drohte. Blieben sie bei ihrer Behauptung, ließ ich sie (zur Hinrichtung) abführen. Ich habe nämlich nicht daran gezweifelt, daß ihre Hartnäckigkeit und ihr Eigensinn bestraft werden müßten, gleichgültig, wozu sie sich bekannten. Ich verfügte, daß andere, die vom ähnlichen Wahnsinn befallen waren, nach Rom geschickt werden sollten, weil sie nämlich römische Bürger waren ...
Eine andere Gruppe der angezeigten Personen sagte, sie seien Christen und leugneten es bald darauf. Sie seien zwar Christen gewesen, hätten es aber wieder aufgegeben, einige vor 3 Jahren, andere vor mehr Jahren, mancher auch vor 20 Jahren. Auch diese alle haben dein Bild und die Götterbilder verehrt und auf Christus geflucht. Sie versicherten aber, ihre Hauptschuld oder ihr größter Irrtum habe darin bestanden, daß sie gewöhnlich an einem bestimmten Tag vor dem Hellwerden zusammengekommen seien und für Christus als ihrem Gott einen Wechselgesang angestimmt hätten; sie sagten, durch einen Eid verpflichteten sie sich untereinander nicht zu einem Verbrechen, sondern dazu, keinen Raub, keinen Diebstahl, keinen Ehebruch zu begehen, ein gegebenes Wort nicht zu brechen, anvertrautes Gut auf Verlangen nicht zu verweigern. Danach sei es bei ihnen üblich gewesen auseinanderzugehen, dann wieder zu einem einfachen und ganz harmlosen Mahl zusammenzukommen. Nach meinem Erlaß, in dem ich deinem Befehl gemäß alle privaten Vereinigungen verboten hatte, seien sie nicht mehr zu diesen Zusammenkünften gegangen.

Plinius, Briefe 10, 96.

- *Schildert die Zusammenkünfte der Christen aus der Sicht der Nichtchristen und aus der Sicht der Angeklagten.*

2b *Ein Nichtchrist greift in einem Streitgespräch im 3. Jahrhundert einen Christen an:*

Q Warum bemühen sie sich denn so sehr, den Gegenstand ihrer Verehrung, was er auch sein mag, zu verbergen und zu verheimlichen? Anständigkeit läßt sich immer gern sehen, nur Laster hält man geheim! Weshalb sonst haben sie keine Altäre, keine bekannten Heiligtümer? Warum reden sie nie öffentlich, treffen sich nie frei, wenn nicht das, was sie heimlich tun, Strafe einbrächte oder Schande? ... Seht doch das, was euch droht: Zwangsedikte, Strafe, Foltern; Kreuze, aber nicht zum Anbeten. sondern zum Erleiden; Feuersgluten, die ihr prophezeit und für euch selbst fürchten müßt. Wo bleibt da dieser Gott, der den Auferstehenden helfen kann, den Lebenden aber nicht? Gebieten die Römer nicht ohne euern Gott über ihr Reich, nutzen den gesamten Erdkreis und herrschen auch über euch? Ihr dagegen lebt immer in Sorge und Angst, ihr haltet euch von allen Vergnügungen fern, auch von den anständigsten. Ihr besucht keine Schauspiele, nehmt an den Festzügen nicht teil, verschmäht die öffentlichen Speisungen; ihr verabscheut die Spiele zu Ehren der Götter, das Opferfleisch und den Opferwein der Altäre. So sehr fürchtet ihr die Götter, deren Dasein ihr doch leugnet! Ihr schmückt euch das Haupt nicht mit Blumen, pflegt euren Körper nicht mit wohlriechenden Essenzen; Spezereien werden bei euch nur für die Toten verwendet, und Kränze habt ihr nicht einmal für eure Gräber übrig. Ihr häßlichen, verschreckten Gestalten, ihr seid nur Erbarmen wert.

Minucius Felix, Octavius, 10 ff. Übers. v. B. Kytzler, München 1983, S. 29 ff.

1 *Was versteht der nichtchristliche Römer an dem Verhalten der Christen nicht?*

2 *Von welcher Gottesvorstellung aus beurteilt er die christliche Religion?*

3 Christlicher Sarkophag

Ausschnitt aus dem Sarkophag des Stadtpräfekten Junius Bassus aus dem 4. Jahrhundert.

Bassus ließ sich in unmittelbarer Nähe des Grabes des Apostels Petrus begraben (siehe S. 169). In der Mitte Christus zwischen Petrus und Paulus. Links Gefangennahme des Petrus, rechts die von Christus.

- *Vergleicht die Darstellung von Christus mit der von Augustus auf S. 134. Was fällt auf, wenn man die Darstellung von Christus betrachtet? Vergleicht auch Abb. S. 183.*

Die Auflösung des Römischen Reiches

Völkerwanderung und Germanenreiche auf römischem Boden

Das Römische Reich: ein mächtiger, trotz mancher Rückschläge und Krisen unbezwingbarer Staat! Diese Vorstellung haben wir, wenn wir an das Rom der Kaiser denken. Vergleicht man aber die Karten, auf denen die Ausdehnung des Reiches um Christi Geburt und um 600 n. Chr. dargestellt ist (S. 184), erkennt man, daß sich vieles verändert hat. Ausgelöst haben diese Veränderungen auch die Nachbarn der Römer.

Die Welt der Germanen

Als Caesar Gallien eroberte (58-51 v. Chr.), kamen die Römer mit den Germanen in Berührung. Dieser neue Nachbar unterschied sich von den Römern nicht nur durch eine andere Sprache, sondern auch durch eine eigene Kultur, die von Römern wenig geschätzt wurde.

Das Kernland der Germanen. Seit dem 6. Jahrhundert v. Chr. hatten sich die Germanen an Elbe und Oder, bis nach Jütland und Nordwestdeutschland ausgebreitet. Die Bewohner der benachbarten Gebiete nahmen in den folgenden Jahrhunderten weitgehend die Lebensgewohnheiten der Germanen an. 100 Jahre v. Chr. stand das ganze Gebiet zwischen Elbe und Rhein unter germanischem Einfluß. Stämme, die nicht Bundesgenossen wurden, mußten *Tribute* zahlen, womit auch ihre Abhängigkeit zum Ausdruck gebracht wurde. Diejenigen, die aus den germanischen Kerngebieten stammten, nannten sich *Sueben.* Warum sich die benachbarten Stämme rasch diesen Sueben anglichen, ist nicht so leicht zu begründen: War es das hohe Ansehen der Sueben oder war es Zwang? Es gab jedenfalls auch Stämme, die sich nicht unterordnen wollten und deshalb in Gebiete westlich des Rheins abwanderten.

Die Gefolgschaft. Eine Eigenart der germanischen Lebensweise war es, daß sich um herausragende Krieger Gefolgschaften* bildeten. Je angesehener ein Krieger war, desto mehr Gefolgsleute scharten sich um ihn. Junge und freie Männer waren es, die für eine betimmte Zeit in den Dienst eines Herrn traten.

Kopf einer germanischen Moorleiche, gefunden im Moor von Osterby in Schleswig-Holstein. An der Haar- und Barttracht erkannte man, zu welchem Stamm der jeweilige Germane zählte. Der Mann auf dem Bild trägt einen „Suebenknoten".

Diese Gefolgsleute lebten in unmittelbarer Nähe ihres Herrn, dem sie Treue schworen und jederzeit mit Rat und im Krieg mit Hilfe beistanden. Treue und Schutz bot der Herr als Gegenleistung. Auch für Kleidung und Verpflegung sorgte er. Besaß ein Gefolgsmann weder Streitroß noch Waffen, so beschaffte dies ebenfalls der Herr.

Einer dieser Vornehmen war *Ariovist.* Von seiner Heimat in Thüringen aus machte er sich mit seinen Gefolgsleuten nach Westen auf. Die Aussicht auf reiche Kriegsbeute erleichterte die Entscheidung mitzuziehen. Weil Ariovist neues Land erobern wollte und erste Erfolge seinen Ruhm verbreiteten, schlossen sich auch Angehörige fremder Stämme dem Heerhaufen an.

Als Ariovist am Rhein ankam, war seine Gefolgschaft erheblich größer geworden. Auch Frauen und Kinder nahmen an dieser jahrelangen und mühseligen Wanderung teil. Der Heerhaufen zog zunächst weiter nach Süden und wurde in Kämpfe mit keltischen Stämmen verwickelt, bevor er sich in Gallien festsetzte. Ariovist war unumstrittener *Heerkönig*.

Etwa zur gleichen Zeit begann Caesar, Gallien zu erobern. Im Jahre 58 v. Chr. besiegten die Römer Ariovist mit seinen germanischen Kriegern und zwangen sie zum Rückzug über den Rhein. Somit fand die Ausdehnung der Germanenstämme über den Rhein hinweg für Jahrhunderte ein Ende.

Die römisch-germanische Nachbarschaft

Die Niederlage der Römer gegen den Cheruskerfürsten Arminius im Jahre 9 n. Chr. (siehe S. 149) hatte gezeigt, daß sich die Germanen nicht ohne erheblichen Widerstand unterwerfen würden. Weitere Eroberungspläne hatten wenig Aussicht auf Erfolg. Obwohl die Römer den Limes zu einer festen Grenze ausbauten, blieben die Germanen mit der römischen Kultur in Berührung. Auf Märkten boten sie den Römern Vieh und Getreide an. Ihrerseits kauften sie Gefäße aus Bronze, Silber, Glas und Terra sigillata, die man sogar bis in Skandinavien fand.

Auch von den Problemen des Römischen Reiches im Inneren und an anderen Grenzen erhielten die Germanen Kunde. Besonders im 3. Jahrhundert nutzten sie die Gelegenheit zu Beutezügen an Rhein und Donau. Deshalb versuchten die Römer, sich mit Verträgen zu schützen. Sie zahlten den Stämmen bestimmte Geldbeträge, Diese mußten sich dafür verpflichten, Truppen zu stellen und die Grenze gegen andere Germanenstämme zu verteidigen. Seit dem 4. Jahrhundert traten nicht nur einzelne Krieger als Söldner in das römische Heer ein. Auch Vornehme ließen sich mitsamt ihrem Gefolge anwerben. Viele kehrten nach ihrer Dienstzeit mit gewonnenen Reichtümern zurück, andere siedelten sich als freie Leute in römischen Gebieten an. Trotz des Austauschs bewahrten sich die Germanen lange ihre kulturelle Eigenständigkeit.

Hortfund aus Lengerich in Niedersachsen (4. Jahrhundert n. Chr.).

Diese Gegenstände sind der Rest eines größeren Schatzes. Wahrscheinlich gehörte er einem vornehmen Sachsen, der nach seiner Dienstzeit im römischen Heer in seine Heimat zurückgekehrt war. Abgebildet sind:

a) Eine römische Zwiebelknopffibel, 7,5 cm lang. Sie war das Rangabzeichen hoher römischer Offiziere, die mit solchen Fibeln ihren Mantel zusammensteckten.
b) Zwei Armringe, Durchmesser ca. 7 cm. Germanische Fürsten trugen solche Ringe als Zeichen ihrer Herrschaft.
c) Drei Fingerringe
d) Goldmünze Kaiser Konstantins II. (337-340 n. Chr.)
e) Ein Spiralring und vier Zierknöpfe

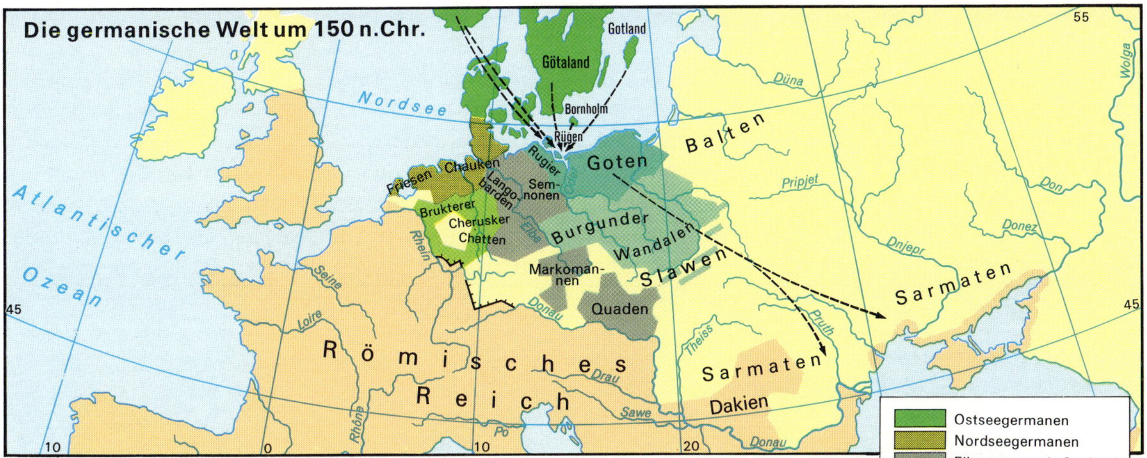
Die germanische Welt um 150 n.Chr.
Gotland
Götaland
Bornholm
Rügen
Nordsee
Balten
Goten
Rugier
Friesen
Chauken
Lango-barden
Sem-nonen
Brukterer
Cherusker
Chatten
Burgunder
Wandalen
Slawen
Markoman-nen
Quaden
Sarmaten
Sarmaten
Dakien
Atlantischer Ozean
Römisches Reich
Düna
Pripjet
Don
Donez
Dnjepr
Wolga
Rhein
Elbe
Oder
Seine
Loire
Donau
Theiss
Pruth
Drau
Sawe
Po
Rhône
Ostseegermanen
Nordseegermanen
Elbgermanen (=Sueben)
Rhein-Weser-Germanen
Weichselgermanen
Oder-Warthe-Germanen
Limes
0 200 400 600 km

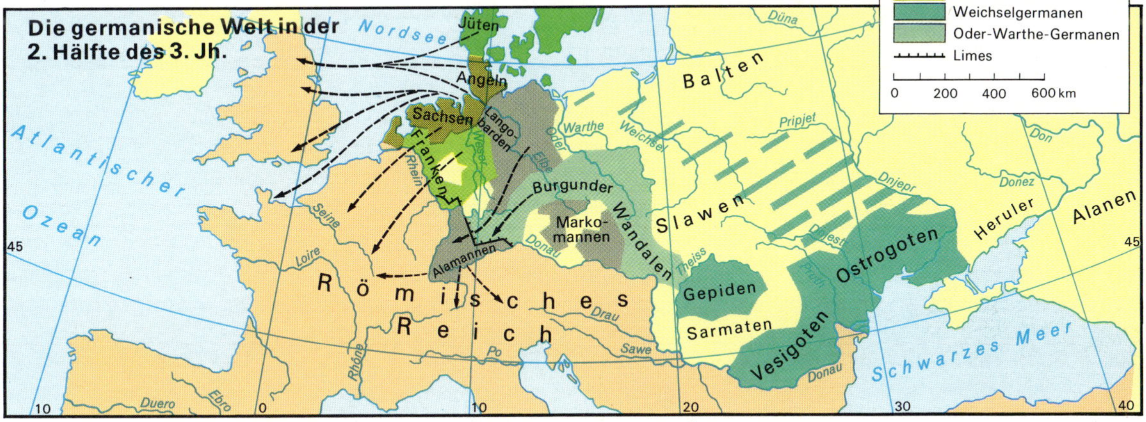
Die germanische Welt in der 2. Hälfte des 3. Jh.
Nordsee
Jüten
Angeln
Sachsen
Lango-barden
Franken
Balten
Burgunder
Wandalen
Slawen
Marko-mannen
Alamannen
Gepiden
Sarmaten
Vesigoten
Ostrogoten
Heruler
Alanen
Atlantischer Ozean
Römisches Reich
Schwarzes Meer
Düna
Warthe
Weichsel
Pripjet
Don
Donez
Dnjepr
Dnjestr
Oder
Elbe
Weser
Rhein
Seine
Loire
Donau
Theiss
Pruth
Drau
Sawe
Po
Rhône
Ebro
Duero

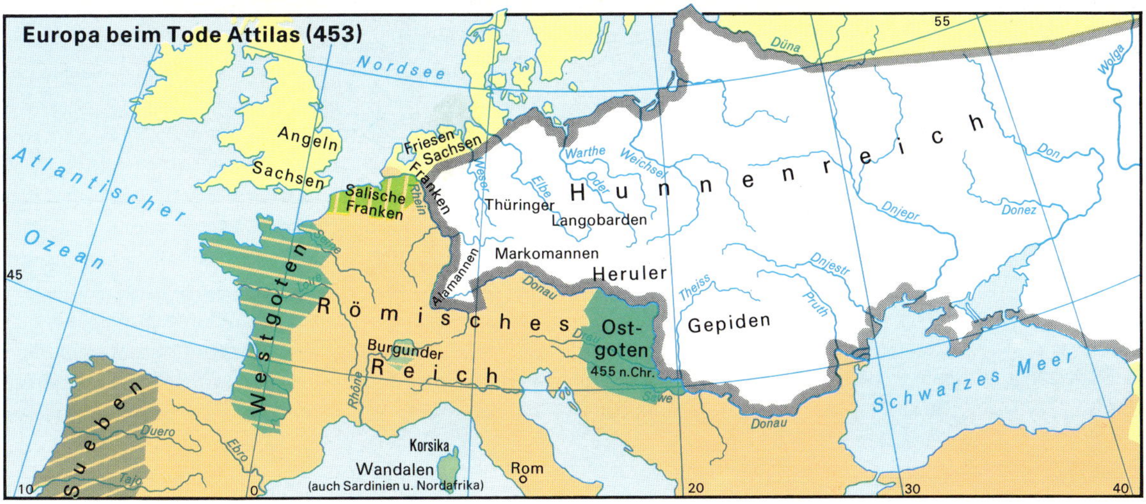
Europa beim Tode Attilas (453)
Nordsee
Angeln
Sachsen
Friesen
Sachsen
Franken
Salische Franken
Hunnenreich
Thüringer
Langobarden
Markomannen
Heruler
Alamannen
Gepiden
Ost-goten
455 n.Chr.
Westgoten
Burgunder
Sueben
Römisches Reich
Korsika
Wandalen
(auch Sardinien u. Nordafrika)
Rom
Atlantischer Ozean
Schwarzes Meer
Düna
Wolga
Warthe
Weichsel
Oder
Elbe
Weser
Rhein
Don
Donez
Dnjepr
Dnjestr
Theiss
Pruth
Donau
Drau
Sawe
Seine
Loire
Rhône
Duero
Ebro
Tajo

Die großen Wanderungen

Im Laufe der Geschichte sind immer wieder Völker gewandert. Warum aber kam es gerade seit dem 4. Jahrhundert zu großen Wanderungen, so daß wir von einem Zeitalter der *Völkerwanderung* sprechen?

Ein gefürchtetes Reitervolk. Auslöser dieser Verschiebungen waren die *Hunnen.* Aus Innerasien kommend, zogen diese Reiternomaden nach Westen. Auf ihrem Zug wuchs das Heer ständig an. Als sich die *Ostgoten* den Hunnen im Jahr 375 n. Chr. entgegenstellten, wurden sie vernichtend geschlagen. Schon ein Jahr später wurden die Westgoten ebenfalls von den Hunnen besiegt. Die Goten fanden kein Mittel, mit dem sie diesen Eindringlingen erfolgreich hätten begegnen können. Hauptwaffen der Hunnen waren Pfeil und Bogen. Während des Reitens schossen sie zielgenau Pfeile ab, die eine besondere Durchschlagskraft hatten. Panik breitete sich aus, wenn diese fremdartig aussehenden Feinde erschienen. Die Flucht in das Römerreich war die einzige Rettung.

Mit kaiserlicher Erlaubnis ließen sich schon im Jahre 376 die meisten Westgoten südlich der Donau auf römischem Boden nieder. Aber die Römer behandelten diese Ankömmlinge rücksichtslos. Viele mußten ihre Kinder als Sklaven verkaufen, um nicht zu verhungern. So war es kein Wunder, daß es zu einem Aufstand kam. Bei Adrianopel (im europäischen Teil der heutigen Türkei) besiegten die Westgoten im Jahre 378 ein römisches Söldnerheer unter Kaiser Valens.

Alarich zieht gegen Rom. Nach der Niederlage von Adrianopel sahen sich die Römer gezwungen, den Stamm der Westgoten auf ihrem Reichsboden siedeln zu lassen. Die Zahl dieser „römischen" Goten vergrößerte sich ständig durch Flüchtlinge, die aus ihrem ehemaligen Siedlungsgebiet vor den Hunnen flohen.

Als die Hunnen im Jahre 394 über die Donau setzten, mußten die „römischen" Goten erneut fliehen. Sie verließen Thrakien (das heutige Rumänien) und wanderten unter ihrem König Alarich durch griechische Gebiete und über den Balkan bis nach Italien. Entlaufene Sklaven, Germanen und sogar Flüchtlinge aus dem hunnischen Reich schlossen sich dem Heer an. Auch Frauen und Kinder waren bei dem Troß, der insgesamt über 100 000 Menschen gezählt haben soll.

Mit allen Mitteln versuchte Kaiser *Honorius,* die Westgoten aus Italien fernzuhalten. Schnell zusammengestellte Heere sollten ihr Vordringen verhindern. Mit hohen Geldsummen versuchte manche Stadt, den Abzug zu erkaufen. Trotzdem erfolgte im Jahre 410 die Eroberung Roms durch Alarich. Wieder war, wie beim Keltensturm im Jahre 367 v. Chr., der Gegner aus dem Norden gekommen. Drei Tage dauerte die Plünderung an. Kunstwerke wurden zerstört, Edelmetalle schmolz man ein. Unversehrt blieb allerdings die Peterskirche. *Galla Placidia*, die Halbschwester des Kaisers, befand sich unter den Gefangenen.

Die Wanderung der Westgoten war damit nicht beendet. Das nächste Ziel war Sizilien, die Kornkammer des Römischen Reiches. Auf dem Zug nach Süden starb Alarich an Malaria. Im Flußbett des Busento wurde er angeblich von Sklaven begraben.

Schließlich durchzogen die Westgoten Spanien und Teile Galliens, bevor sie sich in Aquitanien, also im Südwesten Frankreichs, niederließen.

Die Wandalen in Rom. Nach der Plünderung Roms durch die Westgoten kam die Stadt nur vorübergehend zur Ruhe. Noch immer sprechen wir von einem Römischen Reich, obwohl Mailand und später Ravenna zu den neuen Hauptstädten des Westreiches wurden. Freilich war Rom nach wie vor ein wichtiges Zentrum und das Ziel großer Beutezüge.

Die Provinzen von Spanien bis Britannien waren schon an die *Sachsen* und *Angeln* verloren, als von Süden her die *Wandalen* zur Gefahr wurden. *Geiserich*, der Führer dieses Stammes, eroberte 429 die Provinz Afrika. Im Zuge der Völkerwanderung waren die Wandalen aus Osteuropa nach Spanien gekommen, hatten von dort nach Afrika übergesetzt und die Streitigkeiten im Römischen Reich nutzen können, um ihre Ansprüche durchzusetzen (siehe Karten S. 177). Die Römer schlossen darauf mit ihnen einen Vertrag. Damit sollte eine Abhängigkeit dieses Stammes vom Reich verdeutlicht werden. 442 aber mußte das Römische Reich die Unabhängigkeit der Wandalen anerkennen. Damit begann auch im Süden das Reich zusammenzubrechen. Fast zwangsläufig kam der nächste Schritt: Die Wandalen setzten wieder auf das Festland über, um Rom anzugreifen. 455 plünderten und zerstörten sie die Stadt.

Die Franken gründen ein Reich

Als im Jahr 451 die Hunnen unter ihrem Anführer *Attila* einen Feldzug gegen das Weströmische Reich unternahmen, kam es auf den Katalaunischen Feldern (südlich von Chalons in Nordfrankreich) zu einer entscheidenden Schlacht. Vom Ausgang dieses Zusammentreffens hing nicht nur das weitere Schicksal des Römischen Reiches ab! Attila zog sich nach einem unentschiedenen Kampf zurück, von nun an galten die Hunnen nicht mehr als unbesiegbar.

Was war der Grund für diesen Erfolg? Die Bedrohung, die von den Hunnen ausging, hatte zu einem Zusammenschluß Westroms mit mehreren Stämmen geführt. Unter dem römischen Feldherrn *Aetius* kam es zu dieser Vereinigung. Neben Westgoten und Burgundern kämpften die Sachsen und Franken auf der Seite der Römer.

Der gemeinsame Feind war zurückgeschlagen, als Aetius einem Anschlag zum Opfer fiel. In dieser Situation gingen die fränkischen Stämme zum Angriff auf Gallien über. Die Führer dieser fränkischen Stämme beriefen sich auf einen Ahnherrn und König namens *Merowech.* Deshalb werden die Angehörigen dieses Königshauses *Merowinger* genannt. Vornehme Merowinger sammelten Heerhaufen um sich und gründeten nach erfolgreichen Eroberungszügen eigene kleine Königreiche westlich des Rheins. Aus ehemaligen Römerstädten machten sie fränkische Residenzen.

Einer dieser Kleinkönige, *Chlodowech* (Chlodwig), wollte sich mit seinem Erbe nicht begnügen. 482 hatte er im Alter von 16 Jahren die Nachfolge seines Vaters Childerich angetreten, vier Jahre später hatte er Nordgallien erobert, das bis dahin von den Römern regiert worden war. Das Glück verließ Chlodowech auch bei seinen Kämpfen gegen die Westgoten und Alamannen nicht. Bald war er weitaus mächtiger als alle anderen fränkischen Könige.

Nach dem Sieg über die Alamannen ließ er sich mit mehr als 3000 Gefolgsleuten taufen. Dieser Schritt hatte weitreichende Folgen: Die Bischöfe sahen künftig in diesem Franken nicht mehr einen fremden Machthaber, sondern einen Schutzherrn der Kirche, den sie ihrerseits unterstützten. Um seine Macht zu erweitern, unterwarf Chlodowech nach und nach die anderen fränkischen Königreiche.

Darstellung eines fränkischen Kriegers, der sich auf die Schlacht vorbereitet.

Gerade den eigenen Verwandten wurde Chlodowechs Machtstreben zum Verhängnis. Nach heidnischer Vorstellung, der auch die zum Christentum übergetretenen Germanen teilweise immer noch anhingen, besaßen nur die Mitglieder der Königssippe das *Königsheil.* Man glaubte nämlich, daß diese von göttlichen Ahnen abstammten. Deshalb traute man ihnen auch eine besondere Kraft zu, womit sie ihrem Volk Glück und Segen bringen konnten.

In den Augen der Franken war Chlodowechs Heil größer als das aller anderen. So waren sie bereit, ihn als König anzunehmen. Unter seiner Herrschaft wuchsen aber nicht nur die fränkischen Stämme zusammen. Auch andere Germanenstämme wollten diesem aufstrebenden Reich angehören, und sogar Römer wehrten sich bald nicht mehr dagegen, als Franken zu gelten.

1 Siedlungswesen der Germanen

1 a *Rekonstruktion einer germanischen Ansiedlung bei Fochteloo/Niederlande aus dem 1./2. Jahrhundert n. Chr.*

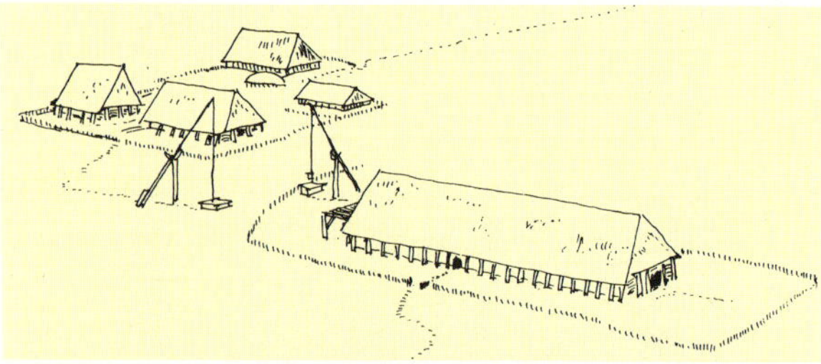

1 b *Tacitus berichtet von den Germanen:*

Q Die Sklaven verwenden sie nicht so, wie es bei uns Sitte ist, wo jedem aus dem Gesinde eine besondere Aufgabe zugeteilt ist. Jeder steht einem eigenen Hof vor und schaltet am eigenen Herd. Sein Herr erlegt ihm auf, eine bestimmte Menge Brotgetreide, Vieh oder Tuch abzuliefern – wie einem Kleinpächter.

Tacitus, Germania, 25.

1 c *Grundriß eines Hauses mit Wohn-, Wirtschafts- und Stallteil von der Feddersenwierde (nördl. von Bremerhaven). Häuser dieser Art gab es dort vom 1. Jahrhundert v. Chr. bis ins 5. Jahrhundert n. Chr.*

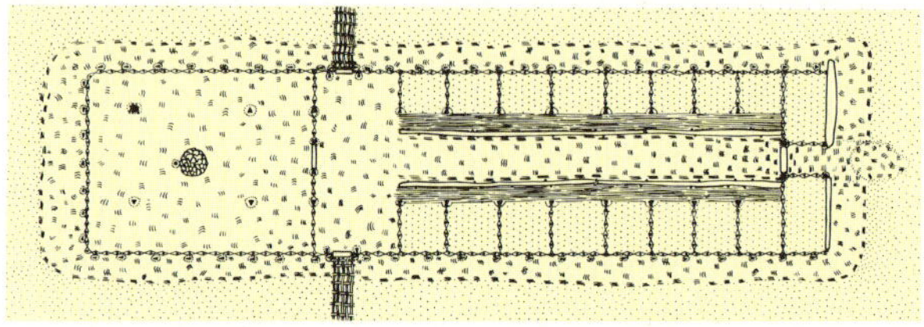

1 *Beschreibt die Ansiedlung (Bild 1 a). Welche Schlüsse könnt ihr aus den Aussagen von Tacitus (Text 1b) ziehen?*

2 *Beschreibt die Aufteilung des Hauses (Bild 1 c). Wie stellt ihr euch die Nutzung vor?*

2 Kleidung

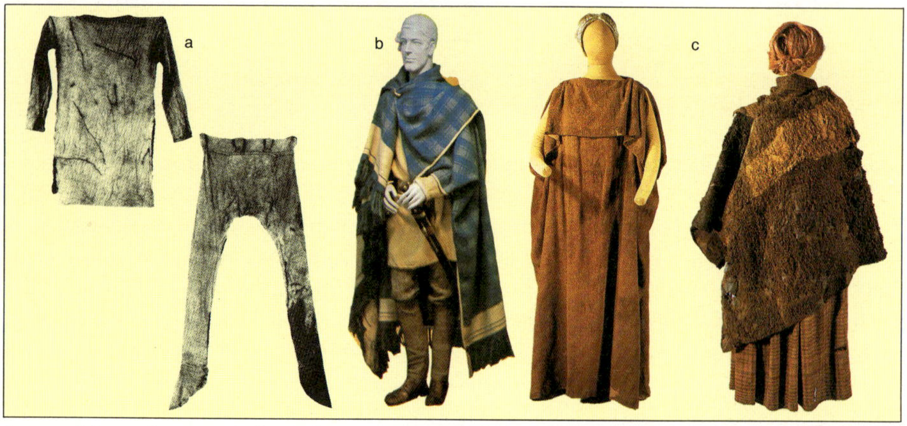

In norddeutschen und dänischen Mooren haben sich Kleidungsreste wie die folgenden erhalten:

a) Männerkittel und Männerhose aus den ersten Jahrhunderten n. Chr. aus dem Thorsberger Moor bei Schleswig. Breite: 1,68 m. Nach einem Fund aus dem Thorsberger Moor, 3. Jahrhundert n. Chr.

b) Rekonstruktion eines Mantels aus feiner Schafwolle. Er besteht aus einem viereckigen Tuchstück mit angewebten festen Kanten. Länge: 2,36 m,

c) Frauenkleidung aus dem Huldremose (Dänemark)

1 *Beschreibt Machart und Tragweise der Kleidung. Wer hat sie eurer Vermutung nach hergestellt.*

2 *Vergleicht die römische und germanische Kleidung.*

3 Germanischer und römischer Krieger

3a *Modell eines germanischen Kriegers*

3b *Römische Legionäre*

● *Vergleicht die Bekleidung und Bewaffnung von Bild 3 a und 3 b. Welche Unterschiede könnt ihr feststellen.? Worauf sind sie zurückzuführen?*

4 Der Merowingerkönig Chlodwig nimmt das Christentum an

Der fränkische Bischof Gregor von Tours (6. Jahrhundert) beschrieb in seinem Geschichtswerk auch die Entscheidung Chlodowechs (Chlodwigs) zwischen heidnischen Göttern und christlichem Gott:

Q Die Königin aber ließ nicht ab, in ihn zu dringen, daß er den wahren Gott erkenne und ablasse von den Götzen. Aber auf keine Weise konnte er zum Glauben bekehrt werden, bis er endlich einst mit den Alamannen in einen Krieg geriet: Da zwang ihn die Not zu bekennen, was sein Herz vordem verleugnet hatte. Als die beiden Heere zusammenstießen, kam es zu einem gewaltigen Blutbad, und Chlodowechs Heer war nahe daran, völlig vernichtet zu werden. Als er das sah, erhob er seine Augen zum Himmel, sein Herz wurde gerührt, seine Augen füllten sich mit Tränen und er sprach: „Jesus Christ, Chrodichilde (Chlodowechs Frau) verkündet, du seiest der Sohn des lebendigen Gottes. Hilfe, sagt man, gebest du den Bedrängten, Sieg denen, die auf dich hoffen. Ich flehe dich demütig an um deinen mächtigen Beistand: Gewährst du mir jetzt den Sieg über diese meine Feinde und erfahre ich so jene Macht, die das Volk, das deinem Namen sich weiht, an dir erprobt zu haben rühmt, so will ich an dich glauben und mich taufen lassen auf deinen Namen. Denn ich habe meine Götter angerufen, aber, wie ich erfahre, sind sie weit davon entfernt, mir zu helfen. Ich meine daher, ohnmächtig sind sie, da sie denen nicht helfen, die ihnen dienen. Dich nun rufe ich an, und ich verlange, an dich zu glauben; nur entreiße mich aus der Hand meiner Widersacher." Und da er solches gesprochen hatte, wandten die Alamannen sich ab und begannen zu fliehen. Als sie aber ihren König getötet sahen, unterwarfen sie sich Chlodowech ... Der Königin aber erzählte er, wie er Christi Namen angerufen und so den Sieg gewonnen habe.

In: Geschichte in Quellen, Bd. 2. Hg. v. W. Lautemann u. M. Schleske, München 1978, S. 27.

1. *In welcher Situation befindet sich Chlodwig vor dem Übertritt zum Christentum?*
2. *Was bewog ihn, das Christentum anzunehmen?*
3. *Welches Problem ergibt sich bei einer solchen Annahme des Christentums?*

Das Ende Westroms

Odoaker und Romulus Augustulus

Das römische Kaiserreich wurde durch die Wirtschaftskrisen, durch Unruhen der Völkerwanderung und Gebietsverluste so geschwächt, daß es nur noch eine Frage der Zeit war, wann das Ende des einst so mächtigen Reiches kommen würde. *Odoaker*, aus dem germanischen Stamm der Skiren, blieb es vorbehalten, dieses Ende herbeizuführen. Auf Raubzügen war er in verschiedene Gebiete gekommen und hatte oft reiche Beute gemacht. Aber allmählich wurde er dieses Herumziehens überdrüssig und ließ sich mit seinen Leuten in Pannonien (im heutigen Ungarn) nieder.
Als *Orestes,* ein Heerführer und Provinzstatthalter, seinen Sohn Romulus Augustulus zum Kaiser ausrufen ließ, kam die Stunde Odoakers. Er, der bisher in Diensten des Orestes stand, stellte sich nun gegen ihn. Die Truppen des Orestes liefen zu Odoaker über, weil der ihnen *Siedlungsland* versprach, was ihnen Orestes verweigert hatte. Die Aufständischen töteten Orestes und riefen Odoaker zu ihrem König aus. Als darauf Odoaker den noch jungen Romulus Augustulus absetzte, war der letzte weströmische Kaiser gestürzt. Das war im Jahre 476.
Obwohl Odoaker nach kurzen Kämpfen Herr über ganz Italien war, lehnte er den Kaisertitel ab. Er wollte nur der Stellvertreter des oströmischen Kaisers im Westen sein und so die Einheit des Reiches retten. Die gesamte Politik von Odoaker zielte auf ein friedliches Nebeneinander.

Die Ostgoten in Italien

Die Lebensgeschichte des Ostgotenkönigs *Theoderich* war bewegt. Zehn Jahre war er Geisel am Hofe des oströmischen Kaisers *Zenon* in Konstantinopel. Später machte ihn derselbe Zenon zum *Heermeister* von Westrom. Die Auseinandersetzung zwischen ihm und Odoaker war damit unausweichlich geworden. Odoaker verschanzte sich im Jahre 491 in Ravenna, das sich erst nach einer Belagerung von zwei Jahren ergab. Obwohl Odoaker freier Abzug zugesichert war, wurde er ermordet. Theoderich ließ sich danach zum König ausrufen und errichtete einen Ostgotenstaat in Italien.
Theoderich setzte sich zum Ziel, die Goten und die Römer in einem Reich zu vereinen. Wie schon Odoaker wollte er, daß beide Völker nebeneinander leben sollten. In dieser Vorstellung könnte ein Grund liegen, warum auch der Ostgotenstaat in Italien nicht überdauern konnte. Die Goten lebten nach ihrem Recht, die Römer befolgten römische Rechtsgrundsätze. Anders als die Römer hingen die Ostgoten dem *Arianismus* an. Die Arianer waren zwar auch Christen, leugneten aber die Gottheit Christi. Deswegen waren sie aus der kirchlichen Gemeinschaft ausgeschlossen worden. Untersagt war auch die Heirat zwischen Goten und Römern. Schon deshalb wuchsen beide Völker nicht zu einer Einheit zusammen.
Theoderich unternahm in dieser Situation den Versuch, mit Gewalt die religiöse Einheit herzustellen und sagte den römischen Christen den Kampf an. Papst Johannes wurde nach einer Rückkehr aus Konstantinopel eingesperrt. Theoderich starb im Jahre 526.

Das Grabmahl Theoderichs des Großen in Ravenna. Die Kuppel ist aus einem einzigen Block gearbeitet, hat einen Durchmesser von ca. 11 m und ein Gewicht von ca. 400 t.

Das Ende der Völkerwanderung

Bald nach dem Tode Theoderichs unternahm der oströmische Kaiser Justinian massive militärische Anstrengungen, um die Goten aus Italien zu vertreiben (siehe S. 187). Ihm gelang es, mit dem Sieg über die Goten das Oströmische und das Weströmische Reich ein letztes Mal zusammenzufügen, doch hielt die Einheit beider Reiche nicht lang. Maßgeblichen Anteil daran hatten die *Langobarden.*

Der Sage nach kommt dieser Stamm aus Skandinavien. Über die Wanderung wissen wir gut Bescheid, weil *Paulus Diaconus*, selbst ein Langobarde, eine ausführliche Geschichte über diesen Stamm geschrieben hat. Auf ihrer Südwanderung gelangten die Langobarden zunächst in den böhmischen Raum. Später siedelten sie in Pannonien, im heutigen Jugoslawien.

Als nach dem Tod Kaiser Justinians 565 in Italien wieder sehr unsichere Verhältnisse entstanden, drangen die Langobarden von Nordosten in die Halbinsel ein.

Obgleich einige Gebiete von den Langobarden nicht erobert werden konnten, breitete sich der Stamm bis nach Süditalien aus. Die Stadt *Pavia* in Norditalien machte König *Alboin* zur Hauptstadt. Eine entscheidende Frage war, wie die neuerlichen Eindringlinge mit der römischen Bevölkerung umgehen würden.

Der Franke Chlodowech hatte das Christentum angenommen und damit ein Zusammenwachsen der Franken mit den Römern eingeleitet. Zusehends wuchs das Frankenreich im Norden zu einer starken Macht heran. Der Ostgote Theoderich hatte versucht, mit den Römern zu einem friedlichen Nebeneinander zu gelangen. Aber dieser Versuch schlug fehl. Welchen Weg würden die Langobarden wählen?

Das Vorhaben, die römische Bevölkerung rücksichtslos zu unterwerfen, schien zunächst erfolgreich. Widerstand setzte den Langobarden allerdings die Stadt Rom entgegen. Dort hatten die Päpste ihre besondere Stellung innerhalb der katholischen Kirche ausgebaut. Sie traten mehr und mehr die Nachfolge der römischen Kaiser an.

Die Langobarden nahmen unter dem Einfluß ihrer Königin *Theodolinde* den christlichen Glauben an. 752 bedrohten die Langobarden Rom. Papst Stephan II. wandte sich in dieser Notlage an den Frankenkönig *Pippin,* der ihm Schutz gewährte.

Das Elfenbeinrelief zeigt die Ankunft des Kaisers Justinian. Begleitet wird er von einer fliegenden Victoria und einer am Boden sitzenden Terra (Erde). Ein Offizier (links) bringt eine Siegesstatue. Auf dem unteren Streifen befinden sich Vertreter von Barbarenvölkern. Über dem Kaiser ist der segnende Christus abgebildet.

1 *Europa um 600 n. Chr.*

Europa um 600 n. Chr.

Was vom Römischen Reich blieb

Wenn wir auf das Jahr 476 blicken, sprechen wir vom Ende des Weströmischen Reiches. Häufig übersehen wir dabei die Verbindungen, die zwischen der Römerzeit und dem Mittelalter bestehen. Zwar gab es das Weströmische Reich nicht mehr, aber es blieb ein Vorbild für spätere Reiche. In den Vorstellungen der Menschen lebte vieles weiter, was sich in einer Geschichte von 12 Jahrhunderten entwickelt und bewährt hatte.

Die *lateinische Sprache* blieb erhalten. Mehr als tausend Jahre nach dem Ende des Reiches war Latein immer noch die entscheidende Schriftsprache, in der z. B. die Gelehrten ihre Werke verfaßten. Wenn wir von *romanischen Sprachen* sprechen, dann meinen wir diejenigen, die sich aus dem „Volkslatein“ entwickelten. Italienisch, Französisch und Spanisch zählen zu diesen Sprachen.

Maßgebend blieb weiterhin das *römische Recht.* Viele römische Rechtsgrundsätze gelten noch heute.

Die enge Verbindung zwischen der römischen und der mittelalterlichen Geschichte ist am Christentum zu sehen. Römisch-katholisch ist bis zur Gegenwart die offizielle Bezeichnung einer Konfession. In diesem Namen kommt ein wesentlicher Zusammenhang zwischen dem Römischen Reich und unserer Gegenwart zum Ausdruck.

Nicht nur die Könige der Franken, die ersten mächtigen Herrscher des Mittelalters, sondern auch spätere Kaiser sahen das Römische Reich als Vorbild. In Rom wollten sie vom Papst zum Kaiser gekrönt werden.

Auf dem Boden des Weströmischen Reiches entstanden zahlreiche Germanenreiche, von denen die meisten aber innerhalb kurzer Zeit wieder zerfielen. Nur das Frankenreich, das von Beginn an eine enge Verbindung mit der römischen Welt anstrebte, hatte länger Bestand. Unter dem späteren Kaiser *Karl dem Großen* erreichte es fast die Ausmaße des Weströmischen Reiches. Insofern stellt das Römische Reich eine Grundlage für die mittelalterliche Welt dar.

1 Warum ging das Weströmische Reich unter?

Der Mönch Salvian (Mitte des 5. Jahrhunderts) beschreibt den Niedergang der römischen Herrschaft:

Q Arme werden ausgeplündert, Witwen seufzen, Waisen werden mit Füßen getreten; ja, es ist so weit gekommen, daß viele von ihnen, und zwar solche aus nicht niedrigem Geschlecht und mit guter Bildung, zu den Feinden fliehen, um nicht unter dem Druck der staatlichen Verfolgung zu sterben. Sie suchen bei den Barbaren die Menschlichkeit der Römer, weil sie bei den Römern die barbarische Unmenschlichkeit nicht ertragen können. Und obwohl sie von denen, zu denen sie flüchten, in Gebräuchen und Sprache abweichen, ... wollen sie doch lieber bei den Barbaren unter der ungewohnten Lebenshaltung leiden als bei den Römern unter wütender Ungerechtigkeit. Deshalb wandern sie scharenweise entweder zu den Goten oder zu den Bagauden (aufständische Bauern in Gallien) oder zu anderen Barbaren, die ja allenthalben herrschen; und es reut sie nicht, hinübergewandert zu sein. Denn lieber leben sie unter dem Schein der Gefangenschaft frei als unter dem Schein der Freiheit als Gefangene. Deshalb wird der Name des römischen Bürgers, der einst nicht nur hoch geschätzt, sondern auch um viel Geld gekauft wurde, jetzt aus freien Stücken verschmäht und gemieden ... Und ich für meinen Teil kann mich nur wundern, daß nicht überhaupt alle dürftigen und armen Steuerzahler es so machen. Es gibt dafür nur einen Hinderungsgrund, nämlich den, daß sie ihre geringe Habe und ihre Hütten und Familien nicht hinüberbringen können ... Weil sie also das nicht tun können ..., tun sie, wozu allein sie imstande sind; sie liefern sich nämlich Größeren zu Schutz und Schirm aus, ergeben sich den Reichen als Hörige und begeben sich sozusagen unter deren Gewalt und Botmäßigkeit.

Salvianus, Von der Weltregierung Gottes 44,12 ff. In: Geschichte in Quellen, Bd. 1. Hg. v. W. Arend, München 1975, S. 803 f.

1 *Wie kennzeichnet Salvian den Zustand im Römischen Reich?*

2 *Worin sieht er die Gründe, daß so viele Menschen dem Weströmischen Reich den Rücken kehren?*

3 *Salvian schreibt, daß das römische Bürgerrecht gemieden wurde. Könnt ihr Gründe dafür nennen?*

2 Ein Beispiel für das Weiterleben römischer Kultur

Das Innere der ehemaligen Palasthalle des Kaisers Konstantin, um 310 n. Chr. in Trier erbaut. In dem Halbrund im Hintergrund hielt der Kaiser auf einem erhöhten Thronhof.

Die Kirche San Apollinare in Classe bei Ravenna, zwischen 500 und 550 n. Chr. erbaut.

- *Vergleicht die beiden Innenräume und stellt Gemeinsamkeiten und Unterschiede heraus. Beachtet dabei besonders den Triumphbogen.*

Das Oströmische Reich von Byzanz

Die Teilung des Reiches – eine Teilung für immer?

Ursachen und Folgen der Teilung

Als im Norden und Osten des Römischen Reiches germanische Völker die Grenzen bedrohten, zeigte es sich, daß ein einzelner Kaiser kaum mehr in der Lage war, das riesige Gebiet zu schützen. Um es gegen die zahlreichen Gegner besser verteidigen zu können und um die Organisation und Verwaltung des Reiches zu verbessern, teilte Kaiser Theodosius im Jahre 395 n. Chr. das Reich in eine westliche und eine östliche Hälfte und ernannte einen Mitkaiser. Hauptstadt des Ostreiches wurde Konstantinopel. Im Laufe der Zeit entwickelten sich die beiden Teile zu eigenen Staaten. Das Westreich konnte dem Ansturm der germanischen Völker nicht mehr widerstehen. Als im Jahre 476 n. Chr. der letzte weströmische Kaiser durch einen Germanen abgesetzt wurde, endete das Römische Reich im Westen. Die andere Hälfte jedoch, das oströmische Imperium blieb noch fast 1000 Jahre weiter bestehen. Sein Ende kam erst im Jahre 1453. Die Kaiser in Konstantinopel allerdings fühlten sich weiterhin als Kaiser des gesamten Reiches. Sie beanspruchten die Oberhoheit über alle Gebiete, auch die im Westen. Tatsächlich herrschten die germanischen Könige dort aber selbständig und frei.

Die Mittelmeerwelt um das Jahr 550 n. Chr.

Das Mosaik aus der Hagia Sophia zeigt Maria, wie sie von Kaiser Konstantin und Kaiser Justinian Weihegaben empfängt. Konstantin, zu ihrer Linken, bringt die von ihm neubegründete und nach ihm benannte Stadt dar, Justinian, zu ihrer Rechten, die von ihm erbaute Hagia Sophia.

Stellt Kaiser Justinian das Reich wieder her?

Im Jahre 527 n. Chr. trat in Konstantinopel ein neuer Kaiser die Herrschaft an: Justinian. Sein Ziel war es, das gesamte Römische Reich unter seiner Oberhoheit wieder herzustellen. Sorgfältig bereitete er einen Feldzug vor, sein Heer wurde von zwei Feldherrn, Belisar und Narses, geführt.

Im Jahre 534 n. Chr. besiegte Belisar das Wandalenreich in Nordafrika und setzte dann mit 5000 Reitern und 10 000 Fußsoldaten nach Sizilien über. Justinians wichtigstes Ziel war Italien, das Stammland des Römischen Reiches. Dort hatten sich die Ostgoten niedergelassen und ein Reich gegründet (siehe S. 182).

Recht schnell gelang es Belisar, Unter- und Mittelitalien zu gewinnen. Das stark befestigte Neapel wurde erobert, indem Belisars Truppen nachts durch die Schächte der Wasserleitung in die Stadt eindrangen. Auch Rom wurde wiedergewonnen. Dann jedoch zog sich der Krieg noch fast zwanzig Jahre hin. Den entscheidenden Sieg errang erst Belisars Nachfolger Narses im Jahre 552 bei Spoleto. Der ostgotische König starb auf der Flucht. Eine letzte, endgültige Niederlage erlitten die Ostgoten ein Jahr später am Vesuv.

Im folgenden Jahr siegte Justinians Heer auch über die Westgoten in Spanien, so daß die spanische Mittelmeerküste unter die Herrschaft Justinians kam. Alle Mittelmeerländer waren nun wieder in einem Reich vereint, das Römische Reich schien nahezu wieder hergestellt.

Der endgültige Verlust der Reichseinheit

Die Wiederherstellung des Römischen Reiches unter Justinian war nicht vollständig gewesen und sie war auch nicht von Dauer. Schon sein Nachfolger verlor den größten Teil Italiens an die Langobarden, unter den späteren Kaisern gingen auch die übrigen Gebiete wieder verloren. Der Traum von der Reichserneuerung (*renovatio imperii*), war endgültig unerreichbar geworden. Das Oströmische Reich entwickelte sich nun zu einem eigenständigen Reich mit einer eigenen Kultur. An die Stelle des Lateinischen trat die griechische Sprache. Nach dem Namen des alten Byzantion wird es auch *Byzantinisches Reich* genannt.

Konstantinopel: Hauptstadt, Weltstadt, religiöses Zentrum

An der Verbindung von Europa und Asien, von Mittelmeer und Schwarzem Meer war Konstantinopel gegründet worden. Diese Lage war militärisch und wirtschaftlich äußerst günstig. Wichtige Handelswege trafen sich hier: Karawanenstraßen, die nach Osten bis Indien und sogar China führten, Schiffs- und Straßenrouten, auf denen über das Rote Meer Handelsgüter aus arabischen Ländern transportiert wurden. Die Schiffswege, die durch das Schwarze Meer und die russischen Flüsse führten, verbanden das nördliche Europa mit dem Mittelmeer. Spanien, Afrika und Italien waren über das Mittelmeer am Handel beteiligt.

Alle nur erdenklichen Luxusgüter konnte man in Konstantinopel kaufen: Gewürze aus Indien ebenso wie Bernsteinschmuck aus Skandinavien, Edelsteine und Tücher aus feinster Seide. Ursprünglich hatten Kaufleute die Seide aus China eingeführt, aber unter Kaiser Justinian war es zwei Mönchen gelungen, die Eier der Seidenraupe heimlich nach Konstantinopel zu bringen. Der Kaiser belohnte sie dafür reich. Das Byzantinische Reich verdiente von nun an selbst an der Herstellung von Seide.

Der Handel mit der ganzen bekannten Welt machte Konstantinopel reich, die Kaiser taten alles, um den Handel zu fördern. An Reichtum und an Größe kam keine Stadt Konstantinopel gleich. Riesige Befestigungsanlagen machten sie für ihre Feinde fast uneinnehmbar. Schon Kaiser Konstantin hatte die Stadt prachtvoll und großzügig ausbauen lassen. Den Mittelpunkt der Stadt bildete der kaiserliche Palast, von dem die sogenannte Prozessionsstraße zum Goldenen Tor führte. Als bei einem Aufstand große Teile der Stadt zerstört worden waren, nutzte Justinian die Gelegenheit, Konstantinopel noch großartiger und prächtiger wiederaufzubauen. Zahlreiche Kirchen prägten nun das Stadtbild und zeigten den Besuchern, daß es die Hauptstadt eines christlichen Reiches war.

Die schönste dieser Kirchen ist die zu Ehren der Heiligen Sophia errichtete *Hagia Sophia.* Anders als bei den Kirchenbauten im Westen Europas ist die Hagia Sophia eine Kuppelkirche, die von einer riesigen Mittelkuppel beherrscht wird. Nicht mehrere Kirchenschiffe bestimmen das Innere, sondern ein großer Zentralraum, der von der Kuppel überwölbt wird. Die Kirche sollte ein Abbild des Himmels auf Erden sein; die Teilnehmer am Gottesdienst sind alle gemeinsam unter der Kuppel vereint. 30 000 Gläubige finden in der Kirche Platz.

Die Baumeister, denen diese technisch äußerst komplizierte Architektur gelang, waren *Anthemius von Tralleis* und *Isidor von Milet*. Beide galten zu ihrer Zeit als berühmte Mathematiker.

Der Geschichtsschreiber *Prokopius,* der das Leben Kaiser Justinians und seine Herrschaft dargestellt hat, beschreibt auch die Hagia Sophia und die Wirkung ihrer Kuppel: „Sie scheint nicht auf einem festen Bau aufzuruhen, sondern vielmehr an einer goldenen Kette vom Himmel herabzuhängen und den Raum zu überzelten."

Innenraum der Hagia Sophia

Kaiser Justinian mit Gefolge. Rechts neben ihm Maximian, der Statthalter in Ravenna und Erzbischof der Stadt war. In der Darstellung des Kaisers zeigt sich die außerordentliche Machtstellung (Mosaik in der Kirche San Vitale in Ravenna, im Jahre 547 n. Chr. von Maximian geweiht).

Der Kaiser als alleiniger Herrscher

Wer das Glück hatte, vom Kaiser empfangen zu werden, mußte sich einem streng geregelten Hofzeremoniell unterwerfen. Das fing mit der Kleidung an. Die Farbe Purpur war verboten, sie war einzig der kaiserlichen Familie vorbehalten. Von Palastdienern wurden die Besucher durch die Gänge und Gemächer des Palastes geführt, bis der Thronsaal erreicht war. Zur Begrüßung des Kaisers mußte man sich dreimal niederknien: zunächst auf der Schwelle, dann in der Mitte des Saales; dabei war strengstes Schweigen geboten. Wenn die Besucher endlich den Kaiser selbst auf seinem Thronsessel erreicht hatten, mußten sie sich ein weiteres Mal auf die Knie begeben und dem Kaiser den Fuß küssen. In diesem Zeremoniell spiegelte sich die alles überragende Machtstellung des Kaisers wider.
Die byzantinischen Kaiser sahen sich als Herrscher in einer ununterbrochenen Reihe, die mit Augustus begonnen hatte. Zunächst führten sie auch den Namen Augustus noch in ihrem Titel. Als nach dem Tode Kaiser Justinians die griechische Sprache die lateinische verdrängte, verschwand auch die Bezeichnung Augustus. An ihre Stelle trat der griechische Begriff *Basileus.* Der offizielle Kaisertitel lautete nun: Basileus ton Romaion – Kaiser der Romäer.
Der Kaiser verkörperte in seiner Person das Reich. Er galt als Auserwählter Gottes. Er war oberster Befehlshaber des Heeres und gab dem Reich die Gesetze. Er war auch der höchste Richter des Landes. Zu seinen wichtigsten Aufgaben gehörte der Schutz der Kirche und des Glaubens. In Glaubensstreitigkeiten und in kirchlichen Fragen trafen nicht Bischöfe oder Patriarchen die Entscheidung, sondern der Kaiser. Kirchliche und religiöse Angelegenheiten waren so gleichzeitig auch Staatsangelegenheiten. Diese enge Verbindung von kirchlicher und staatlicher Herrschaft in einer Person nennt man *Cäsaropapismus*.

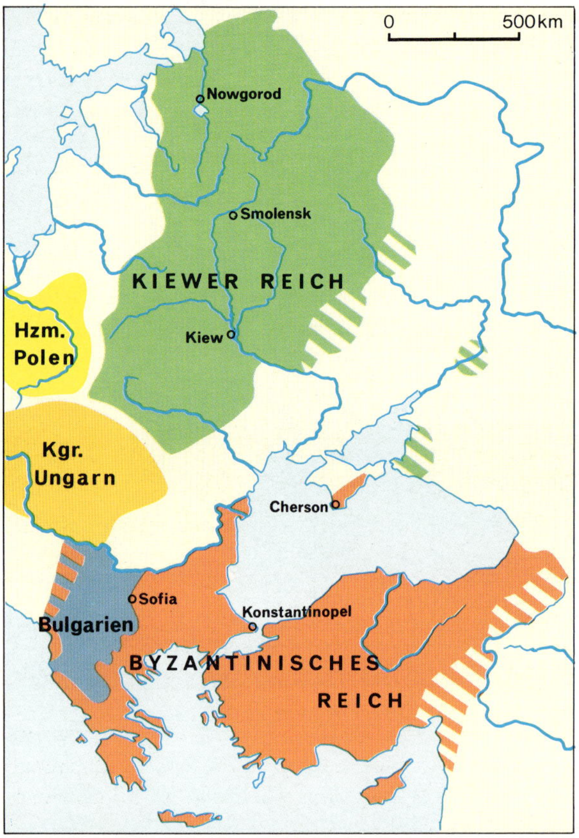

Osteuropa um 1000

Die Missionierung der slawischen Völker

Als Schutzherren der Kirche und des Glaubens sahen es die Kaiser auch als ihre Aufgabe an, die nichtchristlichen Völker zu bekehren.
Um die heidnischen Slawen im Norden des Reiches zum Christentum zu bekehren, entsandte Kaiser Michael II. im Jahre 863 n. Chr. zwei Brüder, die Mönche Kyrillos und Methodios. Ohne eine Übersetzung der Bibel war eine Missionierung jedoch unmöglich. Da die slawischen Stämme noch keine eigene Schrift besaßen, schufen die beiden Brüder erst ein Alphabet. Diese noch heute benutzte Schrift heißt die *kyrillische Schrift.* Wegen ihrer Verdienste wurden Kyrillos und Methodios später heilig gesprochen, man nennt sie die Apostel der Slawen.

Die Bekehrung Rußlands zum Christentum begann etwa 100 Jahre später. Der Großfürst des russischen Reiches, Wladimir, hatte dem Kaiser in Konstantinopel militärische Hilfe geleistet und dafür dessen Schwester Anna zur Frau erhalten. Bedingung für die Hochzeit war, daß sich Wladimir taufen ließ und auch seine Untertanen Christen wurden. Im Jahre 988 n. Chr. fand die Taufe statt, das Christentum verbreitete sich nun in ganz Rußland.
Nicht nur in der Religion wurde das Byzantinische Reich zum Vorbild für das Russische Reich, auch die Kultur und das Herrschaftssystem wurden übernommen. In Kiew, der damaligen russischen Hauptstadt, wurden ganze Stadtteile von Konstantinopel nachgebaut, so die große prachtvolle Straße, die vom Goldenen Tor zum Palast führte, auf welcher der Kaiser nach seiner Krönung in die Stadt und weiter zum Palast zog. Zahlreiche Kirchen in Kiew waren nach dem Vorbild von Kirchen in Konstantinopel geschaffen und erhielten den gleichen Namen.

Von vielen Feinden bedroht

In seiner langen Geschichte war Konstantinopel mehrmals von Feinden belagert worden; nie aber war es diesen gelungen, die Stadt zu erobern. Eine riesige Mauer mit fast 200 Türmen schützte die Stadt auf ihrer Landseite. Eine Seemauer ergänzte diese Befestigung und machte so die Stadt fast uneinnehmbar. Hinzu kam, daß das Byzantinische Reich im Besitz einer „Geheimwaffe“ war, des sogenannten „Griechischen Feuers“. Es war im 7. Jahrhundert erfunden worden und bestand aus einer Mischung von leichten Explosivstoffen.
Das Byzantinische Reich hatte viele Feinde und mußte sich immer wieder verteidigen. Im Norden versuchten *Awaren* und *Slawen,* in das Reich einzudringen, im Osten führte das Persische Reich der *Sassaniden* wiederholt Krieg gegen Konstantinopel. Als die Perser im Jahre 627 endgültig besiegt waren, erwuchs dem Reich kurze Zeit später ein neuer Gegner: die Araber. Aber auch diesem Gegner widerstand das Reich jahrhundertelang. Am 29. Mai 1453 erst gelang es den Türken, Konstantinopel zu erobern; damit endete das Oströmische Reich von Byzanz.

1 Die Hagia Sophia – das typische Beispiel byzantinischer Baukunst

Die Hagia Sophia wurde nach der Eroberung von Konstantinopel (heute Istanbul in der Türkei) durch die Türken (vgl. S. 190) als islamische Moschee benutzt. Die Minarette wurden nachträglich gebaut.

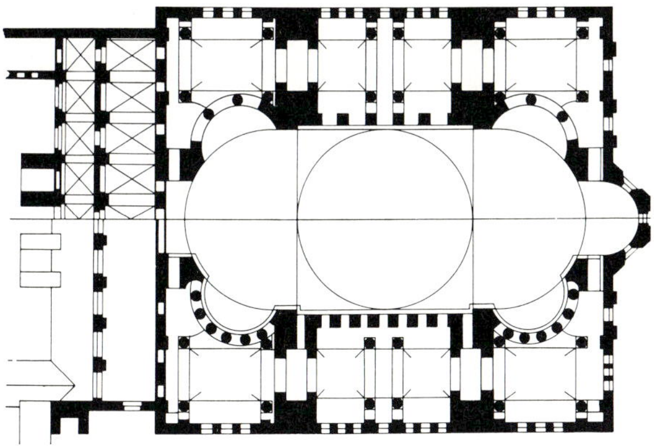

Grundriß der Hagia Sophia in Konstantinopel.

1 *Beschreibt das Aussehen und den Grundriß der Hagia Sophia.*

2 *Welche Wirkung übte die Architektur dieser Kirchen auf die zum Gottesdienst versammelten Gläubigen aus?*

2 Rechtsgrundsätze aus der Gesetzessammlung Justinians

Die Sammlung und Systematisierung sämtlicher kaiserlicher Erlasse durch Kaiser Justinian im sogenannten Codex Justinianus war eine außerordentlich bedeutende Leistung, die für die Entwicklung des Rechts bis in die Gegenwart Auswirkungen hatte.

Q 1,1,10: Gerechtigkeit ist der beständige und dauernde Wille, jedem das ihm Gebührende zuzuteilen.
1,3,17: Gesetze kennen bedeutet nicht, sich ihre Worte aneignen, sondern ihren Sinn und ihre Tragweite.
1,3,29: Gegen das Gesetz handelt, wer tut, was das Gesetz verbietet. Es umgeht aber das Gesetz der, der zwar genau den Wortlaut des Gesetzes beachtet, sich um seinen Sinn aber herumdrückt.
1,3,32: In den Fällen, wo wir kein geschriebenes Recht besitzen, muß man beachten, was durch Sitte und lange Gewohnheit eingeführt ist.
50,17,56: In Zweifelsfällen ist immer die wohlwollendere Auslegung vorzuziehen.
50,16,131: Eine Strafe wird nicht verhängt, außer wenn sie im Gesetz oder in irgendeiner Rechtsvorschrift für diese Strafart besonders angedroht ist.
48,19,5: Auf bloße Verdachtsmomente hin jemanden zu verurteilen, geht nicht an ... es sei besser, wenn einmal die Tat eines Schuldigen ungesühnt bleibt, als wenn man einen Unschuldigen verurteilt.
48,19,11,2: Ein Verbrechen wird begangen mit Absicht, im Affekt oder fahrlässig.
48,19,20: Die Strafe wird verhängt zwecks Besserung der Menschen.

R. Düll, Corpus Inris.. In: Geschichte in Quellen, Bd. 1. Hg. von W. Arend, München 1975, S. 845.

1 *Überlegt, ob die genannten Rechtsgrundsätze auch heute noch Gültigkeit besitzen.*

2 *Lest den Rechtsgrundsatz in Nr. 48,19,20 gründlich durch. Bedenkt, welche anderen Gründe für die Verhängung einer Strafe es noch geben kann?*

Der Islam

Mohammed – Prophet einer neuen Religion

Die Stadt *Mekka* war zu Beginn des 6. Jahrhunderts eine kleine, aber wichtige Handelsstadt an der bedeutenden Karawanenstraße zwischen Syrien und dem südlichen Arabien. Die Menschen, die dort in Sippen und Stämmen zusammenlebten, glaubten an zahlreiche Götter, an Himmelsgottheiten ebenso wie an Dämonen. Felsen, Steine, Bäume und Quellen wurden als Götter verehrt, an bestimmten Orten wurden den Göttern Opfer dargebracht. Ein allen gemeinsames Heiligtum war die *Kaaba,* ein würfelförmiger Bau, in dem sich der heilige schwarze Stein, ein Meteorit, befindet.
In Mekka wurde um das Jahr 570 n. Chr. Mohammed geboren. Bei seiner Geburt war sein Vater bereits gestorben, seine Mutter starb, als er noch ein Kind war. Er wurde von Verwandten aufgezogen und hatte kennengelernt, was Armut bedeutet. Obwohl es ihm und seiner Familie später gut ging, war er mit sich und der Welt nicht zufrieden. Er sah, daß die Menschen nur auf ihren eigenen Vorteil bedacht waren und sich um ihre armen und hilfesuchenden Mitmenschen nicht kümmerten.
Mohammed war ein tiefreligiöser Mensch. Er glaubte, daß Gott (arabisch: Allah) die Menschen geschaffen und ihnen die Welt mit all ihrer Schönheit und ihren Gaben gegeben habe, um darin zu leben. Dafür müsse der Mensch Gott dankbar sein, sich ehrfürchtig vor ihm niederwerfen und mit seinem Besitz die Armen und Notleidenden unterstützen.
Lange grübelte Mohammed über diese Fragen nach, betete, fastete und meditierte. Eines Tages, nach unserer Zeitrechnung im Jahre 611 n. Chr., hatte er eine *Vision* (eine traumhafte Erscheinung). Wie er später erzählte, sei ihm der Erzengel Gabriel erschienen und habe ihm verkündet, daß er von Gott zum Propheten berufen sei. Von nun an predigte Mohammed den Bewohnern seiner Heimatstadt die Botschaften Gottes, wie sie ihm geoffenbart worden waren und forderte zur inneren Umkehr auf.

Von Mekka nach Medina. Die führenden Leute Mekkas und mit ihnen die meisten Bewohner wollten von Mohammeds Botschaft nichts wissen. Man versuchte, ihn lächerlich zu machen, er wurde bedroht und kam mit der Zeit in immer größere Schwierigkeiten. Nur einige wenige Verwandte hatte er als Anhänger für seinen Glauben gewinnen können. So blieb ihm keine andere Wahl, als Mekka zu verlassen. Im Jahre 622 n. Chr. begab er sich mit seinen Anhängern nach *Medina.* Diese „Auswanderung", arabisch *hidschra*, wurde zum Anfangsdatum der islamischen Zeitrechnung.
Islam, d. h. Hingabe an Gott, war der Name der neuen Religion. In Medina hatte Mohammed mehr Erfolg mit seiner Verkündigung und gewann eine große Anhängerschaft. Von einem *Propheten* wurde er nun zum Politiker und Gründer eines neuen, islamischen Staates. Der Konflikt mit Mekka allerdings dauerte an, und je größer seine Anhängerschaft wurde, desto mehr sahen sich die Mekkaner bedroht.
Der neue Glaube ordnete und bestimmte nämlich das gesamte Leben seiner Anhänger, die sich nicht nur als religiöse Gemeinde fühlten, sondern als Keimzelle eines neuen, religiösen Staates, der auf Ausdehnung bedacht war. Es entwickelte sich ein jahrelanger Krieg zwischen Mekka und Medina. Dabei sah Mohammed das Recht auf seiner Seite,hatten doch die Mekkaner ihn und seine Anhänger aus Mekka vertrieben und vom richtigen Glauben abzubringen versucht. Der Kampf war für die Muslime (so nennt man die Angehörigen des Islam) ein Kampf für Gott. Mohammed gelang es, immer mehr Stämme auf seine Seite zu ziehen. Nach jahrelangen Kämpfen ergab sich schließlich auch Mekka.
Bis zu seinem Tode (um 632) hatte Mohammed fast die gesamte arabische Halbinsel im neuen Glauben geeint. Auch christliche und jüdische Stämme hatte er für die islamische Gemeinde von Medina gewonnen. Zwar spielte weiterhin die Zugehörigkeit des einzelnen zu einer Sippe eine große Rolle, doch wurde jetzt der gemeinsame Glaube das wichtigste Band zwischen den Menschen.

Der Koran: Glaubenssätze und Regeln für ein gottgefälliges Leben

Auch nachdem Mekka besiegt war und seine Einwohner sich zum Islam bekehrt hatten, war Mohammed in Medina geblieben. Nur im Jahre 632 n. Chr., im Jahr seines Todes, war er noch einmal zur Kaaba nach Mekka gezogen, um dort zu beten. Diese Pilgerfahrt (arabisch: *hadsch)* wird als Pilgerfahrt des Abschieds bezeichnet. Die Kaaba war auch im Islam das wichtigste Heiligtum geblieben. Sie stellte das Zeichen der Verbundenheit zwischen Gott und den Gläubigen dar. Die Pilgerfahrt nach Mekka wurde ein Hauptgebot des Islam. Jeder gläubige Mohammedaner sollte einmal in seinem Leben die heiligen Stätten in Mekka besuchen.

Fünf solcher Hauptgebote gibt es:

- Der Glaube an Allah als den einzigen Gott und an die Berufung Mohammeds zu seinem Propheten.
- Das Gebet zu Gott (fünfmal am Tag).
- Freigebigkeit gegenüber den Armen (Almosen).
- Das Fastengebot.
- Die Pilgerfahrt nach Mekka.

Als religiöser und politischer Führer hatte Mohammed eine Vielzahl von Aufgaben. Er schlichtete Streitigkeiten, befehligte die Gläubigen im Kampf und leitete die religiösen *Zeremonien.* Für viele Lebensbereiche verkündete er Gebote, Verbote oder Empfehlungen Gottes. Das Zusammenleben der Menschen, Ehe und Scheidung, das Verhältnis zwischen Eltern und Kindern wurde nach bestimmten Grundsätzen geregelt. Auch in die Essens- und Trinkgewohnheiten griff er ein, z. B. durch das Verbot, Schweinefleisch zu essen und alkoholische Getränke zu trinken.

Im Vergleich zur vorislamischen Zeit verbesserte Mohammed die Stellung der Frau in Arabien erheblich. So wurden ihre Rechte als Ehefrau geregelt, sie hatte nun u. a. das Recht zu erben. Der Mann jedoch besitzt Rechte, die ihr nicht zustehen.

Die unterschiedliche Stellung von Mann und Frau findet auch im Hausbau und in der Anordnung der Räume ihren Ausdruck. Frauen und Kinder haben einen eigenen, abgesonderten Wohnbereich, der *Harem,* d. h. das Abgesonderte, genannt wird. Jungen und Mädchen werden zunächst gemeinsam von der Mutter zu Hause aufgezogen. Ab dem 7. Lebensjahr übernimmt der Vater die Sorge für die Erziehung des Sohnes, während die Mädchen bis zur Heirat weiter von der Mutter im Hause unterwiesen werden.

Der Koran* ist die heilige Schrift des Islams. Er ist in 114 Abschnitte (Suren) gegliedert und enthält die Offenbarungen Mohammeds. Das Wort Koran bedeutet Vortrag, Lesung, auch Buch.

Neben dem Koran gibt es als weitere schriftliche Glaubensgrundlage eine Sammlung von Aussprüchen und Entscheidungen Mohammeds, die *hadithe.*

Mohammed verstand sich als letzter in einer langen Reihe von Propheten. In dieser Reihe sind Abraham, Moses und die anderen im Alten und Neuen Testament genannten Propheten eingeschlossen. Auch Jesus gilt als Prophet und wird als Vorgänger Mohammeds bezeichnet. Nach Mohammeds Tod waren es islamische Rechtsgelehrte, die in Zweifelsfällen entschieden, wie der Koran zu verstehen sei.

Die Kaaba in Mekka, das zentrale Heiligtum der Muslime und Ziel der islamischen Pilger.

Ein islamisches Weltreich entsteht

Mohammed hatte bei seinem Tode keinen Nachfolger bestimmt. Sowohl die religiöse Gemeinde als auch der Staat waren deshalb führerlos. Man übertrug einem der engsten Vertrauten des Propheten diese verantwortungsvolle Aufgabe. Er nahm den Titel *chalifa* an, was Nachfolger und Stellvertreter (des Propheten) bedeutet. Davon ist das Wort *Kalif* abgeleitet. Der erste Kalif* Abu Bakr (632-634) mußte sich seine Anerkennung jedoch erkämpfen, denn einige arabische Stämme wollten die Vorherrschaft Medinas abschütteln. Um weiteren Bruderkriegen unter den Stämmen vorzubeugen, griffen Abu Bakr und sein Nachfolger Umar (634-644) auf den Plan Mohammeds zurück, den islamischen Staat nach Norden zu erweitern. Sie forderten die arabischen Stämme auf, sich an den Kriegszügen zu beteiligen. Diese waren sogleich mit Eifer dabei, da reiche Beute in den benachbarten Kulturländern lockte.

Die Kampfeslust der Araber und der Aufruf zum heiligen Krieg für die Ausdehnung der islamischen Herrschaft vereinten sich zu einer Eroberungsbewegung von ungeheurer Durchschlagskraft. Fast gleichzeitig drangen Verbände unter dem Befehl muslimischer Heerführer in Syrien und Mesopotamien ein, zerschlugen innerhalb weniger Jahrzehnte das Sassanidenreich in Persien und nahmen dem Oströmischen Reich die Provinzen Syrien, Mesopotamien, Ägypten und Nordafrika. Den Arabern kam die Lage der beiden damaligen Großmächte zu Hilfe. Das oströmische Kaiserreich und das persische Sassanidenreich waren durch lange Kämpfe gegeneinander erschöpft. Sie konnten den arabischen Heeren nicht mehr genügend Widerstand entgegensetzen.

Jesus auf einem Esel und Mohammed auf einem Kamel reiten nebeneinander (arabische Buchmalerei aus dem 13. Jahrhundert).

Die arabischen Heere schienen zunächst unaufhaltsam. Ihre Erfolge beflügelten sie, immer weiter vorzustoßen, bis schließlich ihre Kräfte erschöpft waren, und ihnen Reiche den Weg versperrten, die standhalten konnten. Ein Jahrhundert nach Mohammeds Tod kam die arabische Ausbreitung zum Stillstand.

Das Leben in den eroberten Ländern

Die Einwohner der unterworfenen Gebiete empfanden die arabischen Eroberer nicht unbedingt als Unterdrücker. Sie wurden keineswegs grausam behandelt, konnten ihren Besitz behalten und durften ihre eigene Religion weiter ausüben. Sie mußten lediglich ihre bisherigen Steuern und Abgaben an die neuen Herren weiterbezahlen sowie eine besondere Steuer (die dschizya) dafür, daß sie selbst keinen Militärdienst leisten mußten, sondern geschützt wurden. Man bezeichnete sie wegen dieser Schutzsteuer als „Schützlinge". Mehrere Jahrhunderte lang bildeten sie den größten Teil der Bevölkerung im islamischen Reich. Wer den islamischen Glauben annahm, mußte keine Steuern bezahlen.

Die muslimischen Araber waren die neue herrschende Schicht. Meist siedelten sie sich nicht in den bestehenden Städten an, sondern gründeten neue Siedlungen. Diese Lagerstädte entwickelten sich zu Provinzhauptstädten wie *Basra* und *Kufa* in Mesopotamien und *Fustat,* das heutige Altkairo, in Ägypten.

Bald zog es auch die nichtarabische Bevölkerung in die neuen Zentren der Macht und des Reichtums, der sich durch die Eroberungen dort anhäufte. Sie lernten Arabisch, viele traten zum Islam über und nahmen arabische Sitten an.

So breiteten sich die arabische Sprache und der Islam langsam im ganzen Reich aus und schufen eine gemeinsame Grundlage für das Zusammenleben der unterschiedlichen Völker.

Die Ausdehnung des Islamischen Reiches

Eine Blütezeit der Wissenschaften

Die Araber, die so viele Länder erobert hatten, waren bereit, von den besiegten Völkern und von ihren neuen Nachbarn zu lernen. Sie lernten, die eroberten Länder zu verwalten, Flotten zu bauen sowie Burgen und Festungen zu errichten. Werke der Philosophie, der Medizin, der Mathematik und Astronomie übersetzten sie in das Arabische. Was sie daraus lernten, erprobten sie und entwickelten es weiter. Das Zehnersystem der Mathematik, mit dem wir noch heute rechnen, wurde von arabischen Wissenschaftlern geschaffen. Ihnen gelang es auch, den Erdumfang bis auf einen Kilometer genau zu berechnen.

Allein im Bereich der Medizin wurden Hunderte von Werken aus der griechischen Antike in das Arabische übersetzt, darunter alle Schriften des berühmten *Hippokrates.* Diese Schriften wurden sorgfältig studiert. Die Medizin in den islamischen Ländern erreichte so einen Leistungsstand, der weit über dem der europäischen Länder lag. Es gab viele hervorragende Ärzte, die mit gezielter Diagnose und Therapie vorgingen, neue Medikamente entwickelten, Krankenhäuser errichteten und gewagte Operationen an Menschen durchführten. Besonders in der Heilmittellehre und in der Augenheilkunde gelangen der islamischen Medizin großartige Leistungen. Die Kenntnisse der islamischen Wissenschaftler wurden in zahlreichen Abhandlungen veröffentlicht, teilweise wurden sie in das Lateinische übersetzt und gelangten so auch in das christliche Europa.

Buchseite eines medizinischen Lehrwerkes

Das Islamische Reich zerfällt – die kulturelle Einheit bleibt

Das Reich, über das die Kalifen herrschten, hatte um die Mitte des 8. Jahrhunderts seine größte Ausdehnung erreicht. Doch schon bald bröckelten Teile ihres Herrschaftsgebietes ab, zuletzt zerfiel es in eine Anzahl islamischer Teilstaaten. Das hatte verschiedene Ursachen. Das Reich war so groß geworden und umfaßte so viele Gebiete und Völker, daß es kaum mehr einheitlich regiert werden konnte. Vor allem an den Rändern des Reiches versuchten sich Völker, aus der Herrschaft des Kalifen zu befreien. Immer wieder versuchten auch Provinzgouverneure, selbständig zu herrschen und eigene Dynastien zu begründen.

Auch gab es von Beginn an religiöse Auseinandersetzungen um die rechtmäßige Nachfolge Mohammeds. Es kam zu Spaltungen innerhalb der muslimischen Glaubensgemeinschaft. Eine der wichtigsten Gruppen, die sich abgesondert hatten, sind die *Schiiten* (von Schia, d. h. Partei). Auch heute noch stellen die Schiiten in vielen islamischen Staaten einen großen Teil der Bevölkerung, in manchen sogar die Mehrheit.

Im 10. und 11. Jahrhundert wurde der Zerfall des islamischen Großreiches in kleinere islamische Herrschaftsgebiete durch nichtarabische Völker, vor allem Berber, Iraner und Türken, beschleunigt. Die Araber wurden als herrschende Schicht allmählich verdrängt. Die Macht übernahmen Angehörige anderer Völker. Die kulturelle Einheit, gegründet auf der Vorherrschaft des Islams und der arabischen Sprache, blieb jedoch erhalten.

1 Aus dem Koran

In beiden Suren (Abschnitten) ist es Gott, der spricht. Du kennst solche Gottesreden aus dem Alten Testament, z.B. von den Zehn Geboten.

Q Sure 93

Im Namen Gottes, des Barmherzigen, des Erbarmers!/ … Dein Herr hat dich nicht im Stich gelassen, nicht im Haß aufgegeben./ Doch wirklich ist das Jenseits für dich besser als das Diesseits./ Dein Herr wird dir geben, und du wirst zufrieden sein./ Hat er dich nicht als Waisenkind gefunden und dir Zuflucht gewährt?/ Und dich im Irrtum gefunden und rechtgeleitet?/ Dich im Elend gefunden und dir ein Auskommen gegeben?/ Ein Waisenkind mißhandle auch du nicht!/ Einen Bettler vertreibe auch du nicht!/ Die Gnade deines Herrn aber, die berichte!

Aus: T. Nagel, Der Koran. Einführung, Texte, Erläuterungen, München 1983, S. 91.

1 *Was erfahrt ihr über die Person, die in Sure 93 angeredet ist? Wer könnte das sein?*
2 *Was erfahrt ihr aus den Texten über Gott? Was erwartet Gott von den angeredeten Personen?*

2 Bagdad im späten 9. Jahrhundert

Aus dem geographischen Handbuch des Jaqubi (Ende des 9. Jahrhunderts):

Q Ich beginne mit dem Irak, weil dieser die Mitte der Welt und der Nabel der Erde ist, und ich erwähne Bagdad, da es das Zentrum des Irak bildet und in Ost und West seinesgleichen nicht hat, weder hinsichtlich der Ausdehnung, noch der Größe, noch des Wohlstandes, noch des Wasserreichtums, noch der Reinheit der Luft und da es von verschiedensten Menschen, Leuten aus Städten und Dörfern, bewohnt wird. Aus allen Ländern, von fern und nah, kamen sie dorthin, und Leute aus allen Gegenden zogen es ihrer Heimat vor. Kein Land gibt es, dessen Bewohner nicht in Bagdad ein eigenes Viertel, eigenen Handel und eigene Geldwirtschaft hätten. Dort kommt zusammen, was es in keiner anderen Stadt der Welt gibt. Dann fließt zu beiden Seiten je ein gewaltiger Fluß, der Tigris und der Euphrat, und so gelangen Güter und Nahrungsmittel zu Wasser und zu Land aufs leichteste in die Stadt, und man findet dann jede Art von Waren aus Ost und West, aus der islamischen und aus der nichtislamischen Welt. Ja, in Bagd gibt es mehr Waren der verschiedenen Länder als in den Herkunftsländern selbst, und sie sind so leicht und ohne Schwierigkeiten zu haben, daß man glauben könnte, alle guten Dinge der Erde seien dorthin gebracht …

B. Lewis, Der Islam von den Anfängen bis zur Eroberung von Konstantinopel, Bd. II, Zürich/München 1982, S. 93 f.

1 *Welche Vorzüge Bagdads beschreibt der Verfasser?*
2 *Mit welchen Städten des Altertums oder mit welchen heutigen Städten könnte man das damalige Bagdad vergleichen?*

3 Grundriß eines Hauses in Fustat

Fustat, auch Misr (Lagerstadt) genannt, war bis zur Gründung Kairos Mitte des 10. Jahrhunderts Hauptstadt der Provinz Ägypten. Heute ist es ein Teil Kairos.

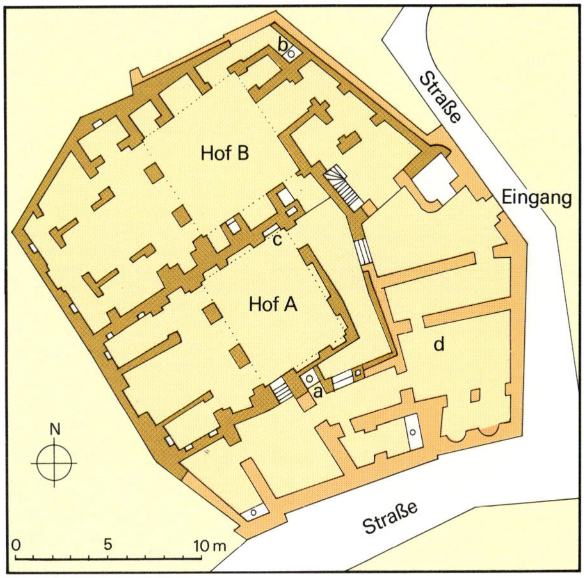

a und b: Latrinen; c: Brunnen; d: Nebenräume, wahrscheinlich Stallungen, Vorratskammern und ähnliches, deren genaue Lage nicht mehr feststellbar ist.

1 *Beschreibt den Grundriß des Hauses (die Nebenräume müssen hierbei nicht berücksichtigt werden).*
2 *Wie könnte man seine Eigentümlichkeit erklären?*
3 *Vergleicht dieses Haus mit den griechischen und römischen Häusern auf Seite 79 und 118.*

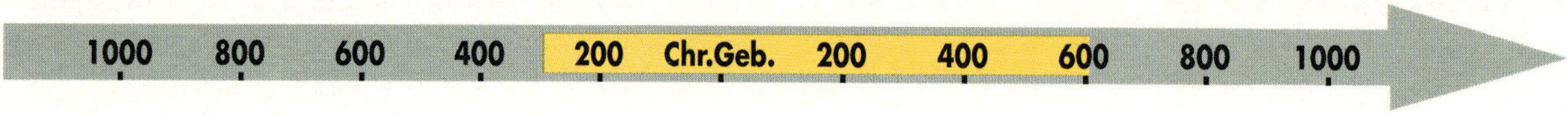

Hunneneinfall

Theoderich

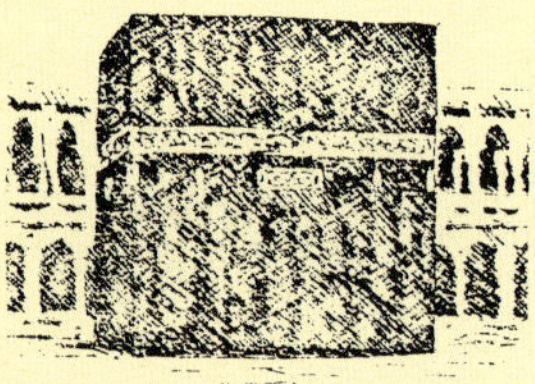
Kaaba

Ausbreitung des Islam

Hagia Sophia

Nach dem Zeitalter des Augustus veränderte sich das *Imperium Romanum* in vielerlei Hinsicht:
Die Nachfolger des Augustus beseitigten die Reste der republikanischen Staatsform. Seit Diokletian (284-305 n. Chr.) sahen sich die Kaiser als gottähnliche Herren *(Dominat).*
Das Christentum breitete sich trotz der Verfolgungen immer weiter aus. ***313*** erließ Kaiser *Konstantin das* ***Mailänder Toleranzedikt,*** das den Christen die Gleichberechtigung brachte. ***391*** wurde das ***Christentum zur römischen Staatsreligion.***
Unterschiedliche Ursachen trugen langfristig zur Auflösung des Reiches bei. Von diesem Prozeß war die gesamte Mittelmeerwelt betroffen:
Im Jahre ***375*** sorgte der ***Hunneneinfall*** für große Unruhe unter den Völkern. Die Zeit der großen ***Völkerwanderung*** begann. Auf römischem Boden entstanden nacheinander verschiedene *Germanenreiche.* Rom geriet mehrmals unter fremde Herrschaft. Die *Franken* bildeten um 500 ein großes Reich. Als sich ihr König Chlodowech 497 taufen ließ, war er eine zukunftsweisende Verbindung eingegangen.
Nach dem Tode Kaiser Theodosius' kam es ***395*** zur ***Teilung des Reiches*** in eine östliche und westliche Hälfte. Beide Reiche gingen seitdem getrennte Wege:
Das Westreich endete 476, als Odoaker den letzten weströmischen Kaiser *Romulus Augustulus* absetzte. Damit war das Ende eines Reiches gekommen, dessen kulturelle Errungenschaften allerdings mannigfach weiterwirkten.
Konstantinopel wurde die Hauptstadt des Oströmischen Reiches. Dort bauten die Kaiser eine unanfechtbare Machtstellung auf. Mit der Eroberung durch die Türken im Jahre 1453 endete das Oströmische Reich.
In Arabien entstand mit dem ***Islam*** nicht nur eine neue Religion, sondern auch eine neue Kultur und ein neues Weltreich. Nach dem Niedergang Roms konnte sich der Islam weit ausbreiten. Mit der Flucht des Propheten *Mohammed* von Mekka nach Medina im Jahre ***622*** beginnt die ***islamische Zeitrechnung.***

Zur selben Zeit reiste Kaiser Valentinian nach Mediolanum. Seine Ratgeber hatten es ihm empfohlen. „Norditalien wird von Stürmen und Überschwemmungen verwüstet", hatten sie gesagt. „Da wird es das Volk beruhigen, wenn sein Kaiser die Gefahr mit ihm teilt. Du mußt ja nicht Aquileja besuchen, Erhabener. Da ist es gefährlich. Die Straßen dorthin sind unpassierbar geworden. Begib dich nach Mediolanum. Das liegt im gefährlichen Norden, doch in sicherer Entfernung vom Meer ...

Mediolanum empfing den Herrscher ungnädig. Es regnete. Überall schillerten schmutzige Pfützen, Unrat schwamm auf Straßen und Gassen ...

Die Tage in Mediolanum verliefen ungemütlich und langweilig. Der Kaiser mußte sich vor fremden Leuten sehen lassen, ihnen zuwinken und Vornehme sogar umarmen. Und das im strömenden Regen! ...

Dann wurde es doch noch unterhaltsam.

Zwei germanische Fürsten mit zwanzig Kriegern galoppierten in Mediolanum ein. Sie waren Verbündete Attilas, hätten zum Kaiser nach Rom reiten sollen, hatten unterwegs von dessen Aufenthalt in Mediolanum erfahren und ersparten sich jetzt den langen Ritt nach dem Süden.

Valentinian empfing sie neugierig, und sie benahmen sich unverschämt! Protzig klirrten sie in den Empfangssaal, marschierten zum Thronsessel – und beugten die Knie nicht vor dem Kaiser, wie es sich gehörte! Sie hoben die Hand zu kurzem Gruß, und einer meldete in gebrochenem Latein: „Attila, Großkhan aller Hunnen und Beherrscher der Welt, an den dritten Valentinian! Der Großkhan fordert dich auf, ihm deine Schwester Honoria zum Weibe zu geben! Er wird sie zu seiner Hauptfrau machen. Als Mitgift fordert der Großkhan von dir das Land Gallien, soweit es noch zum Römischen Reich gehört, dazu das nördliche Italien. Weiterhin wirst du Attila als deinen Herrn anerkennen und das südliche Italien als sein Stellvertreter in seinem Namen verwalten. Dies befiehlt dir Attila, der Beherrscher der Welt, durch uns, seine Gesandten! – Wie lautet deine Antwort?"

Einige Augenblicke lang war Totenstille, dann murmelte der Kaiser: „Das ist eine Unverschämtheit."

Seine Offiziere zogen die Schwerter, und ein Tumult brach los, daß der Saal dröhnte. Alle riefen, schrien und gestikulierten durcheinander.

Nur die Germanen standen ruhig. Sie griffen nicht einmal zu den Waffen.

Mit einer Handbewegung gebot der Kaiser Ruhe. Es dauerte eine Weile, bis der Lärm verebbte.

Valentinian musterte die germanischen Fürsten von oben bis unten, dann schlug er sich auf die Schenkel und – lachte.

Seine Leute sahen ihn verwundert an, dann lachten sie mit. Der Saal dröhnte von Heiterkeit.

Das Lachen reizte die fremden Fürsten mehr als der zornige Lärm. Sie griffen an die Schwerter.

Abermals hob der Kaiser die Hand. Immer wieder vom eigenen Lachen unterbrochen, rief er den Gesandten zu: „Hier die Antwort Valentinians, des römischen Kaisers, an Attila, den kläffenden Köter der Steppe! Nach meiner erhabenen Schwester, der edlen Honoria, streckst du barbarischer Gernegroß vergeblich die Hände aus! Hast du deine Niederlage auf den Katalaunischen Feldern denn schon vergessen? Hast du vergessen, daß du dich mit dem Rest deines verlotterten Heerhaufens bei Nacht und Nebel davongeschlichen hast – wie ein räudiger Wolf vor den Fängen des Adlers? ... Wenn es dich nach Italien gelüstet, lade ich dich ein. Ich, dein Herr und Gebieter, gestatte dir gnädigst, dich als Schemel unter meine Füße zu legen!"

Wieder dröhnte der Saal vor Gelächter ...

Als die Gesandten davonritten, gellte ihnen das Lachen von halb Mediolanum hinterher. Zwei Meilen östlich der Stadt überbrückte ein Steg eine Schlucht. Hinter den germanischen Reitern brach er zusammen.

„Morsch wie das Römische Reich", sagte der eine Fürst zum anderen.

Drei Wochen später wälzte sich ein hunnisches Heer über die Pässe der Ostalpen. Es war stärker als die auf den Katalaunischen Feldern geschlagene Armee. An der Spitze ritten Attila, der Großkhan, und Zigor, der Schamane.

Die Erzählung ist entnommen aus: Josef Carl Grund, Reiter aus der Sonne, Loewes Verlag, Bindlach 1989.

Lexikon

Adel ist eine in der Gesellschaft hervorgehobene Gruppe, die sich durch Reichtum, Bildung und eigenen Lebensstil auszeichnet (S. 53). Zugehörigkeit zum Adel kann, wie in Griechenland und beim Patriziat in Rom, erblich, d. h. an hohe Geburt geknüpft sein oder, wie bei der römischen → Nobilität, durch Bekleidung eines Amtes erlangt werden (S. 112). In der Kaiserzeit bestimmte der Kaiser über die Zugehörigkeit zum Adel. Wenn der Adel die politische Macht ausübt, spricht man von einer *Aristokratie* (= Herrschaft der Besten).

Arbeitsteilung. Wenn die Menschen mehr produzieren können, als sie selbst für ihre Ernährung brauchen, kann es zur Arbeitsteilung kommen, d. h. dazu, daß die einen in der Landwirtschaft, die anderen im Handwerk wieder andere als Schreiber oder Beamte tätig sind (S. 22 und 36). Die Arbeitsteilung war Voraussetzung für die Entstehung von Hochkulturen, zugleich aber auch Ursache für die Ausbildung von Ungleichheit unter den Menschen.

Aeropag = „der Areshügel". Bezeichnung für die Versammlung, die in der griechischen Adelszeit alle Staatsgeschäfte leitete und das höchste Gericht war. Seit der Einführung der Demokratie und der Volksgerichte verlor der Areopag an Einfluß und behielt nur noch die Entscheidung bei Mord. Noch heute heißt der höchste Gerichtshof in Athen so.

Beamter ist eine Person, die vom Staat bzw. von der Gemeinschaft auf Zeit oder auf Dauer fest umschriebene Aufgaben zugewiesen bekommt. Beamte hat es seit den Hochkulturen in allen Gesellschaften gegeben. In Ägypten war für die gut organisierte Verwaltung eine große Beamtenschar notwendig (S. 35). Die Beamten wurden vom Pharao oder von anderen hohen Beamten ernannt und mit Landgütern und Naturalien entlohnt. In Griechenland wurden z. B. die Archonten für eine beschränkte Amtszeit, meist ein Jahr, durch Los oder Wahl bestimmt (S. 74). In Rom bezeichnete das Wort *Magistrat* das durch Wahl verliehene Ehrenamt und den Inhaber des Amtes. Merkmale der Magistrate waren Annuität (einjährige Dauer) und Kollegialität (S. 109). Nach Ablauf ihrer Amtszeit konnten die Magistrate einen Sitz im → Senat erhalten.

Bürger sind in der Antike alle Personen, die am politischen Leben aktiv teilnehmen und das *Bürgerrecht* besitzen. Das Bürgerrecht in Griechenland war erblich; es konnte allerdings auch an auswärtige Personen verliehen werden. Außer diesen Vollbürgern (in Sparta z. B. den Spartiaten) gab es in den griechischen Staaten minderberechtigte Personen, z. B. Frauen oder → Metöken, die keine Ämter bekleiden durften. Pflichten der Bürger waren der Schutz des Staates gegen äußere und innere Feinde und die Teilnahme an Kult und Religion. Römischer Bürger konnte man durch Geburt werden, wenn beide Eltern römische Bürger waren, durch Verleihung oder durch Freilassung. Zunächst waren nur die Bewohner Roms römische Bürger, später wurde das Bürgerrecht auch anderen Bewohnern des Reiches verliehen. Unter Kaiser Caracalla (212/213) erhielten es alle freien Reichsbewohner (S. 151). Römische Bürger trugen die Toga, waren zu Wehrdienst und Steuern verpflichtet, hatten Stimmrecht in der *Volksversammlung*, konnten gewählt werden und gegen Strafen Berufung einlegen (S. 111). Nur römische Bürger konnten nach römischem Recht anerkannte Geschäftsverträge und gültige Ehen schließen. Neben dem vollen römischen Bürgerrecht gab es Halbbürgerrechte, z. B. das latinische Recht (→ Latiner).

Bundesgenossen waren mit Rom durch einen Vertrag (Bündnis) verbunden. Darin versprachen sich die Bündnispartner gegenseitige Waffenhilfe bei Angriffen von außen und Frieden für ewige Zeit. Die Bundesgenossen Roms gaben ihre militärische und außenpolitische Selbständigkeit auf, waren in der inneren Verwaltung aber selbständig. Viele Gemeinden schlossen gegen äußere Bedrohung freiwillig mit Rom Bündnisse und erkannten dessen Vormachtstellung an (Karte S. 127).

Christenverfolgung. Der Mission (= geplante Ausbreitung) der Christen setzte die nichtchristliche Umwelt Widerstand entgegen, z. B. in Form von Verfolgungen. Im 1./2. Jahrhundert n. Chr. wurden einzelne Christen oder Gemeinden verfolgt aus Unverständnis, Haß usw., z. B. in Rom unter Nero (S. 169). Vom 3. Jahrhundert an wurde die Kirche als Ganze vom Staat unterdrückt. Man sah in den Christen Staatsfeinde, da sie die Staatsgötter nicht verehrten und den Kaiserkult ablehnten. Erst unter Konstantin fand die Christenverfolgung ein Ende (S. 171).

Demokratie = „Volksherrschaft". Die Demokratie ist eine Staatsform, die zuerst in Athen entstanden ist. In der attischen Demokratie hatte die Versammlung der → Bürger im Gegensatz zur römischen Republik die höchste politische Macht. Hier wurden alle politischen Entscheidungen durch Mehrheitsbeschluß getroffen; die Beamten, der → Rat der Fünfhundert und die Geschworenengerichte wurden durch Los bestimmt. Da alle Bürger der Polis direkt die politischen Entscheidungen trugen, spricht man von einer *unmittelbaren* Demokratie. Ausgeschlossen von den politischen Rechten waren Frauen, → Metöken und → Sklaven. So blieb die antike Demokratie immer die Herrschaft einer Minderheit in der Polis.

Diktatur In der römischen Republik konnte für besondere Krisensituationen auf Vorschlag des Senats einer der beiden Konsuln einen Diktator als außerordentlichen Beamten ernennen. Dieser bekam große Vollmachten. Seine Amtszeit (die Diktatur) war auf höchstens sechs Monate beschränkt. Die übrigen Magistrate (→ Beamter) blieben während dieser Zeit im Amt, waren jedoch dem Diktator untergeordnet. Die Diktatoren der späten Republik, z. B. Sulla und Caesar (S. 131 und 132), haben nichts mehr mit dem ursprünglichen Amt zu tun; denn Amtsdauer und Machtfülle waren nicht mehr beschränkt, sie waren Alleinherrscher. Heute versteht man unter Diktatur eine Alleinherrschaft gegen die die Bürger keine gesetzliche Kontrolle erreichen können.

Evangelium = „Gute Botschaft". Zunächst wurde die Lehre Christi, die Frieden und Heil verheißt, als „Gute Botschaft" bezeichnet. Seit dem 2. Jahrhundert wurde der Begriff Evange ium auch auf die Schriften bezogen, die Leben und Wirken von Jesus darstellen, und damit zur Bezeichnung von Büchern. Vier Evangelien sind anerkannt, ihre Verfasser – Matthäus, Markus, Lukas und Johannes – werden als die vier *Evangelisten* bezeichnet.

Familie. Die römische Familie bestand aus dem pater familias (Familienoberhaupt), dessen Kindern, Enkeln und Urenkeln. Über alle hatte der pater familias Gewalt, solange er lebte, selbst wenn seine Kinder schon eigene Kinder hatten und nicht alle unter einem Dach lebten. In fast allen anderen antiken Staaten bestand die Familie wie bei uns aus Eltern und Kindern (S. 37 und 79). Frauen hatten in Ägypten eine bessere Stellung als in Griechenland, Rom und im Islam, wo sie der Gewalt von Männern vollständig unterworfen waren.

Freigelassene → Sklaven

Gefolgschaft. Adlige Germanen besaßen ein Gefolge freier Männer. Diese hatten sich freiwillig für eine gewisse Zeit oder auf Dauer in den Dienst des Herrn begeben. Herr und Mann schworen sich gegenseitig Treue (S. 175). Der Gefolgsmann verpflichtete sich zu ehrenhaften Diensten: Er leistete Kriegsdienst und war Ratgeber im Frieden. Der Herr sorgte dagegen für den Lebensunterhalt des Gefolgsmannes, gab ihm Geschenke und beschützte ihn. Adlige mit kleiner Gefolgschaft konnten zusammen mit dieser in den Dienst eines Mächtigeren eintreten, z. B. für einen Kriegszug.

Gericht → Recht

Gesetz → Recht

Heloten. Als die Lakedaemonier in Lakonien einwanderten, haben sie die dort lebende Bevölkerung unterworfen und versklavt (S. 91). Diese Heloten unterschieden sich von → Sklaven in anderen antiken Staaten dadurch, daß sie dem spartanischen Staat gehörten, in Familien weiterleben und auch ihren alten Bräuchen und ihrer Religion nachgehen konnten. Sie bearbeiteten das Land für ihre spartanischen Herren. Später haben die Spartaner auch die Bewohner von Messenien zu Heloten gemacht.

Hierarchie. In einer Gesellschaft, in der es verschiedene Rangstufen gibt und der Wille bzw. die Befehle der nächsthöheren Rangstufe von der jeweils unteren befolgt und ausgeführt werden müssen, spricht man von einer Hierarchie. Dies war z. B. im alten Ägypten der Fall. Einen solchen hierarchischen Gesellschaftsaufbau vergleicht man mit dem Bild einer Pyramide, die auf die oberste Spitze hin ausgerichtet ist.

Hochkultur → Kulturen

Hoplit. Im Gegensatz zu den adligen Einzelkämpfern der archaischen Zeit war der Hoplit ein schwerbewaffneter Fußkämpfer, der in einer geschlossenen Phalanx (Schlachtreihe) in den Krieg zog (S. 91). Die Hoplitenphalanx setzte sich zuerst in Sparta, dann auch in den anderen griechischen Poleis durch. Hoplit konnte nur werden, wer das volle Bürgerrecht besaß und die Mittel für die eigene Ausrüstung aufbringen konnte.

Kaiser → Monarchie

Kalender, calendae = der erste Tag eines Monats. In den ältesten Staaten des alten Orients führten Naturbeobachtungen zu einer Zeiteinteilung, in der ein Monat zu 29 1/2 Tagen die Zeit zwischen zwei Neumonden umfaßte. Der Mondumlauf um die Erde galt als Ausgangspunkt für die Jahresberechnung (12 Monate mit 29 bzw. 30 Tagen ergaben ein Jahr von 354 Tagen). Diesem System folgt auch der islamische Kalender. Die Ägypter führten schon früh ein Jahr mit 365 Tagen ein, das mit dem Aufgang des Sirius begann (S. 33). Da sie aber nicht alle vier Jahre einen Schalttag einfügten, stimmte mit der Zeit ihr Kalender nicht mehr mit dem astronomischen Sonnenjahr überein. Erst Kaiser Augustus zwang den Ägyptern den *Julianischen Kalender* auf (30 v. Chr.), den Caesar mit Hilfe ägyptischer Astronomen aufgebaut hatte: 3 Jahre mit je 365 Tagen, danach ein Schaltjahr mit 366 Tagen. Dieser Julianische Kalender wurde im 16. Jahrhundert durch den von Papst Gregor XIII. entwickelten *Gregorianischen Kalender* präzisiert.

Kalif, aus dem arabischen Wort „chalifa" abgeleitet, das Nachfolger oder Stellvertreter (gemeint ist: des Propheten Mohammed) bedeutet (S. 194). Es war der Titel des obersten Herrschers über das gesamte islamische Reich. Seine Herrschaft und sein Reich wurden daher auch Kalifat genannt. Nach dem Zerfall der politischen Einheit nannten sich einige Herrscher von unabhängigen islamischen Teilstaaten ebenfalls Kalifen.

Klientel. In der römischen Republik war fast jeder nichtadlige Römer *Klient* (Schutzbefohlener) eines adligen *Patrons* (Schutzherren) (S. 117). Der Patron hatte seinen Klienten vor Gericht zu vertreten und ihn vor Gefahren zu schützen. Der Klient stimmte dafür in der Volksversammlung so ab, wie es der Patron wollte, und konnte auch zu materiellen Leistungen für den Patron herangezogen werden. Dieses Verhältnis auf Gegenseitigkeit, die Klientel, stützte die Macht der Adligen in Rom, konnte aber auch für die sozial Schwachen von Vorteil sein.

König → Monarchie

Kolonie ist eine städtische Neugründung. Phöniker (z. B. die Bewohner Karthagos), Griechen, Römer und später auch Araber haben kolonisiert. Landmangel und Überbevölkerung führten zur Ausbreitung der Griechen (8.-6. Jahrhundert v. Chr.) an den Küsten des Mittel- und des Schwarzen Meeres (Karte S. 57). Diese Kolonien, die ihrerseits auch wieder Koloniegründungen vornahmen, waren unabhängig von der Mutterstadt; sie blieben ihrer Heimat u. a. durch die Olympischen Spiele und die Götterwelt verbunden.

Seit Alexander d. Gr. wurden vor allem in den östlichen Teilen des Reiches neue Kolonien gegründet (S. 56), die der militärischen Sicherung, aber auch der Versorgung der Soldaten dienten. Seit dem 4. Jahrhundert v. Chr. legten die Römer zur Sicherung ihrer Herrschaft in Italien Kolonien an (Karte S. 127), in denen entweder römische oder Bürger mit latinischem Recht angesiedelt wurden. Rom übte die Oberherrschaft aus. Seit der Heeresreform des Marius (S. 130) erhielten vor allem ausgediente Soldaten in den Kolonien in Italien und nun auch in den Provinzen ein Stück Land. Unter Caesar und Augustus wurden zahlreiche neue Kolonien gegründet (z. B. Köln: „colonia").

Konzil = „Versammlung", in der Spätantike oft gleichbedeutend mit Synode (Zusammenkunft) gebraucht. Mit dem Begriff Konzil bezeichnet man eine Versammlung von Angehörigen des geistlichen Standes, vor allem Bischöfen (heute meist Kardinälen), die zusammentreten, um Fragen des Glaubens und der kirchlichen Organisation zu beraten und zu entscheiden (S. 172).

Koran. Das arabische Wort bedeutet Lesung oder Vortrag (S. 193) und bezeichnet die heilige Schrift des Islams. Der Koran enthält die Offenbarungen des Propheten Mohammed, die zu seinen Lebzeiten oder bald nach seinem Tod aufgeschrieben wurden.

Der von ihm gegründeten Glaubensgemeinschaft gilt der Koran als das Wort Gottes. In ihm sind Aussagen über Gott und sein Handeln in der Weltgeschichte sowie Gebote für ein gottgefälliges Leben festgehalten.

Kulturen. Menschliche Gruppen unterscheiden sich in ihren Lebensformen (S. 23 f). Es gibt bei ihnen z. B. ganz unterschiedliche Geräte, Werkzeuge, Waffen, Häuser und Siedlungen, Kleidung, Schmuckstücke, Kunstwerke, Musik und Tänze, Ernährungsweisen, Religionen und Grabsitten, Ordnungen des Zusammenlebens. Sie haben damit unterschiedliche Kulturen. Bei schriftlosen Kulturen erkennen wir nur die Eigenarten der Lebensbereiche, die Spuren im Boden hinterlassen konnten (Beispiel: die bandkeramische Kultur). Bei schriftlicher Überlieferung wissen wir auch etwas darüber, was die Menschen gedacht und geglaubt haben (Beispiel: die griechische Kultur). Kennzeichen einer *Hochkultur* – einer späteren Kulturstufe in der Entwicklung der Menschheit – sind Schrift, zentrale Verwaltung und Regierung, Ansätze zur Wissenschaft, städtisches Leben, gesellschaftliche Gliederung (z. B. Ägypten, Mesopotamien).

Latiner waren die Bewohner Latiums, einer Landschaft im westlichen Mittelitalien (Karte S. 114). Der Städtebund der Latiner wurde 338 v. Chr. von Rom besiegt. Die Bürger dieser Städte hatten in Rom kein Wahlrecht, ansonsten waren sie den römischen Bürgern weitgehend gleichgestellt. Dieses latinische Bürgerrecht konnten auch andere Reichsbewohner oder ganze Gemeinden erhalten.

Magistrat → Beamter

Metöken = „Mitbewohner“, d. h. diejenigen, die als Freie in Athen lebten, ohne attische Bürger zu sein. Sie durften kein Land in Attika besitzen und waren vor allem in Handwerk und Handel tätig (S. 76). Ähnliche Gruppen gab es in vielen antiken Städten.

Monarchie nennt man eine Verfassungsform, in der ein Alleinherrscher (Monarch) an der Spitze des Staates steht. In Ägypten übte der Pharao (S. 34) eine unumschränkte Gewalt aus – wie auch die Herrscher in Persien (S. 70) und im Islam (S. 194). Zwar gab es in Griechenland und Rom in der frühen Geschichte auch schon Monarchien (S. 56 und S. 109), doch verdrängte der Adel dann die Könige von der Herrschaft. In Sparta hielt sich die Monarchie (S. 90), doch wurde die Macht der beiden Könige stark eingeschränkt. Durch Alexander d. Gr. und die Diadochen verbreiteten sich Monarchien nach orientalischem Vorbild. In Rom galt in der Zeit der Republik die Monarchie als eine Staatsform, in der es keine Freiheit für die Bürger gab. Mit der Kaiserzeit setzte sich aber auch in Rom die Monarchie wieder durch.

Muslim (auch Moslem geschrieben, Mehrzahl: Muslime oder Muslims). So bezeichnen sich die Menschen, die sich zur Religion des Islams bekennen (S. 192). Das Wort bringt eine Grundforderung dieser Religion zum Ausdruck: sich Gott bedingungslos anvertrauen. Die veraltete Bezeichnung Mohammedaner, d. h. Anhänger Mohammeds, ist nicht mehr gebräuchlich.

Nobilität. Nachdem in den Ständekämpfen die → Plebejer die politische Gleichberechtigung mit den → Patriziern erkämpft hatten (S. 112), verschmolz die führende Schicht der Plebejer mit den alten Patriziergeschlechtern zur Nobilität. Sie war eine Art Amtsadel und besetzte die politischen Ämter im Staat.

Patrizier hießen die Mitglieder des → Adels der frühen römischen Republik. Sie allein hatten alle politische und religiöse Macht und stellten den – Senat (S. 111). Patrizier war man von Geburt; man konnte die Zugehörigkeit nicht durch Ämter oder Leistungen erlangen. Nach dem Ausgleich mit den → Plebejern verloren die Patrizier an Bedeutung.

Patron → Klientel

Periöken = „Herumwohnende“, d. h. die Bewohner der Städte, die auf spartanischem Staatsgebiet „um Sparta herum“ lagen (S. 91). Deren Einwohner waren nicht Sklaven, aber auch nicht spartanische Vollbürger. Sie waren meist Handwerker und stellten die Dinge her, welche die Spartaner brauchten. Den spartanischen Vollbürgern war jegliche Arbeit verboten.

Plebejer. In der frühen römischen Republik der → Stand, der von der Herrschaft ausgeschlossen war und mit den → Patriziern um die Beteiligung an der Macht kämpfte (S. 111). Zu den Plebejern gehörten sowohl wohlhabende als auch arme Familien. Erst als reiche Plebejer Aufnahme in den Adel (→ Nobilität) fanden und sich die → Ritter als eigenständige Gruppe ausbildeten, wurde „Plebejer“ zur Bezeichnung der sozialen Unterschicht, d. h. der einfachen Handwerker und Bauern.

Polis = „Burg“, „Siedlung“ oder „Stadt“. Die Polis war der politische Mittelpunkt des umliegenden Gebietes. Hier hatten die Beamten ihren Sitz, hier tagten auch die → Volksversammlung und der Rat; deshalb spricht man auch von *Stadtstaat.* Die einzelnen Poleis waren bestrebt, ihre Freiheit, Selbständigkeit und wirtschaftliche Unabhängigkeit zu wahren. Deshalb wurde Griechenland nie ein einheitlicher, großflächiger Staat. Unser Adjektiv „politisch“ bzw. der Begriff Politik leitet sich von diesem Wort ab.

Priester → Religion

Princeps, Prinzipat. Mit diesem Begriff bezeichnet man die staatliche Ordnung, die sich unter Augustus herausgebildet hat (S. 134) und während der römischen Kaiserzeit bis zum 3. Jahrhundert galt. Augustus nannte sich Princeps (lat. = der Erste), um seine politische Stellung von der → Monarchie oder der → Diktatur abzuheben. Zwar blieben unter ihm als Princeps republikanische Verfassungseinrichtungen erhalten, aber in Wirklichkeit hatte Augustus allein die Macht in Händen. Dem Princeps wurde göttliche Verehrung zuteil. Nach dem Tod des Augustus (14 n. Chr.) blieb diese monarchische Herrschaftsform des „ersten Mannes“, die wir auch als „Kaisertum“ bezeichnen, erhalten.

Proletarier. Als Proletarier bezeichneten die Römer Besitzlose, die nur ihre proles, d. h. ihre Nachkommenschaft, hatten (S. 128). Die Proletarier zahlten keine Steuern und waren nicht zum Kriegsdienst verpflichtet. Dafür zählte ihre Stimme in der nach Centurien gegliederten → Volksversammlung fast nichts (S. 110).

Provinz. Darunter versteht man alle Besitzungen des römischen Staates, die außerhalb Italiens liegen. 227 v. Chr. wurde Sizilien als erste Provinz eingerichtet (S. 124). Die Provinzen wurden von einem Statthalter verwaltet. Die in ihnen wohnenden *Provinzialen* galten als römische Untertanen ohne Bürgerrecht (→ Bürger) und hatten → Tribute zu zahlen. Kaiser Augustus ordnete die Provinzverwaltung neu. Er gab den Statthaltern ein festes Gehalt und richtete Versammlungen der Provinzialen ein, die Beschwerden beim Kaiser einreichen konnten.

Rat der Fünfhundert war eine zentrale politische Versammlung der attischen Demokratie, von Kleisthenes geschaffen. Der Rat der Fünfhundert bereitete die Volksversammlung vor und legte die Vorlagen fest, über die abgestimmt werden sollte. Außerdem bildete der Rat Ausschüsse (zu je 50 Mann), die nacheinander für jeweils ein Zehntel des Jahres die Geschäfte führten. Bürger aus ganz Attika (S. 75) konnten in diesen Rat gelost werden.

Recht. Durch das Recht wird das Verhalten der einzelnen Mitglieder einer Gesellschaft mit Hilfe von Gesetzen geregelt. Die Gesetze enthalten Gebote und Verbote bzw. Strafen. In den frühen Hochkulturen wurden Gesetze gesammelt und das Recht so schriftlich festgelegt (z. B. unter Hammurabi S. 45). In Griechenland bestimmten in der archaischen Zeit die Adligen, was „Rechtens" war, und legten als „Richter" die Strafen fest. Unter Solon wurden → Volksgerichte eingeführt, bei denen die Bürger Klage erheben konnten. Nachdem es in Rom zu Kämpfen zwischen → Patriziern und → Plebejern gekommen war, wurden die wichtigsten Gesetze (Zwölftafelgesetze) festgelegt (S. 111). Seit der späten Republik entwickelte sich eine Rechtswissenschaft, die vor allem die einzelnen Rechtsfälle und die getroffenen Entscheidungen sammelte und kommentierte.

Religion. In der ägyptischen, griechischen und römischen Religion wurde eine Vielzahl von Göttern verehrt (Polytheismus). Nach den religiösen Vorstellungen der Ägypter konnten Naturerscheinungen, Tiere und Menschen das Göttliche verkörpern (S. 39). Die Griechen gaben den Göttern nicht nur menschliche Gestalt, sondern auch menschliche Wesenseigenschaften (S. 54). Wer über die Zukunft Gewißheit erlangen wollte, wandte sich an ein Orakel, z. B. Delphi (S. 55). Die Römer versuchten, durch Gebete und Opfergaben die Götter sowohl für private als auch für staatliche Angelegenheiten günstig zu stimmen; sie vertrauten darauf, daß ihnen die Götter Schutz gewähren würden. Neben den Göttern wie Jupiter, Mars usw. verehrten sie auch bestimmte Werte als Gottheiten, z. B. die Concordia (S. 112). In allen diesen Religionen vertraten Priester die Menschen vor der Gottheit und vollzogen die kultischen Handlungen, sie waren eine Art Gemeinde- oder Staatsbeamte. Eine Ausnahme unter den antiken Religionen nahmen die sog. *Erlösungsreligionen* ein, die den Gläubigen eine Erlösung nach dem Tod verhießen. Dazu zählt vor allem das Christentum, das über die Volksgemeinschaft hinaus bewußte Ausbreitung (Mission) anstrebte. Das Problem der *Toleranz* (Duldung) anderer Religionen wurde im Römischen Reich deutlich, als die Christen Kaiser- und Götterkult ablehnten. Mit dem Edikt des Kaisers Galerius (S. 171) wurde das Christentum neben anderen Religionen geduldet. Als *Staatsreligion* bezeichnet man eine Religion, die im ganzen Staat als verbindlich gilt. So wurde das Christentum 391 (S. 172) zur Staatsreligion im Römischen Reich erklärt. Auch der Islam ist eine Staatsreligion.

Republik ist der Begriff für eine Staatsform, in der das Volk oder ein Teil desselben (z. B. die Adligen) die Macht ausübt. Der Begriff geht zurück auf das lateinische „res publica" und meint „die öffentliche, gemeinsame Sache" (S. 109). Die römische Republik verstand sich im Gegensatz zur → Monarchie als ein Staat, in dem die politischen Entscheidungen nicht Sache eines einzelnen waren. Sie war keine Demokratie wie Athen, sondern in ihr hatten zunächst allein die adligen → Patrizier, später die → Nobilität die entscheidenden politischen Ämter inne (S. 112). Die römische Republik war immer eine Aristokratie (→ Adel).

Ritter. Im Zuge seiner Eroberungen wuchsen dem römischen Staat immer mehr Aufgaben zu, z. B. Straßenbau, Versorgung der Heere, Eintreiben von Abgaben. Die Römer setzten dafür keine neuen → Beamten ein, sondern verpachteten die Aufgaben an reiche Bürger (S. 129). Aus ihnen bildeten sich die Ritter. In den letzten beiden Jahrhunderten der Republik scheint man all jene zu den Rittern gerechnet zu haben, die einen gewissen Wohlstand hatten. Erst in der Kaiserzeit wurden die Ritter zu einem festen → Stand, in den man nur vom Kaiser aufgenommen werden konnte. Die Ritter erhielten jetzt wichtige Verwaltungsposten im Reich.

Schrift. Der Übergang zwischen Urgeschichte und Geschichte vollzog sich mit der Erfindung der Schrift; denn von diesem Zeitpunkt an gibt es schriftliche Quellen, die über Gebräuche, Gesetze und Gedanken eines Volkes Auskunft geben. Noch heute gibt es Völker, die keine Schrift kennen. Die Sumerer im Zweistromland und die Ägypter haben die ersten *Schriftzeichen* erfunden, deren Entzifferung erst im 19. Jahrhundert gelang. Die altägyptischen Schriftzeichen (griech. „Hieroglyphen" = heilige Zeichen) sind eine Bilderschrift. Ursprünglich entsprach jedem Bild ein Wort, später entwickelten die Ägypter auch Silbenzeichen. Mit Hilfe dieser Schriftzeichen konnten auch abstrakte Begriffe – wie Freude – und Gedanken ausgedrückt werden. Die Sumerer entwickelten die *Keilschrift*: Mit einem dreikantigen Griffel wurden die Schriftzeichen in feuchte Tontäfelchen eingedrückt. Das Seefahrervolk der Phöniker erfand eine Konsonantenschrift: Damit war das Schreiben und Lesen leichter geworden. Schließlich schufen die Griechen – auf der Konsonantenschrift der Phöniker aufbauend – eine Schrift mit 24 Buchstaben, die alle Laute ihrer Sprache so wiedergeben konnte, wie sie gesprochen wurden. Dieses Alphabet (nach den ersten beiden Buchstaben alpha und beta) konnte jeder leicht erlernen. Das lateinische Alphabet umfaßt 21 Buchstaben; es verbreitete sich über ganz Westeuropa (Romanisierung, S. 152, und Christianisierung, S. 184). Auch die arabische Schrift geht auf die phönizische Schrift zurück.

Schuldknechtschaft. Im frühen Griechenland (8. und 7. Jahrhundert v. Chr., S. 68) und im frühen Rom (bis 326 v. Chr., S. 111) konnte sich jemand, der von einem anderen etwas lieh, in die Schuldknechtschaft des Gläubigers begeben. Diese Regelung gehörte zum *Schuldrecht.* Der Schuldknecht verlor einen Teil seiner persönlichen Freiheit und mußte seine Schulden abarbeiten, was praktisch nie gelang. Für den Gläubiger war die Schuldknechtschaft ein Mittel, Arbeitskräfte zu bekommen. Anders hätte er kein Interesse daran gehabt, einem Armen etwas auszuleihen, das er kaum zurückerhalten konnte.

Senat. Der Begriff ist von lat. „senex" = Greis abgeleitet und bedeutet „Rat der Alten". In Rom gab es schon während der Königszeit einen Senat (S. 110). Er hatte in der Republik praktisch die Leitung des Staates in der Hand, obwohl er rechtlich kaum Befugnisse hatte. Er verkörperte die gesammelte politische Erfahrung, da in ihm die ehemaligen Magistrate saßen. Der Begriff Senat lebt bis heute weiter: In den USA heißt z. B. die gesetzgebende Körperschaft so.

Sklaven. In allen antiken Hochkulturen hat es Sklaverei gegeben (S. 36). Nach griechischem, römischem und islamischem Recht waren Sklaven eine Sache, über die der Besitzer frei verfügen konnte. Sklaven wurden im Bergbau und in der Landwirtschaft eingesetzt, sie waren im Haushalt, im Handwerk und in der Verwaltung tätig (S. 140). Ihre tatsächliche Lage hing sehr von den Tätigkeitsbereichen ab. Man konnte Sklaven durch Kauf erwerben (Sklavenhandel) oder dadurch, daß man Kriegsgefangene versklavte. Kinder von Sklaven blieben Sklaven. Das Sklavendasein war aber im Römischen Reich nicht unabänderlich: Viele Sklaven wurden von ihren Herren freigelassen. Im Römischen Reich erhielten die Kinder der *Freigelassenen* das römische Bürgerrecht (Bürger).

Staatsreligion → Religion

Stamm = ein Verband von Menschen, die ein starkes Zusammengehörigkeitsgefühl haben, weil sie an eine gemeinsame Abstammung glauben. Wichtig für das Stammesbewußtsein war die Überlieferung von Entstehung und Herkunft des Stammes und der bedeutenden Ereignisse seiner Geschichte. Im Stammesheiligtum wurden die Stammesgötter verehrt. Das Stammesrecht schützte nur Stammesangehörige. Man besaß übereinstimmende Sitten und Bräuche. Die Stammeszugehörigkeit erkannte man an der Haar- und Barttracht, an der Kleidung und am Schmuck.

Stand. Als Stand bezeichnet man eine Gruppe in einer Gesellschaft, die durch rechtliche Bestimmungen klar umgrenzt ist, die bestimmte Vorrechte hat oder auch von bestimmten Rechten ausgeschlossen ist. In diesem Sinn bildeten → Patrizier und → Plebejer in der frühen Republik Stände, die sich in den *Ständekämpfen* auseinandergesetzt haben. Auch *Senatoren* und – Ritter in der Kaiserzeit waren Stände. Dagegen waren die Plebejer in der späten Republik eine soziale Unterschicht, die durch ihre wirtschaftliche Lage, nicht aber durch rechtliche Bestimmungen umschrieben war.

Toleranz → Religion

Tribut. Als „tributum" kann fast jede Abgabe bezeichnet werden, die an den römischen Staat geleistet werden mußte (S. 124). Bis 167 v. Chr. bezahlten römische Bürger Tribute (= Steuern), später nicht mehr. Dafür leisteten dann die → Provinzen Tribute, die entweder aus festen Abgaben oder aus einem Anteil am Ernteertrag (in Sizilien z. B. ein Zehntel) bestanden. Ähnlich wie die römischen Provinzialen mußten auch alle anderen Unterworfenen in der Antike, z. B. im Perserreich, an ihre Herren Tribute (S. 70) entrichten.

Tyrannis. Der Begriff bezeichnet ursprünglich eine Herrschaftsform der Griechen, die dadurch gekennzeichnet war, daß ein Adliger die alleinige Machtausübung in einer Polis erlangt hatte (S. 56 und 68). Mit dem Aufkommen der modernen Demokratie erfuhr der Begriff eine Umdeutung: Man versteht darunter eine unumschränkte Gewaltherrschaft von einzelnen, der eine gesetzliche Grundlage fehlt und die keine politischen Freiheiten der Bürger zuläßt.

Verfassung. Die Verfassung legt fest, welche staatlichen Einrichtungen es geben soll (für Sparta S. 92, für Athen S. 69, für die römische Republik S. 110 f.). Sie regelt, wer in einem Staat unter welchen Bedingungen die Macht ausüben darf und welche Pflichten die Bürger haben. Verfassungen müssen nicht unbedingt schriftlich festgelegt sein und können – wie in der römischen Republik – in einem langen Prozeß gewachsen sein.

Volksgericht. In Athen führte Solon (S. 69) das Volksgericht ein. Jeder unbescholtene attische Bürger, der über 30 Jahre alt war, konnte Richter werden. Als sich in Athen die demokratische Verfassung durchgesetzt hatte, wurden aus der Bürgerschaft 6000 Volksrichter (S. 75) ausgelost. Für ihre Tätigkeit als Richter bekamen sie Diäten (Tagegelder). Vor ihrer Richtertätigkeit mußten sie einen Eid leisten, in dem sie sich zur Gerechtigkeit und Wahrung der Gesetze verpflichteten.

Volksversammlung. Wenn alle stimmberechtigten → Bürger eines Staatswesens zusammentreten, um ihre politischen Rechte wahrzunehmen, spricht man von einer Volksversammlung. In Griechenland gab es eine solche schon in der archaischen Zeit; sie hatte aber noch keine Mitbestimmungsrechte. Im demokratischen Athen war die Volksversammlung das Zentrum des politischen Lebens: Sie allein entschied in allen wichtigen politischen Fragen (S. 74). Durch das Scherbengericht konnte sie mit Mehrheitsbeschluß jeden Bürger, in dem sie eine Gefahr für die Demokratie sah, für eine bestimmte Zeit aus der Polis verbannen. Auch in Sparta hatte die Volksversammlung wichtige Rechte. In Rom unterschied man zur Zeit der Republik verschiedene Formen. In ihnen wurden die → Beamten gewählt, Gesetze beschlossen und über Krieg und Frieden entschieden (S. 110). In der Kaiserzeit verlor die Volksversammlung ihren politischen Einfluß.

Zeitrechnung. Durch die Zeitrechnung werden Ereignisse der Vergangenheit in eine Zeitskala eingeordnet. Der Ausgangspunkt der Zeitskala wird bei verschiedenen Völkern auf ein tatsächliches oder, wie z. B. in der römischen Geschichte, durch ein angenommenes Ereignis gesetzt: Das Gründungsjahr Roms (nach unserer Zeitrechnung 753 v. Chr) ist hier ein solcher Ausgangspunkt. Die Römer zählten also die Jahre „ab urbe condita", d. h. „von der Gründung der Stadt an". In der islamischen Geschichte gilt die Hidschra (S. 192) als Ausgangspunkt. In der abendländischen, christlichen Welt wurde die Geburt Christi als der Punkt genommen, auf den hin die geschichtlichen Ereignisse eingeordnet werden.

Bildquellenverzeichnis

Ägyptisches Museum, Kairo: S. 35; Dr. G. Albrecht, Tübingen: S.-7; Alinari, Florenz: S. 189; American School of Classical Studies, Athen (Agora Excavation): S. 75; Archäologisches Landesmuseum, Schleswig: S. 175, 180; Archäologisches Museum, Tripolis: S. 136; Archiv Alinari, Rom: S. 153; Archiv für Kunst und Geschichte, Berlin: S. 64, 125; Archives Photographiques, Paris/S.P.A.D.E.M.: S. 139; Bavaria Bildagentur, Gauting: S. 27 u. r., 30, 123, 188; Bayerische Landesanstalt für Bodenkultur und Pflanzenanbau, Freising: S. 21 u.; Bibliothèque Nationale, Paris: S. 196; Bildarchiv Foto Marburg: S. 45, 146, 151, 181; Bildarchiv Preußischer Kulturbesitz, Berlin: S. 33, 52, 54, 55, 79, 80, 83, 97, 128, 142, 167, 170; Bildkunstverlag Klammet, Ohlstadt: S. 50; Birkhäuser Verlag, Basel: S. 10, 14 (aus: J. Reader, Die Jagd nach den ersten Menschen, Basel 1982); E. Böhm, Mainz: S. 187, 191; Prof. Dr. Gerhard Bosinsky, Institut für Vor- und Frühgeschichte, Neuwied: S. 19, 20 (Fotos: J. Bahlo); British Museum, London: S. 62, 63; Verlag C. W. Niemeyer, Hameln: S. 6 (aus: Norbert Humburg, Der Rattenfänger von Hameln, Hameln [2]1990); Deutsches Archäologisches Institut, Rom: S. 140; Ehapa Verlag, Stuttgart: S. 133; Fototeca Unione, Rom: S. 112 l.; Gruner & Jahr, Hamburg: S. 41; Hirmer Verlag, München: S. 86 (aus: Max Hirmer u. a., Die griechische Kunst, München 1984), 137; Franz Hofmeier, Ingolstadt: S. 17, 159; Holle Bildarchiv, Baden-Baden: S. 162, 166, 191; Interfoto, München: S. 193; Kapitolinisches Museum, Rom: S. 100, 119; Kerameikos-Museum, Athen: S. 81; Prof. Dr. Heinrich Krefeld, Rheine: S. 108, 152; Landesmuseum, Halle: S. 181; Landesmuseum für Kärrnten, Klagenfurt: S. 147 u.; L. Larsen, Kopenhagen: S. 88 u.; Louvre, Paris: S. 130, 183; Martin von Wagner-Museum, Würzburg: S. 53, 86 r.; Mauro Pucciarelli, Rom: S. 122; A. Müller, Hamburg: S. 143; Musée Nationaux, Paris: S. 120; Museo delle Terme, Rom: S. 109, 116 r.; Museum of Fine Arts. Boston: S. 64 u.; Museum Torlonia, Rom: S. 147 o.; Nationalmuseum, Athen: S. 88 r.; Niedersächsisches Landesmuseum, Hannover: S. 27 o., 176; Pallazzo Borghese, Rom: S. 115; Photographie Girandon, Paris: S. 117; Phototèque, Paris: S. 148; Popperfoto, London: S 8; Prähistorische Staatssammlung, München: S. 27 o. l., 27 u. l., 158, 160; Prestel-Verlag, München: S. 66 (aus: A. Mallwitz, Olympia und seine Bauten. München 1972); Raggi-Verlag, Feldmeilen: S. 118 u. (aus: McKay, Römische Häuser, Villen und Paläste); Reichsmuseum, Leiden: S. 63; Rheinisches Landesmuseum, Bonn: S. 179; Rheinisches Landesmuseum, Trier: S. 138, 141; Römisch-Germanisches Zentralmuseum, Mainz: S. 149; Royal Ontario Museum, Toronto: S. 76; Scala, Florenz: Titelbild, S. 118 o. l, 174; Schweizerisches Landesmuseum, Zürich: S. 25; Staatliche Antikensammlungen und Glyptothek, München: S. 88 l.; Staatliche Münzsammlung, München: S. 101, 112; Staatliche Museen zu Berlin: S. 54, 83; Stadtarchiv, Worms: S. 23; Uni-Dia-Verlag, Großhesselohe: S. 37, 39, 43; Vatikanische Museen, Rom: S. 89, 124; Verkehrsamt Trier: S. 185; Jean Vertut, Issy-les-Moulineaux: S. 18; Elisabeth und Norbert Zwölfer, Freiburg: S. 58, 111 o., 134, 168, 182, 185 u.

Verlagsredaktion
Gerhard Weber

Umschlag
Volker Noth, Berlin

Karten und Grafiken
Klaus Becker, Frankfurt a. M.;
Annette Pflügner, Mörfelden;
Götz Schwarzrock, Berlin;
Günter Wiesler, Fraunberg;

1. Auflage 1991
Alle Drucke dieser Auflage können, weil untereinander unverändert, im Unterricht nebeneinander verwendet werden.

Druck: Cornelsen Druck, Berlin
ISBN 3-454-64271-2
Vertrieb: Cornelsen Verlagsgesellschaft, Bielefeld
Bestellnummer 642712